JN109207

実業家
平生釟三郎の社会奉仕の理念

画一主義教育の弊害と
産業・貿易の保護干渉からの解放

藤本 建夫・著

甲南大学出版会

平生釟三郎肖像（喜寿・枢密院顧問官就任を祝して　昭和18年5月22日　中村健一画伯筆）
甲南学園蔵

はしがき

　私が甲南大学に赴任してきたのは1973年4月のことである。この大学が元は旧制甲南高等学校であったことは知っていたが、どのような経緯で創立され、またその理念は何かなど、まったく知識はなかった。そのうえ、恥ずかしいことだが、創設者の名前すら知らなかった。甲南について同じ経済学部の先生たちから、酒の席などで断片的に聞かされてはいたが、ドイツの思想や歴史の研究にとりつかれていた新米の私には、聞き流す程度のものでしかなかった。そして平生釟三郎という人物が日本近現代史において極めて重要な役割を演じ、しかも彼がそれを膨大な記録として残していたことに驚かされるのはかなり後のことである。

　元高阪薫学長によれば、『甲南学園五十年史』を機に、伊藤忠兵衛理事長（1957〜1969年）の発案で甲南学園の記録を積極的に収集するために資料室を設置し、その資料のなかには当然創設者平生釟三郎日記も含まれていた。平生家から託されたその日記はともかく膨大で、それに加えて文字は通常人には到底歯が立たない代物であった。そこでまず甲南学園関係者の徳山謙三、久永丑次郎、甲賀幸子等の諸氏によって翻刻することから作業が始まったが、原文187冊の翻刻が何とか仕上がったとき、大学ノートは193冊に達していた。

　昭和59（1984）年には学長を退いた杉原四郎教授によって甲南大学総合研究所が設立され、本格的に平生日記研究が始められることになる。最初の研究メンバーは杉原四郎、三島康雄、柴孝夫、安西敏三の4名で、それぞれが「平生釟三郎の経済思想」、「平生釟三郎と大正海上火災の設立」、「川崎造船所和議事件と平生釟三郎」、「平生釟三郎、その教育理念に関する一考察」のテーマで『甲南大学総合研究所叢書1』に発表したのは昭和61（1986）年であった。以後『叢書』には多くの研究者によって平生に関する研究が投稿されてゆくことになる。

　この間平成10（1998）年、当時の小川守正理事長の発案で甲南学園平生釟三郎研究会が生れ、その翌年には学園80周年を機に、甲南学園編

『平生釟三郎―人と思想―』(1999年)および『平生釟三郎―人と思想Ⅱ―』(2003年)が出版され、こうして平生の実像が次第に明らかになっていった。

　他方で、特に日伯経済使節団と平生釟三郎の関係については、小川守正・上村多恵子共著『大地に夢求めて―ブラジル移民と平生釟三郎の軌跡―』神戸新聞総合出版センター、2001年、また小川守正『昭和前史に見る武士道―続平生釟三郎伝―』(燃焼社、2005年)が出版されている。

　ともかくこのようにして始まった平生釟三郎研究だが、学園創立90周年記念を記していよいよ平生釟三郎日記を刊行することが決定され、そのための編集委員会も形成され、やっとその第一巻が完成したのは2010年3月30日であった。その末尾には、森川彰、松井朔子、故大國克子、池尻孝子、諸岡知徳、牧木綿子、神原由紀子が翻刻委員として、三島康雄、森川彰、有村兼彬、藤本建夫、杉村芳美、安西敏三、柴孝夫、廣山謙介、永廣顕、瀧口剛が編集委員として、また翻刻編集両委員会事務局員として大野愛子が記されている。こうして編集・出版作業が始まったが、長期にわたるこの作業中に委員に多少の変動があったとしてもやむを得ないことであった。特に初めからこの作業の中心にいた三島康雄教授を失ったことは残念なことであった。当初の予定は全十七巻であったが、最終的には第十八巻に膨らみ、編集委員として有村兼彬、安西敏三、井上五郎、永廣顕、柴孝夫、杉村芳美、瀧口剛、藤本建夫、平井健介、牧木綿子、三宅遵、諸岡知徳、湯川勇人、常任顧問として松井朔子が名をつらね、井上康が事務局を取り仕切った。

　本文に加えて、人名索引、正誤表および注記、また各巻には注釈や新聞などの切り抜き、また当初は予定に入っていなかった「訪伯経済使節団団長前後」、「文部大臣在任期とその前後」、スズ日記(昭和10年5月1日～昭和10年11月2日、昭和11年3月1日～昭和13年2月1日)が加わったため補巻が必要となり、最終的にはこれほど膨大な日記となった。作業は年間2冊発行のペースで進められ、2020年12月30日にすべて完了した。

　なお、補巻、注などを除いた本文だけで11,436ページにのぼるこの膨大

な日記にはもちろん欠落している部分もあるが、例えば彼の文部大臣時代前後の彼の様子は、帝国議会での答弁、講演や雑誌などでのインタビューでカバーすることができる。

　甲南学園創立50周年から数えて半世紀、数え切れない人々によってリレーされてきた長い「マラソン」もやっとゴールインすることができた。

　この度甲南大学出版会が設立され、平生釟三郎日記をベースにした本書がその一冊に加えてもらえることになったのは望外の幸せであるが、それも横山由美様はじめ多くの人々の温かいご支援があったからで、ここに心からお礼申しあげたい。

2024年2月1日
藤本　建夫

目次

序章

　世界の近現代史を眺めた時、第一次大戦前後から第二次大戦終了までの30年間余りほどさまざまな政治的・経済的・社会的動乱に世界が翻弄され、思想までも含めた大構造転換を経験した時代はない。この渦中にいた人々は、平和な社会に暮らしている者には想像を絶する苛烈な現実を前に、信じていたものが信じられなくなった時代であった。

　私はこの書物を通してまさにこの時代を生き抜いた実業家平生釟三郎という一人の人物の生き様を多面的に描くことによって、彼が身を以て生きた時代そのものをも明らかにして見たい。その作業を行う上で格好の極めて重要な資料を彼は後世の我々に残している。それは彼が日々の出来事を克明に書き記した日記である。彼は大正2（1913）年10月7日に筆を起こし、昭和20（1945）年10月12日に筆を擱くまで、この激動の32年間を彼が実際に体験し、見たまま、感じたままをこの日記に記していて、今我々はこれを通して、通常の歴史書や偏った思想書とは違った興味深い生き生きとした事実や人物に接することができる。その意味でこの日記は日本の近現代史にとって第一級の史料であると言っても過言ではないだろう。

　例えば実業家としての彼は東京海上火災専務として関東大震災に正面から関わったかと思えば、保護貿易・干渉国家が世界的に蔓延していた時代に大阪自由通商協会のリーダーとして自由貿易運動に奔走し、また、川崎造船所社長となり、やがて戦時下日本製鉄の会長・社長として日本の鉄鋼生産を取り仕切る。また川崎造船社長・甲南学園理事長時代に、移民問題でブラジルとの関係を修復して貿易を増大させる。そればかりか文部大臣までも引受け、あるべき教育改革に奔走する。この間、教育者としては甲南学園を創設したうえに私設の奨学金制度「拾芳会」まで設立する。さらに灘購買組合の設立にあたっても協力を惜しまず、また大阪ロータリークラブのチャーター・メンバーにもなる。そのうえ甲南病院や川崎病院までも建設する。他方軍部に対しても良好な人間関係を保ちながらも、軍部に対する厳しい批判を忘れない。一人の人間がこれだけ多くの重要なポストをこ

なしていけるとは尋常では考えられないが、その彼の行動が詳細に日記として残されていることは、我々後の世代にとって、まさに驚嘆としか言いようがない。

したがって、この日記には細々した平生家の日常生活の様子から錚々たる歴史上の人物とのざっくばらんな会話まで、当時の様々な人々の生の声がまるで再現されているかのようである。東京外国語学校露語科時代には二葉亭四迷(1)、実業界では各務鎌吉(東京海上火災)、伊藤忠兵衛(二代目、伊藤忠商事)、安宅彌吉(安宅産業創設者、甲南女子学園理事長)、久原房之助(鉱山経営を中核に造船、肥料、商社等を傘下にもつ財閥を形成。後中核の久原鉱業を義兄の鮎川義介に譲渡。後政治家に転身し立憲政友会総裁)(2)、小林一三(阪急電鉄)、野村徳七(二代目、野村財閥創始者)、金子直吉(鈴木商店)、松方幸次郎(川崎造船所)、鮎川義介(日産)、那須善治(灘生協)、高野岩三郎(大原社会問題研究所)、住友・三菱・三井などの大財閥を率いる人々、濱口雄幸や井上準之助、また原敬、犬養毅、高橋是清などの政治家たち、岸信介等数え切れないほどの官僚達、寺内寿一や東條英機らの軍人達、賀川豊彦(社会運動家)や羽仁もと子(自由学園創立者)などのクリスチャン、カナモジ会とロータリークラブの面々、テニスプレーヤーとして世界に名を馳せた清水善造など(3)。彼らとの対話の様子や彼らについての人物評は実に生き生きとしていて、ときには辛辣で、読者にとって実際にその場にいて、まるで息づかいまでも聞こえてくるかのようである。

だが、実はこの彼の日記は一般にはこれまでほとんど知られていなかった。それはこの日記が余りにも悪筆で誰も原文をそのまま読み通すのは至難の

---

(1) 高阪薫「平生釟三郎と二葉亭四迷−青春の分岐点−」『平生釟三郎の総合的研究』甲南大学総合研究所、叢書9、1989年、参照。

(2) 潮海一雄「久原房之助と甲南学園」、甲南学園編『平生釟三郎−人と思想−』平成15(2003)年、第4章。

(3) 三島康雄は平生が日記を書き始めた大正2(1913)年から大正13(1924)年8月に限って彼の人脈を調べているが、彼の多岐に富んだ交際には驚かされる。三島康雄「大正期における専門経営者の人脈形成−平生釟三郎の日記を通して−」『平生釟三郎とその時代』甲南大学総合研究所、叢書18、1991年、また杉原四郎「平生釟三郎と彼をめぐる人々」『平生釟三郎の人と思想』甲南大学総合研究所、叢書27、1993年、を参照。

業であったからである。平生とともに甲南学園創立に携わった伊藤忠兵衛（二代目）の回顧談にこんな話がある。彼がアメリカに滞在中の1918年、平生から手紙が届いた。中身は中学建設に関することだったが、「私一人では読めませんから三人で一週間ほど探り探り読みました」とある[4]。この悪筆振りは平生自身自覚して、「マルクスは非常の悪筆にして其草稿は読み易からざりし為め、多大の時日を要したりとの説明を見て余は自己の悪筆を顧みて窃かに一笑を禁ずる能はざりし」[5]、とマルクスを引き合いに出して半ば自分の悪筆ぶりを自慢でもしているかのようである。ここでマルクスの悪筆を12年もかけて解読し『資本論』として世に送り出したのはエンゲルスだが、平生日記の悪筆を一般に読めるようにするには、解読の作業が始まって以来、

数多くの人々の協力と半世紀余りの時間を要し、やっとここに『平生釟三郎日記　第一巻』として世に送り出すことができたのである。

悪筆の日記（甲南学園蔵）

　ここでまず平生日記から彼の生きた時代と生涯を簡単に見ておこう。

　平生釟三郎は大政奉還の前年の慶応2（1866）年5月22日に美濃の国加納で武家田中時言・松の三男として生れ、子供の頃から武士道精神を厳しく叩き込まれた。明治12（1879）年、14歳の時中学を退学して上京し、東京外国語学校ロシア語科給費生となり、ここで二葉亭四迷等と学友となる。だがこの学校は短期間で廃校となり、東京商業学校（後高等商業学校、東京商科大学、戦後一橋大学）に吸収されるが、平生はここに入学を許される。問題は学費である。これに窮した彼は入学と同時に旧岸和田藩士平

（4）昭和44（1969）4月21日の甲南学園創立50周年記念式辞に伊藤忠兵衛理事長が語ったエピソードの一つである。「理事長式辞」、平生釟三郎日記編集委員会『平生釟三郎日記　第四巻　附録』甲南学園、2011年。
（5）『平生釟三郎日記　第二巻』2010年、499ページ。

生忠辰の養子となる。同校を卒業して朝鮮仁川海関幇辨を拝命して仁川に渡るが、翌々年の明治26（1893）年には恩師矢野二郎の勧めで神戸商業学校の校長となり、廃校寸前の同校を立て直す。この時わずか28歳であった。翌年東京海上保険株式会社に移り、同郷で

コレンコが教授を辞し、帰国に際して撮影された集合写真。平生釟三郎は中列左から4人目。左端が長谷川辰之助（二葉亭四迷）（甲南学園蔵）

同じ東京商業出身の各務鎌吉とともに倒産の危機に陥っていた同社を立て直し、さらに赤字に陥っていた同社のロンドン支店を整理してスリム化し、やがて同社を世界的大企業に育て上げる。大正6（1917）年、52歳の時、東京海上火災専務取締役となり、大阪・神戸両支店長を兼務する(6)。

　第一次大戦前夜の大正2（1913）年10月7日、膨大な日記の第一筆が書き下ろされる。そして早速彼によって、我々にも当時の退廃しきった日本社会の実像が知らされる。その翌年の1月、武庫郡住吉村の平生邸と目と鼻の先に豪邸を構えていたシーメンス社のヴィクトール・ヘルマンが帝国軍人に賄賂を贈った事実が判明し、続いて戦艦金剛を巡る疑獄事件までも発覚する。武士の血を引く平生は日本帝国軍人に特有の武士道精神を誇りに思っていたが、それがこのような事件を起こすとは日本の武士道も地に落ちた、と彼は嘆く。他方で商人の私利私欲、金儲け主義には実業家として平生は許しがたいものを感じていたが、第一次大戦下に発生した日本の成金ブームは常軌を逸し、大正7（1918）年には、当時アメリカに居た伊藤忠兵衛に次のような憤りに満ちた手紙を書いている。今日本では「成金」という新し

(6) 平生釟三郎著・安西敏三校訂『平生釟三郎自伝』名古屋大学出版会、1996年。この書は平生が日伯経済使節団団長として渡伯し、一旦団の役目を終えてアルゼンチンに向かう途中に重篤な病にかかりドイツ病院に約一ヶ月間入院したが、この間病床にあって、生い立ちから明治天皇の崩御に至るまでを綴ったもので、『平生釟三郎日記』とつなぎ合わせると、文字通り彼の生涯が描かれることになる。

い言葉が生まれた。将棋と無関係の人間の世界でもこの言葉が使われている。船や株で儲けて急に羽振りが良くなった連中が、何でもかんでも金で変なことをしている。こんなことでは日本はだめになる。この状態を救うには教育を立て直すしかないと[7]。そこには、かつての日本の商道徳、「大いに高利を貪り、人の目を掠め、天の罪を蒙らば、重ねて問い来たる人、稀なる可し」と教えられた「商売往来」の世界[8]は跡形もなくなったかのようであった。もっとも東京海上火災はこの大戦で多額の利益を得ているのだが。

　第一次大戦のバブル景気が崩壊すると、次から次へと不況の波が日本経済を襲ってくるのだが、それも商道徳の頽廃と無関係ではなかった。終戦前から戦後にかけてのパンデミック、スペイン風邪が日本でも猛烈な勢いで流行し、死者は257,000人に達した、と内務省の記録に残されている。しかしこのパンデミックは日本経済そのものに打撃を与えることはほとんどなかったようである。1920年1月には4万人近くが犠牲になったが、それとは無関係に、蔵相高橋是清の積極的擁護論もあって株と物価の高騰で日本経済は沸騰していたのである。だが大正9（1920）年3月15日には突如東京証券取引所で株が大暴落をし、以後日本経済は不況に懊悩することになる。この大正9年恐慌は、井上準之助がいみじくも名言したごとく、「富士の山の頂上から非常な速力で墜落して、富士川の川底どころではない、恐らく琵琶湖の湖底まで落ちた」[9]、それほど強烈なものであった。

　そしてこの大不況がやっとおさまるや否や、大正12（1923）年9月1日に突然大震火災が帝都を襲う。地震による火災の場合は保険金はおりないと国際的に決まっていたが、この余りにも大きな被害を前に、一方で財界と山本権兵衛政府が保険金支払いそのものを主張し、他方で火災保険会社の側では、東京海上火災専務として関西を統括していた平生をはじめとして、各

(7) 昭和44（1969）4月21日の甲南学園創立50周年記念式典での伊藤忠兵衛理事長の談話で語られたエピソード（「甲南学園創立50周年記念式　理事長式辞」『平生釟三郎日記　第四巻　附録』）。
(8) 藤本建夫『東京一極集中のメンタリティー』ミネルバ書房、1992年、121ページ。
(9) 井上準之助「戦後に於ける我国の経済及び金融」、井上準之助論叢編纂会編纂『井上準之助　第一巻』井上準之助論叢編纂会、昭和10（1935）年、7ページ。

務鎌吉らの関東の保険会社は「社会問題」の見地と保険会社の能力から見舞金を支払うべきだとの立場を取ったのに対して、関西の保険会社は「法理」を盾に支払いを拒否した。政党間でも意見はまとまらず、同年12月の帝国議会では政党間の思惑で法案は握り潰される。虎ノ門事件で山本権兵衛内閣から清浦奎吾内閣に代わると、一旦火災保険問題は消滅するかに思われたが、被保者の圧力に政府も保険会社も屈して見舞金を支払うことで決着がつく。

　関東大震火災の余震と言うべきか、昭和2(1927)年、金融恐慌が発生し、多くの金融機関が休廃業に追い込まれ、それとともに多くの企業も軒並み倒産していった。神戸もこの恐慌から免れることはできなかった。というよりも、神戸こそ最も厳しい打撃を受けたといってもよかった。鈴木商店は台湾銀行との癒着が問題にされて倒産し、川崎造船所も主要銀行である十五銀行が休業に追い込まれたために経営が行き詰まってしまった。それまで神戸の二大雄傑と畏敬の念で敬われていた金子直吉と松方幸次郎はこうして不況の波に飲み込まれて経済の第一線から消えていった。

　このように第一次大戦後の日本社会は何もかも行き詰まっていたが、この間平生はと言えば、大震災後、アメリカ、ブラジル、ヨーロッパを漫遊し、この漫遊が彼の人生の大きな転機となる。この旅行はそれぞれに彼に新鮮な影響を与えた。アメリカではフォード自動車会社の社会事業に感銘を受け、イギリスおよびドイツではその教育スタイルの新鮮さに驚きを覚え、ブラジルの移民の可能性を確信し、それに船中でエドワード・ボックの自伝を読み、元々彼が考えていた人生三分論(修業時代、自立時代、社会国家への奉仕時代)に従って人生を生きている人物がいることに自信を覚え、帰朝後の株主総会で東京海上火災専務取締役を辞し(平取締役は継続)、今後は社会・国家への奉仕に残りの人生を捧げる決心する。

　では社会・国家に奉仕するということで平生は具体的にはいったい何を考えていたのか。昭和4(1929)年9月30日の日記に次のような記述が見られる。「余は今日に於ては学校教育を官僚的干渉及割一的模倣の弊害よりliberateすること、産業貿易を保護干渉より liberateすること、国語を漢

字の禍害よりliberateすること、療病を営利的医術よりliberateすることを以て余生涯の事業として努力勇往せんとす」と。平生から見れば、教育にせよ、経済にせよ、医療やその他何にせよ、それらが日本を窮屈にさせているから、それらをliberateする、つまり自由にしなければ、現在の行き詰まりの状態から日本を救い出すことはできない。平生にとって社会・国家への奉仕とはこのように広く日本全体をいかにliberateするかにあった。

この問題をもう少し具体的に見てみよう。平生は社会を成り立たしめている根本には教育があると考えていた。甲南中高等学校を創立するにあたって、その教育はただ単に画一的詰め込み主義、より上位の学校に進学するための教育を指していたのではなく、むしろその類いの教育を批判し、真の教育とは何かを考え、それを実践することにあった。教育とは、高等学校まではまだ人生という長いマラソンを駆け抜けるための準備段階であり、その意味では「人格の修養と健康の増進を第一義とし個性に応じて天賦の智能を啓発」することを目的としているのであって、大学に入って初めて本格的な、あるいは国家・社会に役立つ研究に身を捧げなければならない、そうあるべきであった。その意味では画一的な日本の教育は高等学校も大学も全く不十分で、だからこそ日本の企業は外国からのパテント依存主義から脱却できないのである。そこで平生ら関西の財界人達は理化学の「基礎知識」を研究するために大阪に帝国大学を設立するための運動を開始する。彼の甲南学園は以上のような広い視野の教育観の下に創設されたのである。

Liberateしなければならないのは産業・貿易とても同じである。昭和2（1927）5月にジュネーブ国際経済会議が開催され、秋から具体的交渉が始まった。この会議に日本からは前興業銀行総裁志立鉄次郎、東京商大教授上田貞次郎らが出席していて、自由貿易の重要性を肌で感じて帰国する。志立は日本でも自由貿易運動を立ち上げようとして大阪商船の村田省蔵副社長に相談する。村田は平生にその話を持ちかけると、これにただちに共鳴した平生は早速行動に移り、昭和3（1928）年1月14日に「大阪自由通商協会」創立総会にこぎつける。それに反して大財閥が経済を牛耳っている東京は平生のような考えは歯牙にもかけず、したがって大阪と同日に

開催された東京での自由通商協会創立総会ははなはだ盛り上がりを欠き、相変わらず保護主義が支配的であった。

　自由通商政策と相関関係にあると考えられていた金本位制についても、フランスが昭和3（1928）年6月に5分の1に切り下げて金本位制に復帰したのを切掛けに、日本も昭和5（1930）年1月に旧平価で金解禁を行うが、このつかの間の金本位制復帰を平生は積極的に支持し、そのための運動も活発に行う。しかし昭和6（1931）年9月に発生した満州事変と時を同じくしてイギリスが金本位制を離脱すると、日本も政権が民政党から政友会へと交替し、蔵相高橋是清のもとで同年12月に金輸出再禁止をしてしまう。

　これとほぼ同時期に川崎造船所が資金的に行き詰り、ついに神戸区裁判所に強制和議申し立て、その整理委員会委員の一人に平生が指名される。彼は持ち前の行動力でリーダーシップを発揮して整理方針を決定し、昭和8（1933）3月の株主総会で満場一致で社長に推挙され、再び実業界に復帰する。その復帰に当って彼の関心事は彼の行動が社会・国家に役に立つこと、すなわち彼がここでliberateされるべきものと考えていたのは労資対立ではなくて、労資協調であり、さらに職工の技術向上ために週毎に工場での仕事と勉強を繰り返す先進的な川崎東山学校（当時このシステムは「コーオプ教育」と言われていた）を建設し、また中流以下の人々にも立派な診療を受けられる病院として甲南病院を創設したばかりでもあって、従業員とその家族の健康のために率先して川崎病院を建設することであった。この彼の労資協調論はすでに岡本利吉との交流の中で培われていたものだが、川崎造船所社長としての実践の過程で確信に代わり、それはやがて大日本産業報国会を率いる彼の基本的な原動力となる。

　これに先立って昭和6（1931）年に平生は「海外移住組合連合会」会頭に任命され、ブラジル移民は順調に進むかに見えたが、昭和10（1935）年、ブラジルでも排日運動が盛んとなり移民が大幅に制限されることになった。そこで日伯両国は、綿花をブラジルから輸入し、日本からは工業製品を輸出することによって貿易を拡大することを考え、日本から訪伯経済使節団が派遣されることになった。その団長にはまだ更生途上の川崎造船所社

長で同時に甲南高校理事長の平生が推薦され、結果的には大成功を収める。しかし国内では不穏な政治状況から、翌年には2.26事件が発生するが、彼は偶然にもハワイに行くべくこの日の早朝に東京駅に降り立ち、事件に遭遇する。この事件で岡田啓介内閣が倒れ、その跡を襲った廣田弘毅は平生を文部大臣に推薦する。これを拝受した平生は川崎造船所会長を辞し、関西の実業家から日本の政治家へと活躍の場を広げることになる。

　平生が文相として最も重要視していたのは、「国語を漢字の禍害よりliberateする」、であったが、国字をカナモジ中心にすることはすぐには実現できないとしても漢字数を制限することは可能であると熱っぽく演説したが、議会では彼の熱意は通じなかった。翌年の1月21日、濱田国松と寺内寿一陸軍大臣との「切腹問答」で廣田内閣が総辞職を余儀なくされ、彼の義務教育2年延長論を初めとする構想はすべて流産してしまう。帝国美術院改組問題に関しても、美術を国民すべてが楽しめるような常設美術館を構想し、その第一歩として、根津嘉一郎（東武鉄道創設者）から資金援助を受けて建設することを考えていた。もとよりこの計画も実現しなかったが、この平生の計画を知った根津の息子の藤太郎は開戦の前夜に根津美術館を設立する。

　日本は満州事変前後からますます軍部が政治に介入してくると、この軍部勢力の増大は彼がこれまで全身全霊をかけて実現させようとしてきた「社会、国家に奉仕する」、あるいは日本社会をliberateする、あるいは「解放する」こととは明らかに矛盾する。平生は1937年2月に文部大臣を辞任し、同年6月に軍部とは切っても切れない鉄鋼業界において日本製鉄会長・社長となるが、重要産業統制団体のトップに押し上げられて梯子を下ろされ、実質的な権限は彼の手から巧妙に取り上げられてしまう。また満州国との関係では、彼は批判的立場に立ちながらも鉄鋼と石炭のために「日満一如」を重視する政策を目指すが、奏功せずに終わる。さらに華北司令官最高経済顧問という重要なポストに就いて華北農民を豊かにすることを構想するが、やはりこれも国内での陸海軍の対立から彼に与えられた顧問のポストそのものが廃止されてしまう。教育並びに経済社会をliberateすることは、軍事体制

下では所詮無理な話であった。

　太平洋戦争のさなかの昭和17（1942）年10月13日、平生は勲一等旭日大綬章を親授されるが、わずか1カ月足らずして脳血栓で倒れ、これを機に基本的にすべての公職を辞任する。ただ彼が最も重視していた労資協調体制については、大日本産業報国会として昭和15（1940）年11月に設立され会長になり、脳卒中で倒れてからもしばらく会長に止まるが、彼が考えていたものとは実質的に違ったものに変質してしまったために、彼は会長を辞任する。脳血栓後、彼は天皇の諮問機関枢密顧問官に親任されるが、アメリカの圧倒的な軍事力を前に日本は為すすべ無く、アメリカに敗北してしまう[10]。

　ところで彼が社会・国家に奉仕する、あるいは日本をliberateすると言う場合、理想とする社会像や国家像を彼はどこから得ていたのだろうか。彼はこれを論じる場合、天皇制とともに、往々にして欧米を例にあげる。「正しく強く働く者に幸あり」をモットーに、不労所得を批判し、遺産相続には課税を重くすべきだと主張し、他方で労資がともに協調しあって自由に競争する社会こそ理想と考えていた。事実日記を読み進めていくと、日本が国際的に苦境に陥ると、必ずといって良いほど彼の脳裏にはイギリスがよぎる。杉原四郎はこうした平生の議論にJ.S.ミルの考えが色濃く反映されていたと見ていた[11]。

　また平生の六女美津の夫で後に東京海上火災の会長となる水澤謙三は昭和9（1934）年から16（1941）年までニューヨーク及びロンドンに駐在していたが、彼は戦後『平生釟三郎追憶記』の中で以下のように述べている。「父は英国人の特性を尊敬すると同時に、英国人が利己的、打算的であり、英国が常に自国と自国民の利益を第一に考えていることを見抜いている。

---

(10) 河合哲雄『平生釟三郎』羽田書店、昭和27（1952）年
(11) J.S.ミルの研究者として著名な杉原四郎はミルの所論を念頭に置きながら、平生釟三郎の思想を不労所得批判、労資関係改良論、貿易・移民論から論じている（杉原四郎「平生釟三郎の経済思想」甲南大学総合研究所叢書1、1986年）。

然しそれがfair playであり、reciprocityの原則に立つ以上、当然の態度であると是認している。これによって見るに、父は親英派と云うより寧ろ英国人を正しく理解する知英派という方が当っていると思われる。…然し父は英国を愛するよりも前に日本を愛し、親英家であるよりも更に一層熱烈なる日本の愛国者であった」[12]。

　戦前の日本は「天皇制ファシズム」の時代として一括りにされることがある。事実昭和9(1934)5月5日の日記に山田耕人なる人物が平生を訪問し、軍部の一部と右翼が結託して「日本に於て共産主義的運動を掃絶し、天皇を中心とせる独裁政治を決行せんため種々劃策しつつあるが如く、…即ち fascio政治を天皇直裁の下に行はんとするなるが如し」と述べているが、平生の場合、むしろ欧米の自由主義思想と天皇制との融合の中にあるべき社会像を描いていたのではないか。それは次のような彼の独自な皇室とロータリークラブとの関係性についての理解に表現されていたように思われる。すなわち、同クラブは1905年にシカゴで生まれた世界初の奉仕クラブ団体であるが、「一業一人」をもって組織し、「奉仕」をモットーに会員が親しく交流し知識の交換によって「社会の進歩と改善」に貢献し、「福利を増進」することを理念に掲げているが、諸国家が分裂し、人種間、皮膚の色あるいは宗教の違いで人類が敵対しあう現実を前に、「異人種をして理解せしめ親和せしめ」、いわば数千年来の偏見を取り除き「世界人類の幸福の為め貢献」している。平生はこのロータリー精神には、実は昔から「忠孝の道」を「道徳の基本」としてきた日本人の心情に相通じるものがあると感じていた。彼はそれについてこう述べている。「上皇室におかせられては常に民心を以て心とせられ、絶対に私心を去り私慾を離れて統御あらせ給ふことは世界に其比を見ざるところにして、若しロータリーの精神が尤も古く尤も清く永く流れて止まざるもの何処にありやと問ふものあれば、余は我皇室に在りと断言するを憚らず」。「絶対に私心を去る」日本の皇室はロータリーの奉仕の精神の根源につながっていると(昭3.5.17.)。

(12) 水澤謙三「父の手紙」、津島純平編纂『平生釟三郎追憶記』昭和25(1950)年、拾芳会、147－149ページ。

このように見てくると、彼の生涯を貫いていた思想あるいは哲学は、やはり、ロータリークラブ精神と「清く永く流れて止まざる」皇室にあったと考え、それに如何に近づくことができるのかにあったのではないだろうか。そこで私はこの膨大な平生日記を前にして次の三点に注目しながら彼の思想を読み解いて見たい。まず第一は、平生の社会理念からして、何もかも金で動かされる時代になってしまった日本をどう見ていたのか。彼からすれば、彼が誇りに思っていた軍人さえ金で動かされるようになれば、彼が考える政治も経済も社会も道徳心もすべてが失われてしまったのではないか。第二に、彼はその退廃してゆく日本社会を立て直すために、彼の理想と考える教育、経済、政治、社会などの改革に着手するが、その活動を彼は、日本社会をliberateする、つまり「自由化する」あるいは「解放する」、という言葉で表現する。それが甲南高校の創立や病院の建設となって姿を現し、実業界では労資協調を掲げ、自由貿易運動のリーダーとなり、さらに川崎造船所の再生や日本製鉄の官僚支配体制の改革となって現われる。第三に、その彼の理想とする社会は戦時体制下に次第に行き詰まり、往々にして自由は蔑ろにされ、軍の「成行主義」の論理が優先される。そこにはロータリークラブ精神と「清く永く流れて止まざる」皇室がともに歩む状況は当然無視される。その結果が太平洋戦争であり、焦土と化した日本であった。そしてそれとともに彼の30年余りにわたる日記は閉じられ、まもなく彼の生涯も終焉を向かえる。平生釟三郎がやり残した「liberateな社会」という理想は戦後社会の課題となる。

　本書は、「第1部　消滅する武士道精神と商道徳の退廃」、「第2部　平生釟三郎、日本をliberateする」、そして「第3部　戦争責任を皇室に転嫁する軍部とその軍部に翻弄される平生釟三郎」の3部より構成されている。日記は第6巻までは縦書きで、7巻からは横書きであるが、それは平生がカナモジ会に加盟したことと関係している。それゆえ本書もそれにならって横書きとした。日記の各巻で引用した日付は以下の通りであるが、引用にあたって巻数は省略し、例えば（大2.10.7.）とした。また各巻は漢字カタカナ交じり

文で書かれているが、全体の読みやすさを考慮して漢字ひらがな混じり文とした。

第 1 巻　大正 2 （1913）年 10月7日〜 大正 4 （1915）年 12月31日

第 2 巻　大正 5 （1916）年 1 月 1 日〜 大正 7 （1918）年 3 月 31 日

第 3 巻　大正 7 （1918）年 4 月 1 日〜 大正 9 （1920）年 5 月 31 日

第 4 巻　大正 9 （1920）年 6 月 1 日〜 大正 11（1922）年 4 月 30 日

第 5 巻　大正 11（1922）年 5 月 1 日〜 大正 12（1923）年 11 月 30 日

第 6 巻　大正 12（1923）年 12月1日〜 大正 14（1925）年 2 月 4 日

第 7 巻　大正 14（1925）年 2 月 5 日〜 大正 15（1926）年 2 月 28 日

第 8 巻　大正 15（1926）年 3 月 1 日〜 昭和 2 （1927）年 4 月 30 日

第 9 巻　昭和 2 （1927）年 5 月 2 日〜 昭和 3 （1928）年 6 月 30 日

第10巻　昭和 3 （1928）年 7 月 1 日〜 昭和 4 （1929）年 8 月 31 日

第11巻　昭和 4 （1929）年 9 月 1 日〜 昭和 5 （1930）年 11 月 30 日

第12巻　昭和 5 （1930）年 12月1日〜 昭和 7 （1932）年 1 月 31 日

第13巻　昭和 7 （1932）年 2 月 1 日〜 昭和 8 （1933）年 2 月 28 日

第14巻　昭和 8 （1933）年 3 月 1 日〜 昭和 9 （1934）年 4 月 30 日

第15巻　昭和 9 （1934）年 5 月 1 日〜 昭和 11（1936）年 3 月 6 日

第16巻　昭和 13（1938）年 1月18日〜 昭和 14（1939）年 9 月 30 日

第17巻　昭和 14（1939）年 10月1日〜 昭和 16（1941）年 10月31日

第18巻　昭和 16（1941）年 11月1日〜 昭和 20（1945）年 10月12日

補　　巻　訪伯経済使節団団長前後、文部大臣在任期とその前後、
　　　　　スズ日記（昭和 11 年 3 月 1 日〜昭和 13 年 2 月 1 日）、
　　　　　人名索引（第一巻〜第十八巻）、正誤表および注記の追加

第1部

消滅する武士道精神と
商道徳の退廃⁽¹³⁾

「嗚呼、帝国軍人は其清廉潔白の点に於て世界に冠たりと自
負せし事は昔の夢にして、今や武臣、銭を吝み外国会社より収
賄して赤恥を外国法庭に曝すに至る。其当事者は何の面目あっ
て国民に見へん、唯一死あるのみ。…我国軍人の腐敗は膏肓に
入れるものか。…所謂大正は昂上の時代にあらずして凋落の時
代にあらざるか」（大3.1.23.）。

有力な商工業者は「政府と何らかの因縁を有し、政府の保護
を受くるか、又は何らか利権を受くるものなれば、政府に向かっ
て何らの権威を有せず」。その「意気地なきこと、到底欧米実業
家の比にあらず。商工立国を口にするも、之れ虚勢を衒ふのみ
にして真に国家を思ふの心ある実業家は実に暁天の星」のごと
くである（大11.8.12.）。

（13）安西敏三「人間 平生釟三郎—パブリック・モラリストとして—」『甲南リベラリズムの源流を求めて
—平生釟三郎の建学精神と地域開発をめぐって—』甲南大学総合研究所、叢書132、2018年、
を参照。

第1章

第一次大戦前夜の軍部の疑獄事件

■ 第1節 シーメンス事件

　明治45（1912）年7月29日に明治天皇が崩御し、大葬の儀は9月13日に行なわれた。この日に乃木希典が妻とともに殉死し、明治という時代がこうして終わる。しかし大正と元号が変わっても、明治時代に日清・日露戦争によって国民に課せられた財政負担は重くのしかかったままだった。それに加えて、軍部では相変わらず明治維新以来の藩閥体制、特に陸軍の長州と海軍の薩摩が覇権を競い、他方で政党政治とは言いながら、立憲政友会が中心的な地位を占め、選挙の汚職は常態化し、それらが全体として日本の政治、経済、社会を不安定にさせていた。

　こうしたさなか、第二次西園寺公望内閣（明治44年8月30日～翌年12月5日）に対して陸軍から、財政が逼迫しているにも拘らず、朝鮮駐留のための二個師団増設要求が出された。それは、中国で辛亥革命（1911～12年）によって清朝が倒れると、これを機に、伝統的にロシアを仮想敵国視していた日本陸軍はロシアが満蒙に進出してくるのではないかと恐れ、軍備増強を図ろうと目論んでいたからであった。しかしこの軍備増強は一層の財政膨張を招き、国民の租税負担はいっそう大きくなるとの理由から、新聞・雑誌など、メディアはこれに対して反対運動を繰り広げ、西園寺内閣も同じ理由で反対の態度を崩さなかった。これに反発した陸軍は軍部大臣現役武官制を利用して陸軍大臣を内閣から引き上げ、後継大臣を出さなかったために（軍部大臣現役武官制）内閣は総辞職をせざるをえな[14]かった。

　後継内閣は桂太郎（長州）を首班（第三次）とするものであったが、増師

---

(14) 由井正臣『軍部と民衆統合　日清戦争から満州事変期まで』岩波書店、2009年、第2章を参照。

反対の声はますます大きくなり、ついに「閥族打破・憲政擁護」が国民的運動へと発展し、大正2(1913)年2月10日には日比谷公園は憲政擁護を支持する人々で埋め尽くされ（第一次護憲運動）、交番や桂内閣寄りの新聞社などが焼き討ちにあった。日清・日露戦争以後、国家の経済力を超える軍備拡張は国民にとってもはや耐えられなくなっていたのである。

　桂内閣にはこの国民の重税反対の声を無視してまで課税を強行する力はなく、同年2月20日、ついに総辞職を余儀なくされ、その後継内閣を引き継いだのが薩摩派の海軍大将山本権兵衛であった。彼は内閣の基盤を強化するには藩閥政治よりもむしろ民衆の声に耳を傾ける必要があると考え、立憲政友会と手を結んだ。しかし相変わらず国民の薩長藩閥体制批判は続き、軍備拡張予算のための財源としての織物消費税、営業税、通行税などの課税に対して廃税[15]を求める声も大きくなり、その矛先は当然山本内閣に向かった。

　以上のような不安定な政治、経済、社会情勢のもと、大正2(1913)年10月7日、その後太平洋戦争の敗戦まで続く膨大な平生釟三郎日記の第一筆が書き下ろされる。いかにもそれはシンボリックな書き出しで、その後の日本の歴史を予言するかのようであった。「袁世凱、支那共和国大総統に撰挙せられ、列国共同、支那共和国を承認したるの報あり。支那が共和国と否とを問はず、今後国土を保全して独立を維持し得るや否やは、唇歯の関係に在る我国に取りては重大の問題なり」と。事実この中国との動向がその後の日本の歴史を大きく左右してゆくことになる。

　まず平生にとってはあってはならない海軍贈収賄問題が発覚する。この

---

(15)日露戦争以後国民の間では膨張する国債に対して（明治39〔1906〕年から大正2〔1913〕年までの平均で一般会計歳出の約28%）、「財政整理」を求める声が大きくなり、これを受けて明治39年には大蔵省税法審査委員会（会長は大蔵次官の若槻礼次郎）が設置され、その委員会で「租税整理案」三案が出される。そのうちの一案に、「地租、所得税、営業税、織物消費税、通行税及塩専売ヲ廃止シ代フルニ不動産税ヲ以テス」とある。
　ちなみに、明治37(1904)年には非常特別税法（ここには織物消費税、地租・営業税等広範にわたる税目で増徴）、翌年にはさらに相続税法が導入され、非常特別税法の改正で通行税が創設され、明治37年に増税された税目でさらに増徴が行われた（金澤史男「両税移譲論展開過程の研究—1920年代における経済政策の特質」『社会科学研究』36−1、1984年7月、70、75ページ。

軍部・政界を巻き込んだ大事件は、大正3（1914）年1月21日、外電によって伝えられ、それが23日には島田三郎（立憲同志会）によって衆議院予算委員会で、ドイツの電気会社シーメンス（＝ジーメンス）社の日本支社が電気器具の売り込みで海軍上層部に賄賂を贈っていた事実が暴露されたのである。シーメンス社と海軍上層部との贈収賄事件は、2月中旬あたりから巡洋艦金剛をめぐるイギリス・ヴィッカーズ社との疑獄事件へと発展し、山本内閣は総辞職を余儀なくされるのだが、それは次節で論じることにして、日本の政界と軍部を震撼させたシーメンス事件の張本人ヴィクトール・ヘルマンは、武庫郡住吉村（現神戸市東灘区住吉本町）の平生釟三郎の邸宅とは目と鼻の先の小高い丘の上に、「宏壮にして輪奐の美を極めたる高廈」（大3.2.4）に居を構え、彼が自動車に乗って疾駆する光景はまさに「他を睥睨する」かのごとくであった。同社は東アジア市場の中心を日本に据え、神戸工場で製造された製品を東アジア各地の市場で販売していたから、シーメンス社支社長の豪邸もここに建てられていたのである。

　だが同社にとっての懸案は、日本市場での競争においてはアメリカ企業のはるか後塵を拝していたことにあった。第一に、アメリカ製は発注から製品引渡しまでの期間が短く、かつ納期が正確であったこと、第二に日本の電機技術がアメリカの影響下で出発したのでアメリカの技術が「事実上の標準」になっていたこと、第三にアメリカ企業は日本側のパートナーの活用（例えば三井物産など）に長じていたことなど、シーメンス社が多岐にわたって劣勢をかこっていたことは紛れもない事実であった。これを覆すには価格競争に持ち込む以外になく、それには贈収賄ほど手っ取り早いものはなかった[16]。

　この贈収賄事件が明るみに出ると、早速平生は大正3（1914）年1月23日の日記に次のように記す。「ロイター電報に、シーメンス・シュッケルト会社東京支社のタイピストが重要書類を窃取し、本国に帰り、同社が日本の高等武官に贈賄せし事の事実を知れることを本社に述べ、恐喝して弐万金を得ん

---

(16) 竹中亨「ジーメンス社の対日事業」、工藤章・田嶋信雄編『日独関係史 1890−1945』第一巻、東京大学出版会、2008年、232−238ページ。

と試みたるに、本社は之を告訴せるを以て、同タイピストは捕拿せられ、裁判の結果同人は二年の禁固に処せられたり。其判決の際、判事は同人の罪状審査の結果、シーメンス会社が日本の高等武官に贈賄せし事実を確認せしを以て、情状を酌量せしことを陳べたり。

　嗚呼、帝国軍人は其清廉潔白の点に於て世界に冠たりと自負せし事は昔の夢にして、今や武臣、銭を吝み外国会社より収賄して赤恥を外国法廷に曝すに至る。其当事者は何の面目あって国民に見へん、唯一死あるのみ。現首相は軍艦の註文に対し秘密口銭を得て今日の富を為せりとは世人の怪むところなり。果して然らば、我国軍人の腐敗は膏肓に入れるものか。…所謂大正は昂上の時代にあらずして凋落の時代にあらざるか。頼むべきは青年なり。汚れざる壮者ならずや」。

　平生は日清・日露両戦役で勝利した日本の軍隊を心から誇らしく思っていただけに 言いようのない幻滅を味わう。翌1月24日の日記には次のような記述が見られる。シーメンス社の東京・ロンドン両支店間の往復文書によれば、この贈収賄事件の発端は「日本海軍軍人と予め手数料を確定して売込」をしていたが、当時在英監督官であった井出謙治中佐が同社に註文していた電機具の「価額不当」を唱え、ついに値引きを承諾させたことにあった。事件はこうして始まるのだが、平生はここから次のような推論をする。

　「如何にシーメンス〔社〕が口銭（秘密）を利用して海軍内部に入込み居りしか想像するに余あり。而して其主たる手数料の取込者は、目下艦政本部第四部長藤井光五郎なり。……彼は資性恬淡なるが如き人なりしも、物質的文明に幻惑せられ華美驕奢に流れたる末、如此きさもしき根性となりしか、又製造家の甘言に惑わされしか。事実とせば痛嘆の至りなり」。

　「清廉潔白」のはずの帝国軍人が「銭を吝み」、「製造家の甘言」に惑わされたのは「物質的文明に幻惑せられ華美驕奢に流れたる末」だと平生は断言するのだが、その後の日記でもこの言辞が繰り返し出てくる。2月4日の日記によると、西欧文明は技術的には大いに進歩しているが、「外人は物質的慾望に幻惑させられて道義の観念を喪失」している。またその文明は「人類を駆て獣慾の奴隷」にしてしまう危険性を孕んでいる。日本は、開

国してまだ日が浅く、物質文明では西洋文明に劣っているが、「精神的に堕落」しなければ日本は年と共に彼の勢力を凌駕」することができるはずである。しかし「生命すら国家の為め犠牲にせざる可からざる軍人が金銭のため外人に買収せられたる如き事件を生じたることは長大息」の極みである。

　ではシーメンス事件について山本権兵衛政友会内閣はどのような対応をしたのか。平生は、政府がすぐにでも査問委員会を設置して「速やかに真相を査明」（大3.2.3.）することを要求する。なぜなら、平生の脳裏には1年前の第三次桂太郎内閣が総辞職するきっかけとなった日比谷騒擾事件があり、また秋には大正天皇の即位の大礼が控えていたからであった。しかし政府の対応は鈍く、また野党の立憲国民党の犬養毅の政府不信任弾劾演説にしてもまるでインパクトがない。平生の考えでは、政党間の対立以前にこの問題は「海軍収賄の元凶たる山本総理に対し其事実を公示して弾劾上奏を為し、以て其任にあらざる事を指摘」することが当然のことであった。しかしそれをしないで隠蔽しようとしているから、民衆が不穏の動き見せ始めているのである（大3.2.10.）。

　このシーメンス事件は、最終的にはヘルマンが大正3（1914）年4月25日に収監され、7月14日に、海軍当局者への贈賄の罪で懲役1年、執行猶予3年の判決が下され、幕が下りた[17]。

　ちなみにヘルマン邸のその上に二楽荘があった。これは、西本願寺法主大谷光瑞が明治41（1908）年に、明治35（1902）年から明治7年にかけて行なった西域探検（第一次大谷探検隊）で収集した宝物を公開展示するために建設された宏壮な建物であった。平生の考えでは、ヘルマン邸が物質文明を代表していたとすれば、日本の精神性を代表していたのは帝国軍隊と並んで宗教であり、その日本の宗教界を代表していたのが西本願寺であった。ところがその帝国軍隊が上記のような贈収賄事件に手を染めるようになるや、宗教までもそれにならって精神性を喪失してゆく。大谷光瑞の西本願寺が財政的に行き詰まってくると、彼は宗門の長たることを忘れて二楽

(17) http://www.lib.kobe-u.ac.jp/das/ContentViewServlet?

二楽荘の前で（甲南学園蔵）

荘を「今や一人五拾銭を徴して之を公開す。観覧者には二楽煎餅を供し、新疆（しんきょう）発掘物を陳列せる館内を見物せしむ。……

恰（あたか）も興業人の如し。彼は一代の豪僧として一時名を海内に喧伝せしも、其行たる全く高僧聖徒にあらずして、唯名を衒（てら）い奇を弄ぶの似非（えせ）豪傑なるに似たり。今や寺の財政困難にして祖先伝来の宝物什器を競売して恬として恥じず」（大2.10.31.）、と平生は大谷光瑞が日本の精神性のかけらも放擲してしまっていると痛烈に批判している。

それを象徴するかのように、第一級の寺宝物尾形光琳の「燕子花図屏風」までも売立にかける。結局これは東武鉄道の根津嘉一郎の手に渡るのだが、この根津とは平生は文部大臣時代に帝国美術院建設問題で関係ができ、彼の急逝後、彼の息子が平生が望んでいた常設美術館を太平洋戦争直前に開設する。そして大谷光瑞はと言えば、大正3（1914）年に門主の地位を去り、二楽荘はその後昭和7（1932）年に不審火で焼失する。

■ 第2節 戦艦金剛をめぐる疑獄事件

そうこうしているうちに海軍の収賄問題はさらに拡大し、戦艦金剛の受注がらみで内閣を揺がす大疑獄事件へと発展する[18]。平生は大正3年2月18日の日記で次のように憤懣を露にする。山本首相は、「武士道を叫んで海軍将校の冤罪」を濡れ衣だと議場で豪語したが、その本音はどうなのか。呉鎮守府長官の「松本〔和〕氏は日清戦争当時、宇品運輸部長として其辣腕を以て鳴りし人、村上格一氏〔呉鎮守府工廠長〕は日露戦争の初期、千

---

(18) 日露戦争後、海軍では海軍大拡張計画が立てられたが、時代は「大艦巨砲主義」時代に入っていて、日本もド（＝ドレッドノート）級戦艦建造を早急に考えなければならなくなった。そこで日本はイギリスから最新鋭の技術導入を含めて、1910年11月にヴィッカーズ社に巡洋艦金剛建造を発注する。贈収賄事件はこの受注をめぐって展開する（奈倉文二・横井勝彦・小野塚知二『日英兵器産業とジーメンス事件武器移転の国際経済史』日本経済評論社、2003年、第4章）。

代田艦長として露艦の囲を衝て仁川を脱出して瓜生司令官をして砲火を開かしめたるの勇士なり。共に両戦役に於て勲功赫々、世人をして其偉績を敬慕せしめたるの将校なるに、軍人銭を愛するの結果、この醜態を暴露し……、憤慨の至なり」。

こうなれば新聞報道も過激となる。「近時、新聞紙の報ずる記事は海軍収賄事件にあらざれば、西本願寺財政紊乱問題のみ」（大3.2.20.）。法主及び以下の僧侶が「宗教家たるの天職」を全うすることを忘れ、「海軍軍人にして自己の責務を全うするの精神」を蔑ろにしているからである。こうしたスキャンダラスな事実を暴露して盛んに報道を繰り返す新聞にいらだつ政府は弾圧に走る。内閣を批判した大阪日報は発禁処分となった。しかしそうなると新聞は一層激越となる。平生はこうした新聞弾圧策はかえって政府にとってマイナスの効果しか生まないと批判する。発禁処分は「寧ろ彼をして名をなさしめ、其販路を拡張せしむるに均し」。そうなると「害毒流布の範囲を拡張するものにあらずや」（大3.3.2.）。

政府はこれに窮してついに内閣改造を行い、海軍収賄問題をうやむやにしようとする。それには予算がらみで陸軍には第二次西園寺内閣が倒れるきっかけとなった増師を約束し、海軍には「廓清」を誓約させることで問題を解決しようと図った。しかし 貴族院で予算案が否決され（大3.3.10.）、結局山本内閣は総辞職を余儀なくされてしまった。3月25日の日記によれば、「山本内閣は予算不成立に依りて施政不可能を理由として辞表を捧呈せるものの如し。……貴族院が海軍廓清を主張し、……海軍費を削減し予算を不成立ならしめたる以上、山本首相は一日も其職に在るを許さず、山本首相と共に内閣総辞職を為すは理の然らしむるところなり」。

軍艦金剛受注収賄問題は更に三井物産関係者にまで累が及んでいった。これについて平生は次のような感想を書き記している。「彼等は三井の重役として実業社会に絶大の勢力を有し、群小実業家をして其前に跪座せしむるの権威を有し、青年をして其成功を羨望せしめ、其成功談は実業学校の学生をして耽読せしめたるものなるに、たとえ会社の為め献身的行為とはいえ、国民として唾棄すべき陋劣なる手段を以て会社の利益を計りたるものにして、

士人としては…席を共にするを恥ずるの行為を為したるものなり。

　……畢竟自己の利益の為めに自己の人格を傷くるも敢て辞せざる醜漢と指弾さるるも、抗弁の辞なかる可し」（大3.4.25.）。

　さて海軍収賄事件のその後をみると、首謀者の松本鎮守府長官は三年の刑を言い渡され（大3.5.30.）、7月2日の日記にはさらに日本の軍隊の恥ずべき事件の結末が記されている。海軍の山内万寿治中将（呉鎮守府長官などを歴任して日本製鋼所会長）は急病のため喀血したと報じられたが、実は彼は自殺を計っていた。それは果たされなかったが、その原因は彼が戦艦金剛建造にからみ多額のコミッションをヴィッカーズ社から受け取っていて、そのために裁判所の糾問を受けるのではないかということを恐れて割腹し、気管を切断しようとしたのであった。平生は次のように記す。「海軍収賄問題は已に満了し、他にかかる醜件に干与したるものなしと海相の言明せしに拘はらず、山内中将が自殺を以てこの事件を隠蔽せんと試みたりとせば、海軍廓清は決して完了したるものにあらず。帝国海軍の恥辱、之より甚だしきはなし」（7月2日）。

　こうして陸軍では増師問題を抱え、海軍では「廓清」がなされぬまま、日本は第一次大戦を向かえるのである。

■ 第1節 立憲体制下の藩閥官僚政治

　1910年から1920年にかけての日本社会は、政治・社会・文化などの各方面で民本主義や自由主義の運動が活発化していった、所謂「大正デモクラシー」の時代であったと一般に評価されている。その真っただ中の4年間が第一次世界大戦であったが、平生の日記に現れる政治、経済、社会はそれまでに抱えていた諸問題をそのままにして、ただ戦争景気に浮かれるだけで、現実の諸矛盾はむしろ大きくなっていった。確かに新聞・雑誌が力を得て国民の声として世論を作り上げていたかに見えたが、藩閥官僚派か政党派かのいずれかが政権を握るにしても、帝国議会選挙においては干渉・買収が常態化していた。平生がとりわけ批判し続けたのは藩閥官僚派の横暴であった。

　大正3（1914）年6月28日、世界を震撼させる事件が発生した。サラエボでオーストリア皇太子がセルビアの青年に暗殺されたのである。これがきっかけとなり、ロシアが「スラブ人応援」のため動員（大3.7.31.）を行い、それにドイツが対抗して戦闘準備に入るや、たちまち世界は戦争に巻き込まれていった。日本は日英同盟との関係で参戦を決意する。世論は、遼東半島を巡る三国干渉で快く思っていなかったドイツに対し青島から撤退することを要求し、それに応じなければ武力も辞さない（大3.8.11.）と強硬論一色となり、軍部の疑獄事件はすっかり忘れられてしまう。平生もこの新聞報道に同調して、「人道の為め青嶋に於る独逸軍は防備を撤して開城せんことを希望す」と反応している（大3.8.12.）。政府は8月15日にドイツに最後通牒を突きつけたが、その内容は、号外によれば、（1）ドイツ艦艇の東洋からの撤退、（2）「膠州湾の租借地全部を支那に引渡す目的を以て、9月15日迄に防備を撤去して無条件、無償を以て日本官憲に引渡すべし」、（3）8月23日まで

に回答がなければ「日本は任意の処置を取るべし」、というものであった（大3.8.16.）。そして事実この勧告に従って8月23日に日本はドイツと戦争状態に入った。

このさなかに行われた大正4（1915）年3月25日の選挙は藩閥官僚派の完勝に終わり、立憲政友会は大敗して184議席から105議席となり、国民党27議席となる。大隈内閣の与党は210議席（立憲同志会：95議席から150議席、中正会：33議席、大隈後援会：27議席）を獲得し、議会の過半数をはるかに上回る大勝利をあげる。確かにこの選挙にあたって、地方長官会議で大隈首相は「能く投票の自由を保護し以て憲政の本義を完う」するように訓示し、また大浦兼武内相は「党派の別なく最も厳粛、最も公平に規則の定む所を遂行し、…選挙の宿弊を廓清」するようにと訓示していたが[19]、その彼自身が露骨に選挙干渉を行っていたのである。

ついに衆議院に大浦内相弾劾決議案が提出された。その具体的理由は、丸亀市選挙区において白川友一が当選するために、衆議院書記官長林田亀太郎を介して大浦に一万円を手渡し、大浦は反対候補の加治壽衛吉を辞退させたというもので、これは大臣として「引責処決」に値するというものであった。平生はこの事件を知るや早速、大浦は「身、選挙監督の最上長官として如此き不正事件を為すを恬としてその責を引かざる如き、良心の麻痺之より甚しきはなし」（大4.6.5.）と記し、弾劾決議案が与党多数でもって否決されると、裁判所の予審調書を否定して「事実を曖昧にして去らんとすることは真に慨しきこと」で、大隈内閣とその与党には「国家国民なく、唯自党の勢力維持をもって主義とせる政党者流」があるだけで、まさしく「長嘆息の外なし」（大4.6.8.）であった。しかし結局大浦事件に関わった白川友一も林田亀太郎も収監され、大浦内相も遂に辞表を提出せざるを得なくなる。こうなれば大隈内閣の命脈も尽き総辞職の手続きをとらざるを得なくなるのだが、しかし元老院を通して後継内閣が決まらなければ現内閣が留任する

---

(19) 小林雄吾編輯・小池靖一監修『立憲政友会史第四巻 原総裁時代』日本図書センター、大正15（1926）年、135 – 136ページ。

ほかなかった。それを見越した上での大隈の行動を、「大隈伯を以て如此き陋劣なる手段を以て聖明を欺瞞し、厭く迄政権に執着」するとは、と平生は厳しい批判の辞を記している（大4.7.31.）。

　大浦兼武はその後裁判にかけられるが、彼は不起訴となる。検事によれば、この処分は大浦のように「名望、人格、地位ありて始めて行う」もので、他の人々には適用できないものである。彼が自覚して「閉居謹慎」していることは「法に服するよりも遥かに勝る」もので、昔時の「士人が自ら処決」したものと等しく、したがって大浦を「追窮せざるは武士の情け」であり、それはまた「我国の美風を発揮する所以」であると（大5.5.16.）。この検事の不起訴理由には平生もあきれるほかなく、翌日の日記には「有爵者が隠居する苦痛と平民が監獄に投ぜらるる苦痛と同一なりしとは平民には判断出来ぬことにして、如此き官尊民卑的の議論が憲政開始後二十有六年の今日に於いて公々然として検事の口より法庭に於いて陳述せらるるに至りては驚くの外なし」と記す（大5.5.17.）。日本の政治はこのように退廃の道をひたすら転がり落ちてゆく。

■ 第2節　陸続と台頭する船成金

　政治がこのように腐敗堕落し、党利党略のみが政治を支配するようであれば、経済が合理的に、また「国利民福」を第一に考えて実行されることなどありえない。日露戦争後の日本は窮乏にあえいでいたが、そこに幸運にもヨーロッパで第一次大戦がはじまり、その戦時需要は日本の経済界にとってまさしく「旱天の慈雨」となった。これまで世界を植民地化し商権を我がものとしてきたヨーロッパ各国は、商船を敵艦隊によって撃沈されたり、あるいは軍に徴用されるなど、商船が最も需要される、まさにその時に不足し、この間隙を縫ってアメリカと日本が世界の貿易を独占することになった。その日本では、激増する海運需要を満たしたのは、日本郵船と大阪商船の定期船（いわゆる「社船」）よりもむしろ不定期船であって、これは「社外船」と呼ばれた。これらを運行する会社の代表的人物が山下亀三郎（山下汽船）、内田信也（内田汽船）、勝田銀次郎（勝田汽船）らで、彼らは神戸を拠点と

して莫大な富を築き、三大船成金としてその名を全国にとどろかした。海運業と並んで大きく躍進したのは商社であった。特に金子直吉の鈴木商店の活躍は目覚ましく、瞬く間に三井物産、三菱商事と肩を並べる総合商社に成長していった。また造船業界も海運会社から大量発注を受けて急速に発展し、なかでも松方幸次郎が率いる川崎造船所は注文生産から見込み生産（＝ストックボート）へと積極経営に方針を切り替え巨万の富を築きあげた。これと同時に同造船所は製鉄部門を急成長させていったが、こうしたこともあって軍艦の建造も請け負うことになっていく。造船業界のもう一方の雄に三菱神戸造船所があったが、ここでは造船所から電気部門が成長し、後に三菱重工業へと発展してゆく。

この第一次世界大戦期に、平生は、日本経済がまだ不況で苦しんでいるのに、国民の一部が株や船舶などに酔い痴れて、やがてバブル化していく様子を見事に活写している。大正4（1915）年1月21日の日記には戦争景気と国内産業の不振というアンバランスに触れ、次のように書き記す。交戦国の軍事物資関連および南洋、印度方面でのドイツ、オーストリア産の商品不足により、日本製の需要増加のために輸出関連産業が好景気を享受していく一方で、日本国内では輸入減少並びに事業不振のために銀行には「少なからざる剰余金」が生じ、コール・マネーあるいは期近の「良手形」（紡績手形）でも日歩1銭（＝年利3.65％）以下で割引されている状態である。これは「銀行家が乱りに警戒を厳にして事業の投資を防止」していたからである。この国内景気の不振のため京都大学法学部卒業生すら就職難で苦しまなければならなくなっている。「法学士の売口が如何に困難にして高等遊民が年々多数に輩出することを国家経済のために歎ぜざるを得ず」と。

青嶋陥落（大3.11.7.）後、日本は利権確保のために中国と交渉を続けていたが、平生からすれば、この大戦が今後も続くようであれば日本の軍需品輸出、ドイツ・オーストリアの代用品輸出、運賃収入などが増加し、株式市場は「大いに人気を刺激し買気を激成」し、「この勢にして止まざれば、或は成金相場を顕出する」（大4.4.12.）可能性があった。通常取引所は産業界よりは「はるかに刺激を受け易く」、「取引所は第一級の先見的景気」であると

W.レプケは述べているが[20]、この時点で日本経済は回復しないままで取引所だけが活況を呈し、まさしく「成金相場」としか表現しがたいほどの勢いで株が買われていたのである。株式市場には良い材料と認められれば資金が殺到する。不景気のなかで余資の使い道に困っているうえに、さらに輸入停滞下で輸出が増え続けていたから流入する正貨は当然のように取引所に向かっていった[21]。「対支21か条の要求」[22]を論じた日の日記の冒頭には、「終に午後立会休止を見る」ほど「株式市場は連勝の余勢を以て益々買募」っていて、「一般には好景気というべからざるも、金融の緩慢は大いに株式に対する買気を助長せしめたるならん」（大4.4.13.）と記されている。

　こうしたなかで船舶関係にも銀行からの投機資金が一斉に流れ込み始める。その間の事情を理解する上で大正4（1915）年8月31日の日記は極めて興味深い。「金融の緩慢は其極度に達し、遊金の利用の法に腐心するも…銀行家は旧套を墨守するの外名案あるにあらざれば、本春来三回の預金引下を為し、定期は已に年4分なる最極度に達したるも、事業不振と地方不景気の為め遊金は益々都会銀行の匣中（こうちゅう）に流入し、滔々として底止するところをしらず。日歩五六厘のコールを争ひ、八厘以下を以て紡績手形の割引を競うの有様にて、今や銀行は遊金の包囲攻撃に逢ひて圧倒せられんとするの窮状」にあると。

　これまでは日本の銀行は船舶関連の貸付には極めて保守的で、平生に言わせると、全くの「旧思想」（大4.7.26.）に捕らわれていて、一流銀行ともなると軒並み船舶金融に背を向けていた。その融資態度が突然変化し始

---

(20) 藤本建夫『ドイツ自由主義経済学の生誕』ミネルヴァ書房、2008年、58ページ。

(21) 石橋湛山も次のように述べている。公衆の資金は行き場を求めて株や土地に向かうが、「真に資金の需要の増加」は生じていない。というのは、「買手の資金が売手の資金に転じ、買手の預金が売手の預金に振替る迄で、金融市場から見れば全体の預金に些かの増減も起こさぬ」からである。したがって如何に投機が盛んに行われても「金融金利に格別の差し響き」を生じていないのである（石橋湛山「第一次大戦に処する産業・経済政策」『石橋湛山全集 第2巻』東洋経済新報社、1971年、254–245ページ）。

(22) この「要求」の「第五項」に、中国政府は「行政、財政、軍事の施設に対して有力なる日本人を雇傭して顧問」とする等7項目が掲げられているが、これらは「列国に通牒せし条件中には包含」されていなかった。これらは日米、日英、日露間で締結している協商に抵触するものだが、なぜ日本は列強に黙って中国に対してこのような要求をしたのか。政府は4月22日に発表するすることを余儀なくされたが、これを平生は、「政府は懸引に失敗せしことを自白せり。…実に外交の失敗なり」と記している（大4.4.22.）。

めたのである。「船舶を以て最も危険なる投資物件として絶対に忌避せる彼らは、今や遊金の圧迫と海運業の旺盛に幻惑して」、ついに船舶に融資を開始するようになる。資金供給源がこうして開放されると、海運業界は一層旺盛となり、船舶価格も異常な昂騰を呈するようになる。「素人船主」による投機心とそれにつぎ込まれる銀行資金とによって投機はコントロール不能になっていった。平生はこの状況を大いに警戒すべしと冷静に見ていたが、ともかくこうして続々と銀行業からも「船成金」が登場してきたのである。

　船舶が投機の対象となり船成金が巷の話題となってくると、たちまち海運界はバブルと化し、造船業者はこれまでのように受注に従って生産するのではなくて、見込み生産という積極的経営に向かった。大正4（1915）年11月23日の日記には以下のように記されている。「最近川崎造船所に於て製造せる仕入船〔見込み生産で建造された船〕福徳丸（重量トン2600トン）が競売の結果46万5千円で売却されたるが如き、実に驚くべき価格にして、如此き高価なる小船を以て買主は如何なる航路、如何なる用途に向けんとするや。…少しく資金を有し且船舶に志ある者は…唯チャーターレージ〔用船料〕を以て標準として、船舶の種類、速力、石炭の消費、荷揚荷下の便否、船齢の老若、船体機関の衰弱程度を講究調査することなく、単に重量屯の大小に依りて価格を上下するが如き形勢にして、寧ろ狂気の沙汰というべし。如此き新船主は…唯運を天に任して投機をなす無学無識なる相庭師と一般なり」。

■ 第3節　戦時海上保険補償法

　雨後の筍のように船成金が現われるに至ったのにはもう一つある仕掛けがあった。それは大正3（1914）年9月12日に発布された戦時海上保険補償法である。政府によるこの制度の導入については鈴木商店の金子直吉が深く関わっていた。サラエボ事件の後、7月24日か25日、神戸から欧州に向けて出帆した平野丸には鈴木商店も樟脳その他を積んでいたが、同船が上海を過ぎたころ、金子は横浜正金銀行から呼び出しを受け、「平野丸に積んだ貨物には戦時保険をつけなければビル（船荷証券）を組む訳には行

かぬ」と言われ、早速東京海上に行って相談をすると、戦時保険の料率は保険金の一割しか保証されないというので、結局横浜正金銀行と話し合って、リスクが大き過ぎるとの結論に達し、シンガポールで商品をすべて陸揚げした。さらに金子によれば、この平野丸のケース以後思うように輸出ができなくなり、「神戸の埠頭には輸出品が山積しているが、それを積出すことが出来ない。僅かの間に商売は火の消えたようになってしまった」。兵庫県知事からの相談もあり、金子は同志を募って政府に陳情し、やがてそれがこの戦時海上保険補償法となったのである。これによって保険会社は戦争による損失の場合には保険金の8割を政府から補償されることになった[23]。

　東京海上保険会社の平生は大正3（1914）年7月28日に戦争が始まるや、戦争リスクの問い合わせのため忙殺されていたが、8月22日には次のように戦時海上保険補償法案が政府筋で話し合われているようだと伝えている。「人気取政策を専一」とする大隈内閣は直ちに「戦時保険官営の案」、つまり、戦争被害を受けると政府が無償で8割まで補償することによって貿易貨物および船体を保護する案をつくり、8月22日に枢密院に諮った。しかし平生はこの案に疑念を感じた。というのは、戦時保険料の高率が問題とされているが、開戦後は貿易は「為替不能」のため停止されているのであって、戦争リスク率の高低によるものは僅少に過ぎない。海軍省もしくは逓信省が敵艦の動静を偵知して、これを航海業者に内報すれば、何の危険もなく、保険料率も低率になるはずである。しかし両省は「決して之を公示若しくは内報せず、従て貿易業者をして不安を感ぜしめ」、その結果が不当に戦時リスクを高め、それが保険金補償法案に化けただけの話である（大3.8.22.）。

　要するに、平生の考えによれば、戦時の貿易問題はリスクを考えて為替の取組を銀行がするかどうかにかかっており、そしてそのリスク率の高低は正確な情報如何によるところが大きいから、これは政府の問題である。とこ

(23) 大阪朝日新聞経済部編『昭和金融恐慌秘話』銀行問題研究会、昭和2（1927）年（初版）、朝日新聞社、1999年（朝日文庫）43-44ページ。白石友治編『金子直吉伝』昭和25（1950）年、金子・柳田頌徳会、98-99ページ。

ろがそれには触れたがらない政府は保険補償制度で問題をはぐらかしている。実際、戦時保険補償法は9月12日に発布され、これに関する施行細則および料率表も同時に発布されたが、平生によれば、「何等海上の経験、智識なき官吏が会議を以て貿易業者、船舶業者、及保険業者にも満足」を与えようとしたために、本来は企業間の自由競争によって決定されるべき料率表は全くの「支離滅裂」で各方面から非難の声が上がっている。「政府が人気取の目的を以て制定」した結果がこれである（大3.9.11.）。もっとも、平生はこのように補償法を厳しく批判はするが、彼の東京海上保険はこれをうまく利用し、大正3年末の忘年会では、彼は「旭日昇天の勢」（大3.12.19.）であると社員に向かって挨拶をしている。

　大正6（1917）年に戦争保険料が昂騰してくると、政府は従来の戦時保険補償法では対処できなくなり、代わって戦時海上再保険法が施行された（大正6年7月20日公布、9月20日施行）。これは政府が一定の保険料を徴収して再保険を引き受けるというもので[24]、その再保険料は政府が定める料率に対し船舶95%、貨物90%であった。平生は政府が保険料の徴収という「商売気」を出したので手続きが煩瑣になると批判しているが（大6.9.4.）、海上保険会社はきわめて安全に引受け能力を拡大することができたと『東京海上百年史』は総括している[25]。

　ちなみに、第一次世界大戦で日本の海上保険会社が如何に繁栄したかについては、会社数が大正3年の11社から大正8（1919）年の32社へと急増、および同期間中の収支決算が303万8千円から955万8千円へと3.1倍、この間大正6年には実に1348万6千円を記録していることからしても、そのかつてない発展振りが窺える。また東京海上保険の業績を見れば、収支決算は大正2（1913）年142万6千円であったが、大正8（1919）年（4月に商号を東京海上火災保険に変更）には518万2千円（大正6年1027万7千円）へと5倍近い成長を遂げている。

---

(24) ちなみに、政府は第一次大戦中の戦時保険で600万円の利益を得たと、大正12（1923）年11月6日の大阪毎日新聞は伝えている。
(25) 『東京海上百年史』、268－269ページ。

■ 第4節 モラル・ハザード

　平生は船成金を中心としたこの俄景気に巣くっていたあらゆるモラルの崩壊を見逃さなかった。平生によれば、成金とは「戦争が生じたる一種の気分」である。「殊に神戸の如き」は日本の主たる貿易港であり、造船の盛んな土地柄で、船成金が「発生最も多き地」である（大7.1.28）。彼は、船成金は「物欲」に非常に強く執着する人々であると見る。例えば山下汽船創業者の山下亀三郎について、「彼の人格は到底社会の上位に座すべきにあらざるも、金権万能の如く見ゆる現代に於て、彼は金銭を以て自己の地位を昂上せんと腐心せんとしつつあるも、…如此くして名を得んとするは痴呆の至」（大6.12.7）だと酷評している。

　金銭欲に執着することから生じるモラル・ハザードはやはり船舶業界に特徴的に顕われた。船舶と株式で百万円儲けた、東京高商時代以来の友人の榎本謙七郎は大正4（1915）年暮れに「破天荒」ともいうべき「盛宴」に平生を招待する。この席で平生は、「心中寧ろ不快に感ぜり。彼が勝ち得たる百万金は一部は同氏が海運の盛況に先んじて炯眼其前途を達観して獲得したるものにして正当の利益なりといえども、其一部は彼が二回も売買契約を破棄し、唯契約上の文句を楯に取りて買主を恐喝して（徳義上）得たるものにして、大部分は株式相場に於て獲得せしものなり。株式相場に於ては一の利は他の損にして、この取引に依りて何らの生産なし」（大4.12.25.）、と手厳しく批判する。確かに平生は船舶売買をめぐる紛争にも時々仲介の労をとっているが、彼がそこに見たものは商道徳を蔑ろにする成金の姿であった。

　船成金の中でも当時最も強気に事業を拡張していたのが内田信也、勝田銀次郎、山下亀三郎の三人であった。内田の場合（当初三井物産に勤務）、戦争が始まってまもなく八馬汽船から4500トンの船を月4200円で1年間の傭船契約を結んだことから始まり、以後買船、チャーターの二本立てで経営を拡大し、大正5（1916）年には内田汽船は60割配当という「開闢以来のレコード」を達成し、所有船16隻、横浜には内田造船所を建設し、貿易部門としては世界各国に支店を開設するに至っている[(26)]。この内田汽

船の急成長からも船成金の成金振りが窺えるのだが、このように巨利を博した成金達は書画骨董から豪奢な邸宅・別荘に至るまで、すべてにおいて贅を競いあった。

　神戸に本店があった山下汽船には当時まだ「東京からの珍客」を泊める家がないとのことで、山下は熊内（現神戸市中央区）にあった元品川弥二郎の邸宅紅葉屋敷の一画にこれを建てることにした。その頃内田信也は須磨の新築家屋を拡張して洋館と桃山御殿式の破風作りの新築に着手し、勝田銀次郎は同じく神戸に内田邸を優に倍する邸宅を計画しているとの噂を聞いていたので、山下は紅葉屋敷の裏にある一万数千坪の山、畑および寺院を買い潰して総計二万坪の宅地とし、ここに別荘を建設したのである[27]。

　山本唯三郎も当時名を馳せた船成金だが、彼を風刺した和田邦坊の有名なポンチ絵がある。料亭の暗い玄関で、仲居さんが「暗くてお靴が分からないわ」と言うと、その成金はいきなり懐から百円札を取り出し、それに火をつけて「どうだ明るくなったろう」と言っている場面である。当時の百円の価値は現代の価値に直すと40-50万円、あるいはそれ以上と思われるが、彼等成金たちには百円札といえども単なる紙切れでしかなかったのだろう。山本唯三郎にはさらに豪放な逸話が残されている。尋常の金の使い道がなくなった彼は朝鮮での虎狩を思いつく。大正6（1917）年、「征虎隊」と名付けて総勢31人（マスコミを含めて）がこれに参加した。帰国後、山本は帝国ホテルで盛大なトラ肉試食会を開いたが、これには田健治郎逓信大臣、末松謙澄枢密顧問官、神尾光臣陸軍大将、渋沢栄一、大倉喜八郎ら、錚々たる日本の政治家、軍人、実業家らがこの馬鹿げた催しに参加した[28]。

　このように常軌を逸した贅が成金社会に横行して、商道徳がますます退廃してくるとこれが一般人の心までも侵食し、金銭のためには妻子、家庭、

---

(26) 内田信也『風雪五十年』実業之日本社、昭和26（1951）年、22-23ページ。平生釟三郎はこの内田を日記の中で次のように評している（大15.2.29.）。一昨年の今頃は三井船舶部の「一手代」に過ぎなかったが、今や30歳余の青年が数百万円の利益を得ているとは「奇蹟」である。
(27) 山下亀三郎『沈みつ浮きつ　天』山下株式会社秘書部、昭和18（1943）年、73-74ページ。
(28) 紀田順一郎『カネが邪魔でしようがない―明治大正・成金列伝』新潮選書、2005年、187-188ページ。

親族、友人、知己、位地、志操の一切を棄てること（大4.11.23.）を何とも思わぬ輩が増大し、日本人の道徳心はいよいよ廃れていった。如何にすれば失われてゆく道徳心を取り戻すか、これが平生にとって最も重要な社会奉仕事業の一つとなる。

■ 第5節 物価上昇と米騒動

　大正5（1916）年下期あたりから国内物価の高騰が目立ち始めるが、この背後には通貨の膨張があったことは明らかであって、日銀もまたそれを認めている[29]。大正5（1916）年11月20日の日記に平生は興味深い事柄を書き留めている。株は相変わらず殷賑を極め、「底強き相庭の足取り」で、日本郵船は半期の利益が2000万円余りで、1800万円余りの繰越を出している。大戦がさらに続くようであれば利益は一層莫大なものになることが予想され、20日の株式の市価は額面の8倍に達して「世人をして一驚せしめつつあり」。これに続けて、「今や輸出超過、正貨流入の勢いは滔々として其勢いを減ぜず」。故に兌換券発行額は漸次増加し、諸物価は日々昂騰し、買えば必ず利益があるのが常態となり、「投機、射倖の気は各人に浸潤し」ている。特に「物質的快楽に憧れつつある青年壮者」にそれが見られる。他方諸物価の騰貴は定額の給料で生活しているサラリーマンにとっては非常な苦痛となっている。したがって平生は「為政者及金融業者が一日も早くこの正貨横溢より生ずる弊害を一掃せんことを望まざるを得ず」（大5.11.20.）と日記に記す。

　平生は物価騰貴の原因を「正貨横溢」にあると見て、これを正常な状態に是正しなければ日本の経済に何らプラスにならないと考えた。11月22日の日記には上京の列車の中で三越呉服店社長から聴いた話を書き留めている。それによれば、今や船成金、株成金、銅成金などが叢生しているが、彼らは三越の売り上げにはさほど貢献していない。というのは、彼らは「巨利を博したるが為に頓に衣服調度を新にし美にするの要なき人々」であるからである。

---

(29)『日本銀行百年史』（第2巻）、322ページ。

42

三越が求める客層は大成金ではなくて、「小資産家もしくは無資産の給料取」が小成金となることなのである。彼らこそ「小利を克ち得るや、必ず自己は勿論、妻子の衣服を新調し、以て得々」たる気分になるからである。つまり中産階級意識をもつ階層が増大して初めてデパートも繁栄する、と経験的に三越の社長は述べているのだが、中産階級はイギリスの例を見るまでもなく、政治的にも経済的にも国家の中核でなければならないと考えていた平生には、彼らがインフレのために「非常なる苦痛」を強いられている現状は許しがたく、こうした状況を克服するためにも「市場に横溢せる資金の利用法」をしっかりと研究する必要がある、と平生は最後に三越社長に応えている(大5.11.22.)。

　物価はその後も留まることなく上昇し続ける。大正6(1917)年10月20日の日記には豊作のために低迷する米価が話題になっていたが、12月13日の記述によれば、「諸物価の騰貴は人心を刺激し、殊に近来米価の騰貴は、悲境に沈淪して米価の低下を嚇(かこ)ちつつありし農民をして鼓腹撃壌(こふくげきじょう)せしむる」状況へと一変する。さらに大正7(1918)年4月17日の日記には「米価は農相の調節手段を無視して益々昂騰」し、さらに7月17日には「物価調節令の適用は唯米穀取引所に於ける買方仲買を征伐して人為を以て定期相庭を下落せしめた」が、しかし「実相庭に何ら影響なく」高騰し続ける。そして8月7日に至ってついにあの米騒動が発生するのである。

　富山県滑川(なめりかわ)の漁村ではカムチャッカ方面に出漁していた漁夫が不漁のため生活費の送金ができず、他方で米価は騰貴し続けていたために同村の妻子が「一揆的行動」(大7.8.7.)を起こし、これをきっかけに騒動は全国各地に広まり、京都、名古屋では軍隊の出動となり、大阪、神戸では「恰も戒厳令を布けるが如く市民は夜間外出を禁止」されるにいたった。そして8月12日夜、鈴木商店本店焼討ち事件が発生する。翌日の日記に平生は次のように記している。鈴木商店が「政府の命令に依りて鮮米の買入を為して暴利を貪りつつありとは、其事情を知らざる新聞紙、殊に現政府に向かって悪意的悪感を有する大阪朝日新聞の日々筆にするところ」である。平生は鈴木商店重役に先日あったとき、「鈴木商店も鮮米買入の如き利益なき仕事を

請負ひて世人より誤解を受け悪罵」されるのは引き合わぬことで、「真に同情に堪えず」と述べ、同重役も「実に利益もなき仕事に係り合ひて馬鹿馬鹿しい」と話していたが、まさしくその後で焼討事件が起きる（大7.8.13.）。問題はこの米騒動の本質的原因をどこに見るかである。平生はこれを単なる買占め云々の問題ではなく、通貨政策、官僚政治、世界情勢の変貌から考察すべきだと考えた[30]。

官僚政治の問題点は、官僚が事態を相対化し責任を取らないことにある。米騒動においては、大蔵当局は「通貨の膨張は物価騰貴の原因を為さず」として同省の責任を回避し、農商務省の官吏はただ物価調節令によって「米商を取締りつつ」あることしか念頭になく、内務官僚は「社会問題として重大なる研究的現象」であって、地方農村の救済、漁村の救済等、日頃の施策を考えざるを得ず」、と述べるだけで、この米騒動が焦眉の急務であるとの自覚がない。平生に言わせれば、「この問題は国家的重大問題」であり、「政府は大挙して之が対応策を急施」しなければならず、ただちに全国の残米を政府の管理下に置き、一定の価格でこれを売却するべきである（大7.8.8.）。

世界情勢との関連で言えば、今回の米騒動が単に米価昂騰による貧民の暴動ではなく、「富の分配が不平均より生じたる不満、暴富を積みたる成金に対する呪詛」等が「凝って一種の思想」となって爆発したことは誰しも考えるところだが、問題は「智識階級」の人々がその「思想」を排斥するのではなく、「寧ろ精神的に援助」を惜しまなかったことにある。今や欧米における民主主義、社会主義、サンジカリズムなどの「社会平等主義の思想」が学説により、また事実において報道され、「一部の人士の血」をたぎらしている。ロシアの共産主義の思想が日本においても「潜伏して漸次其勢力

---

(30) 米騒動を単なる米価の騰貴問題に矮小化すべきではないという議論では、河上肇も石橋湛山も同じである。河上は『大阪朝日新聞』に「米価問題所見」を載せ、米穀の国家管理を提言しつつ、他方で「社会問題」、「労働問題」として考えるべきだと主張し（『河上肇全集 9』岩波書店、1982年）、石橋は東洋経済新報社説「騒擾の政治的意義」において、問題は米穀を含めた輸出奨励と通貨の膨張にある論じた（『石橋湛山全集 第2巻』東洋経済新報社、1971年）。なお、白石友治編『金子直吉伝』では、鈴木商店焼き討ち事件の主因は「大阪朝日新聞の盲目的煽動記事」となっている（119ページ）。

を普及しつつあることを否認」することはできない。したがって「この暴動を以て単に米価騰貴と成金の言動に帰し去らんとするは浅慮のはなはだしきもの」と言わざるを得ない（大7.8.22.）。

　政治的思想的には以上の要因を考慮しなければならないとしても、平生は経済的には物価騰貴、米価昂騰は通貨の膨張と不可分の関係にあると確信していた。「輸出超過、正金銀の流入を以て国利民福の極致と心得、其分配の如何を閑却して平然たる蔵相を有する現政府」のもとでは今回の米騒動のような「社会主義的騒擾を生ずるは必然の成行」と言わざるを得ない（大7.8.23.）。つまり輸出超過→正貨の流入→通貨（＝兌換券）膨張にこそ問題の本質があるのに、政府、とりわけ勝田主計大蔵大臣はこれをかえって「国利民福の極致」だと主張し、実際それに従って政策を行っている。輸出増加に伴う正貨の蓄積は新たな富をもたらし、さまざまな新産業のための資金を作り出し、また株式取引所を活気づけるのだからこの政策に基本的に見て問題はないというのである。まさしく重金主義そのものである。なるほど新規事業が勃興するなどして賃金は2倍、3倍上昇しているが、それ以上に物価が騰貴している。しかし一般の労働者は「急激なる収入の増加に心驕り」、生活態度はルーズになり、こうしてまさしく「好景気が労働者を毒」している。そうだとすれば通貨の減少が景気に冷水をかけ、各人がその結果を自ら感じるようになれば、「好景気の乱酔より覚めて健実」に考えるようになるだろう。だから「不景気は必ずしも悲観す可きにあらざるべし」。この不景気を恐れているのは「戦争なる一時の出来事に依りて暴富を獲つつある成金、及株券の利益に依りて泡銭を貪りつつある資本家」だけであって、一般国民はむしろ通貨が縮小して不景気になっても物価低落で生活が安定することを望んでいるだろう（大7.9.9.）。

　では、今通貨の縮小を図ろうとすれば如何なる策が考えられるか。平生はいわゆる金の不胎化策と輸出規制を提言する。第一は「在外正貨を以て外債に応じる」案である。第二に外国投資の方法も諮られるべきだが、それに要する資金は国内において公債を発行して資金を調達する。こうして国内での資金横溢を食い止め、さらに輸出を制限もしくは禁止によって物

価を確実に安定させる。こうした政策は世界のどの国も行っているのに、我が国においては若干の工芸品、化学製品を除いて食料品、綿製品のような日用品は無制限に輸出が奨励されている状況である。要するに、通貨膨張を阻止してインフレをくい止め、庶民の安定的生活を、という平生の案が検討される余地はまったくなかったのである。

第3章

商道徳の退廃と誤った金融政策が
大正9年恐慌を誘発する

■ 第1節 スペイン風邪の猛威

　第一次大戦も終わりに近づきつつあるころ、日本に突然ウイルス性の感染症が猛烈な勢いで流行し始めた。いわゆるスペイン風邪（スペイン・インフルエンザあるいは流行性感冒）である。これは1918年3月にアメリカの陸軍基地から感染がはじまり、瞬く間に全世界人口約20億人のうち6億人前後が感染し、死亡者は2〜4千万人に達したと言われている。このパンデミックは我が国ももちろん例外とせず、大正7（1918）年10月あたりから第一波が流行し始め、あっというまに11月には死亡者数は44,333人に達した。これで収まるかに見えた感冒は再び第二波となって大正8（1919）年12月から急速に

増加しはじめ、翌年1月には39,562人に達した[31]。

　この間の日本の経済状況を見れば、大正7（1918）年11月11日に第一次大戦が終結し、戦前の世界秩

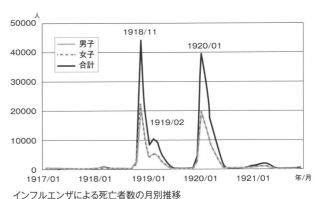

インフルエンザによる死亡者数の月別推移
出典：東京都健康安全センター研究年報第56号「日本におけるスペインかぜの精密分析」

---

(31) 池田一夫他「日本におけるスペインかぜの精密分析」『東京健安研セ年報』第56巻、2005年参照。スペイン風邪が流行して以来1世紀、新型コロナウイルスが2021年初頭から数次にわたって世界を席捲してきたが、2023年あたりから終息に向かっている。日本では2023年5月8日をもって感染症法の2類以上から、インフルエンザと同等の5類に移行することになった。これまで8波にわたって流行し、7日午後6時半現在の感染者数は合計3381万425人で、死者数は7万4695人に上った。

序が一気に崩壊すると、それと同時に戦後不況が到来する。この戦中から戦後にかけてスペイン風邪の第一波が猛威を振るうのだが、その波が短期間のうちに去るや、大正8年の5〜6月あたりから日本の景気はアメリカへの生糸輸出などを機に回復に転じ、株価は高騰し、あわせて物価も上昇し始める。しかし流行性感冒は12月あたりから再び牙をむき始め、大正9（1920）年1月には第二波のピークを向かえるが、それをもろともせず、経済は活況を呈し、農村部でさえも話題は株で持ちきりとなり、新聞は株と感冒の記事で埋めつくされた。だが感冒が下降に転じる2月あたりから経済も怪しくなり始め、3月15日には大恐慌が来襲する。

スペイン風邪が下火になると同時に大恐慌が襲ってくるとは、日本経済にとって何とも皮肉な巡りあわせだが、当時東京海上火災専務で大阪・神戸両支店長であった平生釟三郎の目にはスペイン風邪はどのように映ったであろうか。

大正7（1918）年10月23日の平生日記に次のような記述がある。「世界の各方面に流行せるスパニツシ・フヒーバーの一種なるか、将又普通のインフルエンザなるか、我国の各部に流行し其勢猛烈にして小学校中には過半数の生徒がこの感冒に犯されたる為め、一時休校せしもの少なからず。工場中にも同一の難に罹れるものあり。世界的戦争と共に世界的感冒の蔓延を見る、奇というべし。外国に於けるもの悪性にして死亡者の率は患者二〇に対し一の如き悪結果を示すが如しといへども、我国のものは寧ろ軽症にして、偶々肺炎に変じて斃るるものありといへども、寧ろ例外なるが如し」。

この時点では平生は流行の苛烈さには驚いてはいるが、外国で流行している悪性のスペイン風邪に比べると「我国のものは寧ろ軽症」とさほど警戒はしていない。また11月1日の日記においても、新聞では大部分の紙面をこの流行性感冒の記事にあて、死亡者数の急増の状況を大々的に報じているが、やはりこの感冒は「寧ろ軽症にして二三日高度の体温を持続すれども、三四日にして治癒せざるものなし」と楽観視している。

だが11月4日の日記には、この流行性感冒がただ者ではないことを改めて記している。「流行性感冒は益々猖獗にして都鄙を風靡し、至るところ其噂

を聞かざるはなく、為めに死亡者の数益々多を加へ、火葬場の如き常に満員にして、数日の猶予を要するが如く、医師看護婦不足にして、病者には充分の手当を施す能はず、為めに死亡するもの少なからざるが如し。而してこの病因は未だ明確ならず。或は黴菌なりとの説あるも明かならず。実に恐るべき伝染性を有するものといふべし」。

さらに11月7日の日記には、火葬場がどこも満員で荼毘に付すことができず、兵庫県では応急策として露地で火葬することが許可された。「実に惨鼻の極といふべし」。それにもかかわらず、平生はただこの感冒は「決して悪性のもの」ではないから、まず第一に咽喉を犯されるので、うがいを勧めている。悪性ではないとはいえ、一時高熱を発するので脚気患者、妊婦、身体に障害がある者など基礎疾患のあるものは「余病」を発して死に至るようであると。

11月11日には第一次大戦が終結し休戦条約が調印されたが、スペイン風邪は相変わらず猛威をふるい続け、平生家でも再発するケースが相次ぎ、11月13日の日記にはこう記す。「昨夜来又々すゞ子、三郎、冨美子、流行性感冒に罹り臥床。次で今朝五郎も亦同病に罹り今や七名の患者、頭を駢べて平臥しつゝあり。而して看護婦は全く跡を絶ちて招けども来らず。医師は繁忙と罹病とに依りて意の如く来胗せず。実に困難名状す可からず。…余は余の生涯に於て嘗て如此き艱難を覚へたることなし。実に今回の流行性感冒の如き、其伝播力の猛烈なるは何人も耳にせざるところにして、其害毒の惨たる、死亡率が最近三倍に増加せるを以て知るべし」。

では第一波の東京の感染状況はどうなっていたのか。彼は専務であり大阪・神戸両支店長であったからたびたび上京していたが、大正8（1919）年2月2日の平生日記には東京の様子が以下のように記されている。「流行性感冒は今や帝都を襲ひて其猛威を逞ふし、全都人口の半数はこの病に冒されつつあるが如し。過去二週日の死亡実に千参百名に及び、為めに人心恟々たるが如し。…政府部内に於ける有力者にして病褥にあるもの少なからず。為めに政務に支障を来たすの恐あらんとす。実にインフルエンザこそ最も恐るべき伝染力を有するものにして、未だ確然たる研究の結果を見ざるも、若し免疫力微弱にして二三ケ月にして再び病毒に感染する恐ありと

せば、世界の人口はこの病魔の為めに減退を免れざるに至らんか」。

　ところで、平生の観察眼からは、免疫が出来て再発するケースは確かに少なくなっていることは朗報であるが、この流行性感冒は単なる病気として済ますことなく、その社会的政治的意味合いを問題にするのが平生の平生たる所以である。大正9年1月20日の日記には社会主義、平等主義と関わらせて次のように論じている。この病は身分の貴賤に別なく感染し、また所得の別なく犠牲となる。他方で「今や社会主義、平民主義は澎湃として全世界に漲り、過激主義も亦この情勢を利用して其勢力範囲を拡張しつつある」。一昨年来インフルエンザが世界的に流行し、貴賤に関わりなく死亡者が続出していることは、平等主義を掲げる「社会主義、否破壊主義の前駆」かも知れない。「若し夫れ疫癘は天下の政治家を戒むる天の声なりとせば、天はこの病魔を下して天下に残存せる不公正不公平なる政治を撲滅し、四民が各公平に福利を享受すべき公正なる政治組織の下に生活し、以て各民がその心力体力に応じて報酬を得、各民をして其生を楽ましめん為めに、この平民主義的の疫病を流行せしめ、以て思想上の過激思想と相伴ふて公平なる政治の実施を促進せしむるものにあらざるか。為政者及主権者は大にこの警告に鑑みて政治的改造を企劃せざる可からず」。

　なおスペイン風邪というこのパンデミックのさなかの大正8(1919)年4月21日に甲南中学校が創立される。

■ 第2節 戦後不況 —「船浮かべば船主沈み船沈めば船主浮かぶ」—

　大正7(1918)年11月11日、平生はこの終戦を心から歓迎する。翌12日の日記には次のような展望が書かれている。このキール軍港の水兵の反乱によってドイツもロシアのような無政府状態になるのではないかと危惧する向きもあるが、ドイツ人はロシア人のように「愚昧」ではない。帝政が崩壊し軍国主義の亡滅を見れば、必ずや秩序は回復して新しい国家を建設して「国利民福」を計り、「永久に平和的努力に依りて国運の発展を計り、以て平和を享楽」するであろう。

　それに引き換え日本では、政府・政治家は相も変わらず「蝸牛角上の政争

に没頭」し、国民の大多数は政治には全く無関心で、ロシアやドイツのように「大厄難の頭上に襲来するの期、決して遠からざるを顧みるもの」が少ない、と平生は「慨嘆」する（大7.11.20.）。

　スペイン風邪が猛威をふるい、戦後不況が目前に迫っているにも関わらず、経済界は自己の利益以外のことは一切考えていないかのようである。平生は11月27日に次のような驚くべき状況を記している。「近来、富豪が銀行と商事会社を兼営すること殆ど流行の如く、且東京の銀行は支店を大阪神戸に置き、大阪の銀行は其支店を東京に新設するもの少なからず」。こうして商事会社などが新設した機関銀行は預金争奪戦を開始し、既存銀行はこれに対して防戦に必死となり、なかには貸金利子以上に預金利子をつける銀行まで出てくる始末で、今や預金額の多寡が銀行の成否を左右するかのようになっている。しかし「信用を重んずべき銀行」が、外国では無利子が普通である当座預金にまで「高率の利子」をつけて資金を吸収をするに至っては、銀行の権威はどこにあるかを問わざるを得ない。これも富豪が「自己の事業の為融通資金を得ん」ため銀行を私物化しているためで、その資金でもって「商事会社を経営するに至りては、一層の愚策なるを笑はざるを得ず」（大7.11.27.）。実際この銀行経営のやり方はのちに茂木合名会社に預金の半分を融資していた横浜七十四銀行の倒産となり、また高倉為三の積善銀行の破綻が深刻な金融危機の引き金となる。

　不況の襲来は目睫の間に迫っていたのにそれに気づかない経済界だったが、ついに12月初旬には、大正4（1915）年以来投機的買占めで高価格を維持してきた輸入製品、染料及び化学製品並びに鉄類の価格が輸入解禁を見越して大暴落し、「手形不渡を演ぜしもの少なからず、金融業者は狼狽して之が善後策に腐心しつつ」ある。かつては「成金として威風堂々豪奢を極め一世を睥睨（へいげい）するの概ありし俄富限も槿華一朝の夢覚むるの時」がついにやってきた（大7.12.8.）。金融業者は極端な引き締め策をとりつつ、自己が融通している商工業者の破綻を恐れ、戦々競々として弥縫策に腐心している。機関銀行を持たない成金の一部は今や「逆潮狂風の襲来」に狼狽し、殊に鉄商、薬品商の間には流言蜚語が飛び交い、「空手形の発行」

はどれだけになるか見当がつかないから、「如何なる点に如何なる悪空気が伏在」するかは誰も予想ができない。こうした事態になると鈴木商店ですら機関銀行を持っていないため信用力が落ち、「今や門戸を鎖して割引の手を縮め」ているほどである（大7.12.11.）。

　造船業にも不況の波が押し寄せ、注文船からストックボートに重点を移していた川崎造船所は在庫船の処分に苦慮し始める。社長の松方幸次郎はそれらの販売先として日本郵船や大阪商船を脅して「買収若しくは合併」すら画策しているという噂である（大8.1.19.）。海運業もまた厳しい状況にあって、傭船料・運賃は取引毎に下落していて[32]、海運業者の財産状態に関し種々の臆説が流れるや、金融業者も彼らに対してますます融資を抑え、それがまた船舶業者の活動を狭め、運賃も傭船料もますます低下していた。こうして「船価はノミナルにして標準価格なきに至り、戦々兢々として人々相疑い相危むの情態なるは、之を3か月前の盛況に比して実に隔世の感あり」（大8.2.1.）。「船浮かべば船主沈み船沈めば船主浮かぶ」（大8.2.7.）。今や船舶が沈むことで保険金を得るしか船主が生き残れる術はない状態となる。

■ 第3節 戦後バブル経済と高橋是清蔵相の物価上昇容認論

　この戦後不況は短期に終息し、大正8（1919）年の5月から6月あたりに底を打つが、それはアメリカ経済が好況に転じ、日本からの生糸や羽二重の輸出が増加し始め、綿糸もまた輸出が回復し、金属、染料、薬品なども回復の兆しが見え始めてきたからである。「綿糸相場の昂騰、生糸市価の暴騰は忽ち株式市場の殷賑（いんしん）を来し、紡績株取引所の株は忽ち熱狂的相場を顕出して好景気再来の声は何処となく喧伝せられ、次いで米価は奔騰して米騒動時代に於ける市価を突破するに至り、米価調節問題は今更に新聞雑誌上に於ける好題目」となる。この米価高騰は戦後のドイツ、オーストリアそ

---

(32) 貿易外収支表で「運賃及傭船料」を見ると、大正3（1914）年は4330万円であった金額が、ピーク時の大正7（1918）年には4億9500万円に達し、終戦と共に一気に減少して、大正11（1922）年は1億7900万円となり、繁栄時の見る影もなかった（井上準之助「戦後に於ける我国の経済及び金融」、井上準之助論叢編纂会編集　第一巻）』昭和10（1935）年、244–245ページ）。

の他の国々で食料不足が深刻となって豆類、米穀、澱粉、麦粉等価格が暴騰する勢いを示しているのと軌を一にしていた（大8.5.29.）。

　他方で綿糸相場と米価の高騰は深刻な社会問題を引き起こす。殊に都市のサラリーマン家庭の生活は苦しくなる。平生は彼らの日常生活を次のように記す。「今や物価は滔々として昂上し、停止するところを知らず」。そのために下級官吏、小中学教員のように種々の方法で増俸をしても、物価昂騰に追いつかず、それに新聞・雑誌が戦争で暴富を重ねている資本家階級を攻撃し、薄給者に「同情的後援」をするから、「猛然として自己の利害の為に団体的行動を起こさんとする気運が醸成」せられているようだ。日本では労働者に過激思想を宣伝することは難しいが、実は「尤もこの思想を注入し易き一クラス」がある。「之れ下級官吏と判検事と中小学教員及び警察官吏なり」（大8.6.30.）。

　とりわけ綿糸の市価は驚くべき上昇を示していた。三品（綿花、綿糸、綿布）取引所における相場は20（番）手（戎印）560円（梱＝400ポンド＝181.44キログラム当り）余りを突破し、600円に達するのではないかと言うもっぱらの評判である。実際「綿布類の騰貴は非常にして、浴衣一着が7〜8円を要するに至り、低級知識労働者の困弊は真に測り知る可からざるものあり」。食料と衣料がこのような異常な、むしろ「不穏なる昂騰」をなし、「社会の安寧が脅かされ」ようとしている。そうであるにも関わらず、政友会内閣は何等策を講ずることをしない。何故に綿糸布の輸出を禁止し、砂糖輸入税を廃止するなどをして国内の供給体制を安定化する措置を取らないのか。現政府は「一部の工業家及び貿易業者に暴利」を許し、「多数の国民を高価の衣食」で苦しめるだけであって、まさしく「国家の不祥事」である（大8.7.4.）。

　戦争中に意識を向上させた労働者は、物資不足に伴う生活必需品が高騰してくると、資本家や政府に対する不満を一気に爆発させる。これは全世界的現象であった。6月12日の日記には、スエズ運河会社でのスト、オーストラリア船員のスト、カナダでは一般的同盟罷工や市街電車のストなどが引き金となって造船職工の全面的ストが発生し、パリでも同様の労働者の動

向が伝えられている。さらに伊英仏の社会主義者がミラノで会合して「世界的総同盟罷工」さえ計画されているようである。さらに中国では排日・排貨の運動がはげしさを加え、5月4日にはいわゆる五四運動が発生する[33]。

　日本経済は回復基調にあったが、戦時中とは逆に輸入超過で円為替は低下傾向にあったから物価高騰に弾みが付き、これが大きな社会問題となる。問題は政府の物価対策である。8月に原敬内閣の大蔵大臣高橋是清が物価問題に対する持論を発表する（大8.8.7.）。これは『立憲政友会史』に全文が掲載されている。それによると、この文書は「高橋氏一己の私見として発表したるものなりと雖も、実は則ち政府の意見といふも不可なく」と述べていることからも、政友会内閣の半ば公式の見解であった[34]。その内容は以下の通りである。

　最近物価高騰は世界的傾向で「輸出入制限の緩和、最高価格の撤廃其他の自由に因り、各国共に騰貴を見たるもの甚だ多」いが、わが国ではこの物価問題に対して「其の調整策として通貨収縮」を求める意見が盛んに聞かれる。しかしこれには次のような難点がある。

　第一に通貨には現金通貨＝兌換券と信用通貨[35]の2種類がある。後者

---

(33) 大正8年5月5日の日記には次のような記述が見られる。「巴里会議に於て山東問題が〔日本に〕有利に決定されたりとの報北京に伝はるや、北京学堂の学生は頓かに暴動を起し…顕官の邸を襲撃して之に火を放ちたりとの報あり。…米国人が建設せる北京大学の学生がこの騒擾を起す。排日思想と米国とは東洋に於ても相連繋し、以て我勢力の排斥を行はんとす。…自己の勢力扶植の為めに他国に於て排日思想を宣伝して平然たる米国気質こそ、吾人が尤も注意を払はざるべからざるところなり」。
　　　そのアメリカ、特にカリフォルニア州では労働者による日本人移民排斥が激しくなっていて、この状況下で米中が外交的に連繋することを最も警戒していた平生は、両大国との外交の重要性を強調してやまない。というのは中国は隣国であり、またアメリカは「自然の利源」に富んでいるばかりではなく、優れた人物が多く、したがって「富強の点に於て全世界に冠たる」国であり、戦後「世界の覇者」として何物も恐れぬ国となっているが、「如此き意力共に充実せる米国に対して抗争せんことは世界の孰れの国といえども不可能事」であるからである。ましてや天然の利源が乏しい日本がこのアメリカと干戈を交えることなどまったくありえないことである（大9.9.1.）。
(34) 小林雄吾編輯・小池靖一監修『立憲政友会史　第四巻－原総裁時代－』日本図書センター、1990（初版は、立憲政友会史出版局、大正15〔1926〕年）、576－584ページ。
(35) ここで信用通貨とは小切手および手形を指している。井上準之助は次のように定義している。「人が銀行に預金を持って居ります。其の人が物を買って支払を致します為めに、日本銀行の兌換券を渡す代りに其の預けた金に対して小切手を振出します。それが即ち信用貨幣というものであります」。これには小切手の外に手形も入る（井上準之助、同上、105ページ）。ちなみに大正7（1918）年の東京手形交換高を見ると、小切手が58パーセントを占め、これに預金手形を加えると77パーセントとなり、当時信用貨幣は小切手に代表されていたことが分かる（日本銀行調査局『世界戦争終了後に於ける本邦財界動揺史』大正12（1923）年、617ページ）。

は主として小切手がそれにあたり、銀行に預金を持っていることを前提に振出される。両者の割合は日露戦争後の時点で信用通貨6割5分に対し現金通貨3割5分であったが、信用取引の比がますます重みを増しきた今日では8割4分対1割6分になっている。つまり信用通貨に対して現金通貨量の相対比は大幅に低下している。したがって金利引上げ策によって通貨の収縮を計ろうとすれば、国内経済活動を支えている信用通貨までも収縮せざるを得なくなるので、その結果は国内の事業会社の業績悪化を招き、失業者を増加させ、農村の疲弊を招き、やがて「物価騰貴に勝る悪影響」が必ず出てくるだろう。他方で正貨に対して発行される兌換券＝現金通貨は第一次大戦開始時から休戦に至るまでに確かに6億4百余万円も増加しているが、その主たる原因は日銀の外国為替資金貸付(36)や満蒙方面に関する資金供給で、内地向け貸出は4500万に過ぎない。つまり兌換券の増加は日本の対外発展を反映したもので、これは「時局の為〔国防のための軍備増強〕、国民の所得並余裕金の増加」と見てよく、したがってここで物価の為に金利を引上げ、現金通貨の収縮を計ることは、結局日本の「対外的発展を抑圧」することに他ならない。要するに物価抑制策として金利引上げを要求している通貨収縮論は対内経済的にも対外経済的にも「策の得たるものに非ざる」ものである。

　第二に、国際金融市場を見れば、現在債権国として余資を外国に投資できる国は英米日の三カ国だが、アメリカ連邦準備銀行の貸出金利は4.5％、イギリスの公定歩合は5％であるのに対して、すでに日本は6.57％で両国よりも高利である。これを更に引上げる策をとれば、ますます日本は国際金融市場における競争力を失う危険性がある。目下シベリアからの撤兵の動き、ロシアへの財政援助、また対支借款問題など国際政治絡みの資金需要が増しているなかで、「物価調整を目的として公定利率の引上げ」は当を得た策ではない。

---

(36) 戦時下、日本は一方的に輸出超過と貿易外受取勘定が激増したため、為替銀行は輸出資金の調達に主として日銀貸出に依存した。大正7（1918）年10月末の日銀貸付によると、総貸出額4112億円のうちで3524億、85.6パーセントが外国為替貸出であった（日本銀行調査局、同上、155ページ）。

第三として、物価高騰という事実は憂慮すべきことだから策を考えなければならない。政友会内閣はそのために「国民の濫費を戒め投機的信用の防止に努め」ている。その具体策が「国債民衆化」策で、これによって政府は国民に一層の貯蓄を薦め、政府が発行する各種の公債を国民に身近なものとするために、公債の募集、元利支払いその他の取り扱いに関し各地郵便局を利用できるようにしている。つまり「国債民衆化」は、余資があれば物価高騰を誘因する非合理な国民の投機傾向を抑制し、それに代わって政府が公債を通して合理的と判断した分野に投資するから、物価上昇を引起すことなく、同時に国富増加に資することができるのだから、いわば一石二鳥の策であるという訳である[37]。

　さらにまた日本銀行はこれまで輸出入手形の取り扱いについて直接に為替銀行と取引していたが、銀行引受貿易手形制度を導入して一般銀行を両者の間に介在させ、市場を通して一般銀行と為替銀行が取引し、日銀はこれらの貿易手形に対して再割引に応じることで、以前よりも、もちろん「穏便」だけれど通貨収縮を行っている。いわゆるスタンプ手形制度の導入である[38]。

　この高橋蔵相の議論は、後の世界大恐慌のもと、金

銀行引受け貿易手形の仕組み

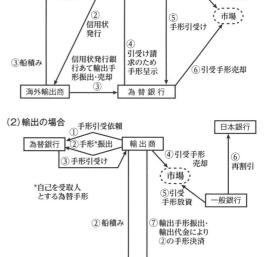

(1)輸入の場合

(2)輸出の場合

---

(37) 高橋蔵相はすでに大正8 (1919) 年4月23日に関西銀行大会の席上などで「国債の民衆化」について披歴していた (永廣顕「第一次大戦後の日本における国債流通市場の制度改革」、日本銀行金融研究所『金融研究』2011年4月、7–9ページ)。
(38) 銀行引受貿易手形の仕組みは図のとおり。

輸出禁止を実行して金融緩和を行い、やがてその金融政策が2.26事件に連なる悲劇を連想させるのだが、それはともかく、平生はここでは彼を次のように批判する。まず蔵相は通貨を現金通貨と信用通貨とに分け、いずれも経済発展の結果として増加するものであり、物価高騰とは直接的関わりはないと主張しているが、平生は両通貨ともに通貨としての機能は同じで、両者を合わせたものを通貨量と見なして、これが物価上昇を引き起こす原因だと考える。彼は高橋蔵相の議論を繰り返す政友会の政策論を次のように批判する。物価は確かに対外需要の増加に原因するところはあるけれど、国内で生産して国内で消費されているものも昂騰している。これは財界における投機的行動に関わっていて、企業家のなかには生産増加を伴わないで資本のみを増加させ利益を貪っているものもいる。「所謂信用通貨なるものは現金通貨を後援とするものにして、投機的財界に在りては現金通貨の膨張以上に信用通貨の増加を常態とす。現に全国手形交換高の如き、戦前に在りては兌換券の三拾一倍なりしも今や七拾五倍に達するを見る。…其他企業資本の増加を以て軽率にも生産増加の一現象なり」と見なすのは「謬見に加ふるに誤断」である（大8.9.6.）。信用取引の増大は必ずしも生産増加と連続しているわけではなく、ここではむしろ物価上昇を見越した投機と考えるべきである、と平生は主張する。

　高橋蔵相が物価は通貨とは関係がないと如何に論じても、物価高騰が社会問題化していることは事実であって、彼はそれに対する対策として、例えば公債、社債、あるいは株式へ投資することを薦める。彼によれば、物価騰貴は「国民の濫費」によるものであって、例えばこれを防止する政策として民間の余裕資金を郵便貯金などのルートを通じて吸収し、それらを種々の公債発行に充当すれば解決できると考える[39]。この彼の議論に対し平

---

(39) 高橋是清は「公債の民衆化」（大蔵省編纂『明治大正財政史　第四巻』経済往来社、1956年、219ページ）という考えを大正9年度予算審議においても明らかにしているが、その真意は、不況のなかで、予算案で「最も重要なる事項の国防充実」（同、214）のためには所得税と酒税の増税のほか、不足分は公債で、というところにあった。この予算委員会において、3億4000万円に及ぶ公債を募集することが困難ではないかとの質問に対し、政府側は「消費資金を吸収し、一は以て国用〔つまり国防〕を足し、一は以て通貨の膨張を抑制する」ことだと答弁している（同、221ページ）。

生は、「余は日本に於て戦後の財政を調理すべき蔵相に如此き愚論愚説を公開して恬然たる高橋氏の如きものを有することを恥辱とせざる可からず」と批判する。公債の対価として政府が入手する資金は軍事費として、また鉄道などの事業費として消費せられるものであるから、何ら通貨を減少させることにはならない。また社債や株式で応募された通貨は応募者の手より会社あるいは銀行を通じて再び市場で流通する通貨となる（大8.8.7.）とすれば、このような議論に基づく政策では物価問題は解決するはずがないというのが平生の主張であった。

　政府が確固とした物価政策を採用しないなかで、株式取引所では投機的売買が過熱し、農村にまで飛び火していく。「近来、地方人が米価及び生糸市価の昂騰に依り大いに富を増したるにより、其の余剰を有利に投資せんと種々考慮中なるを利用して新たに株式会社を創立し、株数の一部を公募して、応募数が募集株数の幾百幾千倍なることを発表して自画自賛広告と相待って、地方資産家の欲心を唆し、高きプレミアムを以て其の株券を売放たんと試みるもの頻々として日々の新聞紙に大広告を見る。…米穀及び生糸の暴騰は淳朴なる地方人をして投機的性格を助長せしむるに至りたり」（大8.8.9.）。

　政友会の支持基盤は地方地主である。とすれば党に不利な政策は行えない。内閣は「農民に対しては米価調節に依りて其の恨みを買はんことを恐るるものの如く、…唯地主の歓心を失はんとすることを恐れつつあり」（大8.8.7.）。こうなると高橋蔵相にとっても通貨と物価の理論的関連性どころか、はるかに生臭い政治の話になる。高橋蔵相は貴族院最大会派である研究会で次のように持論を述べている。

　「通貨の膨張は物価騰貴の原因にあらず、物価騰貴は世界共通にして日本独りこれを抑制すべきにあらず。物価騰貴に依りて不安を感ずるものは都市に於ける中流階級の一部に過ぎず、農民は米価の騰貴に鼓腹して何等の不平あることなしと放言しつつあるが如し。彼〔蔵相〕は、日本国民の6割は農民にして、農民は米価の騰貴を歓迎せるものなり、故に国民大多数の意見としては物価騰貴は憂ふるに足らずとの意見」であるようである（大

8.9.29.)。高橋蔵相がプライオリティーを置くのは一部の都市中間層ではなく、あくまで国民の6割を占める農民の利害でなければならず、そうだとすれば、米価を犠牲にする物価抑制などほとんど問題にはなりえなかった。だからこそ平生はこのようにバブル化する日本経済を前に、政友会の「中毒せる大酒家に酒精を与ふるが如き政策を継続する結果は大恐慌を生ずるに至らんか」(大8.9.22.)と日記に記さざるを得なかったのである。

　すでにバブルも末期に近づきつつあった。平生日記を読んでいくと、11月9日には「余の経験によれば、日本に於ける造船業は近き将来に於いて大否境に陥り…彼等は政府に向って軍艦の建造を哀願するの時期近からんや」と記し、11月12日には綿糸取引所価格の暴落が伝えられたと書き、12月1日には海上保険会社間で競争激化のため保険料率が低下し、逆に賃金は上昇しているために「収益の激減」が生じている、と東京海上火災の各務鎌吉との話し合いで確認し合っている。景気の末期症状は金融市場では金利上昇と貸し渋りとなってはっきり現われる(大8.12.3.)。さらに12月27日の日記には、平生は日本経済がほぼ警戒水域に達したとの認識を強める。「我経済界は未だ顕著なる変動を示さざるも綿糸の暴落は最高価格よりして150円の低落は確かに投機熱の冷却を示す一指標にして、一葉落ちて秋の来るを示すものにあらずんばあらず」。「如此くして来年度は我経済界は好景気の絶頂を去りて不況の域に入らずんば止まざらんとす」。すでに「我貿易商の泰斗」ともいうべき鈴木商店は来年度の専門学校卒業生の採用をとりやめ、また三菱も東大法科の学生4名全員を不合格にしたようである。再び「高等遊民」の発生が危惧される(大8.12.27.)。

　このように危機は目睫の間に迫っているのに、大阪の実業界にはその意識は見られない。戦時期の「船成金の如きは最早人の話題にも上らず、千万円の身代の如きは何人も富豪の数に加えず、大阪倶楽部に於いては千万円以下の如きは囲碁室の一隅に潜みて…喫煙室に於て気焔を吐くには5千万円を下るべからずと。岩惣、紅忠(40)の如きは已に1億円を超えたり」

---

(40) 岩惣は大阪の実業家岩田惣三郎のことで、岩田商事などを設立し、大阪三品取引所の創立にも参加。紅忠は初代伊藤忠兵衛が創立した呉服商で、伊藤忠商事、丸紅と同根。

（大8.12.16.）。農村部では何の警戒心もなく株投機に浮かれていた。「政府は自己の根拠ともいふべき農民が米価、生糸の昂騰に依りて農民の懐中に余裕を生じ、彼等は奢侈に耽り陰楽に酔いつつあるを以て好景気となし、今や田舎道に株式仲買の広告を見、田吾平、太郎兵衛が大株の相庭を覚え上海取引所の株価を評するを知らず」（大8.12.12.）。さらに年を越えてもこの投機熱は冷めず、1月30日には「各種の事業会社、殊に土地会社を発起して其の有利なる理由を新聞紙に広告して、僅少の株券を公募し以て時価を作り、以て利に狂える鄙人（ひなびと）を迷わして奇利を博せんとする計画は益々社会其の数を増し、新聞紙は死亡広告と、慾に眼のなき亡者を鉤（ひっかか）らんとする新株募集広告を以て紙面を満たしつつあるは実に忌々しき事にして、経済界は益々険峻に上りつつあるものなり」（大9.1.30.）。

　最終的に日本の景気を決定するにあたってアメリカ経済の影響は極めて大きい。戦後不況が底を打って上昇に転じるきっかけはアメリカの景気回復であったが、恐慌のきっかけもまたアメリカではないかと平生は考えていたようである。大正9（1920）年2月11日の日記はそれを類推させる。「世界の覇主として各国を睥睨しつつある米国」と言えども、今や戦時中に欧州に供与した戦費の回収延期をストップして疲弊している欧州各国を見殺しにするか、あるいは「無限の信用を供給して欧州の現状を救済すべきやのジレンマ」にあって、「窘窮煩悩（くんきゅう）」しているようである。もし前者を選択すれば、「年々欧州に輸出せし物資、主として農産物は本国に堆積して価格大暴落を生ず可く、生産者の困窮は名状すべからざるに至らん。如此くして米国の購買力は大頓挫を来し贅沢品の輸入は忽ち杜絶するに至らん」。アメリカ経済がそのような事態に陥れば、「我生糸絹織物は忽ち其の影響を蒙り、市価は急転直下の勢いを以て低落し、輸出は頓に減退せん。生糸時価の昂騰に依りて維持せられつつある好景気は忽ち萎縮し、金融の逼迫、株式の暴落は相次いで到り」、日本は「暗天に霹靂の感あり。破産閉店は日常時となり経済界は交戦地に於ける廃址を見るが如き観を生ずるに至らんか」（大9.2.11.）。事実アメリカ経済は大正9（1920）年6月ごろから反落しはじめ、7〜9月には物価は大暴落していくが、これが日本経済に決定的打撃を与える

ことになる。

■ 第4節 大正9年恐慌
―「財界大反動」と「商業上の徳義」の消滅―

　高橋蔵相の財政・金融政策によってバブルと化した日本経済はついに大崩落の時を迎える。大正9(1920)年3月15日に日本経済を襲った恐慌の凄まじさを井上準之助は、富士山の頂上にまで馳せ登った日本の景気は非常な速力で墜落して、富士川の川底どころか、恐らくは琵琶湖の湖底まで落ちたと評した[41]。

　3月15日の株価暴落は東京株式市場を主とするもので大阪市場は比較的平穏であった。そのためか、平生日記にはそれに関する記述は見られない。第二次反動は大阪の増田ビルブローカー銀行が交換尻決済不能となったのを機に、金融市場の逼迫と株価崩落から始まるが、政府の金融政策に終始批判的で、今や恐慌の到来は目睫に迫ってきていると見ていた平生はこの事態を「不謹慎なりし経済界が如此き結果に陥りしは当然の事」と冷静に受け止めた(大9.4.7.)。

　5月24日の横浜七十四銀行の休業を主因とする反動は日本の経済界に一大衝撃を与えた。平生は翌日の日記の冒頭に、「横浜七十四銀行支払停止を為す。実に今回の恐慌に於ける第一の警鐘、否弔鐘なり。イグノーランスとエキスペリエンスの争抗に於て、イグノーランスの敗北を示せる一大警報なり。戦争に依りて誘発せられたる空景気…に乗じて巨利を占め、猪突猛進を以て唯一の方針とせる無智無経験の狂乱的少壮実業家の頂上に加えられたる痛棒」がこの支払停止である(大9.5.25.)。問題は、同行の頭取であると同時に商事会社茂木合名会社の総帥茂木惣兵衛が、本業の生糸商からから世界的商事会社に乗り出したというその無謀さにとどまらず、何よりも七十四銀行を利用する茂木の手口にあった。平生はこう述べる。「銀

---

(41) 高橋亀吉によると、この恐慌は第一次株界反動(3月15日)、第二次財界反動(4月7日以降の恐慌化)、第三次財界反動(5月24日以降の財界再恐慌化)、第4次財界反動(7、8月の英米の景気後退)と波状的に日本経済に襲いかかる(高橋、[1954] 2010、253)。

行者が事業家を兼ぬる事は尤も慎むべき」である。銀行は「社会の公器」で「公衆の預金を個人が自己の事業に利用する」べきではない（大9.6.1.）のに、七十四銀行は茂木合名の機関銀行として銀行預金の私物化を許し、それを茂木の事業資金に充当している。「機関銀行として預金を利用することは銀行なる名義を利用して無知の預金者を欺瞞して低利資金を借入るる者にあらずして何ぞや」。この問題には同行の顧問として井上日銀総裁と梶原正金銀行頭取が名を連ねていたことが平生の怒りをいっそう掻き立てる。彼等が顧問であれば、何故に七十四銀行に預金の私物化を「放任」させたのか、許しがたいことであった（大9.5.26.）。これと関連して6月25日には次のような記述がみえる。七十四銀行は5月22日（土曜）に3～4の銀行からコールで250万円借り入れ24日月曜日に閉鎖したが、日銀当局に七十四銀行が健全であるか否かを問いただし、何等危険なしとのことでコールに応えた某銀行は、専務を日銀から受け入れ、かつ井上日銀総裁が七十四銀行・茂木合名の顧問であるから涙を飲まざるを得なかったと（大9.6.25.）。

　七十四銀行と茂木合名の破綻は生糸市場を大暴落させ、関連する銀行の破綻を招いたが、それは日本国内に止まらなかった。茂木惣兵衛は大正8（1919）年に訪米の折、井上日銀総裁の名前を出して同行をアメリカ金融界に信頼させたうえで茂木合名に金融を求めたが、今回の事件ですっかり信用を失墜させた日本は、他の商事会社までもアメリカからの金融を謝絶されるに至る。平生はこの事件からも、一方に「政府と日銀の鼻息を窺うて自己の事業を経営せざるべからざる日本の銀行者及事業家」がいて、他方で後者は前者を利用する体質だからこそ今回の事件のような「聖代の不祥事、実業界の痛恨事」を起こすのであり、経済財界全体がこうした情実に捉われている間は、日本の経済は英米のような進歩を期待することはできないと喝破する（大9.6.3.）。

　大正9年恐慌において関東では横浜の生糸取引所が、大阪では三品取引所が大打撃を受けた。大阪・神戸を拠点にしていた平生は日記でも崩壊してゆく大阪の綿糸布価格を問題にする。5月12日の日記に綿糸布商間の信用がすっかり地に墜ち、「巨商の商業手形が全然融通力を失」っていく

様子が描かれている。また「綿業者救済問題」として最初の記述が出てくるのは6月9日である。ここで興味が惹かれるのは、平生は問題の所在を単なる過剰生産（したがって救済策としての操短）ではなくて、投機を助長させた取引制度、すなわち取引所の外でも行われていた長期先物取引制度に見ていたことである。井上準之助によれば、バブル期には、日本の綿糸の出来高が1か月17万梱（1梱＝400ポンド）で、そのうち何と10万梱を取引所外で行うとして、その時の値段が1梱4百円。それが次のようなからくりでとんでもない価格に跳ね上がっていく。甲の綿糸商が紡績会社から4千万円で綿糸を買いそれを乙に売り、乙は丙に、丙は丁という風にして転売を繰り返す。この転売が10回行われると、4千万円（1梱400円で1カ月10万梱を取引）が4億円に膨れ上がる。ここで甲は現物ではなくて先物で買うのだから、例えば10カ月先まで買うとすれば4億円となる。瞬時に10倍の儲けが転がり込む。当時最も長い先物は1年半であったから、これで買えば7億2千万円の儲けとなる。さらにこの先物が売買されて持ち主が変わり、例えば10人の手を経れば4千万円が最終的には72億円になる。

　この事例は井上準之助によるものだが[42]、平生もこの先物取引制度を念頭に置いている。したがって、綿糸不況から脱するには3割余りの操短をしたところで所詮「如此き姑息策」では現状打開の見込みはなく、一年半に亘る長期先物契約と「不廉なる価格」が解消されない限り回復は不可能であった（大9.6.9.）。

　この恐慌から深刻な不況に至る過程で実業家たちの「我利的」メンタリティーがクローズアップされる。この先物取引で綿糸市場が暴落すれば当然綿糸業者ばかりか紡績業者も深刻な苦境に陥る。解決策としてはすべての先物契約を解除（＝総解合）する以外にはなかった。そうなると争点は綿糸商間だけではなくて、彼等と紡績会社とで損失をいかに負担しあうかになる。「債務者は終に窮策として財産を隠匿して最後の決心を為すに至り、人心の悪化は収拾すべからざるに至らんことを恐る。何となれば我国に於いて

---

(42) 井上準之助「戦後に於ける我国の経済及金融」昭和10（1935）年、35ページ。

は商業上の徳義破壊に対する制裁甚だ薄弱にして…欺瞞巧智を以て商業の秘訣と信じつつある我邦実業家の社会には…厳正にして法律的なる方法を以て不誠意なる頭目を屠ること、機宜の処置」ではない（大9.6.21.）。慣習的に「商業上の徳義」を欠く日本の実業界では往々にして堅実な経営に努めるものが倒産し、巨額の無担保債務契約を結ぶか、または「担保差金を有する債務者」、要するに「冒険的商人」は逆に銀行から救済を受けるという変則的経済が平然として横行している。この状況をこそ正さなければ英米との競争に勝てないのであり、「世の非難と犠牲たるを甘じて正義の維持、権利の保全に力を尽く」さねばならないと平生は確信する（大9.9.8.）。しかし実際には「綿業者救済問題」は、政府の救済融資を前提にした先物取引に対する「総解合」、及び政府融資と価格維持を目的とする輸出シンジケート団結成で解決が図られることになった。プラスの成果は我に、マイナスの利益については臆面もなく政府・日銀に投げるという日本財界の陋習が相変わらず繰り返された。

　こうした経済界の実状を見ると楽観できる材料はなく、金属関連の鉱山は「不引合」のために坑夫の半数は解雇され、造船所でも八八艦隊（艦齢8年未満の戦艦8隻と巡洋戦艦8隻）の「余恵」を受ける以外は仕事がなくなり、職を失うものが続出する有様であった。まさしく「恐慌来の声」（大9.9.29.）が喧しく、財界はまるで「総悲観の幕を開」いたようで、株式市場はまさしく「惨落の光景」（大9.9.30.）であった。この状況下で安易に政府に救済を求める財界を平生は痛烈に批判する。平生は9月21日、加納友之助（住友銀行）、嶋徳蔵（大阪株式取引所理事長）、芝川栄助（大阪毛織）、伊藤忠兵衛らとたまたま東京行夜行列車に乗り合わせる。不況の真っただ中に大阪の名だたる実業家がなぜ揃って上京するのか、平生は次のように推測する。住友は元来堅実な取引で知られていたが、住友と取引が「尤も濃厚なりし」嶋徳蔵の実弟の嶋定商店が支払停止となり、同じく芝川商店や伊藤忠兵衛も窮状は深刻で、その他いくつかの同様の商店を抱える住友銀行の損失額は莫大に上ると噂されていた。「加納氏、芝川氏、伊藤氏が相伴ふて東上せるは何かの消息を語るものにあらざるか。日本銀行に救済を強

要するところにあらざるか、非か」と。特に相場師嶋徳蔵に至っては実業界
を毒するばかりで、「彼はジュー〔ユダヤ人〕性を極端に発揮せる大阪町人
の典型」（大9.9.21.）であったからである。

■ 第5節 銀行取付けの連鎖

　不況の状態は続いていたのに、大正10（1921）年5～6月あたりから物価
は上昇に転じる。平生はこれを日本人の軽薄さを如実に示すものだと批判
する。つまり日本は世界の厳しい競争の中に置かれているのに、悪辣な株
式仲買人に簡単に瞞着させられて物価が引き上げられ、それで安心してい
る。従って貿易面では為替は下がっても輸入超過は相変わらず続いている。
生糸の市価が確かに持ち直しているが、それはアメリカへの輸出が中国と
イタリアの蚕糸不作のために一時的に回復しているからであって、「全然他
動的」のものである。戦時中に稼いだ巨額の正貨はまだ31億円あるようだが、
日本国内を見れば「奢侈の風を助長し浪費の悪習」に慣れて多額の資金
が「費消」され、いかに多くの商工業者が無謀な計画を立て、いかに多くの
資金を「損亡」し、そして今やいかに多くの商社や事業会社が倒産して「死
屍累々たる現状」を見れば、一体どこに31億円の資金はあるのだろうか、と
平生は嘆じる（大11.1.4.）。

　事実この中間景気はたちまち消え去ったが、一体このような事態の中で
救済策はあるのだろうか。確かに議会では物価問題に対して金解禁を行な
って兌換券を縮小させて物価を引下げるべきだとの野党側からの意見があ
ったが[43]、平生が強調してやまなかったのは、物価の低落、賃金の引下げ

---

(43) すでにアメリカは大正8（1919）年の平和条約締結の前に金本位制に復帰していたが、日本では
　　大正10（1921）年から11年にかけて物価騰貴による貿易収支入超問題が大きく取り上げられて
　　いて、それとの関連で金輸出解禁が国会でも問題となる。原・高橋内閣は解禁には反対で、そ
　　れは以下の理由から解禁が貿易赤字の問題に影響しないと理解していたからであった。(1) 貿
　　易不振は海外の購買力の著しい減退によるものであって、単に物価だけの問題ではない。(2)
　　物価問題は政府の政策に起因するものではなく、したがって経済政策としての金輸出解禁は論
　　外である。(3) 日本経済の信用上正貨を維持する必要がまだあり、したがって金輸出解禁はそ
　　の時期ではない（大蔵省編纂『明治大正財政史』378ページ）。
　　　ちなみに、井上準之助は大正11（1922）年、ワシントン軍縮会議で軍備制限条約が成立した
　　時点で為替相場も改善し、貿易も改善していたから、「金の輸出解禁をやらなかったということは、
　　これは非常な失策」（井上準之助『戦後に於ける我国の経済及び金融』203ページ）と述べて
　　いる。

を行うには資本家は「営業の真相」を労働者に説明し、「彼等の真情に訴え、以て労資協調して廉価に物資を供給して輸出の道を開く」（大11.3.17.）こと以外にはなかった。

　しかし平生の期待は裏切られる。大正11（1922）年7月17日の日記には、有力な商工業者は「政府と何等かの因縁を有し、政府の保護を受けるか、又は何等か利権を受くるものなれば、政府に向って何等の権威を有せず」。政府が表面的に「民意を聴く」と称して調査会を設置して彼等をその委員に任命すると、彼等はこれを「非常の栄誉」と心得、「所謂謝恩の意を以て政府に便宜ある案に賛成」する。その「意気地なきこと、到底欧米実業家の比にあらず。商工立国を口にするも、之れ虚勢を衒ふのみにして真に国家を憂へ国民を思ふの心ある実業家は実に暁天の星」である。こうした商工業者を「国家の中堅」にしようとすることは「木に縁りて魚を求むるよりも難し」（大11.7.17.）であると。そしてその政府だが、相も変わらず「世界経済に通暁」せず、「因習的財政策に捕はれて財界の変動を恐れて因循決せず」（大11.8.12.）。いま国家経済はいわば腸カタルの状態にある。「ヒマシ油を以て腸内の腐敗分子、毒素を一掃」することしか救済の道はないのに、政府・日銀はいっこうに「毒素」を取り除く努力をしない。この処置をすると「一時は衰弱を来たし重湯の摂取を要し安静を要すべきも、如此くして胃腸も常態に復し粥より飯と漸次常食を以て栄養を回復し、健康は日ならずして恢復せんか。この治療法に依らずして全快を俟つは真に愚の極」である（大11.10.2.）。

　政府・日銀にも商工業者にもヒマシ油をとる勇気がないまま、遂に激烈な銀行取り付け騒ぎが発生する。中間景気後の金融逼迫のさなか、大正11（1922）年2月末には株式、米、三品市場の相場師として名を馳せた石井定七が破綻する。彼は高知商業銀行を機関銀行とし、その他多数の銀行を利用して、鉱山、林業、綿業などで多くの「仮粧的株式会社」、つまり幽霊会社を作ってそれらの株式を担保に巨額の融資を得て投機資金に充てていたが、彼の手口はついに破綻をきたす。平生は一方でこの彼に対し、こうした「詐欺的行為」を平然と行い、「以て金融界を攪乱し銀行者を麻酔

せしめて実業界の道徳を紊乱して害毒」を流す石井定七は法的に罰せられるべきである（大11.8.24.）と主張する。だが他方でこうして発生した多額の不良債権の公表を渋る銀行に対して、平生は加島銀行専務星野行則に宛てた手紙において次のように痛烈に非難する。「幾千幾百万円のフローズン・デッドを有する銀行」が「却て利益金を計算表の上に発表して重役は手厚き賞与金を受け、株主は高率なる配当金を獲て居りますのは重役としては背任の行為、会社としては世を欺く手段」であると（大11.9.23.）。ここで平生の念頭にあったのは、「商道徳」のかけらもない石井定七であり、背任行為を知りつつ平然と賞与・配当を受取る重役達であり、株主達であった。

　石井破綻事件の余韻が冷めやらぬ大正11（1922）年10月19日に京都の日本商工銀行が突如取り付けに会い、次いで11月29日には大阪、京都に多くの支店を持つ日本積善銀行が支払いを停止し、翌30日には熊本の九州銀行が臨時休業を発表する。これを機に京都、大阪を中心に銀行界は大いに動揺を来し、その影響は九州、中国、北陸、東京に及んだ。この一連の取り付け騒動で重要な役割を演じたのが日本積善銀行であった。

　この銀行が正式に支払い停止となるのは11月29日だが、実は10月22日に同行頭取高倉為三が資金調達のために平生を訪問している。高倉によれば、銀行が危機に瀕するに至った原因は、積善銀行の向にある日本商工銀行が支払停止になったために、その余波が同行に及んで預金が減少しつつあるからであるが、高倉は商工銀行からの多額の資金でもって上海東華紡績に投資しているために、同行を取り付けの危機から救済するためにはまず同行への彼の債務を償還しなければならない。もしこれができなければ高倉の信用は地に墜ち、彼が関係している諸事業にも重大な影響を及ぼすだろうと。

　平生は高倉の資金依頼を断るが、次のようなコメントを日記に記している。彼の父親高倉藤平は名うての投機師であったが、その彼が貯蓄銀行を創立した。しかしこれほど「世人を愚」にするものはない。なぜなら「無担保にして低利の資金を得、自己の事業に投資」するために貯蓄銀行を創立したことは否定しがたく、「是れ尤も狡猾なる資金調達法なると共に、重大なる

危険を伴ふ」ものであるからである。「余は如此き奇策を以て富を得んとする事業家の破綻は寧ろ世人を警鐘するの力大なり」として歓迎するものである（大11.10.22.）。平生の推測通り、貯蓄銀行から普通銀行に代った積善銀行は11月29日に支払停止となる。翌30日の日記には、「預金者は零細の蓄財を有する小口のものなれば、この報伝はるや、附近の預金者は狂気の如く銀行の店前に群集して喧々囂々、怒罵啼泣、交至の光景」を呈したと伝えている（大11.11.30.）。この一連の銀行取り付け騒ぎはやっと大正12（1923）年6月になってほぼ鎮静する。

第4章

関東大震火災と火災保険問題

■ 第1節 火災保険金支払いは法理上の問題か、
それとも社会問題か

　大正9年恐慌とその後の深刻な不況がやっと終息した大正12（1923）年6月からわずか3か月後に、日本近代史上未曾有の大震災が帝都を襲う。人的物的被害はまったく桁を外れていた。住家被害数は（全潰・半潰と焼失・流失埋没）は372,659棟（うち、東京府が205,580棟で、176,505が焼失）で、死者数（行方不明者を含む）は105,385人。東京府の犠牲者は70,387人で66,521人が焼死であった。最も悲惨を極めたのは本所区横網町の旧陸軍被服廠跡に避難していた人々で、一瞬にして3万8千人の命が失なわれた。当時の金額で被害総額は約55億円、商品が20.3億円、建物が約18.7億円、家財が8.7億円に及んだ。ちなみに、大正11（1922）年度の一般会計歳出は14億3千万円であった[44]。

　東京海上火災専務平生釟三郎は大正12（1923）年8月31日から9月2日まで避暑のため六甲山の山荘にいた。1日は息子たちとクロッケーに興じ、2日の午前に下山し、阪急六甲駅から御影駅に向う電車のなかで乗客が読んでいた新聞を見て関東大震災を知る。行動力において敏なる平生のこと、同日兵庫県知事の要請を受けて県庁に赴き、実業家や議員たちと米、味噌等食料を被災地に送る手筈を整えている。平生自身は直ちに3千円を救済基金に寄付する（大12.9.2.）[45]。

---

(44) ウィキペディア『関東大震災』。
(45) 関東大震火災において、復興といえば専ら後藤新平と帝都復興院の問題がまずあげられる。それ以上に社会問題としては火災保険問題はかんかすることはできない。本文で論じてるように、被害が余りにも大きかったために、地震は自然災害であるから支払いの対象にならないということで済ますことができず、かといって支払いをするとすればその論拠は何かが問われた。これほど重

当時、ラジオ放送はまだ開始されていなかった（第一声は大正14〔1925〕年3月22日）から、平生の震災情報源はもちろん新聞だけで、「京浜に於ける震害の報告は未だ一も正確なるものな」しの状態であった。その新聞記事によっても大震火災の惨状は凄まじく、まさしく「焦熱地獄」で、焼死体は至るところに累々とし、本所の被服廠跡に避難した3千人もの人々が紅蓮の焔に包囲せられて焼死したものは夥しき数に上り、死傷者は十数万を超えるのではないかと推察されると（大12.9.3.）。

　大災害であることは直ちに了解できても、東京海上火災専務の他に大正海上火災（三井系）や豊国火災など東京海上火災系列の重役でもあった平生にまず求められたのは、情報をできる限り収集し、そこから正確な情報とデマを選り分けることであった。だが、「誇大僻とセンセイショナル・ニュースを以て得意とする新聞記者の修飾せる報告」のみからは不可能であった。加えて、この混沌のなかで戒厳令が布かれたために情報の流れはいっそう滞ることになった。戒厳令は「不逞鮮人及無頼漢が横行して被害民に暴行を加え掠奪を事とし」、「市中は戦々兢々として無秩序状態」で、「市民の市外に脱出するを禁止」するというものであったから、かえって、本来なら市民がそれぞれ工夫してもたらすべきはずの被災地からの正確な情報も伝えられなくなったのである。平生は、「鮮人暴挙」は問題にならない小騒動に過ぎず、また武器をもたない「モッブ」は「恰も花火線香」のようなものであるのに、「正確なる公報」を市民に流さずに戒厳令を発したから、被災民の動揺はさらに高まっていった、と日記に書き留めている[46]（大12.9.4.）。

　このような圧倒的情報不足のなかで、平生は大震火災が直ちに社会的政治的問題に発展するに違いないと直感する。3日の日記には次のような記

　要な法的社会的問題を平生が詳細に日記に残していることは、歴史資料として極めて貴重である。これにまず注目したのは、三島康雄「関東大震災と平生釟三郎－火災保険支払い問題をめぐって－」『甲南経営研究』第29巻第1号、1988年であり、さらに田村祐一郎「関東大震災と保険金騒動（1）－仕掛け人－」第16巻第3号、2004年～「関東大震災と保険金騒動（16）－政府対枢府－」第22巻第2号、2010年である。
(46)　朝鮮人暴動は流言飛語に過ぎないと震災当初から平生は見ていたが、1か月後の10月6日の日記に次の記述がある。大阪ロータリークラブで、東京控訴院検事で震災時に朝鮮人暴動について調査した人物から江崎政忠が直接聴取したところによれば、朝鮮人が井戸に毒を流したとか放火をしたとか、その他もろもろのことは全て根拠がなかった。しかしこれらの流言飛語のために

述がある。

「財産の損害は数千億に上るならんと推定せらる。而して直ちに起る問題はこの損害を保険契約に依りて支払うべきや否やなり。勿論保険約款には明かに地震に起因する損害は、間接と直接とを問はず、また延焼より生ずるものも亦一切担保せざることを明約せるものなれば、約款の上よりしては保険者は仕払の義務なきこと勿論なり。…我々保険者は如此き災害を予知すればこそこの損害を除外したるなり。何となれば、日本の如き地震地帯に於ては如此き大惨害の発生は可能なればなり。若しこの損害を保険者が仕払ふとせば、日本の保険会社に於て一二のものを除けば倒産、若は仕払停止の外なからん。世人中には保険者は理屈はとに角、ex gratia〔好意〕に於て仕払を為すならんと予想するものあらんかなれども、之れ真相を知らざるものにして、たとへ其半額若は三分の一を仕払ふとするも大多数は破産の外なからん。…自ら亡び行くものが何ぞ如此き恩恵的行為を為さんや。…然れども、これはかく単純に解決せられざる可く、必ず社会問題となり、〔大日本連合火災保険〕協会の議に上り、政府も干渉を試む可く、会長たる各務〔鎌吉〕氏は又々不快なる立場に立つ」だろう（大12.9.4.）。

この記述からも明らかなように、平生はこの大震火災の保険金支払い問題の本質は、詰まるところ法理上の問題は論外として、社会問題としてどのように折り合いをつけさせるかにあると直感的に理解した。9月7日にようやく東京の各務鎌吉から震災後初の書信が届く。そのなかで彼は、保険約款には「地震に因る火災及其延焼」の除外規定があるが、「凡ての火災を延焼」と見なせるかどうか、放火があったかどうかなど複雑な法律問題が起きるのは覚悟しなければならないが、しかしこの種の自然災害による大火災

虐殺された朝鮮人は無数に上り、その「酸鼻の光景」は外国新聞の記者によって撮影され本国に送られたものが少なくなく、それが後日新聞に掲載されれば「如何に外人をして我邦人の蛮性に驚かしめ、又鮮人の憤激を買ふやも知れず。実にこの震災に於て官憲が周章狼狽せしやを示して余りあり。数個師団の兵を出して戒厳令を実行しつつ、尚自警団と称する青年団又は在郷軍人に武器を携帯せしめて縦（ほしいまま）に行人に向って制裁を加へしめたる如き、実に如何に我軍人の無力、官憲の不節制を暴露せしものにあらずや。…国威を減じ国家の信用を害したるもの少なからざりしは、実に嘆はしき事なり」。

を保険会社が「責を負ふ」とすれば、全国の保険会社はことごとく倒産の危機に瀕するだろう。損失が少なかった東京海上火災は別にして、多くの保険会社は投資物件や担保物件の損失や取引銀行の支払い不能などでとても「火災の責任として其一部すらも支払の能力なき位地」にあり、「単純なる同情問題としても保険者の責任拒絶は不得止」と考えられると（大12.9.7.）。

　平生はすぐ次のような返信をしたためる。確かに約款に定められているから「法理上」は保険者側には何ら責任がないとしても、「世人はこの惨害に逢ふて窮迫せる被保人に向って同情」を示し、また「社会の木鐸なりと自ら任ずる操觚者」、つまり新聞記者たちもこれに同調するから必ず大問題となる。「弱きものは理非の如何を問はず世の同情を得るものなれば必ず社会問題たるべし」（大12.9.7.）。

■ 第2節 財界の思惑と政府の方針—法理を超越する詔勅と告論—

　大震災直前の8月24日に首相の加藤友三郎が死去し、内田康哉外相が臨時に首相を兼任していたが、震災の翌日の9月2日に山本権兵衛内閣が発足する。彼はかつてシーメンス事件の時に首相の任にあったが、元々海軍出身で帝国議会に確たる基盤を持っていなかった。平生によれば、内閣発足に当たって政友会の高橋是清総裁には入閣を断られ、普通選挙を綱領に掲げる憲政会からは「嫌厭」され、結局「山本伯の傘下に集るものは政治的喜劇役者ともいふべき後藤新平氏、大臣の栄位を得るなれば何人の勧誘をも辞せざる田〔健治郎〕男、其他大臣病に悩める遊星的政治家」ばかりであり、「決して山本内閣の命脈を支持すべき有力なる後援」はいなかった（大12.8.30.）。また9月2日の日記には彼は、親任式が行われ正式に発足したこの内閣を、犬養毅逓信大臣を除いて全員が「純官僚」という「一種異様なる内閣」（大12.9.6.）と言い、また「空想家と老耄政治家の集団」（大12.9.26.）と揶揄している。

　この新内閣は一方で帝都復興という大問題を抱えながら、他方で庶民の生活の立て直しや、それと関連する火災保険問題をいかに処理するべきか

という切実な課題に直面することになったのだが、閣員全員が平生の言う通りの「空想家と老耄政治家」であるとすれば、この内閣に先を見据えた冷静な判断と迅速な行動を期待することは所詮無理であった。

ところが何と9月4日には、政府は保険会社の「情義的責任」を問い、全額保険金支払いをさせることでほぼ一致していたのである[47]。これほどの大問題に対しこれほどの短期間に内閣の意見をその方向にリードしていったのは誰か。平生はそれは閣員の誰かではなく、富士瓦斯紡績会社の和田豊治（帝都復興審議会委員〔大臣待遇〕）[48]あたりだろうと踏んでいたが、各務鎌吉からの手紙によってそれを確信する。9月21日の日記によると、今回の保険金支払問題を惹起せし元凶は、平生の想像していたように、和田豊治である。彼の紡績工場が震災で大被害を蒙ったことから、彼は保険金で損失補填を考え、日本工業倶楽部（初代会長は三井の團琢磨）の会合で、1906年の「桑港^{サンフランシスコ}の大火災には保険業者が約款に拘らず支払を了した」ことを例に挙げ、戦時海上保険補償法の「保険者弐割、政府8割を負担せしめば直ちに資金問題を解決す可し」と意見を述べると、そこに集っていた会員はこれに賛同し、直ちに和田が銀行倶楽部にその趣旨を伝え、彼を筆頭にして数人が各省大臣及び次官を訪問し、「桑港の例を以て保険会社は法理を超越して支払はざる可からざる旨を高説激論し、各省大臣（総理を含む）は首肯したりし模様」であった。

そしてすでに9月6日には以上の方向で官僚たちが動き始めていたことも平生の耳に届いていた。「去る6日、岡本〔英太郎〕農商務省次官は田所〔美治〕共同火災保険会社社長を招致して、火災保険業者に於て法律・規約を楯にして支払を拒絶するに於て、この国難というべき大災厄の際に於て法律・規則を超越せる大権の発動に依りて之を強要することも可能」である述べていた（大12.9.12.）。

---

(47) 9月4日に田農相は午前中に岡本農商務省次官と会い、午後には枢密顧問官伊東巳代治を訪問し、火災保険会社が「情義的」にも支払をなさせることで意見が一致し、こうして4日には政府の方針が決まったようである（田村祐一郎「関東大震災と保険金騒動 (1) −仕掛け人−」『流通科学大学』第16巻第3号、2004年、28ページ）。
(48) 和田豊治主犯説の背景については、同「関東大震災と保険金騒動 (2) −財界と銀行の思惑−」第17巻第1号、2004年、16−21ページを参照。

ともかくも政府は和田豊治ら日本工業倶楽部の論理に沿って第一歩を踏み出す。その主務官庁は農商務省である。この時点での同省の調査によれば、東京府・神奈川県の大正11年末時点での火災保険契約残高は22億円で、このうち7割、約15億円が罹災し、他方火災保険業者の総資産は2億7〜8千万円である。つまり保険会社の総資産が罹災額の2割だとすれば、それを戦時保険のようにすべて支払いに充て、残る8割を政府が補償すれば問題は解決する、というわけである。そこで新聞は、「若し火災保険業者が桑港に於るが如く特別の支払を為すに於ては低利資金貸与の意あり」と報じた。新聞が誇張して報道することは通例のことだとしても、これにはさすがの平生もあきれはてる。

　この報道が「事実とすれば農商務官吏は火災保険約款に精通せざるもの」というべきである。「仮に見舞金を支払ふとせば、そは会社の信用を傷つけざる程度のものなれば、如此き少額の支払の為め低利資金を借るの要あらん。何となれば見舞金支払に低利資金を借入るるとせば、会社の信用を害すること少からざればなり。若し巨額の支払を為すとすれば、火災保険会社は何故に如此き辛き目をして ex gratia 支払の要あらんや。…世人中政府が支払に干渉するならんといふものあれど、政府は私人間の契約に依り除外せられたる損失を強て支払はしむるの権限を有するものにあらず。政府がその一部を救済することは、或は理由あらんかなれども、明約条項に背きて単に情実を以て支払を強要する如きは到底不可能」である（大12.9.9.）。

　「千古未曾有の大災害に直面して冷静なる判断を失ひ、頭脳混乱」した政府当事者たちは、和田豊治の敷いた筋道に沿って、本来あり得べからざる私人間の契約関係に政府が「大権」をもって干渉し、「理由の如何に拘はらず保険会社をして全財産」を支払に当てさせるべく、12日に天皇の意志を伝える「詔勅」を発布する。

　「若シ夫レ平時ノ条規ニ膠柱シテ活用スルコトヲ悟ラズ、緩急其ノ宜シキヲ失シテ前後ヲ誤リ、個人若ハ一会社ノ利益保障ノ為ニ多衆災民ノ安固ヲ脅スガ如キアラバ人心動揺シテ抵止スル所ヲシラズ」。

この詔勅は伊東巳代治の起草になるもので、ここには「多衆災民ノ安固」のためには「一会社」、つまり火災保険会社は「平時の条規」にこだわってはならないと書かれているのだが、9月14日には田農商務大臣が大阪朝日新聞にわかりやすく次のように語っている。

　「火災保険に対しては被害者は一般に金額の如何に拘はらず頗る期待し居る。万一この期待に悖ることありとすれば国民の動揺を来たす虞」がある。約款如何に拘らず今回の如き非常の場合には、「徳義上人道上より考慮して会社の自発的意思に訴えたい。保険金額…の内8割は外国会社の元受又は再保険に附して居るが、この外国会社にも事情を訴えて同情を仰がねばならぬ。内地会社の財産は前記保険金額の1割強」に過ぎないから、政府はどれだけ会社が支払い得るかを調査し、そのうえで政府もいくらか補償を考えていると（大12.9.14.）。

　平生が黒幕として「財界世話人」和田豊治の話を各務から聞くのは9月21日だが、平生は保険会社側の人間として、被保険者の中にかなり大富豪がいることを当然知っていた。上記の田大臣のインタビューの報道を知って次のように日記に記している。政府は法律・規則に代って「人道上徳義上」の名の下で保険会社に支払いを強要しているが、罹災者のなかには三菱、三井、安田などの大富豪がいて、彼らは保険金支払いを受けなくても何等痛痒を感じていないはずである。それどころか、「火災保険の問題を云為する人々は寧ろ資本家階級に属し、政府当路者又は民間の商業機関（商業会議所、工業倶楽部の如き）と接近する機会を有する人々にて、利己的観念より事情に暗き政府当局を使嗾しつつある」連中である。この事実を踏まえれば、火災保険の支払いに窮する保険会社に政府が低利で融資するということは、実際は「政府が此の資本家階級の為めに火災保険を支払ふ」と同じことで、これこそ「実に不公平」極まりないことで、「富める者に厚く貧しき者に薄き結果」になり、これは「甚だ面白からざる」ことである。政府がこの際やるべきは、「細民」はほとんど「無保険」なのだから、政府が「先以て罹災中無資産の階級に属する人に向って救済資金を給付」すべきである（大12.9.14.）。

ここで平生は被保険者は主に資本家階級であると決めてかかっているが、後になると中流以下の被保険者の立場から議論するようになる。

　ともかくこの時点では平生はこのように論じたが、16日にはその「詔勅」を受けて山本首相がその趣意を国民に知らせるために「告諭」を出す。そこでは「一会社」は明確に「保険事業」と書かれている。

　「官民倶ニ平時ノ条規ニ膠柱セズ、公道ニ基キ、人情ニ酌ミ…各自能ク其ノ公徳心ニ訴エテ私利ヲ後ニシ…例エバ保険事業ノ如キハ、其ノ性質上社会公衆ノ安固ヲ目的トスルモノナルヲ以テ…幾十万ノ信頼ニ負カサルヤウ、犠牲ノ精神ヲ発揮シテ」云々。

　政府は一方で和田豊治のような富豪・大資本家に唆され、他方で「社会公衆」のために保険会社は「犠牲の精神」を発揮すべしとの理由を付して「告諭」を出し、これに新聞までも同調する。「社会の木鐸」を任じる新聞社の態度について平生はこう記す。「保険者は支払はざる可からず、且政府は補助せざる可からずとの議論が新聞に掲げられ、政府大官も無責任の言を漏して保険業者の自決を待つといふ如き体度〔ママ〕を以て茶を濁すといふ事情に変化し、日一日峻烈険悪の情勢を形成せるものの如し」（大12.9.21.）。

■ 第3節 東西両保険会社間の保険金支払いをめぐる対立と 政府の折衷案

　政府が以上のように和田豊治らの使嗾で「平時の条規に膠柱せず」、火災保険会社に保険金支払いを強要する意向であることが明白となると、保険会社はこれにそれなりの対応をしなければならない。火災保険協会会長として各務がまとめた案は、罹災した保険契約額を20億円としてその1割を「見舞金」として支払い、それに伴う政府からの融通資金は「無利子50ヶ年賦」で償還するというものであった。つまり2億円を50年間かけて保険会社が元本償還し、政府がその利子分を負担して被保者を救済しようという訳である。この各務案を東京の保険会社は賛成するが、関西系6社（共同火災、日本火災、大阪海上、神戸海上、朝日海上、京都火災）はこれ拒否し

た。彼等の言い分によれば、「たとへ無利息50年賦とはいえ年々50分の一を償還」しなければならず、さらにこの多額の負債を公表した場合顧客の信用を失い営業を継続し得なくなる危険性すら生じかねなくなった。また元々競争が激しく協定保険料率さえ順守できていない関西系会社（大12.2.9.）では、各務案でも負担は決して小さくはなかったのである（大12.9.18.）。

　しかし各務の1割見舞金案が公表されると、ただちに保険金全額保証を要求する被保険者サイドから猛烈な反対運動が起こる。10月5日、東京海上ビルで火災保険金全額仕払期成同盟会委員と火災保険協会側との話し合いが持たれたが、それは「殺気紛々として将さに修羅場に変ぜんかと一片唾を呑みし位」であった。平生は大阪にいてここには同席していなかったが、その様子から次のように推測する。支払期成同盟の背後には和田豊治ら富豪に操られる政府がいて、その同盟が保険会社に圧力をかけて具体案を引き出させ、その提示を受けて政府が動くというシナリオが描かれているのではないかと。これを保険会社から見れば、「愚民を煽動」して「保険会社を脅迫して政府の勧告に従はしめんとす。実に浅薄なる策略」であると平生は政府を批判する。

　各務も状況が切迫してきたことを見て取って、より具体的な案を提示しつつ、それ以上の判断は政府に委ねるという策に出る。「有志会社に於て一の具体案、即ち10%を作成し、自力を以て10%を仕払ひ得るものは之を仕払ひ、自力を以て仕払能力なきものは政府の援助を藉りて仕払を了すべく、…而して協会としては最早一致の歩調を取る能はざれば、政府に於て可然指令ありたしと政府に一任する」。

　つまり政府はここで、一方で保険金支払いに頑なな態度を取り続ける関西系会社と交渉をしながら、他方で全額支払いを求める被保険者を支持するという厳しい選択の前に立たされる。平生の推測では、被保険者が各務10%案に満足しない場合には、彼等は全額支払を要求して農商務省に示威運動を起すに違いなく、これを政府が聞き入れるならば、政府は罹災者全部を平等に扱わざるを得なくなり、無保険者もまた有保険者と同じような要求を出すだろうし、そうなれば、畢竟政府は償還不能なまでの公債発行

を余儀なくされるだろう。さらに10%案に同意していない関西系保険会社に対して、政府はいかなる策も持っていない。また外国系保険会社は見舞金支払いを全く考えていないから、そこに被保険者が押しかける場合も想定しなければならない。こうなると事態はますます紛糾する。「社会問題、外交問題、延て政治問題」になるのは必定で、「政府は遂に進退を決せざるを」得なくなる。「現内閣の総理及大臣等が不用意の間に為したる言動は今や彼等を渦中に捲込み猛火の中に投ぜんとす」[49]（大12.10.5.）。

　火災保険金全額仕払期成同盟の示威運動はさらに過激化し、さらに10%案は関西側が不同意との理由で、各務は会長辞任の決意を固めるが、もし彼が辞任して協会が分裂すれば、政府としては打つ手がなくなる。平生は「陋劣卑怯なる和田豊治を頭目とせる工業倶楽部に唆され、小才子小策士樺山〔内閣書記官長〕氏の入知恵に乗りたる山本首相及他大臣の愚や、真に笑止の至ならずや」（大12.10.8.）と政府の無能さ加減にはあきれる。

　ところが事態は突然一変する。10月9日の日記に、東京から帰阪した豊国火災（東京海上系）社長大谷順作の話が記されている。それによると、期成同盟の代表が各務に再度会見したとき、彼は各務の保険会社の現状についての説明に耳を傾け、最後に「全然同意なる旨告げ退去」した。さらに大谷は10月5日に田農相および井上蔵相と会見したときとは政府の「態度が大いに緩和」したことに驚く。すなわち「政府としては決して保険会社に向って仕払を強要するものにあらず、可能の程度に於て此際罹災被保険人に同情して支払を為さんことを望むものなりとて、前日資産全部を投出すべし、身を捨ててこそ浮かぶ瀬もありなど放言せし田氏とは全然別箇の人」のようであったが、それは渋沢栄一と関西側保険会社が会見した際、渋沢は保険会社側の「意見と事情とを了知」し、政府が「被保人等を煽動し示威運動をなさしむるに至りたる処置を憤慨」し、徳川家達侯爵とともに山本

---

(49) 政府は外国保険業者にも保険約款を無視して支払を強要するつもりのようだが、平生が最も恐れていたのは次のことであった。「外国会社は日本を以て憲法あれども保障力なき専制国なりと叫ばん。如此叫が諸外国に伝はらんか、今日迄この災害に対して日本に与へられたる同情も忽ち去るの恐なしとせず。又今や復興事業として募集せんとする外債もかかる無法なる応急策を敢てする日本の公債は危険なりとて何人も応募を躊躇するに至らんかと」（大12.9.12.）。

首相を訪問して、震災善後会[50]として政府の処置を非難・忠告したからのようであった（大12.10.9.）。

　平生は火保問題を解決するにはまずもって政府が「迷夢より覚めて自己の蒔きたるものは自ら刈るの覚悟」（大12.9.26.）が必要だと日記に記していたが、政府は「自ら刈るの覚悟」なく、ついに渋沢栄一の力を借りなければならなくなったのである。

　以上のように突如として全額支払強要という被保険者の大衆運動が沈静化しても、政府にとって、強硬に見舞金支払い拒絶の態度を変えない関西系会社を説得するという難問は解決の見込みはまったく立っていなかった。個々の会社が具体的にいくら支払うか、またそれに政府がどれだけの補助をなすかの問題に関し、東京系会社は各務案に賛成していたが、大阪海上保険を中心に関西系会社は「各務氏の主唱する一割案には絶対不賛

第5-4表 損保グループ別集中度（大正末年）

(単位 円, %)

	総収入保険料		正味収入保険料		責任準備金	
	金　額	比率	金　額	比率	金　額	比率
東京海上グループ	71,686,953	36.1	31,501,601	31.2	79,446,838	59.9
（東海直系グループ）	(48,768,707)	(24.5)	(21,617,630)	(21.4)	(67,431,196)	(50.8)
東京火災グループ	19,169,034	9.6	8,480,984	8.4	6,051,000	4.6
日本火災グループ	23,209,311	11.7	12,439,408	12.3	14,295,000	10.8
神戸海上グループ	7,412,956	3.7	2,619,304	2.6	4,421,000	3.3
大阪海上グループ	11,482,117	5.8	5,188,182	5.1	5,836,000	4.4
共同火災グループ	6,980,627	3.5	4,278,658	4.2	2,595,000	2.0
横浜火災グループ	9,076,037	4.6	5,737,023	5.7	3,980,000	3.0
その他(26社)	49,701,701	25.0	31,108,789	30.8	16,052,655	12.1
全損害保険会社(51社)計	198,718,736	100	101,115,869	100	132,677,493	100

（注）日本火災グループに日本海上，大東海上を加え，同グループを川崎財閥系として取扱った。横浜火災グループには常磐火災を含まず

(50) 震災善後会は渋沢栄一を中心に官民合わせて50名から構成されていて、会長には貴族院議長で華族会館長でもあった徳川家達が選ばれた（田村祐一郎「関東大震災と保険金騒動（2）」13－16ページ）。

成」の態度を崩そうとはしなかった（大12.10.15.）⁽⁵¹⁾。被保険者を煽動することはできても、具体的な解決策を何ら提示し得なかった政府は、「窮迫の余」り各務に「善後策を哀願」する。そこで各務は「政府の補助を得て1割案」で関西関東の保険会社を結束させて一気に解決の方向に持っていこうと決心し、説得のため大阪に向かう（大12.10.20.）。

　10月24日、大阪灘万ホテルで各務は記者会見を行う。その要旨について平生は日記に以下のように記している。民間実業家も政府も火災保険会社の資産状況についてよく知らないようだが、実際の火災保険契約額も会社の資産も想定していたほど大きくはなく、帝都復興、産業復興を保険金支払いで補填しようとしてもそれは全く不可能なことで、「九牛の一毛」に過ぎない。また政府は、サンフランシスコ大火災の時の英米保険会社を引合いに出し、さらに詔勅や告諭によって保険会社に圧力をかけ、被保険人もこうした政府の態度を真に受けて保険金を請求できるものと錯誤している。しかし保険業者としては約款によって保護されているから「法廷で争ふことは敢えて辞せざる」も、被保険者に「見舞金」支払をなすのは当然と考えている。今日では「政府当局も自己の即断が祟りを為したるを自覚」し、また東京の保険会社は「政府の補助を得て1割案」で一致しているが、関西側ではこの案が必ずしも賛意を得られていないようなので、各務自ら田農相の了解のもとで関西に説得にきたのであると（大12.10.24.）。

　関西系保険会社のうち特に強硬な4社に対して、各務および平生は次のような論法で必死に説得を試みる。1割すら支払おうとはしないこれらの会社を相手取って、被保険者は必ず一斉に訴訟を起こすであろうし、また法理的に支払い義務ありと論じる弁護士や学者も少なからずいて、政府も告諭で同様の法理を支持することをほのめかしており、そうなるとこれらの「不

---

(51) 東京海上火災は関西系会社とは経営規模で格段の格差があったが（第5-4表 参照）、それのみならず、払込資本金額に対する罹災契約高を見てもはるかに軽微であった。すなわちは3千万に対して3581万9千円であった東京海上火災に対して、関西系会社では共同火災がそれぞれ250万で1億148万9千円、神戸海上火災が375万円で5140万円、大阪海上火災が279万円で5055万3千円であった（中央防災会議『災害教訓の継承に関する専門調査会 1923年関東大震災第3編』2008年、第2部第2章第2節、140ページ）。

同意会社」は会社資産の十数倍の訴訟を引き受けることになる。「信用を基とせる保険会社」がこうした訴訟を引き受けることが何を意味するか論じるまでもないことである。したがって「此際は可成政府と懇談して有利なる条件の下に一割に相当する資金の借入を為すの外他策あらざるべしと信ず」と（大12.10.25.）。

　各務の尽力により不同意会社の結束が崩れ始め、11月3日の平生日記によると、神戸海上火災と大阪海上火災は同意を表明するに至ったが、罹災契約高が1億円に達していた共同火災は尚も否認し続けた。そうこうしているうちに各務案の実現を脅かす新案が神戸海上、大阪海上および共同火災を軸に関西系六社から出される。11月8日の日記によれば、その案は各社が罹災地における「契約に対する責任準備金（約壱千万円）を支出して一のシンジケートを組織し、之のシンジケートが責任者となって政府より支払ふべき一割の資金を借入るる事とし」、今回の震災からこのような組合組織を新たに設立して、それに責任をもたせる、したがって各社は責任準備金を限度として責任を負うも、それ以上は関係を持たないというものであった。なぜこのような案が出されたのか。平生の推測では、各保険会社は政府からの個別的資金を受ける東京案だとバランスシート上に自己の資産以上の負債が明記されることになるので、顧客の「信用が墜ち、将来営業困難」になることが予想されるが、信用が確固たる東京海上火災だけは政府資金を必要としないので、この場合でも他社に対して競争上有利となる。「各務氏はこの結果を見越して東京案を発案」し、「東京海上をして独占的地位を得せしめん為」であると関西側は考えているのだろうと（大12.11.15.）。

　各務による説得は結局奏功せず、関東と関西との統一案は出せなくなった。しかし帝国議会は12月10日に迫っていたから、政府は東京案、関西案のいずれを採用するにしても政府案を決定しなければならなくなる。これまで確固とした理念で火災保険問題に対処してこなかった政府にとって二案のうち何れかを選択することは至難のことで、最終的に両案それぞれの「政府に都合宜き」部分を採用した「妥協案」にならざるを得なかった。つまり1割の見舞金支払いは個々の会社が責任をもって行う、したがって政府の貸

金は各会社に対してなされるが（東京案）、償還に関しては「組合」を組織して、各会社は「規定の賦課金」を払込み、そこから組合が償還してゆく（関西案）、という内容がそれであった。しかしこの折衷案は、圧倒的な資本力を持ち罹災保険金額も軽微な東京海上火災は別として、いずれにしても弱小の関西系会社の負担は増加するのだから、従来の各務案そのものである、とあくまで反対の態度を崩さなかった（大12.11.24.）。

　11月29日、東西火災保険会社が一堂に会して総会を開催する。関西側を代表して神戸海上火災の岡崎藤吉が次のように政府案を批判した。すなわち、各社が1割支払のために政府から融資を受けることによって「自己の資産以上の負債を個々の責任を以て負ふに至らば世間の信用は地に落ち、有力なる1〜2の会社を除きては終に営業を継続する能はざるに至る可し」。たとえバランスシートにその負債は掲載しないとしても外交員は保険勧誘にあたって材料に利用するに違いないから、効果は同じであると。

　この総会で賛否両論が激しく闘わされたが、この日は採決はとらず、翌日東京側、関西側から代表が官邸に赴き、田農相と井上蔵相に総会の状況を報告し協議したが、関西側はあくまで自説に固執して譲らなかった。平生はここに至る経緯を次のように総括する。ついに東西の意見の一致を見るに至らなかったのは「遺憾の至」であるが、これは「会社の当局が余りにも狭量にして、自社の利害を忘れて自己の立場、又は感情に駆られて鹿を逐ふて山を見ざるの狂、否愚挙」に出たものである。関西側がこのように自説に固執したのは、「政府が関西側の賛成を得ざれば政府案成立せざるを以て、決局関西案に同意」するだろうと推定していた結果であるが、そのような推定をさせた原因は「政府、殊に主務省たる農商務省の官吏が其口吻及態度に於て関西側をして如此推定せしむる様誘導」したからである（大12.11.30.）。

■ 第4節 火災保険法案は政友会の「握潰」にあって廃案

　12月10日、9月2日の組閣以来やっと臨時帝国議会が開催される。この議会で最大のテーマはもちろん後藤新平の震災復興予算問題で、これは大

幅に削減されて成立するが、同時に新設されたばかりの帝都復興院は廃止される[52]。火災保険問題に関しては、「保険会社に対する貸付金に関する法律案」と「保険会社貸付資金公債法案」が上程された[53]。法案の趣旨は、国は罹災保険金18億円（このうち内国会社約15億円）の1割、つまり1億8千万円を2パーセントの低利子でもって保険会社個々に長期貸付を行い、保険会社は被保険者に見舞金を支払う。政府はその財源として7％利付公債[54]を募集する。その償還については関西側の要求にしたがって新設の「共同弁済組合」を通して行うというものであった。

　ところがこの法案上程の直前になって思わぬ事態が発生した。法案に付されていた「火災保険独占保障条項」が12月8日の閣議で突如として削除されたてしまったのである。この独占条項によれば、共同弁済組合が設立されて、それが責任をもって長期間国家への弁済を行うには基金が確実に担保され、しかも組合加盟会社が保険料率協定を順守し、場合によってはその引上も視野に入れておかねばならないから、それを保証するために政府は新規会社の設立を向こう10年間認めない、つまり共同弁済組合加盟の保険会社に「独占的事業」を認めるというものであった[55]。しかし、この独占条項には当然世論も政党も反対で、結局その声に押されて政府は当初の法案からこの条項を削除して議会に提出したのである（大12.12.13.）。

　この独占条項削除の意味は何か。平生は一方で火災保険問題がこれ以上紛糾することを避けるために見舞金案を支持するが、他方で東京海上火災大阪・神戸支店長である彼は、自社の利害に固執しているとはいえ、関西の弱小保険会社の状況を知悉しており、「法理」上からは義務のない支払いのために苦境に陥る可能性があると考えてこの独占条項削除に反対

---

(52) 後藤新平研究会編著『震災復興　後藤新平の120日−都市は市民がつくるもの』藤原書店、2011年を参照。
(53) 田村祐一郎「関東大震災と保険金騒動（12）−火保貸付法案と臨時帝国議会−」第20巻第2号参照。
(54) 12月22日の第47回帝国議会衆議院での「保険会社に対する貸付金に関する法律案」において、頼母木桂吉（憲政会）が7％公債について言及している。2月13日の平生日記には英米において外債が成立したことが記されているが、それによると英貨券は償還期間35年で利率は額面6％で利回り6.96％、米債券は30年の償還で利率6.5％、利回りは7.01％であった。
(55) 田村祐一郎「関東大震災と保険金騒動（11）−関西の反逆−」第20巻第1号、28ページ。

した。彼によると、法案が成立した後で、もし新会社が設立されてこれが既存会社との競争を有利に運ぶために直ちに料率を引下げれば、「基礎堅固にして信用堅実な」東京海上火災などは別として、「中流以下の会社」はその競争に対抗するだけの料率を維持することができなくなり、「営業中止」のやむなきに至れば、結果的に共同弁済組合そのものの実態がなくなるからである。

　火災保険金貸付法案は独占条項削除によって関西系会社を硬化させていったが、15日から始まった委員会審議では、野党でありながら多数を占める政友会の手に法案の帰趨は握られていたから、政府にとっては思わぬ方向に事態は展開していった。委員会審議で農商務相田健次郎が法律案に対する趣旨説明を行ったが、それは一貫して、この悲惨極まる大震火災に対し、政府が保険会社に「法理」を超越し罹災額の1割を「犠牲的精神を発揮すると云ふことを勧告」し、それに対して保険会社が「道義的行動として、所謂見舞金」としてこれを被保険者に贈ることとし、政府は公債を募集して資金を調達して保険会社を支援するというものであった。

　この政府の趣旨説明に飽く迄反対の立場を曲げなかったのは、熊谷直太を筆頭に政友会の論客たちであった。政友会は委員会審議終了後、法案「握潰」の理由を発表しているが、これを見ると、明らかに東京海上火災を念頭に置きながら、「法理」を盾に法案に反対する弱小の関西系会社の立場から論が立てられていたと言える（大12.12.24.）。

　「法理」を伴わず、しかも国家に多大の負担を課す法案を通過させようとすれば、当然事前に政治的駆け引きが出来上がっていなければならない。政友会幹部横山千之助と田農商務大臣とは個人的関係などもあり、当初は法案は通過するものと思われたが、12月17日の平生日記には、「火災保険問題は今や政治問題と化し来り、…本日の情勢にては火保案は政友会に於ても之を審議未了として握潰さん大勢」なりとある。なぜこのような事態になったのか。翌18日、平生は長年にわたり個人的に資金援助をしてきた床次竹二郎に電話し、19日に床次宅を訪問して事の真相を問い質している。床次によれば、政友会は復興予算については減額の上で通過させるこ

とに決まり、火保問題に関しても、震災発生後「朝野共に保険会社に仕払を為さしむべし」という意見が支配的であったし、政友会もそれと同意見であったことから、当然政友会も賛成するものと床次も思っていたが、なぜかこの彼の意見に賛意を表するものは一人もいなかった。田農相と懇意であったはずの横山千之助は、約款によって仕払を免責されているのに「とに角かかる理論を脱せる案は通過しがたし」と主張して譲らなかった。床次は、横山のこの主張の裏には田との個人的行き違いとか、利権とかなどが考えられるが、「真意は容易に忖度すべからず」と言うばかりであった（大12.12.19.）。

　20日の日記にも次のように記されている。「政友会が復興予算に一削減を為し帝都復興院廃止を明示するに至りしは、如何に政府に対して挑戦的のみならず、寧ろ侮辱を加ふる」ものである。山本首相はただちに議会を解散して民意を問うべきであるのに、彼はそうしない。この「如何にしても意気地なき内閣にして未曾有の弱腰首相」について、革新派の一議員は、「この復興予算本会議は恰も大杉栄の葬式の如し。何となれば骨が紛失したればなりと[56]。至言というべし。復興予算にして已屈従す。火保案の如きは殆んど顧慮せざるが如く、握潰の運命は已に決定せるものの如し」。

　21日には「握潰」の事実が新聞に報道され、非難は政友会に集中したが、他方で翌22日には関西系保険会社が「握潰」で得意になっていることが日記に記されている。すなわち、「已に握潰となりたる以上従来の行懸は消滅し…、この際〔火災保険〕協会としての相談は打切り、関西側は脱退すべし」と強硬なる議論すら聞かれた。

　24日の日記には火災保険問題がこのような結果となったことに責任をとって田農相が辞任したことが記されている。

---

[56] この一議員とは加藤高明で、大杉栄の葬式の時右翼がその遺骨を奪っていったので遺骨なしの葬式になるという事件が起こっている（筒井清忠『帝都復興の時代−関東大震災以後−』中央公論社、2011年、49ページ）。

■ 第5節「民衆の力や偉大なり」

　12月27日、難波大助に皇太子裕仁が狙撃された虎ノ門事件によって山本内閣は総辞職し、その後を襲った清浦奎吾内閣によって火災保険問題は一旦幕が引かれることになる。新内閣は組閣当初から「無主義無定見」の「貴族内閣」で「国民を侮辱」するほどの内閣であったから、「社会の木鐸たる新聞社は…政党政派をして往年の憲政擁護運動を起さしめ」るべきだと平生は見ていた。もとより一貫した方針のもとでの火保問題解決は望むべくもないとしても、廃案以来、被保険者側から会社に対し保険金仕払請求が続出（大13.1.24.）してくると、会社側は政府に頼ることは不可能として自主的解決の方法を探りはじめる。大正13（1924）年1月26日に平生は各務と会談し、罹災物件に対する未経過保険料に加えて各社の資力に応じた賦課金でもって火保問題を解決するほかないということで意見が一致した。この意見をもって関西系会社と意見交換した結果、政府の援助がない場合、自主的解決の方法としては、各社が保険料1年分を被保険者に一律に仕払い、それ以上は各社の資力等に応じて個別的に支払う、という以外には考えられないということでまとまった（大13.2.2.）。

　このような保険会社の動きに対して、政府側は東京側保険会社の代表者たちに、農商務局長の非公式の見解として、次のような驚くべき方針を告げた（大13.2.9.）。

　　一. 現内閣は前内閣の策を踏襲せず。

　　二. 詔勅は火保に言及したものではない。

　　三. 保険会社は地震火災には責任はない、等。

　この政府方針を知った平生は、「前内閣が行ひたる所為の行懸を全然無視」するもので、「保険会社をして政府の援助を思切るの止を得ざる条件を強いる」ものだと理解し（大13.2.9.）、翌日早速東西保険会社の代表者（各務は住吉に滞在中）を住吉の自宅に招集して善後策を話し合う。平生はこの席で次のようなことを述べている。保険会社が自主的解決で臨むとすれば、「一割の仕払を予期せし被保人中の小部分は必ず蜂起して喧噪なる態度に出で一騒動を起すやも知れず」。そうなると「政府は止を得ず我々

に依頼して解決を計る前内閣と同一の態度に出でざるやも知れず。如此くして位地を顚倒して政府をして我々の軍門に降らしむる」ことができる（大13.2.10.）。

　平生の予想通り被保険者の政府批判が高まってくる。2月19日には次のような事実が記されている。「東京に於ける火災保険仕払問題は漸次社会運動化して日々各区又は市中に亙り」、「益々其勢を逞ふするものの如く」である[57]。その矛先は当初は「政府に肉薄」していったが、それは政府が「本問題は保険者被保険者の問題にして政府の干知するところにあらず」と冷淡な態度をとったからで、示威運動はその勢いを「倍加し狂暴の度を増して」前田利定農相に迫った。そこで政府は「保険者の要求を待って援助の方法を講」じるから、「被保人は会社をして具体案の提出を促がす」べしと答えたため、彼等は保険会社に向った。数百人が東京海上火災および帝国海上火災に押し掛け、幹部に向って「火保問題解決の為めには利率の如何に拘らず政府より借入金を為して仕払ふことを各会社を代表して茲に誓約すべき旨を認め記名調印」を強要するに至る（大13.2.19.）。

　2月23日の日記には被保険者の圧倒的エネルギーを平生自身が身をもって体験したことが記されている。この日被保険者大会が東京工業倶楽部で開かれ、「其余波は千余人、群を為して火災保険協会に来集」して同協会に闖入しようとした。これは日比谷警察に阻止されたが、平生はたまたまこの場に遭遇したのである。

　「日本服を着するを幸ひ、二重マントを纏め破帽を冠り群衆中に入りて其様子を見るに、彼等は労働者と異なり震災前には自活の道十分なりし中流以下の人々なれば、群を頼みて狂暴の言動を為すも決して内心暴動を為すの勇気と決心を有するものにあらず。彼等は瞬間に其所有財産を失ひて奈落の底に堕落せし、実に震災といふ同情すべき境涯に在る人々にして、火災保険金の要求が正当にあらざるを知らざるにあらざるも、現下他に救

---

(57) 被保険者団体の抗議が高まってゆく様子については、田村祐一郎「関東大震災と保険金騒動（15）―被保険者の怒り―」第22巻1号を参照。

済を求むべき道なきを以て群衆を力に如此き行動に出ずるもの大多数にして、彼等が私語するところを聞くに、彼等は互に如此き下劣なる行動に出でざるべからざる各自の地位を愁嘆するものの如し。彼等は今や死の淵に立ちて悲運を嘆きつつあるものなり」。

ここに火保問題はやっと終局に向うことになるが、それは、国家や国民のことを第一に考えるべきはずの政党が真剣に議論を尽した成果でもなければ、自己の利益に必死の保険会社から提案された積極的行動でもなく（東京海上火災を例外として）、ましてや和田豊治ら財界の意を汲んだものでもなかった。まさしく平生自身が直接体験した「民衆運動の力」であって、まさしく「民衆運動の力や偉大なり」（大13.2.23.）であった。

2月25日の閣議では、火災保険会社が被保険者に支払う見舞金に対し最高8千万円の補助をなし、その貸付金利率は4％で、償還年限は50年とし、この金額をもって、保険金額5千円以下は1割、以下大口契約金には逆累進的に出損していくことに決定された（大13.2.26.）。

政府はこの案の財源として公債を考え、その発行を緊急勅令で実行しようとしたが、これには枢密院からの猛反対があり（大13.2.26.）、結局政府の責任において国庫剰余金から貸付を行い、保険会社はそれに対して「納付金」の名で償還してゆくこととし、支払いの開始日は5月5日とされた。また東京海上火災と東洋火災は政府の援助なしに自力で一律10％を支払うことになる。これは山本内閣の法案に比べると、貸付金は1億8千万円から8千万円へと大幅に減額され、利率は2％から4％へと引上げられ、それに加えて共同弁済組合案も法律には盛り込まれなかった。とりわけ前法案において政友会と結んで「握潰」に成功した弱小の関西系会社はこれをどう評価したであろうか。

後日談だが、その後の問題は保険会社の借入金返済負担に移っていった。東京海上火災ら少数の保険会社を除いて、政府からの貸付金の償還金、いわゆる「納付金」（最長50年で総額6,354万円。これに自己資金を加

---

(58) 損害保険料率算出機構『日本の地震保険−2019年4月版−』2019年、30ページ。

えると7,488万円が見舞金として支払われた[58])の支払い負担が経営に如何に重荷となっていたかについて、例えば昭和2(1927)年12月22日の平生日記には、彼が取締役会長を務める大福火災海上の整理について商工省保険部長に語ったことが、次のように記されている。

「談は進んで震火災納付金棒引問題に及び、余は今更理屈を以て棒引を要求することは不可能不合理ならんも、少くとも利子免除位の事は当然政府として進んで決行すべきことと思ふ。而して之を実行せしめんには表面理屈を以て論争するも到底承認を得ること困難ならんも、現に弱小会社にして納付金上納の実力なき現状に在るものが其実況を述べて棒引を要求し哀訴するに当りては、政府も之を見殺しにすべきにあらず。而して弱小会社に向って承認を与ふる以上、他の有力会社も均霑を受くるは当然なれば、余の考えにては、陳情委員としては現に選定せられたる有力会社の重役を以てせず弱小会社の責任者をして哀願せしむること得策なりと信ずるが如何」と。

なおこの納付金の返済が完了したのは昭和25(1950)年のことであった。

■ 第1節 震災手形2法案をめぐって

　火災保険問題はともかくも富豪の圧力でも、保険会社間の交渉でも、政府と議会によっても決着がつかず、最終的には中流以下の人々の力によって解決されたが、この大震火災はそれ以外にもはるかに大きなさまざまな財政問題を国家に残した。特に震災手形の問題は、解決の方向に向かうどころか、かえって金融恐慌の引金になってしまった。しかもその恐慌の中心にいたのは神戸の雄傑と呼ばれていた、知る人ぞ知る鈴木商店の金子直吉と川崎造船所の松方幸次郎であった。

　大正12（1923）年12月24日、震災善後公債法が公布され、4億6850万円を起債限度として日銀が市中の震災手形の再割引に応じることになったが、この額ではその解消には不十分で二度ほど延長された。しかしこの延長は「財政整理の進歩」を遅らせ、念願の金解禁の達成は遠のくばかりで、ついに大正15年末で打ち切りとなった。この時点で日銀の手元には未決済の震災手形が2億700万円もあったが、このうち1億円は政府が10年国債を発行して損失補償をすることが決まっていたので、問題は残りの未決済手形をどのように処理するかにあった。そして政府の案は、その手形を10カ年以内の国債を交付して当該銀行に貸し付け、銀行が日銀に返済する、という仕組みであった[59]。

　憲政会の若槻礼次郎内閣は、昭和2（1927）年1月6日に上記のような震災手形整理方針大蔵省案を決定し、26日に震災手形善後処理法案と震災手形損失補償公債法案（いわゆる手形2法案）として衆議院に提出した。

---

(59) 片岡直温蔵相の提案理由の説明については、銀行問題研究会『昭和金融恐慌史』昭和2（1927）年、63－65ページ参照。

法案は3月2日に衆議院予算委員会において可決され、翌3日に本会議に上程されたが、これを一気に通過させようとする憲政会・政友本党連立政権と、これを阻止しようとする政友会・新生会・実業同志会[60]・無所属が真っ向から対立し、議場は大混乱に陥り、審議は延期となる。しかし翌4日に継続審議が行われ可決し、舞台は貴族院に移った。

　この震災手形2法案について平生は次のように批判している。「政府の見解は何処に在りやは知らざるも、其結果は、無謀乱雑なる経営に依りて大損失を招きたる一部の商人及夫と密接なる関係を有する銀行を救済せんとするものにして、其表面の理由として政府が高唱するところは、若し此等の商人及銀行をして破産せしむるに於ては多数の預金者及株主に損害を与へ、延て経済界に大変動を生ずるの恐れ」があるというものだが、しかし「一私人一銀行」、つまり鈴木商店と台湾銀行の誤った経営のために生じた「損失を震災の名の下」に「国民の費用を以て」「救済」しようというのはこれほど「不条理」なことはない。政府、殊に大蔵官僚は、政治家及び国民の大多数が「財政経済の知識欠乏」しているのを利用して「ignorant people を恫喝せんとするものにして、実に公正といふべからず」。救済対象の信用を傷つけないという理由で、商社・銀行の具体的名前は明らかにしていないが、たかだか一億円で銀行や会社が倒産しても日本の経済の基礎が揺らぐはずがない。実際毎年3〜4億円の輸入超過があるにも関わらず「大変動」は発生していないし、それに大震災にも耐えたではないか。そうであるのに、与党の憲政会は政友本党と連繋して、議会での強硬突破をはかろうとしたが、それが議会での大混乱を招き、結果として審議延期となったのである（昭2.2.26.）。

　このように考えると、平生には政府が震災手形2法案を提出する積極的根拠がわからなかった。その彼の疑問に、2月28日の大阪ロータリークラブ

---

(60) 瀧口剛「武藤山治と平生釟三郎−実業同志会を通じて−」『平生釟三郎日記　第8巻　附録』2013年。武藤山治は鐘淵紡績をトップ企業に育て上げ、1924年に「実業同志会」を率いて政界に出、自由主義的改革論を打ち出す。これに共鳴した平生は選挙でも積極的に支援する。しかし金解禁を巡って井上準之助を平生が支持したのに対して武藤が激しく反対し、これを機に二人は袂を分かつ。実業同志会は1929年に国民同志会と改名するが、結局1932年に解党する。

の例会で八代則彦住友銀行専務が次のように解説した。政府は一部の商人・銀行を救済しようとして震災手形2法案を提出しているが、実を言えば住友銀行はこれに反対である。その理由は、住銀のような「信用確実なる銀行に於ては震災当時に於ても補償令の恩典を」受けていない。震災手形は「自己の手に於て決済し」ていて、日本銀行に再割引を申し出てはいない。「信用確実」な銀行は震災手形法案をむしろ迷惑がっていると[61]。平生によると、日銀の厄介にならなかった銀行は、そのほかに第一銀行、安田銀行、三井銀行、三菱銀行、十五銀行、三十四銀行、勧業銀行、興業銀行、北海道拓殖銀行であった。

　また3月4日の日記に、憲政会代議士会で高木益太郎が行った発言も平生の確信を強くした。高木によると、震災手形再割補償令で政府は日銀が損失を受けた場合1億円を限りに補償するとなっているから、これは止むを得ないとして、残りは大正9年恐慌で「朝鮮、台湾両銀行其他のものが蒙った損失を其儘にしておいたものが震災のための損失なり」と称して救済しようとするものだから、これは不当であると。なお台湾銀行の鈴木商店への債権は2億8000万円で、そのうち6500万円が震災手形であった[62]。

■ 第2節 金融恐慌の引金となった鈴木商店と台湾銀行の癒着

　震災手形2法案によって銀行の不良債権を一掃しようという政府の目論見は平生には余りにも強引に思われたが、実は平生はあたかも機関銀行のように台湾銀行を利用していた鈴木商店の持つ問題性について決定的証拠を握っていたのである。彼の私的奨学金制度拾芳会（しゅうほうかい）（後述）の会員で、

---

(61) 八代則彦は大阪ロータリークラブで次のように述べている。震災手形は大正12年8月31日までに振り出され、14年9月末日までを期限とするもので、その場所も東京の外4〜5県を支払地とすることが主な条件となっていたが、16年9月30日まで延期された。そこで今回の法案で問題となったのは、「震災に由って損失になった手形とは何によって定めるか。…其の手形を慎重に審査する委員会の設置を要望しておるが、政府原案には無い。…若し右貸付金の期限である10年を経過しても未だに整理のつかぬ時は国庫は其れ丈けの損失をこふむらねばならず…我々国民一般の負担に帰することとなるのである」。住友銀行は日銀に手形の「一枚も持って行かなかったから一厘もこの法案の御利益に均霑」してはいない。ところで「政府は未整理の震災手形は2億7百万円と云うが、聞く所によると其の大部分はある一つの銀行、若しくは商事会社の関係する所のものであると聞く。茲に問題は残るのである」（『大阪ロータリアン』昭和2年3月7日）。
(62) 銀行問題研究会『昭和金融恐慌史』82、85ページ。

神戸高商を卒業して鈴木商店に勤務していた濱田良雄が同店を退職した、と大正15（1926）年7月10日に報告にやってきた。平生はこの決心を彼のため「幸福なるやも知れず」と記す。その理由は、同店は今や「其負債が壱億五千万円に及び、如何に金子氏が八面六臂の働きをなすも到底回復すべからず。況んや現在の組織は監督者たる台湾銀行の行員にして、鈴木商店の重役・社員たるものを問はず、何等の一致なく、確執常に生じ互に中傷讒謗を異にし、社員もこの現状に直面して真面目なるものは退去し、残留せるものは常に一身の利害に汲々として私利を営むもの少なからず」であるからであると。また昭和2（1927）年1月15日の日記には、金子は3～4か月会わないうちに何となくやつれて見えたが、それは「台湾銀行を通じて政府より低利資金を得て其営業を継続することに惨憺たる苦艱を嘗めたるやを想像するに余りあり」とある。

　最早倒産寸前の鈴木商店であったが、そこにすでに前年7月に鈴木商店を退社していた濱田良雄が1月21日にとんでもないスキャンダラスな事実を平生に知らせにきた。それは、関東大震火災の際、鈴木商店東京支店材木部が東京海上火災の海損部主任であり取締役支配人であった鈴木祥枝を「利を以て啗はし詐偽の手段を以て保険金を詐取」した事件で、その証拠は濱田の手にあった。具体的には、震災前に材木を約定先に届け、その支払いを鈴木商店はキャッシュ、または現金で受け取り取引は終了していたにも関わらず、震災の混乱に紛れて東京海上火災から保険金を詐取していたのである。いずれ発覚せざるを得ないこの事件は、いわば金子が「老驚に鞭ちて変道奇策を以て倒れんとする大厦」を支えようとするものに過ぎない（昭2.2.1.）。もちろん平生は東京海上火災を巻き込んだこの詐欺事件について、2月9日に各務鎌吉にも伝えた。

　3月4日の日記に記された平生の鈴木商店批判には以上のような背景があったが、平生は3月7日に大阪倶楽部で午餐後談話室で片岡蔵相の養継子片岡安が政府案を擁護したのに対し、次のような痛烈な批判を加えた。台湾銀行の貸付金の大部分が鈴木商店だとすれば、同行の「当事者が愚昧」であって、まったく無謀な経営をする「巧慧なる鈴木商店」の経営者の話を鵜

呑みにして「資金の濫貸」をしただけのことである。「無謀なる経営に依りて自ら損失を招きたる商社及銀行が何等の制裁を受けずして平然として減資」さえもしようとしない。また鈴木商店はすでに「腐敗腐爛して生存の要素を欠」いているものであって、したがって今こそ「断然たる処置を施し、亡ぶべきものは之を滅ばしめ、其覚悟を以て一般経済界の動揺に具ふるの策を講ずべきなり。殊に震災に依るものにあらざる手形を単に法案の不備を利用して大正九年の財界大変動に際して生じたる損失の救済を受けんとする如きは実に不正の手段といはざるべからず。経済界に大震動を生ずべしとの恫喝的申出に驚きて、かかる法案を提出せし大蔵省の官吏こそ狭量にして小胆なる吏僚というべきか」。忖度ばかりを考える官吏の狭量さはさておき、震災手形2法案を審議する議場で、大正9年恐慌の損失までもこれに含ませるとは、日本人の商道徳の退廃もここに極まり、というべきか。

　金融恐慌の第一波は昭和2(1927)年3月15日の東京渡辺銀行の休業に端を発する[63]。3月21日の平生日記に「父祖の財宝を濫費し了ることは最近東京に於て生じたる渡辺銀行の破綻の如き之なり。彼の父渡邊治右衛門は有名なる地主及金貸にして富数千万と称せられたるが、彼の死後二十年未満にして如此き結果を生ず」、と記されているのみで、平生はこの休業にさほど重きを置いているようには見えない。3月14日から15日にかけて彼は上京しているが、彼の関心事はあくまで台湾銀行と鈴木商店との関係にあり、両者がたとえ破産しても経済恐慌などは起きるはずがないと考えていた。そのうえで平生は法案阻止のために行動を起こす。

　震災手形2法案は衆議院をすでに通過していたから、次は貴族院対策に絞られた。濱田良雄が持っている鈴木商店の保険金詐取を刑事事件として表沙汰にすれば新聞各紙も大きく取り上げるであろうし、貴族院もそうなると無責任に法案を通過させることはできなくなるだろう。この案に最も積極的であったのは、金子直吉に思うところがあった貿易商日向利兵衛であり、帝国議会レベルでは実業同志会を率いる武藤山治であった。武藤は、貴

(63) 佐高信『佐高信の昭和史』角川文庫、平成30年、35ページ。

族院議員たちは「金銭に飢えて餓鬼の如く僅かの銭」でも容易に買収されるが、他方で体面を重んじるとともに「怯者^{きょうしゃ}」であるから、不正を働いた鈴木商店を支持する側に立てば、「輿論の攻撃」に会うことを恐れて震災法案阻止に向かうと考えられるから、濱田の書類を手っ取り早く検事総長に示そうとまで息巻く（昭2.3.15.）。

　だが早急に行動に移ろうとする日向や武藤に対し、巧妙な金子の策謀の前に、もしこの案が失敗すれば濱田は人生を失うことを恐れた平生は、濱田書類の使い方には慎重であるべきだと考えた。そこで彼は、憲政会と連合して法案成立に躍起となっていた政友本党の総裁で、その活動をこれまでずっと金銭的に支援してきた床次竹二郎を3月16日に自宅に訪問して政界の現状を問いただす。平生は彼の現状分析を語り、それに対して床次の説明を聞くと、彼が震手法案の「真想」を全く理解していず、「単に政府の説明を鵜呑み」にするばかりであったのには驚き、かつ失望する。床次の行動について平生はこう断定する。「政権慾に陶酔して是非の弁別も正否の判断力も鈍たる床次氏は殆どこの重大議案につき何等の研究も調査もなさず、単に憲本連盟の結果政権が自己の手に帰するを夢みつつ、何等この案につき考慮を煩はずして賛成し」、「どさくさ紛れに党議として賛成せるものの如し」（昭2.3.16.）。

　この常識的には何とも理解できないこの2法案がいわば「どさくさ紛れ」に衆議院を通過し、3月22日には貴族院予算委員会で、台湾銀行が鈴木商店に救済資金を提供しないことを「附帯決議」につけてやっと可決され、翌日本会議でも可決される。これが鈴木商店の運命を決定づける。すなわちこの決議に基づき、3月25日には台湾銀行は鈴木商店に対する新規貸出打切りを決定し[64]、4月1日に両者の関係が完全に絶縁したことが世間に知られることになるや、特に東京株式市場は混乱し、翌日には大阪取引所でも株

---

(64) 白石友治編集『金子直吉傳』（明文堂印刷、昭和25〔1950〕年、288－289ページ）によれば、片岡直温大蔵大臣が台銀は「国家の資本を基礎」にしたものだから鈴木商店が破産しても何ら影響はないと言明すると、台銀は「鈴木商店に対する態度を急変し、金融面から全く之を締め出し、債権の取立のみを事とし」たので、「鈴木は遂に堪え切れず昭和二年四月四日不渡手形を発表」する。

第1部　消滅する武士道精神と商道徳の退廃・95

価の大暴落を見る事になる。

　平生はこの結果について、4月2日に濱田良雄とともにやってきた日向利兵衛に次のように述べている。「鈴木商店は資金融通のchannelを杜塞せられたるものなれば立往生の外なかるべく、自然の結果として金子以下不健全分子は淘汰」されるから、日向の努力も決して徒労ではなかったと。これは平生自身の気持でもあった。

　翌3日には娘婿の大島清を訪問すると、彼は平生に床次からの次の伝言を伝えた。政友本党が震災手形2法案に賛成したのは、鈴木商店を救済するためではなく、「台湾銀行の存亡は国家の信用に関し、又一般経済界に変動を及ぼすこと多大なり」と信じたからである。したがって「其点に於て政府は特に注意して彼此混同なきことを期せざるべからずと強硬に申出」をした。そしてこれが具体的には閣議において、鈴木商店救済のため新規貸出をしないことを決定したが、こうした立場を明確にして政友本党が行動できたのは、平生の「注告も効果」があったからであると。これを聞いて、床次を通して「余の真摯なる意見」が憲政会に影響を及ぼすことができたのは「実に心地よき次第」であり、また「余が永年間同氏の友人として多少の援助を吝しまざりし功能も実地に顕はるものといふべきか」。

　鈴木商店の息の根がこうしてほぼ止まれば、経済をliberateするという平生の思いの一端は達成された。その後の問題の焦点は台湾銀行の整理をどのように行うかに移っていく。しかしこれは容易なことではなかった。台湾銀行の整理はまず鈴木商店及び関連会社との間で具体的整理案を作成し、それを基礎にして台湾銀行整理案を作成するという順序になるが（昭2.4.10.）、問題はこれが具体化すれば市場はどのように反応するのかにあった。4月14日の新聞報道によれば、早くも台湾銀行が大規模なコール取付けのため窮状に陥り、政府・大蔵省はそこで台銀救済のため担保に関わりなく日銀に緊急融資をさせ、損失が生ずれば政府がそれを補填することを考える。これは日銀条例に関わってくるから、勅令を発することになるが、平生はこれには「唖然」とする。なぜなら、「かかる救済方法は結局国庫の負担に於て台湾銀行幷に同行の放漫貸出に与った一部政商等を救済するものにして、

其経済的効果は担保なしで実質は国庫の勘定で政府預金を台銀に融通する」ことと同じであったからである。

　この日の午餐を大阪倶楽部でとった平生はここに集まった歴々にこう語った。このようにして「国帑を濫費せんとすることは政治的罪悪にして実に狂気の沙汰」というべきである。ことここに至っては、台銀は自主的に閉店させて新銀行を設立させて事業を継続させ、兌換に関する事務・責任は日銀にまかせ、これに関する損失は国庫負担とし、またその他の債務関係は1億円の範囲内で補償する以外にはなかろう。政府は台湾銀行破綻に伴う恐慌を恐れているが、その心配はない。「政府なる一犬が虚を吠えて」いるだけだからである。むしろ「実際の経済事情に通ぜず、常に救済庇護を仰がんとして出入りする政商共の言に聴くの外真相を知るべき機会を有せざる」彼ら官僚の手に国家の利害をゆだねることの「危険は絶大」なのである（昭2.4.14.）。

　しかし平生や関西財界の危惧したとおり、4月14日、政府は2億円を限度として日銀補償を盛り込んだ日本銀行非常貸出補償令（緊急勅令）を決定し、裁可を得て枢密院に提出した。だが、伊東巳代治らが発言力を持つ枢密院ではこの勅令は憲法違反にあたるとして否決された。これによって台湾銀行の最後の頼みの綱が断ち切られ、4月18日についに休業のやむなきに至る。もっとも台湾銀行の休業は台湾本島以外の地域に限られ、本島では、総督令によって台銀関係の記事を差し止め、実情を島民に知らせずに通常営業を継続することができた。だがこんな「変則的開店」がいつまで続くのか、台湾総督府はこの策にどれほど成算をもっているのか、平生は「之を察するに苦む」。「台湾総督及其部下の人々も共に財政経済に関し何等の知識なき人々なれば経済上の変動に対し人心の機微が如何に働くものなるやを知らざる人々」である。彼らは「単に権力とか法律とかにて鎮撫」できるものと考えているようだが、必ず後には「噬臍の嘆」をなすことになるだろう（昭2.4.18.）。

　緊急勅令を枢密院によって拒否されたため台湾銀行は4月18日に休業に追い込まれるが、その責任を取って若槻憲政会政府は総辞職し、代わって

4月19日に政友会の田中義一に大命が降下し、懸案の大蔵大臣には高橋是清が就任する。しかし金融不安は全国に広がり、その中に後述の台銀と鈴木商店の関係とよく似た十五銀行と川崎造船所が含まれていた。

　台銀と鈴木商店、十五銀と川崎造船所という大銀行と大企業がほぼ同時に事業停止となり、経済界は大混乱となる。4月22日の日記には次のように記されている。「昨日東京大阪は勿論、全国的に銀行取付けとなり、東京に於て多数の支店を有する安田銀行及貯蓄銀行の如き、第百銀行の分身たる貯蓄銀行の如く、〔東京〕川崎銀行の如き、其分身たる貯蓄銀行の如きは一勢に預金者の取付に逢い、流言蜚語は預金者の心理状態を極度に恐怖せしめ…」と。

■ 第3節 第十五銀行の休業と川崎造船所倒産の危機

　金融パニックによって休業に追い込まれた多くの銀行の整理をいかに行うか。銀行の重役や株主の責任、未払込株の措置、減資の可能性、あるいは合併など問題は山積していたが、なによりも平生にとって気がかりであったのは一般の預金者はどのように保護されるのかということであった。また休業銀行と事業会社の関係も大きな問題として世間で取沙汰されていたが、そのなかで特に世間の関心を引いたのが十五銀行と川崎造船所との関係であった。

　十五銀行は通称「華族銀行」と呼ばれ、公称資本金1億円、払込資本金4,975万円、昭和元年末預金高3億6,843万円（台湾銀行はそれぞれ4,500万円、3,938万円、9,281万円）で休業銀行中最大を誇り[65]、かつこの銀行は宮内省の金庫事務を取扱う本金庫で、その代表者が日本銀行を創設した松方正義（薩摩）の長男巌であった。また同行を主要銀行としていた川崎造船所の社長は松方正義の三男幸次郎で、海軍との関係も深かった。

---

[65] 片岡蔵相の失言問題で問題にされた東京渡辺銀行は、公称資本金は500万円、払込資本金は200万円、昭和元年末預金高は3,700万であった（銀行問題研究会編『銀行論叢 昭和金融恐慌史』昭和2（1927）年、202－203ページ）。

平生もこの両者に最大の関心を示している。昭和2（1927）年4月21日、十五銀行は連日の取付に堪えかねて休業のやむなきにいたるのだが、同日の日記に、その前日に1年余りに及ぶ外遊から帰国した松方幸次郎について、「川崎造船所の金融機関たる十五銀行の閉鎖は忽ち同工場の業務に影響す可く、鈴木の金子と併称せられて放漫なる事業家の随一たる松方氏が外遊より帰国の途端にこの鉄槌を受けたること何等かの因縁ともいふべきか。然れども氏の如き虚業家の跋扈は実業界を乱す外何等の功なきものなれば、其勢力を失うことが真面目なる事業家のためには福音ならんか」（昭2.4.21.）、と厳しい言葉を投げかける。十五銀行との資金のパイプが切れた川崎造船所を松方は必至で救済しようとして、海軍省を通して（当時同造船所では三分の一以上が海軍省関係で、すでに前貸金も支払われていたから、倒産は国家的問題になる）政府を動かすためにバランス・シートを作成して同省に提出する。しかしそれは専門家が見れば余りにも杜撰なもので、総資産3億2,287万円と計上されているが、そのうち1億5千万ないし2億円は水増しされたもので当然切り捨てねばならないものであった。こんな「悪策詐謀」をしていれば、会社の「再興の望なく」、「自ら墓穴を掘」るだけである（昭2.5.19.）。5月25日の日記には、「余は知人として氏をして再び過を重ねざらしめんとして」手紙を書いたが、その末尾に、金子直吉は教養がなく、丁稚あがりの才物であっても「士魂なきもの」だから往生際が悪くても仕方がないが、「貴君は松方老公の正子にして…日本に於ける高等教育を受けたる御曹司なるに、其死際に於て素町人の行動を真似んとすることは如何にも其家門を辱むるもので武士道のため取らざる」ところであるとし、早々と社長辞任を薦める。

　松方が最終的に辞任するのは昭和3（1928）年5月末であるが、川崎造船は十五銀行からの資金が途絶えた今、公的資金の途をさぐるほかなく、大蔵省預金部から資金を融通してもらうか（昭3.6.4.）、あるいは日本興業銀行を介して預金部資金の融通を計る（昭3.6.26.）かしかなくなったが、結局そのいずれも奏功しなかった。7月18日の夜行で平生と一緒になった松方は、「平生君、余も愈々窮境に入れリ」と述べ（昭3.7.19.）、7月20日に海

軍省に出向き、建造中の軍艦を海軍省で引取るよう願い出て了承を得る。合わせて松方個人の資産も整理されてしまった[66]（昭3.7.20.）。

　ところで十五銀行が多額の不良債権を抱えて休業に至るその遠因になったのは、川崎造船所を中心とする川崎財閥の銀行部門を担っていた神戸川崎銀行、浪速銀行、丁酉銀行の三行を不良債権を抱えたまま引取ったからである。その後も十五銀行は川崎造船所を中心に巨額の不良貸付を行い続け、ついに決済に窮して昭和2年4月21日から3週間の休業に追い込まれることになるのだが、この大銀行の休業、実質的破綻について平生はどこに問題があると見ていたのか。彼は『拾芳』10号に「銀行重役の私財提供と十五銀行の救済」と題して寄稿している（昭2.6.15.）。それによると、本来株式会社の重役は会社の損失のために私財を投げ出すことは法律的には何ら規程はないが、今回の財界混乱の原因は、大戦後も銀行重役の経営が「放漫乱脈にして不良貸付続出」し、「所謂臭きものに蓋をして一時を糊塗し今日に至った」もので、彼等に責任がないとは言えない。十五銀行においては松方一族が経営する川崎造船所、国際汽船、東京瓦斯電気工業等への貸出しは固定化して回収不能となり、したがってこれらは不良債権となってしまっていた。そこで頭取の松方巌は総て私財を投げ出し、爵位までも返上して頭取を辞した。その同行を救済しようとしたのは日本の財界のリーダー郷誠之助で、彼の整理案によれば、「株主が当然負ふべき未払

（66）松方幸次郎は第一次大戦で得た莫大な資産を美術品の購入に充てた。しかし金融恐慌でそのコレクションを手放さざるを得なくなる。昭和2年7月15日、大阪ロータリークラブの例会で神戸ロータリークラブの笠原正吉が次のように松方コレクションの救済を呼びかけている。松方は収集美術品の一部は日本に持ち帰ったが、大部分はまだ海外にある。しかし川崎造船所問題のためにこれが散逸の危機にある。「折角苦心の末日本人が集めたものを再び外国人の手に奪はれることは如何に考へても無念至極」だから、何とかならぬものかと。後日この笠原提案について質された平生は、このコレクションを買い取る者がいるとすれば三井家と岩崎家だが、今日の経済状況ではこれほど高価な美術品に多額の資金を投じることは「世間に対する思惑上敢て決行」しないだろう。4分の3がまだ外国にあるから、これを輸入しようとすれば10割の関税を払わなければならない。無税での輸入が可能なのは政府で、買上となると宮内省の外ないのだが、同省は休業中の十五銀行の株主として整理・再建のため数百万円の支出を要請されることが考えられ、この状況下では美術品買上は不可能だろう。そう考えると、たとえ我々が「如何に美術散佚防止運動としてこの美術品の買上を日本に於て求むるも到底見込なかるべし」と。
　　国内にすでにあったコレクションは数回の売立によって散逸し、フランスに残されていたものは、戦後フランスから返還されることになるが、その条件の一つが特別の美術館を作ることであった。このために建設されたのがル・コルビュジエの基本設計になる上野の国立西洋美術館である（藤本建夫「松方コレクション―平生釟三郎日記から―」『甲南 Today』No.45、2014年3月）。

株金〔約5千万円〕支払の義務を軽減」しようとするものであった。つまりこの整理案では、四分の一に減資して株主は「未払込金に対する責任の一部」を免れ、その分は日本銀行からの特別融資と政府の補償法によって最終的には国民に負わせようとするものであった。この案は「狡猾なる手段を以て社会の上流に位し自ら帝室の藩屏なりと称し」ながら、その実「国民の膏血に依りて自己の貧血を癒さんとする」もので、これは無産階級の「生活破綻の上に少数のブルジョアが財産に依りて徒食」していることを裏書きするものであると。

　さらに十五銀行はもう一つ別の顔を持っていた。同行はこれまで宮内省の出納事務を取扱うことで国民の信用を得ていたが、それに加えて宮内省は同行の株主でもあった。平生はこのことを問題にする。すなわち、「宮内省が営利会社の株主たることは決して好ましきことにあらず」。皇室と臣民が「損得を争ふ渦中に投ぜらるるは尤も慎まざるべからず。極論すれば皇室が何故に私有財産を有せらるるの必要ありや」。我国の帝室のように連綿として継続している皇室は「民に対しては父、日本全土は王土なれば民衆と対等に財産を所有せらるの要なく、国民は皇室の必要に応じ宮廷費を支出せば可なりと思ふ」(昭2.6.28.)。しかし皇室が民間銀行の株主となれば、「皇室の御処置が少しにても偏頗なりとの観念を国民に抱かしめる」ことも生じ、そうなれば宮内大臣の責任は重大である。政治家や実業家は財界の安定とか銀行界の整理と言いながら、実は一般国民の利害を考えていない。したがってそのことが皇室にまで及ぶことになれば由々しいことになる。結論的に言えば、「十五銀行の整理は飽迄十五銀行の重役と株主の責任を以て処置せしめ、彼らが尽くすべき責任を全ふしたる後尚援助の必要あれば適法なる預金者救済の道を講ずるも晩からずと思ふ」(昭3.6.15.)。

■ 第4節　モラトリアムと裏白200円札

　昭和2年4月23日の日記には極めて興味深い事実が記載されている。金融不安から銀行取付けが始まったとき、銀行間の協調はすっかり乱れて、どの銀行も我行こそ「資金充実せるものと仮装」して「浅墓なる競争心」をむ

き出しにして、夜9時10時まで預金者に時間外の仕払いをなし、また定期預金までも途中解約を許して払出すといった有様であった。しかしこれがかえって「預金者をして不安」ならしめ、危機感をいっそうかきたてた。実際平生は、21日の夜11時ごろ、ある銀行の前に百人余りの預金者が集まり、なかには「硝子窓に恰もヤモリの如くくっつきて中を窺視するものあり」、と尋常ではない光景を目にする。こうした状況下では安田銀行のような大銀行でさえ、開店しても「到底仕払ふべき現金」がなく、日本銀行も予備紙幣までも底をつき、「かび臭き旧札」まで手を出さなければならなくなった。こうして最後には全国の銀行はいっせいに二日間の臨時休業に入り、政府も22日に緊急勅令でもってモラトリアムを公布することになった（昭2.4.22.）。

　ところが政府はモラトリアム公布にあたって、これを銀行に厳守させようとしたことが逆に経済を萎縮させることに気付かなかった。平生の合理的解釈によれば、支払猶予令では銀行預金の支払は一日500円以下と定められているが、それ以上を引出す場合には「銀行に余力があるものに於ては貸金の形式」をとり、したがって貸金金利と預金金利とを同率にすれば問題は生じない。預金者はこうして銀行から引出した資金を新しい信用などに利用することができ、これが経済活動を継続するためのファンドとなる。こう考えて東京海上火災は取引銀行である三菱銀行と交渉して株主に500円を超える配当を支払おうとしたが、政府はそれを固なに拒み、それを許さなかった。三菱や三井などの銀行には取付けの懸念は全くなく、したがって預金の払出しは無限にできるけれど、「他のless strong banksは之を実行し得ずとなりては忽ち銀行間の優劣を曝露するに至りて取付け」にあう恐れがあるから不可能である、これがモラトリアム厳守の根拠であった。

　だがこのように厳格な平等主義を実行すれば「産業機関が梗塞せらるるは火を睹るよりも明か」である。例えば荷為替手形を利用できなければ、船積も荷物の受け取りもできない。工場においても製品の受取もできなければ、原料の仕入れや賃金支払いもできないなど、経済全体が委縮する。「如此くして産業機関は商工業共にparalyzeするの外なからんか。モラトリユームがかかる重大なる結果を生ずることを予測して勅令を発布せんか、徒に

銀行救済に熱中してかかる資金の梗塞が重大なる結果を生ずるに至りては其損失や至大なるといふべし。財政経済の知識も経験も卓見もなき人々が其衝に当りて一時的弥縫策を以て応急の計をなす位危険なるものはなし。実に財界は危機に瀕しつつあり」（昭2.4.23.）。

4月25日の日記においても、銀行間の協定をしっかり守るべきまさにその時に抜駆けを許しながら、銀行間に自由を許すべき時に逆に協定を厳しくする矛盾した政策を行う政府を批判する。東京銀行団も、「万遺漏なきを期せんがため日本銀行を主として社員協同一致の精神を以て互に相扶け、特に銀行間に関しては各銀行慎重の態度を以て之に処するの緊要なるを信ず」と声明書を発表したが、平生に言わせれば順序は全く逆で、このような声明は「少なくとも十五銀行の仕払休止前」にすべきであった。もしそうしていれば、モラトリアムの必要はなかったはずである。「人心恟々（きょうきょう）として取付の気分が溢らんとするとき」、定期預金の期限前の支払いをしたり、営業時間を超えて預金の支払いに応じることなどをせず、東京銀行団の声明書のような行動を前もってとっていれば、取付は決して起こらず、2〜3日たてば必ず事態は鎮静化していたはずである。こうの様に考えると、関東にも関西にも「如何に銀行者間にfar-reachingの深謀ある人なく、徒（いたずら）に自己の力を示さんとし、又他を援けんとするの協力心」がないかを如実に示すものである（昭2.4.25.）。

モラトリアムを公布する策がいかに日本の金融政策が愚策そのものであったかはすぐさま露呈された。4月26日の日記に平生は次のようにあきれ果てる現状を記している。

日銀は「休日明の金融界を安静ならしむるため最極限の貸出」をし、25日には大阪にも「急造の弐百円紙幣が幾千万東京より送付され夫々（それぞれ）各銀行へ貸出」されたが、この急造紙幣はそ

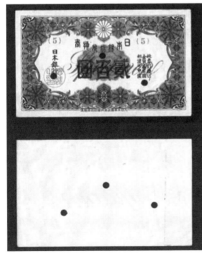

裏白200円札（独立行政法人国立印刷局）

の形状といい、デザインといい「粗笨無趣味のものにして裏面は何等の印刷もなく単に白紙」である。しかしこれだけの紙幣が準備されたにも関わらず、銀行の門前には人影まばらで「行員も手持無沙汰」の感がある。しかしこのモラトリアムが「一般産業に与えたる影響は中々に大なりといふべく、而して其苦痛は日を経るに従って感ぜざるべく、資金難に苦める工場は漸次に休業するか、其操業を短縮するかの策に出ずべし。次に昨日銀行手形交換高の減少は著しきものにして、東京は十分の一、大阪は三分の一なりと。如何に商取引の減退を知るべし」（昭2.4.26.）。

　5月13日にモラトリアムが解除されたが、各銀行は取付けに備えて「紙幣の山を積みて預金引出の準備」をしていたが、それは一切起らず、「各都市共に至極平穏」であった。平生はここで金融恐慌を振り返って次のように総括する。「今回のpanic は public panic にあらずして bankers' panic なり」。事の発端は台湾銀行の放漫な不良貸出にあり、その結果資金に窮して「コール市場を漁りて高利率を払」うを見て、各銀行がそれに「眼眩みて」、台銀の内情を知りつつ特殊銀行であれば破綻することはないだろうと多額のコールを放出したが、台銀・鈴木商店の関係が曝露され、三井銀行が率先してコールを引上げ、それを機に各銀行もコールをいっせいに引上げたから台銀は窮地に陥り、それを救済すべく緊急勅令案が出されたが、これを枢密院が否決したため「財界、否銀行業者は大に周章狼狽し、訛伝流言は預金者をして不安」にさせたから取付が発生したのである。すなわち「今回のpanic は、public が天災的、又は経済的、又は国家的変乱に遭遇して損害を被むりたる結果民衆側」から起ったものではなく、「銀行者自らが狼狽して引起」したもので、したがって「銀行者が平静に還りたる以上 public が安心せるは当然なり」。だがこの過程で各銀行の真価が問われたから、巨額の弱小銀行から大銀行への資金移動は免れざるを得ないだろうと（昭2.5.15.）。

　この銀行恐慌からモラトリアム並びに産業萎縮への経済危機のプロセスを海外はどう見ていたか。これについても平生は注意を怠らない。ニューヨークの商業新聞 Journal of Commerce の社説によれば、「日本の財界混

乱の原因は其裏面に不健全なところがあるからである。この場合に際し根本的に必要なことは、特に投機的種類に属する営業と銀行業との間にある程度の区別を設けることである。さすれば銀行は支払能力を回復することができ、従って預金者の要求及当座の請求に応ずることができるようになる。まず日本銀行を援助してその信用を確実にし紙幣発行を拡大して…支払猶予を与えて商業債務を整理するというのは誤った考へ方ではないけれども、要するに一時的の救済策たるに止まり、銀行の財政破綻の折にその影響を防ぐべき緊急時の金融機関がどこにもないのである」(昭2.4.27.)。

　この社説は、日本の金融システムそれ自体に金融破綻の根本的原因があるのに、日銀券の発行増加で危機克服をはかるなどとは、と指摘しているのだが、平生もこれと同様に裏白の急造紙幣の増刷で問題が解決されるとは全く考えてはいなかった。

　ちなみに、この金融恐慌で昭和2年度休業銀行は37行に達した。

第2部
平生釟三郎、日本社会を liberate する

「余は今日に於ては学校教育を官僚的干渉及割一的模倣の弊害よりliberateすること、産業貿易を保護干渉より liberateすること、国語を漢字の禍害よりliberateすること、療病を営利的医術よりliberateすることを以て余生涯の事業として努力勇往せんとす」(昭4.9.30.)

第1章
—
学校教育を官僚的干渉より liberate する

■ 第1節 甲南中学校の創立

　第1部で詳しく述べたように、平生からすれば、軍部や政治の世界では国家や国民のためというよりも利己中心的な行動パターンが顕著に見られ、他方で経済の分野では、好景気の時には放漫経営が常態となり、不況期になると安易に政府に救済を求めるなど、自立した経済行動は期待できなかった。このような社会構造においては道徳的な退廃はますます深みにはまっていくほかなかった。このような日本の現状をいかに改善してゆくか、これが彼の「生涯の事業」となる。それを彼はliberateと表現した。

　平生釟三郎はこうした社会の退廃を克服するには教育が何よりも重要と考え、画一的で知識偏重ではない独創的な甲南学園を創設する。現神戸市東灘区岡本に旧制甲南中学校が産声をあげたのは、スペイン風邪の一波と二波の谷間にあたる大正8(1919)年4月21日であった。この日の日記からは平生釟三郎の高揚する万感の思いが伝わってくる。「入学式を仮校舎に行ふ。入学学童五拾有六名…。式は君ケ代の合唱に初まり、教育勅語捧読、田邊〔貞吉〕氏の本校設立の趣旨の演述、小森〔慶助〕校長の生徒に対する訓辞、父兄に対する希望の演説ありて式を閉づ。式は僅かに一時間にして終りしも、厳粛、緊張、理想を以て設立せられ、理想の実顕を以て目的とする甲南中学校の入学式として申分なきものなりき。殊に小森校長の訓辞は言々句々熱誠溢れ、温情豊かにして生徒及父兄もこの好校長の下に訓育せらるることの如何に幸福なるやを感じたるなる可く、余は設立者として小森校長の推薦者として一層快感を覚へたり。嗚呼、今日呱々の声を挙げたる甲南中学校よ、長しへに健在にして、摯実剛健にし、志大に、気高く、能く将来を達観し、大局の打算を誤らざる報国尽忠の志厚き国家有用の材幹を養

成し、以て国運の進展に寄与せんことを祈るなり。余は年来の宿志たる一端が其緒に就きたるを見て益々進んで最終の理想たるべき東洋一の大学（人物教育を主とせる）の創立の計画に一歩を進んと欲するなり」。

　平生は、いずれ「東洋一の大学」を、の夢はかなわなかったが、教育に特別の思い入れを持っていた。日本の商工業者は専ら富を生産し蓄積することを第一の目的と考えているが、富の生産・蓄積はこれを「善用」することで、つまり公共のために、社会・人類のために役立てることではじめて意味を持つ。ところが日本の画一主義教育からはこうした人物は生まれない。「小理屈を弁ずる小才子でなければ半病人」ばかりである（大7.8.4.）。「教育の力に依りて人たるの道を教ゆるにあらざれば倫理頽廃、秩序紊乱」するばかりである。現在日本で行われている中等・高等教育は「学識・技能」を授けることが中心で、「学識技能を授くるを以て教育の本体とし、人格の修養を閑却する如き教育は人類を獣類として之に芸術技能を教ゆると一般、如何に妙技を演ずるも、如何に人真似に巧妙なるも猿は猿、犬は犬にして獣類の域を脱する」ことはできない。「人類も亦生物にして人格欠如たるに於ては獣類と択ぶところなからん。如此くして知能を得んか、其知能は善用せられずして獣性の満足の為めに之れが濫用せらるるならん。如此きは決して教育の本旨といふ可からず」。これに金儲け主義が重なると社会秩序は紊乱する。従ってこれを防止するには「人格涵養を第一としたる学校を設け、以て教育本来の目的を達成すべき模範的学校を建設」する他なく、そのためにこの甲南の地に中学校を建設したのである（大10.11.3.）[1]。

旧制甲南高校校舎（甲南学園蔵）

（1）杉原四郎「平生釟三郎、教育を語る」『平生釟三郎とその時代』甲南大学総合研究所、叢書

私立中学設立にはもちろん多額の資金を要した。六甲山の麓に新興住宅地として開発された住吉村には日本随一の金持ち村の異名を持つほどに多くの富裕層が居を構えていたから、平生が考えていた設立資金100万円の調達にはさほど苦労はなかった。久原房之助、伊藤忠兵衛、安宅彌吉等20数名が彼のこの計画に賛同し、寄付に応じた。また学校候補地として増田太郎衛門から2万坪の土地を譲り受けることができた。

　それにしてもなぜ住吉村のとなりの岡本に学校を建設することになったのだろうか。それには次のような伊藤忠兵衛と浄土真宗本願寺派第22世法主大谷光瑞との親しい関係があったからである。明治42（1909）年に別荘二楽荘を岡本山に建設した大谷光瑞の門徒であった伊藤忠兵衛は同年ロンドンに留学していた。そのとき妻と妹を連れてロンドンに来ていた光瑞は伊藤に、二楽荘に日本初のケーブルカーも作る、和漢洋の食事も自由にごちそうするから、ぜひ岡本に来るようにと勧誘し、結局彼は住吉川を挟んで開発された住吉村に居を構えることになった。彼が岡本を建設地に選んだのは、御影は起伏が多く、かといって芦屋はまだ汽車の駅もまだなく「他国」のような気がしたからであった。そこで、住吉からこの学校までは距離はあるけれど、芦屋よりは便利。「わしは極力、ここ岡本を勧めたんですね。…オゾンの関係上ここがええといって、僕一人、こう言うて。その結果、ここに決まったということは間違いないことです。ところで景観であるとか、教育の精神であるとか、平生独言で、何をつくるにも作者になる。自分で音楽も付け、自分で芝居をするのも平生さん。ほかのひとのことは問答無用で、何と言うか、独断でおやりになった」[2]。

　開校までに問題は山積していたが、その一つにメディア対策があった。甲南中学を資金的に支えたのは関西財界だが、これを見て新聞記者のなかには「富豪の子弟のみを教育する貴族学校」などと「妄評」を加えるものも

　18、1991年、3－9ページを参照。甲南学園八十周年記念『平生釟三郎―人と思想―』（高阪薫、潮海一雄、三島康雄、草野正裕、安西敏三、柴孝夫、有村兼彬）学校法人甲南学園、平成11（1999）年。
(2)「伊藤忠兵衛甲南学園理事長談話（一）」『平生釟三郎日記　第5巻　附録』2012年、8－10ページ。

いた（大7.11.25.）。そこで彼等を晩餐に招き、設立の趣旨を説明したところ、そうした悪評は「氷解」したと日記に記している。もっとも世間では創立後も相も変わらず甲南を「ええしの学校」、「ぼんぼん学校」と評していたが。

■ 第2節 教育の本義は
「天賦の智能をpull out」することにあり

　中学校設立と同時に七年制高等学校創設を次の目標に掲げていた平生は、資金的に苦労しながらも、有志の寄付によって経常費面で目途が立ち、文部省に設立認可申請を行い、大正11（1922）年12月段階でほぼ受理される見込みとなる。12月24日に平生は次のように設立の抱負を語っている。

　甲南中学は「健康、人格の教育を主として、知育を第二とし、社会に向って立派なる人格者」を世に送り出すことを目的としている。この一文は現代にも通じる平生の教育観を良く表現している。特に第二の知識については次のように続けている。「教育も知識の涵養も人類一生の仕事」であって、「日進月歩の知識の収得は生涯を通じて補充増殖」しなければならない。それは「青年時代に限定」すべきものではない。「神戸一中の如きは単に同校を卒業して高等学校若くは高等専門学校に入学せしむることを目的」としていて、「入学試験に及第せば之を以て同校の能事終れり」で、卒業後上位の学校に進学または社会に出た後について、中学校のことは顧慮するところはないようである。これに対して、甲南は「一生を通て身神共に健全にして知識も完全に発達せる人物を養生せんことを目的」としている。神戸一中は「最短なる距離の競争に於ける選手を造らんとし、我は最も長き距離、即ちマラソン競争に於ける選手を得んとするものなり」。

　年が明けて1月16日に正式に高等学校設立の認可がおりる。この時点で甲南高校は東京高校、台北高校、武蔵高校に次いで四校目の七年制高校となり、その知らせを受け取った平生の喜びようは筆舌に尽くしがたいものがあった。翌17日の日記に次のように記した。

　小森慶助校長より「甲南高等学校認可済の通知あり。余は実に欣喜雀躍を禁ずる能はず。直ちにすゞ子に電報を以て其旨を報じ、且…小森氏に

向っても祝意と感謝の意を電報す。校舎は来る3ケ月中に完成し、…形体上に於ける高等学校は完成せるものにて、余の努力も一面に於て奏功せしものといふ可く、将来内容の充実、教育方針の確立に向って一層の努力を為さんとす。天は余の微衷を納れ、余の健康と余の精神をして益々健全強固ならしめんことを祈るのみ」。

甲南高校は当時としてはかなり先進的であった。平生は甲南高校のカリキュラムについて、カナモジ会(3)の創始者故山下芳太郎の法会の席でこう述べている。文部省が中学・高校の科目に漢文を設けようとしているのは「旧思想に囚はれたる謬見」で、今日漢文は、研究者ならいざ知らず、一般の国民にとっては何ら必要性はないばかりか、これを学習するには多大の時間を浪費する。甲南は「如此きウェーストを省きて実世界と交渉深き教育」をすること、つまり「実学」を特色としているから、漢文よりも英語を学ばせようと思うと語っている（大12.4.29.）。

このような先駆的実学教育を担うべく甲南高等高校は産声をあげたのだが、世間では私学に対する偏見はまだ強く、制度的にも私学の発達を妨げる差別的待遇が公然と行われていた。私学教職員には恩給法が適用されず、また位階勲等を与えず、と規定されていたのである。私学を出た卒業生は官公立卒と同じ資格のもとに上級学校に進学できるのに、私学の教職

(3) カナモジカイは、大正9（1920）年11月1日に山下芳太郎、伊藤忠兵衛（二代）、星野行則らによって仮名文字協会として設立された。また、山下は、仮名文字の研究、書物や表示における仮名の活用、タイプライターの製作等を掲げ、これの達成を設立の目的としていた。大正12（1923）年、創立者の山下が病に伏したことから、逝去する数日前の4月1日にカナモジカイに改称、昭和13（1938）年9月28日に財団法人となった。
　なお平生がこの会員になるについて、伊藤忠兵衛は面白いエピソードを語っている。平生家に遊びにきていた10才かそこらの女の子は父親の仕事の関係でロンドンで生活していたことがあったが、英語は自由にこなし、新聞も不自由なく読め、当時話題になっていた軍縮会議なども一人前の意見を言うのには、平生は驚かされる。平生は伊藤に向かってこう述べた。私は50年余り英語を勉強しているのに読めないところがあるのに、十いくつの子どもがこれを楽に読むということは、文字の使い方が悪い、漢字教育が難しすぎるからだ。アルファベットという簡単な文字だとこれだけ知識が開ける。「今日ばかりはおれは頭をさげた」。これを機に平生は会のメンバーになる。それからしばらくして伊藤が平生家をたずねると、彼の部屋には、漢字という大きなリュック背負って杖をついて六甲山を登る油絵と、その先をカナ文字という非常に軽装な姿でさっそうと登ってゆく写真がかざってあった。それから平生の書く手紙や文章はこれまでの漢字が多い縦書きからカタカナ交じりの横書きにかわり、随分読みやすくなったと周囲の人から喜ばれた（「伊藤忠兵衛甲南学園理事長談話（二）」『平生釟三郎日記　第6巻　附録』2012年、8‐10ページ）。
　もっとも、カタカナ交じり文になったとはいえ、現代の我々にはこの横書きの文章さえも歯が立たない。なお『平生釟三郎日記』では第七巻から横書きになっている。

にあるものに対する待遇に差別を設ける理由はどこにもないはずである。彼が最も力を注ごうとしていた教育の分野においても相変わらず「旧来の陋習の遺物」に呪縛され、改革には強固に保守的な文部官僚の支配が続いていたのである（大12.6.5）。

　大正13（1924）年は日本にとっても、また平生の実業観・教育観にとっても大きな転換の年であった。その前の数年間には、スペイン風邪、大正9（1920）年恐慌、それに続いて関東大震災が帝都に壊滅的打撃を与えたが、同年9月、当時東京海上火災専務であった平生は海外の市場動向を視察するかたわら、日本人移民を排したアメリカに代わって新たにブラジルに移民先の可能性を探り、さらに欧米の教育制度の調査も兼ねて北米、南米、欧州を巡る漫遊に出かける。

　まず北米ではフォード自動車工場のコンベア・システムに、またフォード社の「社会奉仕」の精華ともいうべき病院に驚かされる。平生はこの感想を三井物産の社員達に次のように語った。日米は富、物質的豊かさ、天然資源等において雲泥の差がある。この米国とまともに競争しようとしても、それは「愚の極」である。日本は人口過剰を解決するには米国移民しかないと考えて実行してきたが、いまや米国がその道を閉ざしてしまった。とすれば、今後米国と競争するには、過剰な人口に「完全にして実益ある教育、即ち真の教育を施して、以てこの人の力に依りて天恵の不足を補はざるべからず」。これこそ「日本をして他日米国其他と肩比せしむる捷径（しょうけい）」である(4)（大13.11.17.）と。

---

(4) この場に清水善造も出席していた。彼は明治41（1908）年に東京高等商業（現一橋大学）に入学し、卒業後三井物産に就職してカルカッタに駐在し、ここではじめて硬式テニスと出合う。彼はウィンブルドンやデビスカップなどの世界的舞台で目覚ましい活躍をし、大正10（1921）年の世界十傑では4位にまでランクを上げる。
　　大正13（1924）年10月31日、平生が如水会（東京高商同窓会）ニューヨーク支部の会合に招かれた時、三井物産の駐在員をしていた清水善造と出会い、次のような興味深い会話を交わしている。この席で平生はさまざまな角度から実例を挙げながら漢字廃止の意義について語ったが、平生は日記で、それに続く討論で「テニスのチャンピオン清水善造氏」が次のように彼に賛意を表したと記している。自分の経験から、日本で軟式から硬式に移ろうとしたとき、「選手連は涙を垂れて軟球を主張し、若し強て硬球に移るの要あれば選手を止むるに如かず」と訴えたが、その後次第に硬式が主流になってくると、今更のように「硬球の妙味」を覚え、以前「軟球に執着せし時の事を思ふて怪訝に堪へざる位」であるが、漢字廃止もこれと同じことになるだろうと。平生はこれに対し、「真に面白き実例を与へ呉れたるを謝せり」と書いている（藤本建夫「清水善造と平生釟三郎」『甲南 Today』No.43、2013年3月）。

その翌日にはニューヨーク総領事館で日本の教育界を批判する。「故老」達は「時勢遅れ」の「制度を墨守」し、たとえば漢文・漢字教育に無意味な時間をかけているからいつまでも欧米各国に追いつくことすらできない。彼等には、「尤もプラクチカルにして実社会と常に連系して教授を為し指導を為し、以て学校に於て受けたる知識を以て直ちに実地に応用して以て社会に役立つと共に、社会を進歩せしむるに力あることを理解せし」むることが急務であるとの意識すらない、とその時代錯誤に警鐘を鳴らす。

大正13（1924）年11月29日、移民の現状を観察すべく、アメリカを出発してブラジルに向かう船上で平生はエドワード・ボックの自伝を読み衝撃を受ける。そこにある次の一節にくぎ付けになったのである。すなわち、「人生を三期に分ち、第一を自己教育の時代、第二を自己の社会的基礎設立時代、第三を社会奉仕時代とし、五十才を以て自己の事業より離れて他人の為めに尽力せんと決心し…」と。これこそ彼が長年思い続けてきたことではあるが、55歳を過ぎても決心ができぬまま年月だけが徒に流れ、「社会奉仕の時代」に飛び込めずにいた自分にはっきり気づかされたのである。一刻も猶予はない。その気持ちを次のように記している。「余は三年前の満五十五才を以て退社して専ら社会事業に身を投ぜんとして果さざりしを追想して益々同志を得たるを悦ぶと共に、来春帰朝の上は各務氏に懇談して引退の実現を果さんとする心や切なり」と（大13.11.30.）。

このボックの自伝を読み東京海上火災専務の職を辞する決心をした平生は、ブラジルからヨーロッパに渡り、各国の学校を視察したとき、それまでと違った感想を抱いた。特に感銘を受けたのはイギリスの学校で、彼が訪問したマーチャント・テイラーズ・スクールでは政府や市から全く補助を得ていないので何等の規制を受けることなく、従ってカリキュラムはすべて校長が自由に決めている。生物、化学、物理の授業においては教師による講義よりは学生自身の実験に重きを置き、彼らはそれによって実際に内容を理解し自信を得ている。昼食は生徒と教師は同じ大食堂で同一の食事をとる（大14.2.5.）。平生は後にこれを模して生徒と教師の食堂を甲南高校にも建設する。

ドイツでは中等学校としてモムゼン・ギムナジウム を訪問する。ドイツを範にして日本の画一的教育制度が形成されたと思い込んでいた平生はその自由な教育に驚く。ここを訪問したとき、フランスのリセとは全く逆に、校長は「余等に授業を注意して参観せんことを希望」した。歴史の授業では教師はわずか5人の生徒に対してヨーロッパ中世史に関して質問し説明する。このように「詰込主義にあらずして啓発主義を以てすることは英米と同様なり」。さらに上級フランス語の授業ではすべてフランス語で行われていたのには「大いに関心」する。「外国語を用ひずして自国語を用ひて学生と談論する如きは外国語を教ふる資格なきにあらずや。苦笑を禁ぜざりき」（大14.3.7.）、とここでも日本の教育の遅れを痛感させられる。

　この外国語教育の問題は現在でも様々に議論の対象になっているのだが、それはさておき、この教育制度が日本をすべてにおいて「行詰」まらせている、と平生は考えた。この事態を突破するには創意工夫が次々と考案される状況が生まれてこなくてはならない。これを「根本的に治療せんには、甚だ迂遠なる方法と見ゆるも其淵源に遡りて教育制度の革新を決行」する以外には考えられない。そしてその革新の方向性を示してくれるのはアングロサクソン諸国の自由な教育制度である。ラテン語でeducationとはe out、duc pull でpulling out である。「天賦の知能をpull out することが教育の本義」であり、これとは逆に日本の詰込主義はpushing in である（大14.6.2.）。

　平生は大正15（1926）年1月7日に初代理事長田邊貞吉の後を継いで甲南学園第二代理事長に就任する。そして4月11日、甲南高等学校完成式と第一回卒業証書授与式を迎えた。彼の高揚した気分はこの日の日記からも窺うことができる。彼は次のように書き遺している。文部大臣も特に栗屋専門学務局長を派して祝辞を呈し、荒木寅三郎京大総長も自ら来りて祝辞を読み、森巻吉第一高等学校長も高等学校長総代として祝辞を呈し、最後に武藤山治（鐘淵紡績社長、後実業同志会を組織し衆議院議員）は学生に向って熱烈なる演説をなし、そして平生は学生たちに向ってこう祝辞を述べた。「本校は学校教育の現状に満足せざる有志の者共が集りまして

知育偏重の弊を避け人格の修養、健康の増進を第一義とし、個性を尊重して天賦の特性を啓発すべき知育教育を施さんとする主旨を以て」七年制高等学校として創立したものである。そしてこの度第1回の卒業生「43名が打揃って其志すところの大学に入り本制度の先登者たるの名誉」を得ることができたことは、「創立者一同が満腔の喜」とするところである。「人間は活物で、又一人一人其面が異なる如くに異なって居ります」。「Ford 自働車会社が自働車を製造する如くmass production、大量製産法では優良なる人物を作ることは出来ません。私は一人の教師が30乃至35人以上を一時に教授することは困難と思ひます」。「本校の第1回卒業生が首尾能く大学に進むを得ましたのも学生の数が少なくして手が届くことも一原因」と思う。「世間には学生の健康に頓着なく単に上級学校に入学せしむることを以て中学校の本務と心得、試験準備を強要する学校がありますが、是等の人々は人生は長い長いマラソン競争の練習所たることを忘れ、競走場と練習所とを混同せる錯誤に陥れる」ものである。

　彼はあるべき教育に自信を持ったのか、欧米の自由な教育をも念頭に、パンフレット「現代学校教育に関する感想」[5]において次のように再説する。

（i）教育は「人格修養」に目を向けねばならない。日本では学校は「デパートメント・ストアー」で、教授される知識は「商品」で、教師は「商品販売人」となっているから、上級に進むとともに「人格」は下劣となり、従って国家も衰退する。

（ii）日本では、より上級学校への「入学試験準備」に教師も父兄も必死になっているが、病魔にでも冒されれば何もならない。「人生は長いマラソン競争」であり、学校はこのマラソン競争に出場するための「練習場」である。

（iii）画一主義の教育は日本を行詰まらせる。日本では教材は全国一律、しかも「都会標準」であるため、児童青年の目は皆農村より都会へ向けられる。だから財政的にも人的にも農村は「疲弊せる現状が益々疲弊

(5) 平生釟三郎『現代学校教育に関する感想』大正15年。

の度を加へる」ことになる。

(iv) 日本の知識教育は「模倣的」で「詰込主義」である。人はそれぞれ十人十色。いわば「人はone hole one key（一穴一鍵）である」のに、ある一つの穴には何れの鍵も入るように教育されるから、無意味な激しい競争をせざるをえなくなる。「凡て人は皆天才」である。教育は本来その「人間天賦の個性」を呼び出し発育させるもので、学校教育は「ポンプの差水」。しかし世の中へ出るとすぐ蒸発してしまうようでは、「物を考へる」習慣ができていない証拠で、困っても何も出来ない。

■ 第3節 「白亜城事件」

　高等学校はマラソン競争に出場するための「練習場」であると平生は記しているが、これを別言すれば、「高等学校は人間完成の道場」（昭5.3.24.）であり、従って在学中はまだ未熟の状態である。しかし、それを忘れて誤った正義感で行動することが往々にして見られる。それは甲南高校生とて例外ではない。

　甲南高校の学舎は鉄筋コンクリート造りの堂々たる建物で「白亜城」と呼ばれていた。その白亜城で思想に関わり、警察沙汰になる事件が発生した。平生は昭和9（1934）年2月7日、甲南高校卒業生の送別会で次のように訓示した。甲南での7年間の教育は、文科にせよ理科にせよ、「主たる目的は一人前の人間として大学に入り専門の学科を修業するに必要なる予備教育」の場である。「故に今や本校を卒業して大学に入らんとする諸子は人格に於ても完成に近く、近代青年の弱点を有せず、大学生としても、また社会人としても、其思想に於ても其性行に於ても間然するところなきに近しといふべきか」と。

　しかし翌日の日記には、マルクス主義思想に親近感を持つ学生たちが起こした、いわゆる「白亜城事件」の経緯が詳しく記されている。「問題の人として学校に於ても疑の眼を以て見、警察に於ても逮捕の準備」をしていた某学生が「一昨日平然として登校したるを以て不審を感じ居りたるが、やはり昨朝彼は特高課員と御影署員四名合せて五名の警官に伴はれて検束

せられるに至れり。彼は今回の事件の主動者ともいふべきものにして、嘗て甲南高校文科に在りし、現京大経済学科にある西台某と連絡あり、校外の主義者とも交渉あるが如く、彼の甲南学生がガリ版にて発行せる白亜城といふパンフレット」も、目下行方不明のもう一人の学生と共同編集したもののようである。

　前日の祝辞のなかで平生は甲南の卒業生は「其思想に於ても其性行に於ても間然するところなき」と述べた矢先のこの事件である。イギリスやドイツの教育制度に感銘を受けていた平生だが、日本ではマルクス主義でなく皇室こそが国家を形成する根本であるとの彼の信念には揺るぎないものがあった。この事件発覚の三日後の2月11日は建国記念日である。講堂に集まった生徒並びに教職員を前に、「紀元節は畏くも明治天皇陛下が御即位直後御制定になった建国の佳節を祝賀すべき尤も尊き式日である。…明治天皇の御治世と共に我国民精神は躍如として生気を放ち、恰も東海の天空に聳ゆる富嶽の如く其壮麗と偉大なる姿を各国の前に展開するに至りたることが、この姿こそ日本精神を如実に示現したるものにして、この長き眠より覚めたる東洋の一島国と侮りたる日本に真相を見て各国は驚異の眼を張るに至るたるなり。然るに我国民中、殊に知識階級又は修学中の青年学徒の中に外来の物質文明に幻惑せられ、浅薄なる唯物主義の皮相論に魅せられて建国の精神を忘るるものあるは如何にも慨嘆の至るのみならず、かかる薄志弱行の徒こそ憐むべきものである」と訓諭したばかりであった。

　この平生の皇室論を、またさらに労資協調論を真っ向から否定するマルクス主義がこの甲南にも浸透しつつあった。これは由々しい事態であった。平生はすぐに行動を起こした。学生たちを拘束した特高課長と2月10日に会見し、「なるべく早く」学生の釈放を懇請する。しかし、同課長は「何分生徒（各署に拘束せられたる）の自供が一致せざる以上解放する」ことはできない。「ついては彼等が虚心坦懐にあらゆる事実を白状して転向の意志を明白にするの外なく、夫には父母の慈心を以て彼等を説服せしむるの外手段」はないので、平生から両親に説得してほしいとのことであった。そこで早速4名の両親を呼び出して事の経緯と特高課長の話を伝えたが、警

察では事件の首謀者で共産党への入党の嫌疑がかかる学生が未拘束であるから、平生の観測では、直ちに釈放することは難しいようであった（昭9.2.12.）。

　事件に関わった甲南高校の学生は、逃亡中の学生もついに拘束されて、結局全部で9名に上ったが（2月21日）、彼等に対する学校側の処分は全く寛大であった。3月1日に3名が、5日には5名が釈放され、釈放の翌日から復学を許されている。しかし首謀者の学生だけは起訴されたために退学処分になった。ちなみに、この学生の名は飯沼修で、戦後俳優として活躍した永井智雄である。この事件に対し、他の教員たちは他の高等学校においては教員会議を開いたうえで「厳罰に処するを常」としており、それに倣うべきではないかとの意見が大勢であったが、平生は「直ちに宥免して〔年度末試験を〕受験せしむる寛仁なる態度」をとった（3月1日）。平生は一人ひとりの学生と面談し以下のように説諭した。「何が故に唯物主義の Marxism に感染しこの主義の実行者に同情して資金を供給」したのかと平生が質すと、彼等は異口同音に、世の中には物質的に貧しい人々が多数で、マルクス主義が実現されてこれらの人々が安全で幸福な生活を送れるようになれば、と考えたからであると答えた。これに対し平生は、マルクス主義が唯物主義であって宗教を排斥して、「精神的慰安の如きは之を認識せざることを主義」としている。またよしんばマルクス主義が「公正なる思想」であると仮定しても、「この思想が如何なる国体にも合致し発育するものと考ふるは誤りなり」。レーニンの思想がロシアに適合したとしても、「ロシアの国情国体と我国体とは雲泥の相違」がある。ロシア人は殆んど文盲で、レーニンが共産主義政治を行おうとしたとき、「国民は其結果の如何を顧みるの暇もなく、帝政よりも better ならんと推測」してこれに従っただけで、「我国体とは似つかぬもの」である。日本では永きにわたり皇室から国民が何か圧迫を感じたことはなく、「政治的にも経済的にも思想的にも皇室より何等の自由を奪はれあることなく常に鴻恩に浴して 愉悦を enjoy」している。日本の国体について研究もせずにロシアで行われている政治を日本でもそのまま行うべしと速断するのは認識不足ではないのかと。

学生たちとはこのような面談をし、両親にも注意を喚起し、教頭とも 協議の上、今回の思想問題関係者は高校生で、まだ未熟な「精神的病者」として取扱い、転向悔悟した者は「病気全快者」と同一の処置をすることにした。これが如何に異例の寛大な措置であったかは、まだ官公立学校では甲南高校のように事件を処理したところはなかったことからも分かる。したがって本校教員中にも処分が軽過ぎるとの非難の声が聞かれたが、「余は全快せる以上はたとへ伝染病といへども決して忌避すべきにあらず。この問題の解決につきては校長たる余が全責任を負う旨を公にして決行せり」、と日記に記している（昭9.3.5.）[6]。

■ 第4節　拾芳会

　帝国大学を中心とする高等教育機関は「一意専心志望学科を修習するところ」（昭5.3.24.）と位置付けていた平生は、優秀であるにも関わらず家が貧しく高等教育機関に進学できない青年のために「拾芳会[7]」という給付型の奨学金制度を設けて、ことあるごとに彼等と議論を交わすのを楽しみにしていた。この奨学金制度は明治45（1912）年から始まったが、普通の制度とは違うある特徴があった。それは第一に志操堅実、学業優秀、体力強健で、卒業後は一身を顧みず国家社会に貢献するとともに、万一の場合には平生家の擁護者になること、第二に家が貧しいことであった[8]。平生はこの制度維持のために、多いときには年間約40人の学生を抱えて年額3万円ほどの資金を投じていた（昭3.8.25.）。当時の大学卒業生の初任給

（6）安西敏三「平生釟三郎と甲南教育」、中島俊郎「平生釟三郎とパブリック・スクール」、安西敏三編著『現代日本と平生釟三郎』晃洋書房、2015年、等を参照のこと。
（7）「拾芳会」の由来について、平生は昭和7（1932）年12月21日に東京で開催された拾芳会記念日に次のように説明している。「拾芳とは読んで字の如く芳を拾ふの義なるが、余が前途有望なる青年にして学資乏しきものを拾い上げ、其目的を達成せしめんとしてこの企をなして已に二十年の今日に至りたるが、最初は旃檀は二葉より芳しとの古語もあれば、採用するや否や、其芳香をかがんとせしも、かかる旃檀は中々に少なく、無香無臭の若芽を見るのみなりしが、数年来会員の集会を見るに会員も世に出でて漸次若芽を出だし、蔓々たる緑の葉を張り美しき花を開くに至りて、何となく芳香馥郁とは言がたきも、芳しき香が芬々として堂に満ちんとするが如き感を抱くに至り、十数年の功労は空しからず。拾芳の名を附したることが不明にあらずして正当なりしことを自覚するに至り、この年中行事こそ余の尤も愉快と欣喜を覚ゆるところである」。
（8）河合哲雄『平生釟三郎』205ページ。

は月50〜60円が平均的相場で、他方帝国大学の年間授業料が千円（大15.11.17.）であったから、大学進学が如何に高額で、平生の奨学金が如何に巨額な社会投資であったかがわかる[9]。

　彼がこの奨学金制度を設けることを思いついたのは、彼自身国家の資金で高等教育を受けることができたがゆえに今の自分があることに思い至ったからであった。「この鴻恩に対し、何等の報恩」をしなければ「実に国家に対し忘恩の行為」である。土地狭小で資源に乏しく、かつ人口稠密の我が国は工業を発達させなければならず、それには「純正理化学の蘊奥」を極める必要があり、従って、「天稟有能の青年に学資を給付」することこそ国家に報謝する最も近道である。彼はそこで一高から東大を目指す学生を念頭に、当時第一高等学校校長新渡戸稲造に平生の意にかなう学生を推薦するようにとの手紙を送ったが何等返事がなかった。新渡戸に代わって新校長になった人物も一向に埒が明かず、結局自力で彼の理想とする学生を募ることにした。その手始めに、翌45年に知己等の推薦で宮坂國人、山内信平、濱田良雄、濱田収蔵、師尾誠治等が、その翌年には中川路貞二が選抜された。

　平生は毎夏、すでに社会人となっているものも含めて全員を住吉の自宅に集めて会を催し、また東京の自宅に建設した拾芳寮で彼らと様々な問題について率直に話し合うことを楽しみにしていた。大正8（1919）年8月10日には第一回拾芳会大会が住吉の自邸で開催されている。出席者はすでに社会で活躍しているもの6名、在学中の者18名、それに息子の太郎、甥の風間立太郎、平生を含めて27名。彼は彼らを前に拾芳会設立の経緯を次

---

(9) 澤正治によれば、この奨学金を与えられる学生は「誓約書」を平生に提出しなければならなかったが、その内容は、1. 共存共栄、2. 尽忠報国、等々があり、それらに反する場合には「満座の中にて御笑ひなされ候とも苦しからず」云々と結んであった（澤正治「無題」『平生釟三郎追憶記』159−160ページ）。なお津島純平は奨学生が平生から月々もらっていた小遣いについて次のように回想している。「如何にも平生先生が使ったお金はわずかでありましょう。私ども高等学校のときに先生から頂いたお金は10円乃至12円であります。大学に入りまして平生先生から支給を受けたのは15円であります。それ程安い金でありますが、併しその当時15人、20人、30人の学生に向かって金を送るとき、必ず複写紙によって手紙を書いて…叱り、教え、又その当時の時勢を批判し審さに自分の子供に教えるような努力を以てしていられる」云々（津島純平「拾芳会その他（談）」同書、169ページ）。

のように熱っぽく語った。ここに列席している学生は「一郷一士の人にあらずして、日本の各方面に生れ、各地 の中学校に学び、中学を終へて後余の庇護の下に帝国大学、高等工業、高等商業、高等学 校に入りて各種の専門学を習得し、又は修学中のものにして、其修むるところも多種多様 なるものにして、如此種々の点に於て相異なれる学生が余が門下生たるの点に於て一致し、茲に一堂に集れること他に類例なきことにして、余が篤学の青年を広く日本全国に募 りて国家社会に貢献せしめんと企てし事業が未だ其効果を示すに至らざるも、他日其効果 の顕著なるものあるべきを予示することは最早争ふべからざるものの如し。…余の要望たる国家社会に貢献せんとの強き意志を以て奮勉努力せんと互に相戒め相励まして勇往せんとして互に誓約を全ふせんと公言しつつあるは、実に余に取りて無上の愉快なり」と。

　しかしこの平生の気持ちとは裏腹に、大正9年恐慌のさなかのことでもあり、平生は拾芳会員たちの間に情がすでに薄れつつあることを感じていた。そこで東京小石川の自宅に何人かの卒業生を集めて話を聞くと、「単に余より学資を得て学習を為せば足れり」と考えているものも少なからずいるとのこと（大9.7.3.）、また関西地方の卒業生に同じ質問をすると、やはり同じ答えが返ってきた（大9.7.4.）。その理由は、要するに平生が多忙すぎることにあった。この状態を続ければ彼の「宿望」は達成されなくなり、「この事業は拾年の後に於て失敗の歴史を残すの恐あり…。而して之を挽回するの方法として時々集会を催さしめて、先進者にして能く余を理解するものをして後進者を説服せしむるの外妙案なからんかと」[10]心に決めた。

　この卒業生達との話し合いを受けて、平生は毎夏拾芳会員を一堂に集めて、広い視野から今世間で問題となっている本質は何か、そして何をなすべきかを熱っぽく話して聞かせることにした。8月15日に平生邸で開催された第二回拾芳会大会は第一回に比して更に盛会で、彼はこう日記に記し

---

(10) 平生の理想を実現するための寄宿舎「拾芳寮」が東京の平生邸に建設され、その綱領にも拾芳会の誓約と同じく「摯実剛健の気風、克己自制の精神を涵養することに力むること」が第一に掲げられ、その他寮生活に関する諸項目が記されている（大9.12.4.）。

ている。「一同白地の短衣に袴を着して　二階の四室押通して広間に方形を作りて端坐したる光景を見て、衷心観喜と感謝の念を禁ずる能はず、感極まりて暗涙の胸に漲るを覚へたり」。そして彼らを前にして行った訓話によれば、「現代教育の欠陥は彼等に充分なる哲学的教育を施さざるに在り。…故に外来の思想は善悪正邪の差別なく彼等の脳中に侵入し来りて彼等をして心理的混乱情態に陥らしめ、所謂危険思想の悪化を受けて小にして身を誤り大にして国家社会の秩序を紊乱せんとするに至る。余は彼等が大に哲学的研究に力を致し、以て宇宙の大則に接し、森羅万象に触れ、気を高くし志を大にして意を強ふし、常に精神的安定を得て、試みられざる新思想の為めに捕はるることなく、厳然として社会の悪風潮に対立するの勇と断を得んことを望まざるを得ず」云々と。

　大正9年8月前後は恐慌のただ中にあり、労資間の対立も激しさを増していた。ここで彼が批判している「外来の思想」とはもちろんマルクス主義のことだが、彼はこれに対して、わが国では「資本家にも偏せず労働者にも傾かず、産業の増進には労資の協調を必要とし、労資の協調には二の原素を対等同位のものとして互に立憲的協商の下に相互の利益を擁護すること」と考えており、この拾芳会大会でも会員たちに労資協調の重要性を説き聞かせた。平生は労資協調なくしては資源の乏しい日本の経済は成り立たないと常々考えていたが、さらに彼の思想を特徴付けていたのは、本稿の「序章」において述べたように、天皇制と欧米思想を対立するものではなく、その根底には深く相通ずるものがあるとの発想であった。

　昭和2(1927)の第8回拾芳会大会のことだが、平生は大会前日の8月7日に卒業して実社会で活動している拾芳会員と懇談している。主に話題はロータリークラブについてであったが、それは彼が大阪ロータリークラブの趣旨に賛同し、チャーター・メンバーの一員として熱心に参加していたからである。彼は拾芳会員を前にして拾芳会とロータリークラブの関係を次のように述べた。「このRotary Clubの趣意こそ我拾芳会の本意と合致するものにして、Rotarians が各自己の職業及企業に対して忠実に至誠を以て之を努め、其職業をして功利の犠牲となさずして之を以て人類に対する奉仕の観念を

以てせば、其業に忠勤することがやがて人類に奉仕することとなり、我拾芳の趣旨に外ならず。RotariansはService above Selfを以て標語とする如く、我会員も亦この志を以て勇往せざるべからず。余が御身等に学資を補給して今日あらしめたる所以は御身等をして社会に寄与するところあらしめんとの願望を以て学資を支給し、且今日迄御身等を見ること其子の如くし、其成業其出世を希望せることは其父兄に譲らざりしなり。之は Rotary Clubの憲法に於て規定せる主要項目の一たるなり。Rotaryのmottoとしては、Service above Selfといふことと、今一つ He profits most who serves best、といふことがあるが、この第二のmottoこそ何人も世に出で種々の職業に従事しつつある人々が心得べきことにして、何人といへども社会奉仕、人類共存の精神の念を以て之に従はんか、必ず奉仕の徒労にあらずして必ず酬ゆらるるものにして、かくして彼は尤も利するところあるべし。尤もこの利益と称するのは単に有形物質的のもののみにあらずして無形精神的のものも包含するものなるが、有形的の財富の上に於ても、又名誉声望の上に於て尤も利するものなること幾多の実例あることなればなり。故に拾芳会の趣旨も又人類共存の精神に基くものなれば、この拾芳の趣旨を体して努力せんか、会員の将来や必ず赫灼（かくしゃく）たるものあらん」と。

　昭和3（1928）5月20日に東京拾芳会のメンバー30人ほどで春の遠足を行い、晩食はいつものように牛鍋を楽しんだが、この時の平生の話題は自由通商であった。後述のように同年の1月14日に大阪自由通商協会が設立され、以後彼は協会のために必死で尽力するのだが、彼の自由通商論を根底から支えていたのは武士道精神にあり、それが同時に日本経済を自立させ、これが世界経済と調和したときにこそ世界経済は平和裡に循環すると考えていたが、この発想は1929年恐慌とその後の大不況時にも基本的に変ることはなかった。

　昭和5（1930）年8月10日に第12回拾芳大会が開かれ、そこで平生は恐慌の原因を次のように説明した。「元来この世界的不景気の主因は世界の大戦争」である。交戦国は戦争に忙殺されている間に、アメリカと日本が盛んに生産を拡張して交戦国に供給した結果、両国の生産力は大に増大

したが、終戦となり、交戦国の産業も回復すると、「中立国に中立類似の交戦国に於ける生産が overproduction 」となったのは当然であった。加えて、大戦中、世界の各国民は必需品を他国から輸入することを大に控え、「自給自足の政策を取らざるべからずとの信念が瀰漫」し、「互に関税の障壁を高めて外国品の輸入を防圧」することになった結果、ますます各国の特産物は大いなる生産過剰を生ずることになった。これが現在の世界の産業の状態である。そうだとすれば、我国の不景気も世界的に救済策が実行されない限り真の回復は不可能だと思ふ。しかしてこれは一朝一夕に行われることはないだろう。したがって今は「所謂臥薪嘗胆の覚悟」でもってこれにに当る他ないだろう。「此時に於て我拾芳会員こそ其特色を発揮すべきものと思ふ。特色を発揮するとは各自が拾芳の精神を奉じ、其職に忠実、其業に精進し、独立を得、其職其業を通じて国家に社会に人類に貢献し奉仕する覚悟を以て精進すべしと思ふ。国乱て忠臣出で、家貧にして孝子出づるが如く、…拾芳会員として異彩を放つの時機に会したるものなりと思ふ」云々[11]。

　昭和7（1932）8月14日、第14回拾芳会大会では満州問題をテーマにして日本を取り巻く内外情勢が如何に厳しいかについて平生は熱弁をふるったが、これ以降、平生の拾芳会に対する考えに変化が見られるようになった。その一つは拾芳会会員採用に当たって医学と純正理化学に限定することに決めたことである。同年9月21日の日記に彼の決心の理由が記されている。

　「余のagentとして社会国家に貢献し得る良材は実に稀にして、余の期待に反すること少々ならず。今や余も老齢となり、この事業につき余の片腕

---

(11) ところでこの拾芳大会には大恐慌の話とは別に平生には気にかかることがあった。東京高等学校長塚原政次より糸川英夫という学生を平生の奨学生にしてほしいとの懇請があり、平生は「他日医学を専攻せんとの志望を抱くものなれば、甲南病院の医員として献身的に奉仕する決心ありや否やを確めたる後採用に決し、本年8月10日に行ひたる拾芳大会には是非共出席すべく申遣した」のに、当日には病気を理由に出席できないと連絡している。その後何の連絡もないので、平生は拾芳会に加えることはできないと塚原校長に手紙を送っている（昭5.8.20.）。二日後の22日に英夫の父より葉書が届き、それによれば、「英夫は植物採集中蝮に刺れ局部を切開したるが、淋巴腺に毒が浸入せし為め入院を要することとなりたるため本年は来寅する能はず」との説明であった。それが事実であったか否かはさておき、もし甲南病院の医師になっていれば、ペンシルロケットをはじめ日本のロケット研究はさらに遅れていたかもしれない。

として努力しつつある妻も亦年歯漸く老いて、従来の如く実践躬行以て門下生指導訓育の務を全ふする能はざるを以て、二三年来養成すべき学生は余が目下建築着手中の甲南病院に奉職して仁者として病人の為めに献身的奉仕をなすことを誓約せる医学生と、我国の現状に即して無尽蔵か無価値の原料より有価値の物資を創造し得る理化学研究をなし得る純正理化学の研究生のみを採用すること」に決めたとある。

そしてさらに昭和8（1933）年12月19日に開いた拾芳会寮での忘年会が終わった後、彼は数人に対して最近の寮の状況について感想を述べている。「寄宿舎は共同生活の実習所なれば、人はこの小天地に於て社会生活の標本を体験するものであり、吾人は社会に出でて如何に身を処すべきか、社会の each member が如何に身を処することに依り社会の安寧と秩序を保ち、吾人は互に幸福なる生活を営み得るものなるやの一端を教えるものであり、寄宿舎生活に於ては互に規律を守り互に譲り合ひてこそ互に愉快なる生活を送り得るもの」であり、「拾芳寮も其趣旨を以て自治的の寮舎として今日に至」たのだが、最近は寮生が著しく少なくなり、寮として成り立たなくなっている。したがって寮を閉鎖することにしたと。寮の閉鎖とともに、昭和9（1934）年の第16回拾芳会大会では拾芳会を財団法人とし、平生から離れて独立法人にすることが発表される。なお『拾芳』第24号（昭和10年）によると、この時点で拾芳会員は126名で、平生太郎ら会友25名、そして死亡会員は11名であった。

拾芳会は平生の手から離れても、事あるごとに彼らと話し合いの場を持っていたし、戦時下、彼が脳梗塞で倒れて以後も彼らは彼の力となって働いた。やがて本土では連日空襲警報が鳴り、国民が逃げ惑うような状況下、昭和20（1945）年3月10日には所謂「東京大空襲」があり、そして次々と全土が焼夷弾で焼き尽くされた。平生邸も危険となり、3月20日、拾芳会員の戸塚端が来訪し、軒下を壊して穴を掘り、そこに食料、衣料などとともに貴重な日記を埋めた。こうしてこの極めて貴重な日記は消失から免れたのである。

拾芳会が財団法人として正式に文部省から認可されるのは昭和14（1939）年2月27日で、終戦を挟んで昭和24（1949）年に、戦後のインフレな

どもあり財政的に行き詰り、学生の養成を打ち切らざるを得なくなり、昭和27 (1952) 年4月11日の理事会で解散が決定され、昭和33 (1958) 年文部省から正式に解散の認可を受けた。ここに半世紀近く続いた平生釟三郎のユニークな奨学金制度「拾芳会」はその幕を落した。残余の財産となった旧平生邸の土地建物は、現在そこに「甲南学園同窓会館（平生記念館）」が建設されて広く利用されている[12]。

■ 第5節 理化学の基礎研究の場としての
大阪帝国大学の創設

　平生は甲南高校設立の理念に"one hole one key"を掲げてマスプロ教育を排したが、日本人全体を考えると、今でも一人ひとりが「物を考へる」習慣に欠けていることは事実であろう。実際、当時帝国大学を優秀な成績で卒業した学生ですら何ら変わることがなかったことを平生は日常的に見ていた。それは例えば日本の大企業には研究所らしい研究所がなく、ひたすら外国企業からパテントを買うことで満足していることからもわかる。昭和4 (1929) 年11月26日、国際連盟事務局次長杉村陽太郎を大阪実業会館に招いて話を聞く機会があったが、その内容は平生にとって衝撃的なものであった。すなわち、ある独逸の工業家が杉村に語ったところによると、「日本にては独逸より高価を払ふてpatentを購ひ帰り、関税の保護に依り其業を営むも何等の研究をなさず、現に日本の工業会社に於て研究所を有するものなきことが之を証明す。故に独逸に於ては其技術が科学的に進歩して旧patentは用をなさざるに至り新式の技術が応用せられつつあるも、日本は旧式に依り関税の保護に依り漸く其生命を維持することとて、常に独逸品には対抗する能はず、何年を経るも独立せる産業となる能はざるなりと」。

　更に興味深い事例を平生は、後述する川崎造船所の強制和議をめぐる議論の過程で取締役川崎芳熊から次のような話を聞かされ唖然とする。すなわち「前社長松方幸次郎氏の方針は日本の技師は無能力なりと一概に

---

(12) 山内純吉「『拾芳会』について」『平生釟三郎の総合的研究』甲南大学総合研究所、叢書9、1989年、39ページ。

排斥し、外国のpatentに依りて優秀なる業跡を挙ぐることが工場経営の要諦なりと確信し、外国のpatentにして有利と見たるものは隙さず買収し、十中二三が有効なれば足れりと唱」えていたと。これに対し平生は、「今や我国の工業は其製品を海外に輸出し外国製品とfree competitionをなさざるべからざる時期に遭遇せり。我国の如き原料に乏しき国柄に於ては之を加工して海外に輸出せざるべからず。内地の需要なれば関税の障壁を高くして外国品の競争を防止し得べきも、輸出品は我国技術家の能力如何に存す。しかして日本人の頭脳は決して欧米に一歩も譲るものにあらず。窮地に陥れて激励せば必ず知恵を絞りて外国技術者と対等若くは之に優るの発明をなすこと疑なし。故に自己工場といへども自己の技師を養成し、また研究に熱注せしめずしてpatentに依頼する如きは結局工場の行詰を生ずるの外なかるべし」と（昭7.9.18.）。

　平生らを中心に大阪ではかねてよりパテントをめぐって、また外国製品との競争をめぐって盛んに議論が交わされていたようであるが、そこから「現在の医科大学を基本として之に理科を併設して綜合的の帝国大学を建設せんとする気運」が高まり、柴田善三郎が大阪府知事になると、昭和5（1930）年頃から帝大建設運動が特に積極的になっていった。平生たち大阪財界人は知事からの協力要請に応えて、井上準之助蔵相を訪問し、帝大設置の諒解を求め、了解を得る。貴族院では、彼らは、大阪は輸出工業の中心地で、原料を輸入し加工品を輸出し、国際貸借をバランスさせようと努めているが、我国の工業の多くは外国からパテントを買い、それによって製造をしているから、それ以上の進歩は望めない。したがって「我国独特の発明」で外国製品に勝とうとすれば、理化学の「基礎的知識」の研究を行う大阪帝大は必要不可欠であると説得した。

　帝大設置案は貴族院を通過したが、「文政審議会の議に付するを要す」との附帯決議が付いていた。昭和6（1931）年4月11日の審議会で平生は、「工業的基礎知識を涵養すべき理化学の最高研究所たる大阪帝国大学理学部を創設することは国家百年の長計」であると熱弁をふるい、採決の結果12対1の圧倒的多数で可決された。

だがこの日本の外国パテント依存主義は簡単に克服できるものではなかった。後述のように、戦時体制下において、満州国の昭和製鋼所[13]はドイツやアメリカから繰り返しパテントを購入して製鋼のテストをしているが、その結果が出ないうちに新規のパテントを購入するという失敗を繰り返し、自ら経営を追い詰めていったのが現実であった（昭15.1.24.）。

■ 第6節 平生釟三郎の女子教育論
（1）女子教育の要は人間として全人格を自覚せしめるに在り

　平生の教育への関心は女子教育にまで及んでいた。大正9（1920）年には甲南中学校の女子版ともいうべき甲南高等女学校が創設される。彼はこれにももちろん積極的に協力しているが、理事長は安宅彌吉に委ね、彼自身はむしろ特にキリスト教系学校の教育に並々ならぬものを感じていたように思われる。大正12（1923）年、平生はカトリック系の聖心女子学院が東京から関西に進出するにあたって、御影鴨子ヶ原に学校の敷地を紹介する（大正15〔1926〕年に宝塚の小林（おばやし）に移転[14]）。また日本キリスト教女子青年会（YWCA）幹事で昭和4（1929）年に恵泉女学園を創立する河井道が、親

（13）昭和製鋼所のルーツは1918年5月に南満州鉄道株式会社（満鉄）の事業所鞍山製鉄所に遡る。これとは別に昭和製鋼所は当初朝鮮の義州に生産拠点置いていたが、経済不況のため一旦生産が中止され、その後1933年に鞍山に移転して生産を再開し、1933年6月に鞍山製鉄所と合併する。1944年4月に同製鋼所は統制経済の強化をはかるため本渓湖煤鉄公司、東辺道開発会社の2製鉄および光建設会社とともに満州製鉄株式会社として再編される。1947年に閉鎖される（松本俊郎「1940年代後半における昭和製鋼所の製鋼工場」『岡山大学経済学会雑誌』第30巻第1号、1998年、44ページ）。

（14）現在では通勤通学列車などでは女子専用車両は珍しいことではないが、東京でこれが導入されたのは明治45（1912）年。では関西ではいつごろだったか。ウィキペディアによると、阪急では「1933年（昭和8年）の神戸女学院の神戸から西宮への移転と同時に、女学生の風紀を守るためとして、今津線門戸厄神駅まで神戸から直通する神戸女学院貸切車（1両編成）が通学時間帯に一日に2本運行」とあるが、平生日記には昭和4（1929）年に既に導入されたことになっている。昭和4年4月26日の日記によると、「先日 Rotary 午餐会の折、余は会員にして阪急電鉄の重役たる速水太郎氏に、仁川に関西学院が新設せられたるため学校の始業時間が同時なるを以て聖心女学院の女生徒と関西学院の男生と同時に乗車することとて非常なるcongestionを生じ、関西学院の生徒中には同校生のため special car が設備せられたるにも拘はらず、女学生が乗込める普通車に押込み来たるもの少なからず。ために女学生の迷惑は少々ならざることを伝へ、女学生のために西宮北口より小林まで special car を用意せんことを相談せしに、氏は早速会社の運輸課長に之を伝へられ、同課長に実地の検分をせしめたる結果、数日前より女学生のためspecial car が用意せられ、ために聖心女学院の女生は関西学院の男生のため不快なる圧迫を被むることなく安んじて通学をなすことを得たりとて両親は大に喜べりと聞き、余も余のsuggestion が早速に有効なることを得て大に満足」であったと記されている。

交が深かった津田梅子創設の津田英学塾の学生伴馨子を伴って平生を訪問しアメリカ留学のための渡航費用の補助を願い出たとき、彼はこれを大いに歓迎し、次のように述べて補助を了承している。すなわち、今日まで青年のみを養成の対象としてきたが、男子のみでは社会の進歩は「跛足的」にならざるを得ず、従って「男女協同して其改善向上」をはかってゆかねばならない。「嘗て女子学生を養成し、又は其学資を補助したることなけれども、前述の趣旨に合致して社会国家の為めに努力せんとする女学生なれば其補助を吝むもの」ではないと。彼女は5年間アメリカに留学することになっていたが、平生は次の言葉を付け加える。「米国生活は彼女をしてアングロサクソン婦人の摯実なる気風に同化するを得せしむることならば、余が給与せる金壱千円も尤も有意義なる投資」と言うことができ、こうした婦人が増えることはかつての女大学風に育てられた古風な婦人、又は軽佻浮薄の「文化的婦人」にも感化を与えることができるだろう（大14.5.18.）。なお、昭和16（1941）年に日本キリスト教連盟によって7人の使節団がアメリカに派遣されたが、そのメンバーのなかには賀川豊彦らと並んで河井道も名を連ねていた。

（2）羽仁もと子の自由学園 [15]

　羽仁もと子は日本初の女性ジャーナリストで、また家計簿の考案者としても知られた存在だが、それと同時に大正10（1921）年に、夫の吉一とともに高等女学校令に依らない、つまり官僚的干渉から自由な学園を創立し、昭和13（1938）年には北京郊外に15才から18才までの20名の女子を対象とした「北京生活学校」を開設する。上記のような女子教育に対する進歩的な考えを持っていた平生は、昭和13年に寺内寿一軍司令官最高経済顧問として中国に赴任しており、7月5日に阪神大水害で甲南小学校が大被害を受け、急遽帰神しなければならなくなった時、わずかな時間を割いて、創立

---

(15) クリスチャンの彼女がなぜ「自由学園」を設立したのかについて、昭和3年11月に次のように語っている。「自由学園は一私人の機関ではない。神の国の公器である。神至上主義の生きた団体が、ことに現在の世界に必要であり、それがまた永遠の本当の教育のたましいでなくてはならないために、自由学園は生まれることを許され、存在することを許され、また永く生きなくてはならないのである。…我らに来る至上命令は、第三インタナショナルの幹部からでなく、マルクスでなく、天にいます我らの父なる神からでなくてはならない」（羽仁もと子『半生を語る』日本図書センター、1997年、137ページ）。

されたばかりの同校を訪問している。平生は、「彼等は生活のための職業を修得して自身のため一家のため力を尽くさんとする念燃ゆるが如きを以て、一同満足し、嬉々として其学修に努めつつあるは其容相にも言動にも顕はれ末頼母しき感あり」と感心し、彼女等に向かって次のような励ましの言葉を与えている。「支那には古来婦人、殊に高貴の婦人は労働せざることを以て尊しとし、労働は婢僕の業務として之を卑める習慣あり。之は尤も天理に適はざる習慣である。人間は高きと卑きと、男子と女子とを問はず、自ら働き自ら活きることが原則であり真理である。働かずして活るものは他人の労働に寄食するもので、他人は一人前以上の働をなさねばならぬ。故に働かざるものは他人の物を盗み食するのと同じことであります。…あなたがたが卒業して家に帰り、母や姉や妹にこの真理を実地を以て教訓したなれば、之を見聞せる人々は之を自覚して之に倣ふべく、かくの如き婦女子が多数となれば其国は必ず栄へることは間違ありません。そうすればあなたがたはこの支那をして立派な国とする先達となることで、こんな嬉しいことはありません」（昭13.7.7.）。

　この「北京生活学校」生への平生の期待は、その卒業生が自由学園に留学生として来日し平生宅を訪問した時の平生の言葉にも良く現れている。「民族間の関係に不一致を生じたる結果、今日の如き戦闘をなすに至れるは全く両国民の誤解より生じたるものなれば、我々はこの誤解を解消して同一民族たるの真相に立帰り、日支相携へて相互の幸福を享有することに力を尽くさざるべからず。支那に於ては婦人の力中々に強ければ、一同が日本に在りて日本人の何物なるやを会得し、帰国の上は日本人は決して支那人に向つて害を加へんとするものにあらず、一視同仁衆と共に楽まるる陛下の大御心を体し、支那四億の民衆のため、指導、助力を吝まざるもの」であり、「日支親善の連擊」を望んでいる（昭14.1.12.）と。

　だがこうした平生の教育に対する思いとは裏腹に、その後日本の教育体制は益々自由を失っていった。特に私立学校はその存続の危機に曝されはじめた。昭和16（1941）年2月22日、東京にある43の私立学校が組織する協会の代表者6名（自由学園からは主事）が平生宅を訪問し、昭和16年に

発布された国民学校令により私立小学校が漸次圧迫される傾向にあるから、全国の小学校が協会を組織し、私立小学校の「特殊理念を宣伝して其存在を脅せられざるよう結合を固くする」必要があり、甲南小学校理事長でもある平生にその会長を依頼しに来たのである。

　平生は多忙のためこれを辞退したが、この会長云々は別にして、平生の自由学園に対する評価は変わるどころか、むしろ高まっていったかのようである。戦争さなかの昭和17（1942）年9月27日に自由学園男子部（昭和10年開設）の卒業式に招待された平生は次のように祝辞を述べた。「この男子部は普通の官公立や私立学校の如く政府の許可を得て設立せられた学校でなく、羽仁先生御夫妻の独自の考案で創設せられたもので、官尊民卑の遺風が未だ国民一般の心裡より払拭せられず形式尊重の観念が去らざる現代に於て、かかる企が果して不成功に終らずや、と羽仁両先生と相識の余として多少の懸念なきにあらずでした」。北米合衆国が今日のような隆昌を来たしたのは、社会に出る青年には機会均等を与へられているからで、これに対し日本では、青年の待遇は「政府でも民間でも学校の資格や学業成績の如何に依つて決定するの習慣」は未だに存在している。彼の自動車王として有名なるヘンリー・フォードの社員採用法によると、「自分の会社に採用するには肩書もいらぬ、履歴書もいらぬ、其人の働き振如何が表示する。自分は其人の過去の歴史を買ふのではない、人物を求むるのである。…ハーバードの卒業生でも監獄を出て来たばかりの者でも自分の前には同様である」。大東亜戦争は、「其緒戦に於て歴史未曾有の大戦果を収めましたのみならず、其後皇軍は空に陸に海に連戦連勝、今や印度、太平両洋の制海権を把握いたし、大東亜共栄圏内の空にも陸にも敵影を見ざることとなり」、「八紘を以て宇となすとの御神勅が実現の緒に就きたるものと日本臣民として慶福之に過ぎたるものなし。さりながら之に依って大東亜戦争は完遂したるものでありませぬ。…聞くところに依れば米国政府は今後は潜水艦と航空機の製作に熱中し、1945年には驚くべき多数の航空機と潜水艦を有するの準備をなしつつあります。されば我国に於ても之に対抗するの用意を怠ってはなりませぬ」。物資は不十分で、労務者も払底している今日、

長期戦を戦うには人的物的要素を合理化・能率化する以外にはない。「諸君は今や実力本位の教育を受け、…実力を以て世に立たんとせる青年戦士であります。かかる青年こそこの国家の盛衰を賭して聖戦の完遂と新秩序の建設と世界の平和に寄与せんため戦ひ抜き勝ち抜かんとする我国の為好個の働手であります」。

以上の祝辞において、平生は、緒戦の連戦連勝は喜ぶべきことだが、膨大な資源と資金力で潜水艦と飛行機の政策に転換し、それに加えて何事にも機会均等が保証され、社員採用法でもハーバード卒と監獄出を区別しないアメリカに対し、相も変わらず学歴主義から脱することができない日本で、「自働自活を以て創立の本旨」とする本校を開校した羽仁夫妻の果断と達見には感服し、今後の日本の興廃存亡はこうした訓育錬成を受け、独立独歩、皇国のために私を忘れ己を棄てて奮励する青年にかかっていると日記に記す。

平生がこれほどまで推奨する自由学園であったが、昭和17（1942）年6月のミッドウェー海戦での大敗北を機に日本軍は完全に劣勢に転じると、なぜか教育現場でも自由学園に対する雲行きが怪しくなってくる。昭和18（1943）年8月10日の日記には以下のような記述がみられる。この日羽仁もと子が来訪し、彼女は平生に、「世間の風聞によれば自由学園の如き特殊の学校は廃業に決せりとの噂」があるので、岡部文部大臣[16]に学校の実情を見て

---

(16) 岡部長景は岸和田藩藩主長職の嫡男として明治17（1884）年に生まれ、東京帝大を卒業後外務省、宮内省を経て東条英機内閣の文部大臣となる。平生との関係で言えば、岸和田の平生家に養子に入った関係上、明治維新後も平生は同藩の財産管理を引き受けることになる。例えば文部省唱歌「牧場の朝」でも知られる福島県の岩瀬牧場。この牧場は、明治13（1880）年、明治天皇の指示により開墾され、その後伊藤博文内閣により宮内省直営と指定され、明治23（1890）年に岡部長職が地代800円で経営を引き継いだ日本でも由緒ある西欧式牧場として知られていたが、経営は苦しく、長景の代には如何にして手放すかが問題になっていた。大正15（1926）年10月21日、平生は岡部長景の依頼を受けて牧場の経営状況の視察に赴き、それを基に翌日の22日に彼と次のような会話を交わしている。過去の収支に関する細密なる数字及び未来に対する牧場の予算を詳細に知らなければ、広大なる山林、畑地、及び家畜を如何に有利に経営すべきやについて何等の成算はない。ゆえに十日間位で平生の質問に対する回答が送られてくるはずなので、その数字等を勘案して自分の確定的意見を陳べるつもりだと告げると、岡部は「今日迄同牧場が損失に損失を重ねて何等の収益なく、偶二回程配当をなせしも之も蛸配当にして、担当者が自己の立場を擁護せんとして資金を浪費すし一時の甘心を買はんとしたる陋策にて、為めに牛質は非常に低下したるなり。而してみな担当者、人を得るや否やにて決すべき問題なるも、不幸にして創業以来人を得ず。…社長として実力ある人を置かざるべからず。而して其人はbusiness ideaを有し部下の人々が敬重する人物ならざるべからず。如此き人は余を措て他になければ是非共に余に責任のある地位に在りて、たとへ一々相談に乗らざるも如此き有力

ほしいから紹介状書いてほしいと懇請した。平生は「廃業の理由は不可解なれども、或は名称が自由学園といひ、女子部も男子部も文部省の認可を経ずして創立し経営」をしていることを以て、文部省の旧体制型の官吏がそのように言いふらしているのかもしれないが、いずれにしても不可解である。そこで平生は文部省に電話し、文相との会見の場を設けることを羽仁に約束し、紹介状をその場で書いて彼女に手渡している。

その後平生は岡田文部大臣に2〜3度会見し、自由学園の教育方針等を説明し、決して「国体精神」に背反するものではない、「寧ろ日本人としての教育を実現」しようとしている旨を述べ、その結果昭和18年9月28日にやっと文部省の承認許可が下り、羽仁もと子は謝意を表するため平生を訪れている。

昭和19（1944）5月20日、平生の仲立ちで、自由学園はやっと念願の岡部文相招待にこぎつけることに成功した。羽仁夫妻が文相を各教室、さらに寄宿舎までも案内し、文相はすっかり満足したようであった。翌5月21日には羽仁もと子は娘恵子を伴って感謝の意を述べるため平生を訪問し、次のような会話を交わしたことが日記に記されている。

文相が自由学園を視察し、2時より8時40分迄、晩餐を共にし生徒の会食を見た後、生徒全体に対して約40分にわたる訓示をなし、非常に満足を覚へて引取られたのを見て、羽仁夫妻はもちろん、同校で教鞭を取っている職員、その他の関係者も満悦を感じたようである。これ全く岡部文相が普通の官僚式文部大臣ではなく、教育の心髄をよく認識しているからである。又他面で平生が岡部文相と至極昵懇の間柄であるから、平生が25年前に政府の画一主義、詰込み教育の害悪を熟知し、自ら進んで真の教育を施そうとして甲南高等学校を創立せる真意を諒知していたからでもある。だからこそ昨日は愉快に半日を過ごして頂いたことと思う。「之ぞ自由学園を二十三年前に創立せる羽仁夫妻の満腔の喜悦を感ぜし所なりと思ふ」。

る人が社長の職に在りとすれば一同緊張して事業の成績も良化せんと思へば是非余に社長の椅子に坐せられたし」と懇請した。平生はこれを断ったが、昭和4（1929）年1月16日に、岩崎久彌男の家庭事務所を訪問し、「岡部家財政上の癌ともいふべき岩瀬牧場が偶好買手ありて処分済となりたることは全く久彌男が紹介せし宍倉氏が率先整理の任に当りたると、今回好希望者を物色せられたる結果にして、久彌男の厚意に対し感謝」している。

■ 第7節 甲南高等学校校長を退任し後任を天野貞祐に託す

昭和16(1941)年11月3日の明治節、平生は講堂で学生に次のような訓話をしている。「今や世界は動乱の巷となり」、とりわけ「日米交渉の結果は未知数なるも、一触即発の危機は目睫の間に迫りつつあり」。一旦戦争が勃発すれば、日中戦争にすでに4年を費やしていることからしても必ず長期戦になるのを覚悟しなければならない。そうなれば物資の欠乏はいっそう深刻となる。だが日本はこの戦争の意味をよく考えなければならない。すなわち「勝利を得て大東亜より英米其他欧州の勢力を駆逐し、亜細亜は亜細亜人の亜細亜なるの事実を表現するを得んか、皇国、この広大なる地域十数億の住民の指導者として皇威を八紘に輝し、日本民族をして天照大神が天孫に下し賜ひたる御神勅を実現するものにし、我々現下に生を日本に受くるものの栄誉や之に過ぎたるものあらざるべし」。

欧米人に支配され続けてきた十数億のアジア人を日本人が指導者となって解放するのは「天照大神が天孫に下し賜ひたる御神勅」の実現であるが、資源の乏しい我国にとって戦争に伴う莫大な出費は大問題である。これについて当時日本製鉄を率いていた平生は機会あるごとに、これは解決不可能ではないことを強調する。第一に、アメリカが鉄鋼生産に不可欠な屑鉄の日本への禁輸を決定したが、これは技術開発によって屑鉄の比率を下げることに成功すれば解決できる。第二に工具と技術者を相互に信頼せしめ、「上下一致、安を愉まず労を厭はず奮励せしむるよう、総指揮者たる処長に於て自ら範を垂」れることに全力を注ぐこと。第三に日本の工場では機械の能率が低く、「機械も労務者も50%の遊休未働率」であるから、これを引き上げる。したがって第四に、以上の結果として資本の回転率を高めることに成功すれば、乏しい資源の問題はかなり改善するだろう。

平生が長期交戦の四条件を以上のように論じていた矢先の12月8日、「帝国陸海軍は西太平洋に於て米英軍と戦闘状態に入れり」、と午後1時大本営発表が飛び込んでくる。これについて平生の感想は、「真珠湾に碇泊せし艦隊に向って猛爆撃を浴せて、主力艦（旗艦）アリゾナ、外二隻と多数の巡洋艦に大損傷を与へ、アメリカ太平洋艦隊をして再起の勢力なきに至らし

めたる如きは敵の油断に乗じたるものにして」、この作戦は日清日露戦争と「異曲同型」の「奇襲」という「海軍の常套手段」である。だが、この「奇襲」作戦は予想される長期戦に意味を持ち続けるには上記の4条件が早急に満たされなければならないが、いずれの条件を満たすことがないまま、大国アメリカを相手に対等に闘い続けることは、常識的に考えて夢の又夢であった。

　昭和17年1月26日の甲南高校での朝会では、「今回の戦争に依り中華民国の人を併すれば七八億の人口が日本の統治下に入りたるものにして、一視同仁、共存共栄は陛下の厚き思召なれば、彼等をしてより良き生活をenjoyせしめんには彼等に物資を分与せざるべからず。されば今日已に欠乏せる物資の一部を中華民国人其他にも分与するとせば、我々日本人は今一段の節約と消費規正を行はざるべからず」と訓話した。

　昭和18年度の卒業式は9月17日に、また19年度は9月30日に行われているが、すでにサイパン島が陥落し、東條内閣が総辞職し、敗戦が色濃く日本を覆い始めていた。さらに平生自身昭和17年11月9日には脳血栓症で右半身の自由が利かなくなっていた。従ってこのころには平生の卒業式の式辞は昭和16年11月3日の訓示や昭和17年の卒業式の式辞の時のような勇猛果敢さはもはや聞かれなかった。昭和19年度卒業証書授与式では、「人格の修養と健康の増進とを第一義とし、個性を尊重し天賦の智能を啓発する」甲南精神は神武天皇以来連綿と続く「皇統と皇道精神」に「基き創立以来今日に到るもの」であり、「卒業生諸子がこの精神を奉戴し擁護し、本校が無窮に存せんことを希望し、祈念するものなり」、これが結びの言葉であった。甲南本来の精神に立ち返ったかのようであった。

　平生はこの卒業式で校長を正式に京都帝国大学を定年で退職する天野貞祐に譲るつもりでいたが、天野が盲腸炎の手術で延期となり、10月9日に校長退任式となった。平生はこの席に列した本校教職員、生徒および保護者の前で天野に校長のバッジ手渡し、彼等を前に甲南高校の歴史を振り返り、今日に至った理由を語り、そして「今回天野先生の如き名校長を後継者として得たることを悦ぶ旨」を述べ、これに応えて天野新校長は「専心甲南学校創立の主旨を堅持し、余命を本校の為に尽くすべきことを誓約」して式は

終了した。ちなみに、天野貞祐の第7代校長就任式は11月7日に行われた[17]。

---

(17)天野貞祐は甲南高校校長として平生の喜寿の祝いに「正しく強く働く人に幸あり」という平生のモットーについて語っている（「平生先生喜寿祝賀式式辞—昭和十七年五月廿二日—」『平生釟三郎日記　第18巻　付録』2018年、1—4ページ）。また天野は甲南高校の校長を引受けるに当って次のようなエピソードを語っている。「西田幾多郎先生も御賛成ではありませんし、わたしはどうにかして辞退したいと考えましたが、平生先生は非常に熱心で…どうにも辞退できなかったのでした。…昭和19年7月京都大学を定年退職すると同時に、名実ともに甲南高校長と成りました。その際先生は父兄会において、天野を校長にえたことは天佑だと言われました。…わたしとしては、あらゆる誠意と努力とを傾盡したにも拘らず、…平生先生の期待に添えなかったことは残念」であった（天野貞祐「平生先生の追憶」『平生釟三郎追憶記』、85ページ）。福井俊郎「甲南ハ校長運ニ恵マレヌカ」（『平生釟三郎日記　第14巻　付録』、2016年、3—5ページ）では、天野校長と先生たちとの葛藤が記されている。
　　平生と天野とは、自由学園に関し今ひとつ興味深いエピソードがある。平生は上述のように羽仁夫妻の自由学園を何かと支援し、戦時中でも同学園を擁護したが、天野もまた戦後の自由学園と深い関係を持つことになる。彼は戦後吉田茂内閣の文部大臣になり、その後1957年に自由学園の理事長に就任する。ちなみに彼も平生と同様、1973年には勲一等旭日大綬章を授与されている。甲南学園以来の二人の関係はこのように戦後まで何かの縁によってつながれていたのかもしれない（貝塚茂樹『天野貞祐』ミネルヴァ書房、2017年参照）。

第2章
—
労働・社会運動と購買組合

■ 第1節 平生釟三郎と岡本利吉

　どんなに厳しい経済不況のさなかでも優雅な園遊会を楽しみ、解雇され、あるいは解雇に怯える労働者たちのことは歯牙にもかけない富豪たちに対して苦々しく思っていた平生だが、第一次大戦末期、彼は岡本利吉という人物の存在を知る。彼は明治18（1885）年に高知県に生まれ、中学校を中途退学し、上京して東京郵便電信学校に入学する。平生が彼を知るのは、彼が卒業後一旦逓信省に就職し、その後三菱倉庫（東京）大阪芦分倉庫に勤務していたころである。平生が彼に興味を覚えたのは、彼が大阪朝日新聞に掲載した労働保険に関する論説だが、その内容は「労働者と資本家と調和を図り、以て其衝突を回避するの方法に憂慮」しているというもので、それこそまさに平生の発想と考えを一にするものであった。平生は同倉庫大阪支店支配人（後三菱電機取締役会長）川井源八とは知己の間柄で、彼を通じて岡本と一度会見してみることになる（大7.9.15.）。

　大正7（1918）年10月6日、岡本利吉の訪問を受け、彼の考えを親しく聞く機会を持った。彼は「労働問題解決手段として推奨しつつある労働保険及労働銀行に関し詳説」したが、それに対して平生は、それに正面から答えず次のように自説を述べた。「労働問題の解決は危険思想伝播を防止す可き最善の方案」であり、この問題を「解決せずして乱りに危険思想の防止撲滅を計らんとするも不可能」である。病原菌も「健全なる思想を有し、現状に満足せる人心には決して瀰漫する」ことはない。それはイギリスを見れば分かる。共産主義者も無政府主義者もイギリスに自由にやってきているが、その伝染力は甚だ弱い。「英国に於ては富豪、貴族は進んで公共の事業に尽力し、慈善救済の企画に努力し、以て下層社会をして其堵に安んぜ

138

しめつつあればなり」。これに対しその撲滅に必死になっているロシアやドイツではその伝染力は非常に激烈であると。

さらに、労働問題に対するこの両極端を前にして、平生は次のように考えた。「我国の富豪を見るに、多数は唯自己の利益を眼中に置くのみにして公益には一顧だに与へず、汲々として私利を営み他の窮乏困苦を冷視冷嘲するのみ。是れ全く封建時代の遺習にして、彼等は封建時代に於て武士の圧迫の下に窘窮し、自己の安全、自己の安逸を計るに汲々として他を顧みるの遑なく、自己の擁護と私利の増殖に営々たり。…故に我国労働問題の解決を計らんには、先以て上流、否有産階級にして彼等の所有する財産は果して彼の精神上及肉体上の努力のみに依りて得られたるものなるや否やを検覈し、…彼の努力に因らずして社会国家の力に依れるもの」であれば、その財産は「所謂不当利得なれば、彼等は租税の如く法律上の要求に依るか、又は公共慈善事業の如き任意的寄与に依りて之を社会に還元すること至当」であることを悟了すべきである。

この会見を通じて平生は岡本と「抗争を前提とせざる労資協調」ということで意見が一致し、平生は岡本に応分の資金援助をすることを約束する（大8.8.4.）。同年8月13日に岡本は俣野健次とともに平生宅を訪問し、労資問題研究所設立の件につき具体案を提案し、平生に同意を求めた。すなわち、名称は「企業組織改善協会」とし、後援者を10数名集めて組織を維持し、以て漸次労資協調を実現してゆくというもので、平生はこれに賛意を示し、年々6200円を寄贈することを承諾した。

8月21日には「企業組織改善協会」の趣意書が届けられる。それによれば、「資本家、労働者は生産に於ける対等なる二元素なることを確認し、二元素の協調に依りて生産の増進を計り、以て人類の福祉を増進せんことを以て大主義とするもの」とする。これこそまさに平生にとって「大に我意を得」るところであった。ただこの趣意書には不満なところもあり、例えばそれは労働者の知育徳育を向上させることに触れられていないことであった。平生はこの問題については以下のように考えた。「先以て各工場に就きて職工長程度の労働者にして多少の事理を解するものに就きて循々と労資平等の真

理を説明し、労働者は時代に適応せる生活程度に要する労銀を以て自己相当の報酬たることを自覚し、其以上の利益は適当なる方法を以て資本主と分配すべきものなることを諒解し、資本主と相争ふは自己の利益を侵害し自己の報酬を減少せしむるものなることを会得せしめざる可からず」と。

大正8（1919）年11月25日、「企業組織改善協会」から「企業立憲協会」へと名を変えて大阪公会堂で第一回講演会が開催され、ここにその第一声が発せられた。平生もまた後援者の一人として参席している。岡本は企業立憲の趣旨を次のように説明する。「根本の憲法を、企業の団体では定款と唱えます。定款で定むべきことは種々ありますが、資本家も労働者も平等な団体の仲間であることを第一に定め、資本家は資本家同士で組合を作り、労働者は労働者同志で組合を作り、技師や事務員も同志の組合を作り、此の三つの組合が全く対等の資格で企業の経営に関係する。而して三組合から代表の議員を出して、企業の万事を其会議に依って行ふこととする」。さらに会社の資産、損益計算、利益の分配、積立金の処分などもこの定款で定める(18)。

次で京大教授佐藤丑次郎が「労資共助論」と題して、「労資は対等共立の精神に基き協調せざる可からざる」と力説し、さらに国民党代議士植原悦二郎は「産業組織改造の進路」という演題で熱弁を振った。植原の演説の主旨は、「政治に於て専制政治は国民一般の幸福を計り国家の安寧を齋す所以にあらざるが如く、産業に於ても資本専制の制度は決して資本主・労働者相互の利益を増進する所以にあらず。…産業立憲制度は能く資本家・労働者の協調を全ふし、労働者の福利を増進するのみならず資本家の利益を促進すること明白なり。何となれば労資の協調は双互の能率を増加して産業の増殖を達成し、従て両者が享くるところの利益も多くを加ふればなり」。終戦とともに欧米では積年の階級対立が極端に達し、労資の協調を求めようとしても已に時機を失した観がある。我国ではこのような労資対立を回避するためには、明治維新を思い起こし、挙国一致して「三百

(18) 岡本利吉『企業立憲の話』企業立憲協会出版部、大正9（1920）年、56-57ページ。

年来占有したる侯伯及武士の特権、即ち自働自活を要せざりし地位を弊履の如く投ちたる義侠心、否果断を発露せば、我産業界には立憲制度確立せられ、労資各其国家社会に貢献する程度に応じて報酬を獲得するを得て、万民太平を謳歌するを得ん」云々と。

　この第一回企業立憲協会講演会では、平生が描く労資協調論一色に覆われていたかの感があった。大正9（1920）年4月18日に、岡本が企業立憲協会の件につき平生邸を訪問した時も、平生はこの第一回講演会を例に挙げ、労働者が「若しこの主旨に頼らずして単に友愛会の如き烏合の集団を以て資本家、工場主を脅威するに於ては、資本家は彼等友愛会の会員を以て過激なる暴力を以て我意を主張し、利己的慾望を達成せんとする暴徒視して彼等を排斥」し、労働者は不利益を蒙ることになるから、「企業立憲の旨意を奉じて工場毎の組合を組織し、工場主も亦之を助け」るべきだと岡本に説諭している。

　この頃には岡本は活動拠点を東京の大嶋に移していた。その資金については最後にはやはり平生を当てにしていたが、それはさておき、大正9（1920）年11月6日に岡本は平生を訪問して、「共働社」という購買組合の設立を計画しているのでその設立資金として1000円を貸与してくれないか、その頼みが今回の訪問の目的であった。平生はそれに快諾するのだが、あれほど熱心だった「企業立憲協会」はどうなったのか。それについて岡本が平生に説明したところによれば、「現代の組織を崩壊せずして労資協調を計」ろうとして、「単身この社会に身を投じ、一意専念、社会に奉仕せんとする」にも拘らず、「彼の努力に依りて尤も恵沢に浴すべき資本家階級の人々が毫も彼に同情せずして何等の助力を与へざるは真に思はざるの甚しきものといふ可く、斯の如くして彼等真面目なる労働問題の研究者をして資本家の迷夢を覚さんには平穏なる手段を以てすることは不可能」である。だが、現今のロシアや欧米諸国労資関係を見れば一目瞭然で、労資の階級対立は凄まじく、「資産家は噴火口上」立っているも同然である。そうであるのに「我資産家は何故に覚醒せざるか。彼等は目前の錙銖の利を争ふことを知りて、彼等の背後には危険思想、破壊主義が虎視眈々として彼等を呑噬せ

んと準備しつつあることを知らざるか。実に彼等はこの点に於て短見浅慮といはざるべからず。知識あり恒産あり、世界の大勢を観知し得る彼等、最も危険を感ずる彼等にして自覚して労資協調の手段を講じて猶太主義の侵入を防止するにあらざれば」、「日本主義も物質的欠乏と共産主義の思想の為めに蹂躙せられ、三千年の長き歴史を有する我帝国も土崩瓦潰して野獣的争闘の衢に変ずるに至らんか」。

　大正9年と言えば大恐慌が襲い、労働争議が頻発していたころである。企業も労働者も殺気づき、平生や岡本が、まさにこのような時こそ企業立憲が必要であると考えたのだが、特に資本家はそれに耳をかさず、逆に園遊会を楽しみ、「目前の錙銖の利」を争うことに必死で、解雇も何ら辞するところではなかった。とすれば岡本が企業立憲を一旦退き、差し当たり労働者のための購買組合に方向を転じるのも当然の策、と平生が同意したのも当然であった。大正10（1921）年12月14日に岡本が平生を再訪した折、平生は日記に、岡本が「一面は舌筆に於て労働者の現地位に同情して其向上を謀りて資本家の迷夢を覚醒せんとし、一方消費組合を起して現実に労働者の生活状態の改善を計らんと企図し、寝食を忘れて東奔西走す。而して同氏の神聖にして至誠なる行動に同情して之を援助するものは最初数名ありしも、今や余と片岡〔直温〕氏の二名となり、片岡氏も今や政治運動に要する資金を要すれば、来年度よりは其助成金の出醵を辞せんとするものの如し」と。

　ここからも実業家平生が労働者にとっても如何に貴重な存在であったかがわかる。この頃の労働問題はイデオロギー化し、運動のリーダー達は往々にして社会主義、共産主義、アナーキズムに心酔して資本主義を絶対的に排斥していたので、岡本としては「陽にこの主義を賛成することとせざれば消費組合も成立覚束なきが如き情勢なれば、表面には之を標榜」し、こうして一時的苦肉策が功を奏して、労働組合を横断せる消費組合連盟の本部である共働社の事業も年とともにその範囲を拡張し、各組合との連絡も充実し、共働社の名称は「東京消費組合連盟」に変更された。

　ところで昭和2（1927）年に日本を襲った金融恐慌は東京の消費組合連

盟にも甚大な影響を及ぼした。同年11月10日の日記には次の記述が見られる。関東消費組合連盟本部発行のパンフレットによると、失業者は増加の一途を辿り、物価も騰貴しており、消費者は団結して「独占利潤に対する闘争をせねばならない。…我消費組合が此全無産大衆の消費者としての利益を有効に擁護するためには我々により多くの大衆の支持をかち得なければならぬ。全無産大衆諸君、我々はさし迫る国難を打破する為めに厭迄階級に対して勇敢なる闘争をなしつつあるのだ。…我々は今より我々の進むべき方向をはっきり把って強く強く手を組んで日常生活擁護の闘争をなすことに依りて全解放戦線の一翼たる実を益々発揮せねばならない」。

このパンフレットに対して平生はこう反論する。平生が岡本に資金を援助してきたのは消費組合を設立させ、労働者の生活改善に資するためであったが、「今や資本家の無理解と労働者の無理解とが相扞格してこの消費組合を以て階級闘争の具に供せらるるに至りたることは、時勢の然らしむるところ止を得ずとするも、真に意外とするところにして、労働者があらゆる経済的施設を闘争の武器として用いんとする癖味根性より脱するにあらざれば産業界の平和は期すべからず。為めに労資の浪費は多大といふべく、結局この闘争のために労資双方苦み不幸を被むることは明白なることなるに、無智にして煽動せられ易き労働者は煽動と争議を以て常職とせる労働ブローカーと称する一種の職業的 demagogue の為めに左右せられ居ると一方、自己の利、眼前の私利の外遠き慮なく、捕ふるを知りて保つを知らざる資本家（近視眼的）のために国家経済が日々月々乱れ行くこと、如何にも嘆はしき事なり」と。

昭和4（1929）年10月8日、岡本からの手紙によれば、彼によって創設された消費組合連盟がついに二派に分裂し、脱退組は多数派を形成して一般市民を基礎とすることになり、残留組は「純粋労働者の自助的組合」で、岡本は後者で「穏健に労働者本来の消費組合として自給自足の基礎」の下に進むことになろう、と記されていた。

この手紙に対し平生は以下のような感想を記している。「労働者消費組合の事は岡本氏の努力の賜として其成効は同氏にして初めて得られたるも

のとして、この一点を以て余は岡本氏を以て近代稀に見る篤志家なりとして推称しつつありたるが、今や如此き破裂を見、同氏数年の努力も水泡に帰すとは言ふべからざるも、再築の段取となりたることは如何に労働者が無理解にして、彼等のleaders が自己の社会的位地とか自己の利得とかに依りて主張を異にし再々相打ちて分裂すること、彼等は到底自助的行動をなす域に達せざるものにして、岡本氏の如き人格高く無欲恬淡の人が其衝に当るにあらざれば到底満足なる成果を見る能はず。彼等は自己の主張、否自己の利益を獲得し擁護せんため第三者に迷惑を掛くることを恬として恥ぢざるに至りたることは、如何に彼等が無智無自覚にして恥を知らざるものの集団といふべきか」。

なお彼は昭和7（1932）年には東京山谷に貧窮者のための「ルンペン食堂」を開始し評判になるが、1年ほどで失敗する。この資金については平生は千円を限度に立替をしているが、この出資金ももちろん返ってくることはなかった[19]。

■ 第2節 平生釟三郎と那須善治―灘購買組合の誕生―

第一次大戦下の経済的熱狂期に多くの労働者が農村を後にして都市に向い、職工に、女工にあるいは肉体労働者になって日本経済を支えた。戦後その彼等を直撃したのが、特に大正9年恐慌であった。彼等の生活を如何にして支えるかが大きな社会問題になっていたが、上記のように政府には本気になって彼等のための社会政策を考えるということは毛頭なかった。そうした状況下で民衆の間から購買組合や消費組合を通じて自らの生活を改善しようという運動が起こってくる。

1844年にイギリスで生まれた労働者の「ロッチデール公正開拓者組合」を嚆矢とし、日本には明治期に紹介されていたが、本格的に労働者の生活の中に定着するのは第一次大戦後あたりからである。経済的にも、政治的にも、また思想的にもこの不安定な時代、特に下層階級の人々の生活は困

---

(19) 角石寿一『先駆者普意識　岡本利吉の生涯』民生館、1977年を参照。

窮し、このやり場のない不満に彼らはやり場のない気持ちを鬱屈させていた。そんな中、大正10（1921）年、神戸では彼等を救済するためにキリスト教伝道者賀川豊彦らが中心となって消費組合が生まれ、これと相前後して那須善治を中心に灘購買組合が設立される。ちなみに、東京では前述のように消費組合は組織的に分裂を繰り返すが、神戸では賀川と那須の両組合は戦後合併し、現在「コープこうべ」として一般生活の中に溶け込んでいる。

　さて灘購買組合の創立者で初代組合長を務めたのは那須善治だが、彼は元々は名うての株式仲買人として大阪では知らぬものはなかった。しかし相場で失敗し、何もかも失うという窮地に陥ったとき、彼は平生釟三郎に救われる。平生の意見にしたがって経済変動を読み、相場を当てて大成功を収めたのである。以来彼は一大発心し、「人類共存主義」の日蓮を信仰し、平生の生き方に傾倒していった。

　大正10（1921）年3月4日の平生日記に次のような興味深いエピソードが記されている。那須がある夜平生を訪問し、株式仲買をやめて「余生と余財を公共的事業に善用」したいが、どんな事業がふさわしいだろうか、と平生に意見を求めたので、彼は次のように答えた。下層の人々を精神的に落ち着かせるには「日常生活の安定」がなにより大切だが、そのために「徒に寄捨金を以て廉売を為す如きは却って惰眠を誘導するに終わるものなれば、彼等をして他力に頼らずして廉価に日用品を得せしむるの方法を講ぜざる可からず。これには購買組合こそ尤も適当の方法」である。実際東京では岡本利吉がこの考えを実践していると。

　3月6日には住吉小学校の講堂で那須の消費組合設立のための講演会が開催され、講演者として賀川豊彦が立ち、消費組合とは何かを語った。「貧民を生ずる原因は主たるもの三にして、一はcan not work、二はhave no work、三はwon't workにして、第一の者は救済援助を要するものにして、国家公共団体、若は私人の篤志に依りて之を救助せざるべからず。この種類に属するものは病者、…等なり。之に対応する救済策としては労働保険尤も有効にして、其保険にも養老保険、疾病保険、傷害保険等ありて、其大部分は之を救治すべし。第二は働かんとするも働くべき仕事を

有せざるものにして、現在に於ては失業保険の方法なきにもあらざるも、未だ其実効の成否を断ずる能はず。最も完全なる予防策は消費組合。即ち彼等をしてこの仕組に依りて節約の美徳を養はしめ、之に依りて貯蓄の観念を抱かしめ、之に依りて経済界の変動に備ふるを得せしむ」。ところが資本主義と社会主義（マルクス主義）は「両極端にして双方共に人類の幸福を増進せず、生活の安定を与へず、永久に争議を事とし抗争を継続するの外なからんか。故に消費組合に依りて消費者及生産者の間に於て搾取せられつつある利潤を失はざることとせば、其利益は労働者の手中にして消費者たる人々に収受せられ、資本に対しては僅少の利子を払ふのみならん。…利を貪りつつある仲介人を拒避して生産の真味を遺漏せず享受するを得て、以て生活の改善を全ふするを得ん。消費組合は単に製造者と消費者との間に介在して仲立人の任務を本務とするにあらずして自ら製造し自ら加工し自ら分配し以て其本務を全ふするに至らば労資階級は自然に消滅」し、労資対立はなくなるだろうと。

　賀川の生産組合へと発展する消費組合論に平生は大いに感銘を受け、「余は賀川氏の主張に賛同し、那須氏の志を遂げしめんことを期望して止まず。余も理事の一人として微力を致さんと欲す」と日記に記す。

　灘購買組合は創立時の組合員数は3百人余りであったが、その後急成長を遂げ、昭和4（1929）年6月には2632人となり日本でも屈指の模範的組合となる。しかし順調に発展していたこの組合の背後には、窮状にあえぐ多くの小売商がいて、彼等は灘購買組合こそ営業不振の原因と見て敵視していた。そしてついに1市6町村（御影、住吉、魚崎、本山、本庄、精道、神戸市の六甲）の小売業者2000人余りが「大資本に対する小資本の悲哀」だと怒りの声をあげ、「灘商業振興会」を結成し、中央政界からも政友会代議士の応援を求めて反購買組合運動を起こした。これに対する平生の反応は次のようなものだった。相手がデパートであれば大資本対小資本が問題になるが、「購買組合は組合員が結束して生産者より需要者に至る間に於ける剰費を省約してなるべく良質の日用品を廉価に購入して生活の安定を期せんとする相互扶助の組合」であり、生産と消費を直結させる「社会

経済の理想」を追及している。国家もこれを奨励している。小売商人たち
の今回の運動は理解できるが、時代の「大勢に逆行せんとする反社会政
策的行動」である。これを政友会の代議士が応援しているのは「自己の投
票の獲得のため」であって「痛嘆」の他ない(昭4.6.19.)。

　7月11日には平生は灘購買組合理事として、小売業者側代表で県会議
員でもある新居寅太郎の訪問を受けて灘購買組合と灘商業振興会の関係
について話し合っている。平生は購買組合について持論を語ったのち、小
売業者が置かれた現状を次のように認識していると述べた。小売業が経営
難に陥っているのは購買組合の問題ではなく、「相互の競争」が過剰だか
らである。1市6町村の人口が6万弱で、小売業者が2千もあれば「存立す
べき余地なきを想像するに難からず」。とすると、彼等が購買組合に対抗し
ようとすれば「共同仕入」以外にないのではないか。そして販売にあたって
は家族が「顧客の便利を計ることに専念し、親切と誠実」を以てすれば購
買組合の販売に決して劣ることはないと説くと、新居自身御影信用組合理
事長でもあったから、平生の見解をすぐに理解し、最後に灘商業振興会総
代の立場から、那須善治には小売業者の感情を害するような挑発的行動
がないように言動に十分気をつけてほしい、と懇望があったので、平生はこ
れを了承し、会談は終わった。

　8月9日に小売業者が灘商業振興組合として県に購買組合を非難する要
望書を手渡したが、これはいわば儀式のようなもので、大阪朝日新聞8月3日
の記事にはすでに、振興会は共同仕入れ、品質本位の安価の商品、売値
標準の制定等九項目について幹部会で合意し、これで以て購買組合に対
抗していくことにした、とある。

■ 第3節　平生釟三郎と賀川豊彦

　岡本利吉が生を受けて3年後の明治21(1888)年7月10日に賀川豊彦が
神戸で産声をあげる。この二人は日本の黎明期の社会運動にとって欠くこ
とが出来ない重要人物であるが、彼等の背後で常に思想面ばかりではなく
資金的にも平生釟三郎の存在があった。

賀川は葺合新川（ふきあい）の貧民窟で活動していたが、平生日記に彼の名前が出てくるのは大正8（1919）年11月6日で、禁酒運動についての演説会の場である。ここで賀川は労働が貧民に堕ちてゆく条件の一つに飲酒の問題があることを論じている[20]。次いで同年11月15日の日記に出てくる賀川は、神戸の高級別荘地須磨にウッド博士に伴われて、山下亀三郎、勝田銀次郎と並んで船成金としてその名を世間にとどろかしていた内田信也邸を訪問して、そこで平生とも特別の関係があった床次竹二郎内務大臣と会見している。ここで貧民の味方賀川は臆することなく次のように自己を紹介する。「『本夕は富豪の内田邸に於て大臣閣下に紹介せらるる光栄と皮肉を感ず』と」。平生はこれを聞き「何等の皮肉ぞ。彼は床次内相と内田氏に『貧民心理ノ研究』を贈る。成金気分に最も満ちたる内田氏はこの貧民の味方として富の対抗者を以て自ら任ずる賀川氏を眼前に見たる時の感想如何。蓋し貧民の友たる長髪痩躯の賀川氏を見て、傲岸なる彼も一種の恐怖と苛責を感じたるなるべし。ウッド氏は社会及労働問題につき床次内相に進言するところあり。社会面の第一歩は労働問題の解決に在り、…少なくとも労資両方面より来らざる可からずと。是れ我意を得たりといふべし」。

　平生が以前から資金的に支援していた床次に賀川を紹介したのは、彼の持論でもある労資協調論に関する賀川とウッドの考えを床次らに伝えることにあったと思われる。このころの賀川は友愛会の創始者鈴木文治らと友愛会関西労働同盟会（大正8年4月に結成し理事長となり、その後8月には『総同盟』に改組され中央委員となる）を結成し、労働運動の最前線に立って活動していた。さらに大正9（1920）年8月には大阪に購買組合共益社を設立して理事に就任し、同年10月には神戸購買組合を創設してここでも理事になる[21]。この彼が灘購買組合設立に当って、平生達を前に、前述のような非常に感銘を与える講演を行うのである。

---

(20) 隅谷三喜男『賀川豊彦』（岩波書店、2011年、48ページ）では、大正8（1918）年4月に大阪天王寺公会堂で開かれた友愛会での講演会で「労働者は何故貧民になる乎」と題して、貧民の原因を、飲酒、病気、負傷、生活の不安定、労働者が自由であること、の五つを挙げているが、おそらく平生が聴いた演説も内容的には同じであったと思われる。
(21) 隅谷三喜男、同書、略年譜参照。

その一方で労働争議はいよいよ激しくなり、大正10（1921）年6月、川崎、三菱両造船所で争議が発生し、7月29日にピークに達したが、労働者側を率いていたのは賀川であった。その様子を平生はこう記す。「資本家及官眷の側に於ては兵糧責と威圧を以て之を鎮撫せんとするも、家族関係に於て屈服せざるべからざる事情の存するものは止を得ずして任意復職を希望して入場せしも、多数の職工は尚罷工を継続し、行商其他の手段を以て持久戦に出でんとし、日々示威的に神社参拝を継続しつつありしが、終に今日午前楠公に参拝せし一団は総参謀たる賀川氏の制止を聴かずして新開地より川崎造船所に向はんとして、之を制止せんとせし警官隊と衝突し、双方に十数名の重軽傷者を出すに至れるは実に聖代の不祥事、実業界の凶事にして痛嘆の至なり。余は日本の如き国民一般に経済思想に乏しく、且持重心少なき人種に於て労働争議が少しく極端に走らんか、到底英国に於る坑夫のストライキの如く秩序整然として壱百日の長きに及ぶ能はずして必ず血を見るの惨事を生ずるを予期せるを以て、日々衷心懊悩、之れが解決を祈りつつあり」。

　平生はこの日本の労働争議は「何人も居中調停の労を執るもの」がいないことが最大の問題だと読んだ。一方で「職工の無智浅慮の為め職業的労働煽動者に使嗾せられ脅唆」せられていること、他方では「資本家が労働者に対して深き同情を有せず、又労働問題の帰趨に付何等の理解」を持たず、さらにそれに加えて「政府当局は亦資本家の言に聴きて労働者を圧抑して一時の安を偸せんとする眼前策に捕はれつつある」状況を見れば、どこにも解決の途を見出すことができるはずがない。彼はこの現状を見て、「断然現職〔東京海上火災専務〕を辞して社会救済事業の一としてこの理想の宣伝〔世襲的富豪、不労資本家の撲滅〕に着手せんとする念焰るが如く、片時も猶予しがたきの思あり」（大10.7.27.）と。

　他方賀川は労働運動のリーダーをしばらく続けるが、先鋭化する多数の労働者を前に彼を支持するグループは少数派となり、彼自身労働運動に幻滅を感じ、社会的関心事としてはむしろ農民運動に、さらに協同組合運動に移り、他方で宗教家としては1921年に宗教結社「イエスの友会」を組織し、

雑誌「雲の柱」を発刊して伝道のために全国を回ることになる[22]。

　賀川の労働争議の敗北以降の活動については平生日記にはしばらく言及がない。ただ昭和12（1937）年5月2日付で平生から賀川への次のような手紙が「生活協同組合コープこうべ」に残されている。「…予て独力を以て御経営になり居りまする神戸市葺合新川の無料診療所の件につき御申越の事拝承仕りました。貴君が一生を通じて貧者の味方として弱き者の楯として終始一貫御努力いたされ居りますることは感佩の外ありません。つきましては親しく拝顔を得て事情を承りたる上何分の御答いたします。…」。

　賀川からの手紙の所在は明らかではないが、平生が文部大臣を辞して間もなくであり、翌年の4月に「財団法人雲柱社」が設立されていること、さらに後述のようにこの雲柱社の資金調達に平生が重要な役割を果たしていることを考慮すれば、賀川は雲柱社設立の相談に平生を訪ねたのではないかと推測される。

　昭和14（1939）年5月2日、河上丈太郎、杉山元治郎外一名が平生邸を訪問し、これまで賀川が自力で行ってきた社会事業、すなわち賀川が著作権等から得ている収入で行ってきた事業（托児所、医療組合、貧民病院、貧民子女ノ学校等）を財団法人雲柱社で継承して恒久的なものにするためには基金50万円を必要とし、その半額は日本で、残りの半額は米国で募集しようと計画しているが、どうだろうかと相談に来た。平生はこの計画に対して「五ケ年間に醵集せんとせば成功すべき見込」はあるとしても、発起人として有力者4〜5名の連名で趣旨を述べ後援を依頼する方法以外にないだろう。「近来寄附金の募集は中々に多く、資本家も税金の増徴と供に寄附行為の激増には閉口し居り、且資本家の心理状態よりすれば、其行為の好悪善悪は第二にして、謝絶し得るや否やに依り諾否を決するを常例とすれば、其企画が社会的なると国家的なるやは問ふ処にあらずして、如何にして謝絶すべきやの工夫に頭を悩」ましているのが正直なところであり、実際に甲南病院建設資金調達に如何に苦労したかを語って見せた。

---

(22) 同書、119−129ページ。

昭和14（1939）年10月24日の日記には、平生は住友総理事小倉正恆を同社東京支店に訪問し、賀川の事業を説明し、雲柱社へ寄付金を求めたが、小倉は賀川の経歴を十分知っていて、彼は以前より尊敬すべき人物だと称賛していたので、平生は彼に二ケ年間毎年5千円を寄附するように要請している。翌年の3月23日には、如水会館矢野記念館で賀川夫妻ら雲柱社の理事会を開き、その席で平生が募集した基金約10万円は醵出者名簿と金額を三菱銀行の定期に預託してある旨を告げている。

　基金募集についてアメリカから25万円を期待していたが、日米関係が悪化してくるにつれてそれは困難になってきた。昭和15（1940）年11月28日の日記によれば、平生宅を訪問した河上丈太郎、小川清澄は平生に日米間の国際関係が悪化しているため、米国政府は日本政府と同様為替管理を厳重化しているから、米国の知人および信者から賀川へ補助金を送ることができなくなっており、従って「現在余の手にて三菱銀行へ定期預金せる分の利子を元金に繰込まずして賀川氏の事業扶助金となすことの同意を求めらる。余は快諾し、次の満期分より実行の事」とする。

　平生は賀川の社会奉仕事業に彼の社会・国家への奉仕の精神に共通するものを感じ、このように彼に対する様々な支援を惜しまなかった。

第3章

療病を営利的医術より liberate する

■ 第1節 病人本位の病院とは

　昭和9（1934）年6月17日、甲南病院はかつての聖心女子学院跡地、現神戸市灘区の鴨子ヶ原に白亜五層の勇姿を現した。「中流以下」の人々のため、非営利で、有能な医師と真に病人のための看護制度を完備した、平生釟三郎悲願の病院が実現したのである。

　当時、平生の構想する「非営利・病人本位」を掲げる病院はまるで聞き慣れない言葉で、官立は医師のため、私立は営利のための病院と相場は決まっていた。二人の先妻を亡くしたことも平生の医師への信頼を失わせた。「医は仁術」ということを歯牙にもかけない金儲け主義の医者がごまんといたのである。事実平生は驚くべき経験をしている。ある拾芳会会員の一人がチブスにかかった時の話である。九州大学病院のある著名なドクターは、大学病院で医師の看板を掲げながら、「多くは自宅に於て病者を引受け多額の胗察料を要求」していたが、自ら多大の胗察料を要求することは体裁が悪いのか、仲介人を通して自宅胗察を行い、患者の身分に応じ3〜40円から2〜300円の胗察料を吹懸けていたのである。「近来医師が全然営業人化して患者の弱味を附込みて不当の胗察料を貪り」尽しているのが一般的であり、そのために「貧賤なるものは今や名医の治療を受くるの機会なく、病苦に呻吟して死を待つの惨劇を呈すること頻なるは聖代の為め歎はしきことなり」と（大11.11.5.）。

　平生はあるべき医師とはこうあるべきだと述べている。医師を目指しているある門下生から肺患に罹ったとの報を受けたとき、一年の休学は決して無駄ではない。この間「精神と生理の両方面より研究を積み名医」となって、「ノーキュア・ノーペイ」、つまり全治しない患者からは報酬を受けず、全治

した富豪からは「多大の報酬」を請求し、自ら進んで「公共に尽くさざる富豪」にその医師を通じて「間接的に慈善」を行わしめてはどうか、と返事を送っている（大7.1.24.）。

ところで平生は大正13（1924）年から翌年にかけてアメリカ、ブラジル、ヨーロッパを漫遊し、これを機に東京海上火災の専務取締役を辞して教育や医療など社会貢献に余生を捧げる決心をして帰神するのだが、この平生の決心と軌を一にして神戸ではある病院建設構想が突如浮上する。京大病院外科を退任した名医辻廣博士に満鉄病院などから招聘の声がかかっていることを耳にした元山下汽船会社専務鑄谷正輔ら神戸の財界人は、阪神間に彼を引き受ける病院がなかったこともあり、いっそ新病院を建設して彼を引き留めようと考えた。「営利にあらざる病院は余の宿望」と常々語っていた平生がこの運動の主宰者に推される。

大正14（1925）年5月5日、京大総長荒木寅三郎が辻博士の件で平生を訪問しているが、そこで平生は荒木総長に向かって次のような話をしている。「営利にあらざる病院の建設は余の宿望にして、余は数年前より門下生〔拾芳会員〕中に医師を養成しつゝあり。現に一人は私費を以て独逸に留学せしめ、東北大学にも外科医として已に三年間大学院に在り。又二ケ年間京大助手たる小児科医あり。尚在学中のも三四を数ふ。而して余は今より十年を期しこの養成せし医師を以て医員を組織し、以て営利にあらずして一種のprinciple の下に病院を経営せんとするなり。其principle とはno cure no payをmodify したるものにして、富める患者には全癒したるときは相当のbonus を払はしめ、富まざる者は実費又は一部補助又は全部施療の如き方法とし、病院は自給自足たらしむるも、患者は身分に応じて其薬料治療代を仕払はしむる主義を実行し、以て普通人といへども名医の治療手術を受くることを得せしめんとするなり。左れば辻博士にして余の希望せる如き人格高く伎倆優れたる人ならんか、余は同氏を根幹として病院を組織し、余は門下生は同病院に入らしめ、以て余の主義を実行するを得ば、余は主任として責任を負ふを辞せず」と。

翌日鑄谷は辻博士を伴ない平生に紹介したが、同博士は彼が理想とする

「綜合胗察法」を説明し、又病家の「健康記録」に関してそれが如何に重要かを平生に力説した。彼の考える綜合胗察法とは、まず病院には「内科、外科、産科婦人科、及小児科の四を置き、この四科に属する医師が其患者の病症如何に関らず胗察を為し、其病症に依り四科中の一医が主治医となり、他の医師も随時胗察を為して、現在に於ける専門医師が自己専門に偏して他科に属する病源より来たる病徴を無視するの弊を除かんとするものなり。又健康記録は病家のmembersは一ケ年四回又は二回位健康胗断を為して其記録を病院に常備すること、恰も船舶の定期検査を為し其證明書を逓信省管船局に設備すると同様の方法を取らんとするもの」で、実に理想的方法である。つまり如何なる名医といっても平素の健康状態を知らず単に一回の診察だけで患者の体質や欠陥を見抜くことはできないから、この記録で平素の状態を把握できていれば、診断に資すること大であると。

　医療の専門化が高度に進んでいる現在、「綜合胗察法」はますます重要となってきているのだが、この当時すでに辻博士はこの診断法および健康胗断が真に適切有効であると考えていたのである。平生はこの博士を真の人格者と認め、彼の理想とする病院建設に協力することに同意した。荒木総長も辻博士から彼の話を聞き、このような「営利を主とせざる病院の設立は国家社会の為めに有益なる事」と感じ、わざわざ平生宅まで総長自身足を運び、外科以外に総合病院に要する医師については、総長が人格的に優れ、伎倆が確かな人物を推薦しようとまで約束してくれたのであった。

■ 第2節　難航する病院建設資金問題

　昭和2（1927）年5月初めには、病院建設予定地もほぼ決まり、中核の医師スタッフになることを辻博士が決心し、東北大学の岡通博士からも賛同が得られ、そして門下生の黒川恵寛は学位を取得して平生にとって心強い存在となっていた。さらに本山村村長からは伝染病患者の隔離病棟を寄贈したいとの申し出もあり、「設立の機運熟した」と確信する（昭2.5.3.）。

　次は誰に病院のマネージを委ねるかが問題となったが、それには彼の門下生の澤正治を考えた。穏健的社会改革の方策について悩んでいた彼は、

平生が考える理想の病院のことを説明すると、これに得心して事務長を引受ける（昭和2.5.13.）。

　病院敷地問題が昭和2年7月末日をもって最終的に決着すると、次は発起人を募って資金を集める段階に移ることになるが、これは全くの難事業であった。まず八馬汽船の八馬兼介（三代）とは8月9日に辻博士とともに会見した平生は、彼らが考えている理想の病院のことを説明し、次いで資金調達については次のように計画を話した。自分の経験からして、富豪より資金を募集するとしても中心となるべき富豪は「世人が認めて有力なる資産家」である必要がある。なぜなら「日本の金持の心理」からして、公的事業だとして出資するとしても、後日その事業が資金面で不足するときには更に出金を求められることを恐れて参加を渋りがちになるから、これを避けるにはその心配のない富豪たらざるを得ない。しかし今日の状況下では一人の富豪に期待することはできないから、「数人の有資家」を発起人として考えていると。

　富豪に病院設立資金を求めることは、彼ら自身のためでもあると平生は続ける。確かに富豪は多額の税金を納めることで義務を果たしていると主張するかも知れないが、それらは彼等の財産を守る等のために使われていて、無産者にとっては無関係なものが多い。だからどれほど多額の税金を支払っても「富豪たるの全義務」を果しているとは言えず、また「世人は之を以て富豪の徳」とは考えない。「されば富豪として世人より徳とせられんには進んで社会奉仕をなさざるべからず。之に依り世人をして富豪の存在の必要を知らしむるを得て、彼等の心意を緩和し危険思想より脱却せしめ得る」ことになるだろう。それに加えて、「日本の富豪も保険料を仕払ふて財産の損害を保護する如く」、財産の一部を医療のような社会奉仕に出資することによって「自分及子孫の安固を図」ることができる。この平生の説得に対する八馬の反応は、平生の病院構想は賛成だから応分の出資はするが、若輩の理由をもって発起人として名を出すことは差し控えたい、と頑としてこれをことわった（昭和2.8.9.）。

　この平生の説得法について、確かに話はその通りだが、そのために金を出すか出さぬかは別問題で、菊正宗酒造の嘉納治郎右衛門からも、灘中

学校創立を間近に控えていることもあり、二つ返事とはいかなかったが、最終的には彼から5万円の寄付を取り付けた（昭3.4.15）。

　だが実は平生が最も大きな期待をかけていたのは三井、三菱、住友、安田の大財閥であった。これら大財閥が相当の寄付を行なえば、他のそこそこの富豪はそれを基準にして醵金をしてくれるだろうと踏んでいたからである。早速昭和2（1927）年9月16日に住友合資会社理事小倉正恆を訪ね、病院建設の趣旨を説明し、建設資金100万円のうち20万は平生と鑄谷が10万円づつ負担するから住友には10万の寄付を願いたいと申し出ると、小倉からは好意的な返事を得る。「余は住友家に勤仕する人々は真摯にして人情味ある人々なれば、必ず余を信じて後援を吝まざることを信」ずと日記に記す（昭2.9.17.）。実際11月28日、小倉は平生を同社に招き、10万円の寄附について理事全員が、平生の「誠意と熱心、及経営に対する実力に信頼し、この病院は必ず所期の目的を達するものとして一人の異議者もなく即決」したことが伝えられ、ここに「積年の企が曙光を見るに至りし事、余は胸躍るを禁ずる能はざるなり」と日記に記す。

　同じ大財閥でも三井と三菱は一筋縄ではいかなかった。平生は昭和2（1927）年10月6日にまず岩崎久彌を訪問し病院設立の趣旨を述べ援助を願い出たが、予期していたように、「かかる寄附金は一切三菱合資会社に於て始末することにして、個人としては一切関係せず」が彼の返答であった。これには平生も心中穏やかならざるものを感じたが、日記には次のように記している。これは確かに「岩崎家の内面に於ける掟にして吾々外界のものが論議するにあらざるも、抑も社会奉仕は個々の問題にして公的事件にあらず。久彌男は三菱合資会社の大部分のshareholderとして会社より生ずる利益の大部分を獲得せらるる人なれば、氏にして社会奉仕をなさんとせば氏のprivate pocket より支出することが当然なり」。そうであれば「氏が之にtouch することを避けて、之を合資会社に移さんと試みらるることは、氏自身には進んで社会奉仕をなさんとする念薄きを示し、余が企てんとする事業に対する同情なきことを示すものといふべきか」。

　しかしここで簡単に引下がる平生ではない。岩崎久彌に直ちに合資会

社に取次いでくれるように懇請して彼の快諾を得る。日を改めて平生は三菱合資会社に青木菊雄常務を訪ねた。彼の言によれば、一応重役会議に諮ったが、三菱が官公立医学研究所または病院等に寄付をしたことはあるが、「私立病院などに寄与せし実例」はないとの理由で拒否されたとのことであった。だが改めて平生が「医は仁術なり」との趣旨で経営される「非営利的病院」の意義を熱を込めて説明すると、青木常務は「余の熱誠と公共的奉仕心に感動し、…最善を尽くさんことを」約束し、もし合資会社が否決した場合には「自分が再び久彌男に会見して男をして private に出資せしむることを懇請」しようとまで述べてくれたので、平生にとって前途は明るいものに思われた（昭2.10.31.）。

11月18日、再び青木を訪問した平生は、三菱合資会社も岩崎久彌もこの計画への参加は謝絶したい、との決定を聞かされ絶句する。だが気を取り直してその理由を質すと、三菱合資としては私人の企画する病院に寄附をすれば次々に同じような企画が持ち込まれ到底対応ができなくなり、したがって内規においてしないことにしている。また久彌に話をしたが、「合資会社に於て拒絶したる以上は謝絶の外なし」とのことであった。そこで平生がとった次の戦略はなかなか巧妙なものであった。もし三菱が理由の如何を問わず出資を好まないのであれば止むを得ない。しかし日本の富豪・資本家は voluntary contribution を好まないから、したがって出資する場合でも先例に従うのを常とするから、ここで三菱が出資しないとなれば「多少意のある人も差控ゆる」であろう。そこで「金銭の助力を好まざれば単に名義を借されたし」と。つまり平生は三菱から10万円の寄付を考えているが、その金額は平生自身が負担するとして、病院設立資金名簿に三菱の名を載せたいと青木に提案したのである。平生の強引な要求に窮した青木は今一度これを持って帰って協議することを約束する。

その後も何度かこのような交渉を青木と繰り返したが埒があかず、そして昭和3（1928）年3月26日に再び久彌を訪ねたが、謝絶の姿勢は何等変わることはなかった。しかしこの会談である決定的な言葉を久彌から引出すことに成功する。「若し三井が賛加せば自分が今一応合資会社へ勧告の労

を執るべきも、成否は確証の限にあらず」と（昭3.3.26.）。

　その三井だが、三菱と同様交渉の壁は厚かった。昭和2（1927）年10月6日、岩崎久彌を最初に訪問した同じ日に、平生は三井物産の南條金雄を伴って三井合名会社に常務有賀長文を訪問し10万円の寄付を願い出た。有賀は、三井はすでに泉橋慈善病院（明治39〔1906〕年の設立時は三井慈善病院）を経営しているが、ここには相当の費用を投じているにもかかわらず効果があがらず、さらに地元医の反対運動もあり三井としても手を焼いていると述べ、平生の病院構想にも当初は消極的な反応しか示さなかった。これに対して平生は甲南病院が泉橋病院とは違って、平生の理念を十分理解した病院スタッフをすでに確保していて、また、経営上からも問題はなく、また神戸には地元医も少ないので彼等から反対運動が起ってくる心配はないと熱心に説明すると、彼は一旦平生の熱意に了解を示したが、同じ常務の福井菊次が現われ、冷やかに「泉橋病院に寄附しては如何」と横槍を入れたため、それ以上の進展はなかった（昭2.10.6.）。そして10月11日、南條を通じて、有賀の返事は「病院の事勘弁して貰ふ」ようにとのことで、これ以上の判断は三井財閥の総帥団琢磨の意向如何ということになった（昭2.10.11.）。

　10月20日に平生は鑄谷正輔とともに団を訪問し、泉橋病院経営の失敗にこりて「病院の建設に寄与することは絶対に拒否」の方針で会談に臨んだ団を次のように説得した。そもそも泉橋病院は「三井の名を冠し慈善を標榜」して建設したのが誤りであった。すなわち現代の「細民の心理状態」からすれば、「彼等の膏血を搾取してかかる莫大なる財富を積み、其富の力に依りて豪奢なる生活」をしている三井が「一病院を以て其罪過を贖ふ」ことは到底できるものではないので、三井にもっと負担させることは「せめての罪障消滅の為」位にしか見ていない。だから三井慈善病院には「毫も感謝の意を表」していない。これに加えて泉橋病院を任されたスタッフにはbusiness ideaのある人がいないから経営的に成り立たなくなるのも当然である。これに対して「我甲南病院は多数の有志家の寄付になれるものにして、且慈善を宣布せず単に非営利的として、貧しき人に向っては胗察

料、薬代、治術料を逓減し其資力身分に応じて支払」わせることを考えており、「其起原も其経営振も三井慈善病院の例に倣はんとするものにあらず」。この平生の病院建設理念に團は「多少心動」かしたのか、「出来得る丈吾々の希望が達せらるる様尽力」することを約束した（昭2.10.20.）。

　しかし團からの話は遅々として進まなかった。その障害となっていたのが、三井家は病院にはあくまで寄付をしない、という方針があったからである。昭和3（1928）年4月19日に團を訪問した際、平生は三菱を引合いに出す。「三菱の方も三井さえ承諾を得ればとの事なれば一方の出資は双方の出資となることなれば是非共に配慮願はれたし」とひたすら懇願する。この一言は平生としては最後のカードであったかもしれない。團邸からの帰途、彼はその時の心情を次のように記している。

　「財閥の擁護者たる氏の態度が如何にも冷淡にして、毫も窮迫して良医の胗断さえ受け得ぬ人々に対する同情薄く、今回の問題の如きも余に対するの義理合上に於て配慮せんといふものなることを思ひて痛恨の暗涙が胸に迫るを覚へ、何となく不成功を予想せざるを得ざるなり。三井にして不承諾ならんか、三菱も之に倣ひ、安田も見込なかるべく、この三家が見込なしとせば最初の計画は全然変更して、拾芳会員を以て組織し小仕掛のものとなすの外なからんか」と（昭3.4.19.）。

　この会談から2カ月後に三井物産の南條から手紙が届く。それによると、近日中に團が三井合名会社に甲南病院への寄付について提案することに決まったが、その金額は5万円と半額になるとのことであった。これは平生の予想に反するもので、三菱も安田もこれに同調するはずで必ず資金不足となると落胆したが、他方で同時に、日本の資本家を代表する「番頭として其家運の長久を計りつつある人の考が卑吝陋劣」であるを知り、このような状態だと日本は早晩無産者による「革命の洗礼」を受けることになろうと怒りがこみ上げてきた。だがこうした事態は「天が余に向って試練を与ふるものにして余は一層の努力を要することを覚悟」する（昭3.6.17.）。

　平生はこの日の日記に以上のように書いてはいるが、三井の5万円が確実となったことは確かに一歩前進で、今後は彼がどのような策と交渉術で10

万円に近づけるかの問題となるからである。またこれと前後して病院建設計画のことが関西の新聞の知るところとなる。6月25日には大阪毎日新聞の記者から取材を受けた平生は、この新病院の理念等を述べ、まだ資金面では問題を残しているが、「善事は努力に依りて必ず其結果を齎らすものなれば、余は不撓不屈の精神を鼓吹して一層奮闘」すると語る。

■ 第3節 財団法人甲南病院の認可と設立

　辻博士は種々の事情で設立準備から離れるが、岡通博士を院長とする病院が設立構想から6年、平生の誠意と熱意で建設資金は関西中心に70万円集まり、いよいよ建設の目処が立った。だが私立病院が財団法人となるためには内務省からの認可という高いハードルがあり、当時は指を屈するほどしか前例はなかった。平生はそれを住吉村から鴨子ケ原の敷地を貸与されることを条件として出した。申請書が住吉村役場を通して県に提出されたのは昭和5（1930）年8月4日、9月12日には内務省に送付された。平生はその一週間後には上京して安達謙蔵内相と会見している。その際内相は「保健と治病は防貧の第一歩」だと大いに賞賛する。さらに後日の閣議で井上準之助蔵相も内相と同席の折担当局長に「この財団法人の認可は速やかに決済して承認を与えるべし」と指示したことを電話で平生に伝えている。

　こうした政府との太いパイプもあり、財団法人甲南病院の認可は12月27日に決定され、翌年1月6日に正式に発表される。病院の財団法人認可は通常は1年以上を要するが、わずか4ケ月というのは異例中の異例で、これは政府が、甲南病院が「非営利の病院」であり、また平生の「奉仕精神」を示すことを政府が認めたためであると1月7日の日記に記す。また同日の記述のなかには、正式認可を三菱合資会社に知らせ、あわせて今一度醵金のことを懇請する手紙の文面もそこにある。ことここに至ればまさか謝絶されることはないだろうとの思いもあったに違いない。ついに2月8日に届いた合資会社の青木菊雄理事からの返事に、合資会社は5万円を寄付することに決定したとあった。「天を仰いで神佑に謝するの外なく、不覚暗涙が胸に迫るを覚」える平生がいた。

昭和9（1934）年6月17日、ついに開院式の日がやってきた。その喜びを込めて平生は次のように挨拶をした。「吾々人類の生存を脅かし、幸福を傷くるの一大原因は病気であります。一家の中一人の病人生ずれば一家中は憂愁の気が漲ります。…病気のためには一家の収入は減じ、支出が増す結果、貧乏の淵に沈み悲惨の境に陥らなければなりませぬ。…今や科学の進歩と共に医学と薬物の研究応用は著しく発達しましたが、一方文化の進歩、産業組織の発達と共に貧富の懸隔は益々大となり、中流以下の人々は眼前に進歩した医術と良薬を見ながら資力乏しきため其恵沢に浴することができませぬ。…富める者のためには百里も弐百里も遠しとせずして名医が来胗いたしますが、富まざる人の為には此地に在りて大阪や京都から名医の来胗を求むることもできませぬことが常態であります。…病気は何人も避け得られぬ丈に、…慄然たらざるを得ませぬ。されば此場合、生活に余裕あり、人生は物慾の満足を以て足れりとせず、社会奉仕こそ人生の真意義なりと信ずる人々が其余裕の一部を割きて適当なる施設の下に、人類に共通せる疾病の苦悩を幾分にても軽減して人類共存の精神を多少共具体化したるなれば、其処に人生の真意義と富を有する事の真の価値が存すると思ひます。…医は仁術なりとの真義を良解し、奉仕犠牲の信念を以て満ちたる良医を求め…招致することは至難であります。この事実こそ小生共が本病院の開設迄に十数年を費したる理由であります。小生共は同志の青年に学資を給し医学を修習せしめ、…本病院設立の趣旨に共鳴して人類共存の主義の実行に当らんと収入潤沢なる地位を捨てて自ら進んで来院せられたる篤志家であります。…現代多数の病院に於ては病人の看護と患者の食餌に無関心に見えます。病院附の看護婦は医員

甲南病院（甲南学園蔵）

の小使の如く専ら医師の命令を実行するのみにして自ら病人の看護をなさず。故に入院患者は附添看護婦と称する看護の知識も経験も不十分なるものが看護するを常といたします。…また食餌に至りましても、病院専属の調理人を設け、病症に従ひ医師の指図に依り適当なる食餌を給する仕組を有する病院は少なく…」と。

　また衆議院議員安達謙蔵も、「現代社会の欠陥ともいふべき防貧機関」は不十分で、特に「貧乏の最大原因は病」であり、最低の治療費で短期間に病を治癒させることが「最大急務」であるが、甲南病院はまさにそのような趣旨の病院であり、これにならって次々と同様な病院が建設されることを切望する、と祝辞を述べた。

　開院式を終えて帰宅し安楽椅子にもたれて平生は至福の思いに耽る。「本病院設立を思立ち、愈々実現せしめねば止まずと決心せし当時を追想して、転感慨に堪へざるものあり、不覚感涙滂沱たるものあり。一人にして自己の理想を実現すべき学校と病院を建設せんとするが如き事は、思へば僣上の企画ともいふべく、辛ふじて一家を支へ得て老ひたる両親に尤も簡単なる生活を得せしむる力を有するのみなる青年としてかかる大望を抱きたることは、些か過信の嫌なきにあらざりし。然るに天佑ともいふべきか、東京海上の大成功に依りて相当の財力を得て益々自信を強ふし、この目的を達せざれば止まざるべしとの決心は澎湃として胸中に漲り、常住坐臥、この信念の実現の為勇往せし結果は、幸ひに心身共に強健にして69才の今日に於てこの二兎を逐ふて二兎を獲るに至りたること、実に望外ともいふべきか」。

　病院について一般の人々の評価は極めて高く、彼等は異口同音に、「かかる風光絶景なる病院に病を養ふとすれば医薬なきも自然の力に依り全快すべし」と賛辞を惜しまなかった。

第4章
—
産業・貿易を liberate する

■ 第1節 大阪自由通商協会の設立と商工立国への道

(1) 大阪自由通商協会の設立

　国土が狭く、資源に乏しく、人口過剰の日本にとって最も望ましい経済体制は、労資が協調し、世界に雄飛してゆく気概のある経済人に支えられた自由で平和な国際交易にある、と平生は確信していた。そしてその自由貿易の中心地は財閥が支配する保護主義的な東京ではなく、綿工業が盛んな大阪であった。この大阪に束の間の自由貿易運動が開花する[23]。

　当時日本の経済を牛耳っていたのは三井、三菱、安田など東京の財閥で、彼等は世界的に見て脆弱な製鋼業を軽視することができなかった。それは第一次大戦期にこれら財閥が創業したものばかりで、小規模で生産性も低く、製鋼の原料には主に安価なインド銑を使っていた。その銑鉄輸入を一手に引受けていたのが大阪の岸本吉左衛門商店であったが、大戦後その体制を保護関税で取って代えようとする動きが出始める。これを警戒して同商店の田口八郎は、昭和2（1927）年に開催されたジュネーブ国際経済会議[24]に出席して自由貿易の重要性を肌で感じて帰国した志立鉄次郎（日本興業銀行総裁　1913–18年）、上田貞次郎（東京商科大学）らに相談するかたわら、大阪商船の村田省蔵副社長とも協議する。そしてその村田から平生に自由通商協会設立の話が持ち込まれる。

　村田は平生に次のように語った。志立や上田によると、大戦が終ってすで

（23）日本の自由通商・金輸出解禁運動は平生等大阪財界人を中心に繰り広げられ、これを民政党が政治面から強力に支援してゆくのだが、その詳細については、滝口剛「民政党内閣と大阪財界（一）–井上準之助蔵相と経済的自由主義–」『阪大法学』第57巻第4号、2007年、「民政党内閣と大阪財界（二）」第58巻第5号、2009年、「民政党内閣と大阪財界（三）」第62巻第2号、2012年を参照のこと。

（24）上田貞次郎『新自由主義と自由通商』同文館、昭和3（1928）年。

に9年になるが、各国が禁止的もしくは極度の保護関税政策をとっているため世界経済は遅々として回復してこない。それ故国際的に経済を活気づけるには自由貿易を復活させる必要があり、今夏ジュネーブで開かれた国際経済会議や国際商業会議所総会でもそれが勧告された。特に天然資源の乏しい日本では到底「自給自足主義の採用」は適さず、広く海外に原料を求め、これを加工して輸出する以外には生き残る途はない。したがって我が国にとって外国の関税障壁はできる限り低いことが望ましく、同時に我国もなるべく「自由貿易主義」を採用すべきである。しかし工業家のなかには「極端なる保護貿易」を主張するものが少なくないが、ここで日本も「自由貿易主義の普及を図り、諸外国に於ける同種の団体と協力して保護貿易主義を排除し、以て世界の平和と諸国民の共存共栄に寄与」することが必要である（昭2.10.25.）。

この1カ月後の11月22日に大阪倶楽部で自由通商協会創立の準備会が開かれ、この席に志立も出席し、国際社会でも如何に自由貿易主義を求める声が大きかったかを力説した。これに対して平生も日本にとって自由貿易が経済発展の要である、と次のように熱弁をふるった。鎖国時代の日本は生産性が低かったために人口を産児制限などで調整せざるを得なかったことを考えても、日本が今後ますます「民族的に隆興せしめんとせば自由貿易主義に依りて物資の供給を豊富にし、日本として他に優れる人口の増殖を利用して商工業を熾にして輸出を盛んならしめ、有無を自由に通じ長短を巧みに補ふの外なからん」。みだりに「軍国主義者」や「似非愛国者」に同調して「軍備を盛にし自給自足を計らんとすることは、外敵のために倒れずして自己の負担のために労するの結果を生ずべきなり」。英米に向って日本が海軍の増強を図ることなどはかえって両国の敵愾心をかき立てるだけである。資源の貧弱な日本が「今日の勢を以て世界的に雄飛せんとせば…、絶対に自由貿易主義を執り商工立国の方針を以て進むべしと思ふ」と。

日本にとって正論ともいうべき自由貿易主義・平和主義に対し、東京ではこれを積極的に支持する実業家が現われてこないことを平生は憂えた。東京で有力実業家と言われているものでも、実質的に三井、三菱、安田らの

財閥の配下にあり、自由に自己の意見を発表することは出来ずにいる。そしてその三大富豪は財を蓄積することだけに関心があるから、「利の乗ずべきあれば政府の行動に阿附し其大官に阿媚して業を営む」ことを何とも思わない（昭2.11.26.）。平生はその政府の対外経済政策について、東京行夜行列車内で、インド製鉄事業に資金を投じて合弁企業を行っている岸本吉左衛門の義弟岸本彦衛と話し合っているが、岸本によると、大蔵、商工、外務の高官からなる関税・製鉄事業に関係する会合「商工審議会」は関税引上げによって製鉄業を保護しようとの方針のようである。製鉄に要する鉄鉱石の三分の二は中国及び南方からの輸入に頼っている現状を考えれば、「有事の日に備へんとするも原料の不足は如何とする能はず。左れば鉄鋼類を自給自足すること不可能なり。然るに今や関税を五割引上げ、以て〔第一次大〕戦時中に勃興せし我製鉄業を救済せんとする」のは狂気の沙汰という他はないと（昭2.12.24.）。

この話を聞き、平生は唖然とし、「原料を産出せざる製品の自給自足を計らんとすることは根本に謬れる経済、否国家思想」だと憤慨する。そしてここで、昭和2（1927）年8月11日の三士忠造蔵相の、公債以外に「今後一般会計に於て増収の見込あるものは関税改正（鉄、機械類、材木等）」、というあの発言をも考え合わせると、平生の怒りが我々にも伝わってくる。

年が明けて昭和3（1928）年早々「大阪自由通商協会」は設立に向って動き出す。1月14日には創立総会が開催され、ここで平生は座長の席に着いたが、80人余りの参加を見たのは「実に盛会」だと日記は記す。というのは、わが国の有識者の多くは、「現在の日本の為政者と少数の政商又は資本家」の間に漲っている保護関税政策・自給自足主義が実は「我国の将来を誤るものとして自由通商主義」を支持していることを出席者の顔ぶれを見れば判明するからであり、平生は「内心愉快に堪へざる」思いがした（昭3.1.14.）。

大阪と同時刻に東京でも志立、上田の首唱によって自由通商協会創立総会が開催されたが、大阪と違って東京では自由貿易への士気は相変わらず盛り上がってこなかった。それは、「東京は政治の都にして政府の補助、

救済、援助を得んとする所謂政商の巣窟にして、大阪の如く自由独立の思想が強からず、殊に日本政府は商工業に対し無数の法律を以て認可権」を有し、この政府の「支配権の下に在る商工業者は勢政府の鼻息を窺い、政府当局の好意的取扱を懇請するの要あれば、現政府が保護貿易主義を採用し関税政策を以て国産の奨励をなし、自給自足主義を唱導しつつある際に於て、陽に之に反対して気焔を挙ぐるの勇気」あるものは少ないからである（昭3.1.18.）。

　またこんな記述も見られる。『鉱及金属の関税に就て』（昭和6年）の著書で知られる園田新吾によると、「東京にては政府と結託し、又は政府の補護に依りて私利を図りつつある連中には自由通商協会員を以て国賊なりと罵り、外国かぶれの連中とか誹りつつあるもの少なからずとして、先日井上準之助氏が大阪に於てなしたる演説を評して彼は心狂ひたるにあらずやとまで批評する人あり」と（昭3.6.1.）。

　平生は後にこうした東京と大阪の経済体質の相違を次のように形容している。東京と大阪との相反する経済は、江戸と上方の文化の違いとも大いに関係している。大阪商人は「上方贅六」と東京人からは蔑視されているが、彼等の強みは「自主独立にして他の援助又は保護に依りて成功せんとする依頼心」を持っていないことにある。彼等は自分の生活を安全にするためには「財力金力」以外にないことを認識し、その蓄えた富を「家産」として守るには、むしろ丁稚あがりの番頭を婿養子にするのがもっとも確実だと考え、こうして養子制度が発展した。明治維新後も、東京では政商と結託し、政府の保護によって事業を営む実業家が次々生まれたが、大阪商人は相変わらず「上方贅六」で、東京人のように政府から「甘き汁を啜る機会」はなく、そのことで逆に「今日の如く実力を以て堅実なる基礎」を築き上げるメンタリティーが磨かれた。他力本願の東京人は、こうして戦後不況、関東大震火災等で馬脚を現わし、ついに世界大恐慌でパニックに陥るのだが、要するに「東京の実業界は遠望すれば、まるで大密林のように鬱蒼とした観があるが、近づいて良く見れば、二三の大木に多数の寄生木が群生しているだけである。之に反し大阪は大木はないけれど、一木一草といえども自己の根で

しっかり立っている。そのために烈風が吹荒むも、ひょろひょろとするも、決して倒れることはなし」(昭6.1.14.)

以上のような東京を中心に反自由貿易主義の空気が弥漫している中で、大阪自由通商協会は戦略を立て直す必要に迫られる。昭和3(1928)年6月9日の日記によると、平生は、「自由通商の意味をはっきり一般国民に理解」させるには、外国の事例とか外国の経済学者の論説等をいくら論じても効果は期待できないから、「我国に於ける産業(輸入せられたる)と関税との関係を詳細に主要物品(第一には日用必需品)につき調査」して実例を示すことを提案し、同意を得る。6月23日には東京自由通商協会に赴き志立と上田に会って大阪協会での調査の意味を説明し、「この調査の完了と共に全国の主要都市を巡回講演をなし、大に吾々の主張を一般に宣伝して理解せしめ、興論、即ち大衆の声を以て保護主義の政策を打破せんと考ふるが如何」と提案し、両氏から大いに賛同を得る。

(2) なぜ木材関税は引上げられたのか

昭和3(1928)年8月28日の大阪自由通商協会役員会では、新しい活動を始めるにしても我国の産業保護の実態がわからなければ国民大衆を了解させることはできないので、ともかく実態調査が必要であることを再確認し、1. 米及び雑穀並に麦粉、2. メリヤス、綿糸、綿布、毛糸、毛織物、3. 製鉄及び製銅、4. 木材、5. ソーダ、硝子、染料並に化学工業品について調査することになった。そこで9月24日には、当時大阪にあった大原社会問題研究所の所長高野岩三郎が産業調査全般の責任者となり、特に急を要する鉄鋼関税は大阪朝日、木材は大

昭和6年9月2日、胆石を患い神戸の昭生病院に入院中の高野を平生は見舞い、あわせて還暦を祝っている。前列左から2人目が高野、中列左から大内兵衛、森戸辰雄、2人置いて平生 (甲南学園蔵)

阪毎日の経済部が調査にあたることになった。

さてこの間平生はこの運動のために精力的に活動する。10月9日に鉄および木材関税引上反対のための演説会を開催することにして、9月28日に早速その演者予定者の武藤山治（実業同志会）を訪問する。その席で武藤は平生に、政府は鉄関税引上げの意図はなさそうだが、木材については当業者の反対も少ないから農林省も引上げに賛成していると告げる。

平生はその足で住友総本店に総理事湯川寛吉を訪問し次のように自由通商の必要性を訴える。大阪の実業家は実力を蓄え、政府も今ではこれを無視できずに積極的に接近してきているが、大阪人は決して「利を得んとする如き卑劣心」をもって政府に媚を売ったりはしない。東京の財閥とは違い「今日迄は住友家は政府の庇護の下に利を営みたることなかりしことが関西に於て政府の魔手が伸びざりし所以なり」。「互に政府を利用して巨利を博さんとするため東京の実業界は保護主義に傾き」、これによる弊害は「実に言に忍びざるもの」があると（昭3.9.28.）。

さらに10月6日には平生は、大阪財界を代表する4人の経済審議会委員、湯川寛吉、稲畑勝太郎（染料薬品）、阿部房次郎（東洋紡績など）、渡邊千代三郎（大阪瓦斯、南海鉄道など）を招き、大阪自由通商協会が鉄・木材関税引上げに反対であることを伝える。そして10月9日、両関税引上反対連盟演説会を開催し、そこにはほぼ1200〜1300人が集まった。平生が司会し武藤山治らが演壇に立ち、大阪市民にとって関税引上げが如何に大きな経済的損害を与えることになるかを訴え、「大に反対の気勢」が上がった。平生は特に武藤山治の、「自由通商主義こそ以て政治の腐敗を血清する唯一の適剤」であり、それに反し保護関税は少数の資本家のみを利し、それが政治家を私利に走らせる、という武藤の演説には感銘を受けた（昭3.10.10.）。この反対連盟に加入した団体は大阪実業組合連合会、大阪木材協会など16に及んだ。

こうした大阪自由通商協会の熱心な反鉄・木材関税引上げ運動にもかかわらず、10月末には内閣予算会議は木材関税引上げ案を決定し、翌昭和4（1929）年3月はじめには議会に上程する。これに対し自由通商協会は

直ちに以下の声明書を発表する。「木材関税引上案は植林の保護奨励を目的」としているが、植林し用材となるには数十年を要し、「其間関税引上に依って輸入を阻止し其不足を内地材で補ふならば、唯々さへ供給不十分なる内地材の市価は昂騰し、結局現在の山林濫伐を助長し、植林保護に正反対の結果を来たすに至ることは火を睹るよりも明らかである。…要するに木材関税引上は少数の人士に暴利を与へ、大多数国民に莫大なる損害を与ふる外に何等得る処なきものである。吾等は国家百年の大計よりこの無意義にて有害なる関税引上案に極力反対を表明するものである」（昭4.3.3.）。

この声明も効果なく法案は衆議院を経て貴族院でも可決される。昭和4（1929）年3月20日に大阪自由通商協会発行のパンフレット『木材関税調査』が発表されるが、その「結語」には次のように記されていた。我が国は国土総面積の約6割を林野面積が占め、世界屈指の森林国だが、過去における「濫伐」と、それに対する植林を行わなかったため、殊に民有林の蓄積量が貧弱となり、それに加えて近年の木材使用量が急激に増加し、例えば普通家屋の建築用材の6割5分強が外材（中心は北米で、大正15年時点で北米から日本への輸出は56％）の輸入に頼らざるを得なくなっている。この意味からも林業政策を確立して植林事業を盛んにすることが急務であることは言うまでもないが、その目的のために「輸入外材に課税し、国内に於ける木材市価を騰貴せしめて林業助成に資せん」とするのは「一部山林業者をして投機的貨殖に走らしめ延いて山林荒廃の不祥事」を惹起せしめる「愚挙」であると[25]。

では木材関税引上げの結果はどうなったのか。昭和4（1929）年6月26日の日記には次のように記されている。誰もが関税引上げは必然的に木材市価を高騰させると予測し、「今や内地材の伐採は全国約五割内外の激増」で、特に民有林の濫伐は常軌を逸し、それに加えて造林および伐採費の予算が増加したため国有林の伐採も増え、この結果内地材自体の供給が激

---

(25) 大阪自由通商協会『木材関税調査』46ページ。

増し、他方で外材価格が暴落著しく、こうして全体として木材市価は惨落している。関税引上げを見越して濫伐した内地山林業者はそのため出荷することができなくなり、破産するものが続出している。これは「自業自得なるも我産業の健全なる発達を脅か」すものである。「保護さへ与ふれば産業は発達するものと考へ居る我政治家は勿論、国民の多数は大なる誤である。保護に狃れたる実業家は全く去勢されたる動物にして保護を与ふれば図に乗りて彼等は努力を厭ふて安逸への一路を辿るものである」(昭4.6.26.)。

　問題は内地木材業の衰退ばかりではなかった。当然アメリカの林業者は、大に感情を害して報復関税を課そうと力めつつあるとの風評は事実となり、事実今回日本より輸入する絹物および雑貨に高税を課すとの提案が出され、すでに下院を通過したもようである(昭4.6.29.)。こうして不用意な木材関税引上げによって、日本にとって貴重な外貨獲得先であるアメリカから手痛い報復を受けるのである。

(3) 鉄関税引上げの是非

　自由通商協会が設立されるに至るそもそもの発端はインド銑鉄輸入関税引上問題にあった。日本の鉄鋼業はもともと脆弱であった。大正から昭和にかけて、鉄鉱石は中国を中心にほぼ輸入に依存し、また鋼材の原料である銑鉄については、第一次大戦までは圧倒的部分をイギリスに頼っていたが、戦中から戦後にかけてコスト面でインド銑および中国銑が主流となり、昭和2(1927)年の輸入額についてはインド銑が実に6割を占めるにいたっていた。当時の日本の銑鉄需要において内地生産額は6割に過ぎなかったから、インド銑鉄が圧倒的に日本市場を支配していたことが分かる。ここからも国内製鉄業の保護と言えば、インド銑鉄に対して国産銑鉄を関税で保護するか、あるいは補助金交付するか、そのどちらかを意味していた[26]。

　その保護が実際に話題となり始めると、インドで銑鉄合弁企業を経営する岸本吉左衛門商店は今後経営が苦しくなるのを恐れて志立鉄次郎と上田貞次郎に相談し、これにさらに村田省蔵をも語らい、村田から誘いを受け平

---

(26) 大阪自由通商協会『鉄鋼関税調査』昭和4 (1929) 年5月、48-50ページ。

生も加わって自由通商協会設立の運びになる。したがってこの発足の経緯から、当初は自由通商協会が岸本商店の「別働隊」の事業と見なされていたとしても当然であった。しかし通商は単に一企業の問題で済ませるものではない。これを全国的な組織にまで発展させてこそ運動としての効果が現れるものであるから、協会は、昭和3（1928）年8月8日の役員会で、組織的に岸本商店から完全に独立することを決定する（昭3.7.12.、8.3.）。

　さて鉄関税引上げ案だが、同年9月28日に武藤山治から第56議会には提出されないことを平生は聞かされていた。しかし政権が交替し、緊縮財政と金解禁を目指す民政党の蔵相に井上準之助が就任すると、彼は本来自由通商主義者であったから、製鉄企業は正面切って関税保護を主張しにくくなった。昭和4（1929）年8月29日の日記には、日本の製鉄業者たちが関税に関して興味深い議論をしていたことが記されている。それによると、政府が金解禁の準備として緊縮財政に舵を切りはじめると、対外為替は漸騰しはじめ、それに応じて外国輸入品が割安となってきた。その結果国内産業で外国品と競争関係にある事業で合理化努力をしていない企業がその打撃を被ることは必然で、それを予想して企業家は「例の他力本願主義」を発揮して、「この為替昂騰に依る打撃を関税の引上に依りてcover」しようと集まって協議をはじめる。しかし合理化をせずに関税引上げを露骨に要求することはあまりに「利己的要望」と見られ、これには「具眼の士は何人も耳を仮」さないことを知っている彼等は、「其の口実を変へて国際貸借改善の名の下に関税引上」を策しつつあった。この運動を「尤も露骨に尤も猛烈に起しつつあるものは鉄鋼業者」であって、彼らは、為替漸騰に伴って銑鉄輸入が増加し、これが国際貸借に不利に作用するから、この不利を防止する手段として関税引上げを主張したのである。

　だがこの銑鉄関税引上げ分が価格に転嫁されるから、結果として日本からの鉄製品や機械類は輸出販路を狭めてしまう。そればかりではない。関税引上げで国際バランスが有利になるといっても、インド銑鉄を中心として約2,000万円ほどの問題に過ぎず、したがって「国際貸借改善の美名の下」で得るところは余りに少ない。「吾等は現政府が自由通商を以て関税政策

を樹立せんとする矢先に於て、国際貸借改善の名の下に関税引上が企て
られつつあることを奇とするものである」、と平生は日記に記す（昭4.8.29.）。

■ 第2節　世界大恐慌下における
　　　大阪の自由貿易論対東京の保護関税論

（1）　アメリカの高度保護関税政策に反対する大阪の自由貿易論

　以上のように喧々諤々関税論争が佳境に入るころ、昭和4（1929）年10月
24日、ウォール街で株価が大暴落し、これが引き金になって世界大恐慌が
発生するのだが、それに先立つ昭和4（1929）年6月29日、田中義一政友会
内閣が張作霖爆殺事件、所謂「満州某重大事件」と不戦条約問題[27]で
総辞職し、「憲政常道」にしたがって濱口雄幸率いる民政党が政権を引き
継ぐ。しかし同党は少数与党であったから、まず選挙に打って出る。日本を

----

(27) 1928年8月27日に署名され、翌年7月24日に発効となる不戦条約、所謂ケロッグ＝ブリアン条約
を平生は「世界歴史に於ける未曾有の出来事」、「人類、否国民の良心が世界同朋共通の平
和地帯を建設するために誠意をもって努力」した結果として高く評価する。だが日本国内では、そ
の第一条「締約国は各自人民の名に於て（in the names of their respective peoples）…国
策の具としての戦争を廃棄する事を厳粛に宣言す」の中の「人民の名に於て」が帝国憲法に抵
触するのではないかということで大問題となる。それがいかに馬鹿げたことかを昭和4（1929）年
4月4日の日記に次のように記録している。前日東京で「名宝展覧会」を鑑賞したが、陳列品のな
かに高松宮と久邇宮の出品があり、その前には「脱帽」と掲示があり、拝観者一同脱帽している
から平生も脱帽してそれを見ると、「鬼若」の銘を打った刀剣一振りがあるだけで、そこには何の
説明もない。彼は「この刀が皇室に属するものなるがゆえに脱帽を要す」とするのであれば、陛下
が使用するものすべてに、鳳輦から馬匹、さらにはお召し物までに「脱帽の敬礼」をしなければな
らなくなるだろう。これに続いて次のように現内閣を批判する。「上に陛下へ上奏の手続を取らず
して済南事件に関する日支協約に調印し、日本の国体の如何を考慮せずしてin the names of
their respective peoples といふ如き冒頭を以てせる不戦条約に何等の留保をなさずして無条
件belligérancyに契約をなしたる大臣及特使が存する日本に於て、其下僚が御勅に向って敬礼をなしむる
如きは実にridiculous」ではないか。この不戦条約は「人民の名に於て」を「陛下が国家の名
に依りて」と解釈することで衆貴両院を通過していたが、枢密院ではこの解釈論は「牽強付会の
詭弁」であり、「臣下として輔弼の任にある総理として田中首相の責任は免れずと強硬論」が出
て紛糾する（同年4月6日）。枢密院での紛糾は内閣の命運を決しかねなかったので、窮した田
中は枢密院を牛耳っていた伊東巳代治を賄賂作戦で抱き込んでこの場を切り抜けようとする。彼
は遡相久原房之助と仕組んで「黄白を以て貪欲なる彼の心を陶酔」させるのに成功し、枢密院
精査委員会で伊東の妥協案が成立する。すなわち条約批准書には「各自人民の名に於て」とい
う文言に帝国憲法の「条章に対し妥当を欠く云々の」宣言文を付すことになり、そしてその宣言
文に対して政府がどのような責任をとるかという点に関しては枢密院としてはこれを議論する権限
を有せずとして落着する。政府はこうして「難関を無事に通過せるものとして楽観せるものの如く、
即ち伊東伯に手交せられたる黄白の力が政府をしてやれやれと重荷」を下させたようである（同
年6月22日）。そして6月27日の日記には、こうして「今や我国の政治は田中義一氏がカジリ附主
義のために如何に腐敗し如何に紊乱しつつあるやを知」り、これほど政治が公正を欠くのは明治
以来ないことで、「国家のため真に憂慮に堪へざるなり」と記す。

取り巻く経済環境はますます厳しいものになっていったが、民政党はあくまで金解禁と自由通商を基本政策に掲げてこれに日本経済を託す方針であった。これに対し欧米においては保護主義派がいっそう勢力を強め、国内産業の保護がいっそうの国民的テーマとなってゆく。

　昭和5（1930）年3月4日の日記には次のような透徹した平生の国際経済分析が記されている。世界各国では「自給自足主義経済思想」が旺盛となり、互いに関税障壁を高くして自国の需要は自国品で満たそうとの空気が支配的となってきたが、これは国際通商にとっては著しい障害となり、輸出品は国内で生産過剰の状態となってきた。最も責任が重いのはアメリカで、豊富な資源に恵まれているにも関わらず、「伝統的保護政策を踏襲して、やが上に関税を高めて益々外国品の輸入を防止せんと」としたからである。他方で欧州諸国はそれぞれこれに対抗しようとするも所詮「蟷螂の斧」であることを知っているから、「欧州列国が一団となりて関税同盟を作り相互間に於ける関税を撤廃」し、これまでのようにアメリカの助力を仰ぐよりも、むしろ「米国をボイコットして彼の専恣横暴なる態度に抗せん」とする案も浮上してきたが、各国それぞれ事情があって困難であった。特に植民地大国イギリスは別格で、各地に所有する植民地をもって「一丸とせば優に北米に対抗するを得べし」と考える先覚者が現れ、すでに新党を組織しつつあるようである。これは英帝国内では関税を廃して、域外には「高率関税の障害物を築き其物資の輸出を排除」しようとするものである。この考えに同調したインドは輸入綿布に対してランカシャーと日本との間に差別関税を実施している。

　アメリカでは高率保護関税（平均53パーセント）として悪名高いスムート・ホーレー法[28]が1929年5月に下院を通過し、翌年6月17日に法律として発効して以来、世界の景気は急速に冷え込んでいく。平生はまさにこのアメリカの政策にこそ世界大恐慌の決定的な原因があり、金解禁や緊縮財政などは、影響はあるとしても軽微に過ぎないと考えた。例えば昭和5（1930）年

---

(28) 藤本建夫『ドイツ自由主義経済学の生誕―レプケと第三の道―』ミネルヴァ書房、2008年、442ページ。

6月27日の日記には関西の船主等との会食の席でも次のように述べたことが記されている。「この不景気は世界的にして、世界中、北米合衆国を除くの外殆ど貧乏国となり、互に産業合理化を高調してより良きものをより安くより多量に生産することに努力した結果、生産物は各国ともに増加しつつあり。然るに世界のgoldの大部分を蓄積せる北米合衆国は頻りに関税の障壁を高ふして外国品の輸入を拒絶せんとする以上、米国より多額の債務を負ひ巨額なる元利の支払を要求せられある欧州其他の各国に於ては益々貧窮の淵に沈むの外なし。従って彼等も亦他国の物品の消費を制限し国産愛用を奨励すると共に、米国の顰に倣ふて関税を高めて外国品を排斥する外なきに至れり。現に我国の如きも正貨の流出を恐れて輸出入の均衡を図らんとて国産愛用を宣伝しつつあり」。

　このような身勝手なアメリカの政策は自国にも跳ね返ってくる。高率保護関税に護られて「不当の利益」を貪っている企業は別として、「輸出の目的を以て生産しつつある農業及工業が漸次窮境」に陥っていることが顕著となり、「今や政府は農業者の保護のために農産物の価格低落を防止」しようとしているが、こんなことはそもそも不可能で、「農産物の価格は輸出減退のため少しも昂騰せずして、政府の支持も効果薄く、農民は益々困厄に陥り、為めに北米に於ても一部には尤も強き保護政策反対の声を聞くに至りたり。この事実は明らかに保護関税政策の末期を予示するものである」（昭5.7.2.）。

　自由貿易主義者としての平生はこうした状況下で如何なる行動をとったか、興味あるところである。7月21日、大阪倶楽部で午餐をとっているが、ここで大阪毎日新聞の高木利太が平生に、「貴君は自由通商協会の常務理事にしてこの国民運動の旗頭なるが、大にこの際勇を揮はれては如何」と問いかけてきたとき、平生は「今や北米合衆国もこの誤れる政策の結果を感じつつありて米国の有力者中にもliberty of trading の精神に賛成を唱ふるものを生じつつあれば、早晩米国人も自覚するの機会到来せんと。ある人はこの際米国大統領に向って関税国際会議の提唱を勧告しては如何と」と応じ、「一同大に之を賛するものの如し」と日記に記している。

さらに平生は7月25日の大阪自由通商協会幹部会では、英文毎日の関税問題の記事に対して、ある北米合衆国大使館付商務官は私信という形で、スムート・ホーレイ関税に対する「内外に於ける反対が囂々たるに鑑み、重大なる計画を進めつつある」ということを聞かされる。つまり、それは米国政府が関係ある諸国の有力者を集めて会議を開き、彼等から「米国関税の不利、差別的なる点を指摘論述」させ、こうして同関税の改正の機運を高めようとするもののようで、これは「保護貿易の権化たる米国としては誠に驚くべき政策変更の態度」であると。

　このようなアメリカにおける新関税に対する反対の機運を受けて大阪自由通商協会は関税会議開催の決議案をまとめたが、これをどのようにして大統領に伝えるかに関して、大阪ロータリークラブでGM（ゼネラルモーターズ）専務 Mr.May に会い、彼から書面でその決議を大統領、全国商業会議所会頭、上院関税委員会委員長に送るようにとのサジェスチョンを得る（昭5.8.8.）。

　8月27日の日記には、次のような8月26日付けの書面を、「大阪自由通商協会常務理事平生釟三郎」の名でフーバー大統領その他に送った旨が記されている。今日の経済不況の原因は、各国が保護関税障壁を設けていることにある。各国民の負担軽減を目的としてロンドン軍縮会議が招集されたが、これと同趣旨において「世界貿易の促進をなすため関税の制限又は引下を計る国際会議の開催が最も適当」である。しかし「アメリカ合衆国及び其他二三の世界の主要貿易国がある諒解のもとに世界各国を招集する」ことでなければ、何等の成果も期待できない。確かに不自然なまでの高率関税障壁の完全撤廃を望んでいるわけではないが、好機をつかんで、何らかの形で自由通商の運動を起さねばならず、しかもその「唱道者は言ふまでもなく偉大なる先見と充分なる才幹を有するもの」でなければならない。「同時に大胆でコスモポリタンの精神と活動性に富む国民を背景」としなければならない。「かかる確信のもとに吾人は閣下及び貴会議所議員がこの種の運動に協力を得ることができると信じます」と。

　この書簡に対してアメリカからは、「黙殺はせられざりしも、其回答たる、

体裁能き謝絶状」(昭5.11.19.)であった。それにも負けず、平生はアメリカの保護主義を批判し続ける。昭和7(1932)年6月13日、ハワイで開催されたロータリークラブ太平洋会議に大阪ロータリークラブを代表して出席した平生は、「世界不況とロータリー精神」と題して、アメリカが高度保護関税政策を改め、心機一転、輸入を輸出以上に増やすことを貿易の原則にすることを提言するが、アメリカには全く通じなかった。

　平生の日本経済に対する考え方は、金解禁によって為替の安定を図り、そのもとで初めて産業も発展し、企業の国際的競争力もついてくるのであって、企業はそのためには「真の合理化」に努めなければならないというものであった。この彼の発想は、ある意味において、政府による様々な保護的景気政策はいわば「モルヒネ」であり、創造的破壊のうちにしか不況は克服されないと論じたシュンペーターと一脈通じ合うところがある[29]。

(2) 保護関税擁護論と製鉄業界の官民合同への道

　こうした欧米の保護主義的経済政策に対し日本の実業家、特に東京の実業家は、言ってみれば、甘えの構造が心性として働いていて、平生の考えとは裏腹に、やはり関税保護を求めていた。それは関税審議会での彼らの議論に良く現れていた。昭和4(1929)年10月19日に開かれた関税審議会特別委員会は、「輸入品の価格低落に因り該産業が危害を被むる場合には、政府は当該輸入品の有税品たると無税品たるとを問はず、相当の範囲内に於て一定の期限を付したる付加関税を課するの権限を政府に対し附与するは最も適当の方策なりと認む。仍て之に関する法律案を次期帝国議会に提出せられんことを臨む」と決議した。

　保護関税を整理する目的で設置されたはずの審議会がむしろそれを助長するような決議をしたので、これには平生を中心に大阪自由通商協会は反発し、「関税審議会設置の趣旨に逆行するもの」との声明を発表する。大阪毎日新聞もこれに同調して、「委員の多くは決して公平なる自由人ではなくして寧ろ保護を要望する産業を背景に持つ人々が多い。…国民の大

(29) 藤本建夫『ドイツ自由主義経済学の生誕―レプケと第三の道―』ミネルヴァ書房、2008年、4ページ。

多数は断じてかかる偏頗なる犠牲を甘受せんとするものでない」と社説で応じた（昭4.10.30.）。また11月15日、大阪で開催された自由通商協会連盟理事会に出席した志立鉄次郎は、東京自由通商協会のリーダーで関税審議会メンバーでもあったが、同審議会は殆ど保護関税論者で占められているから自由通商を論じても如何ともしがたかったと述べた。平生はこの日の日記に、「何分東京に於ける事業家と称する人々は政府、三井、三菱との密接なる関係なきもの稀にして、此等のmagnates に矢を射るの実力あるものなく、自由通商の旗振はざるは当然なり。然れば東京に於ては消費者の味方として絶叫するの外なからんか」と記している。

　こうした強力な保護要求に対して大阪自由通商協会と民政党内閣は必死で抵抗する。この「保護貿易論者の巣窟」（昭5.1.15.）である東京で、井上蔵相を中心に濱口内閣は彼らに抵抗するが、国内だけではなく外国からも保護関税の風圧が加わってくる。日本の主要輸出品である綿布に対し輸出先のインドが自国業者を保護するために関税を引上げ、しかもランカシャー製品との間に差別関税を設けたが、これは明らかに日本製品締め出しを意図したものであった。これまで日本は主としてインドから銑鉄を輸入していたが、そのインド銑に対して関税引上げによって日本の製鉄業を保護しようとしたために、インド政府が綿布関税で報復しようと意図していることは容易に類推できることであった（昭5.3.11.）。

　インド銑鉄に保護関税をかければ日本綿布はインドでの市場を失いかねない状況に陥ったが、製鉄業者からの関税引上げ要求は相変わらず続いていて、7月18日の日記には次の記述が見られる。平生は17日に井上蔵相から、山田穆、岸本彦衛、伊藤忠兵衛とともに夕食の招待を受けたが、そこで平生と岸本が井上に向って、東京の製鉄業者が再び銑鉄輸入関税引上げを政府に要望しているし、政府でも商工省あたりにはそれを支持するものもあり、また政友会の山本悌次郎らは硫酸アンモニアと鉄鋼の輸入を止めれば国際収支は改善すると言いふらしているようだが、政府はこれらをどう思っているかと質したところ、井上はこう答えた。鉄鋼業者からの要望は事実だが、政府は妄りに「保護の目的を以て関税の引上げ」はしない。外国と

の競争により日本の製鉄業が「sound base にありながら亡滅するの危険」があるとすれば何らかの対策を講じなければならないが、それには当業者が事業の整理をし、合理化をするべきである。「経営宜を得ざりしため無用なる巨費を浪費し膨大なる負債を有し、其負債に対する利子をも生産費に加算して之を高め、以て外国輸入品と競争すること不可能なりとて関税の引上を求めんとするも、政府は如此き要求に対し耳を藉する能はず」と。

　井上のこのような鉄関税保護に対する消極的発言にもかかわらず、11月に入ると事態は急転回し始める。11月11日、平生は岸本彦衛と田口八郎から、民間の製鋼会社と国営の銑鉄製造会社八幡製鉄所の合併で関税の引上が、実現の運びとなっていることを聞かされる。そして翌12日、首相官邸において臨時産業審議会が開かれ、商工省案をベースとする「製鉄事業統制に関する方策」が答申され決定された。この答申は、要するに、「八幡製鉄所及び民間製鉄所を打って一丸とせる大合同会社を設立し、其完全なる統制の下に徹底的合理化を図」ることとし、その新会社支援のため関税が引上げられるだけではなく、それに加えて「国税及び地方税を免除」するというものであった。この案に賛成した審議委員は三井を代表する團琢磨、牧田環（三井鉱山など）、三菱を代表して木村、その他東洋製鉄を代表して中島久万吉、郷誠之助らで、反対したのは斯波忠三郎（東京帝大名誉教授）、松永安左衛門（電力業界）、阿部房次郎の三名だけであった。

　これは平生から見ても驚くべきもので、天下の富豪として、また「実業家として跳梁せる頭目が製鉄事業は国家的事業なりとの名目の下に横暴なる行動」に出たものである。これらの会社は第一次大戦時、市価の暴騰を見て設立されたもので、大不況の今「其事業が不引合なることは当然」である。そうであるにもかかわらず、「製鉄事業は国家のため尤も緊要なる事業」であり、それゆえその存亡は「国家の興廃」に関わると主張し、商工大臣俵孫一の無知に付け込んで合同会社をでっち上げようとしている。そして「統制とか合理化」をその口実にしている。彼等がいかにそれを高調しようとしても、「不引合にして滅亡に頻せんとする所謂マイナス会社が如何に合同するも、マイナスの加はマイナスを多くするのみにて、プラスたる能はざるや

論なし。…合同に依る統制に依り合理化を行はんと揚言するが、関税の引上や国税地方税の免除を以てする合同が如何にして合理化といふを得べきや。合理化とはより良きものをより廉に製造することにあらざるか。関税の引上は生産費の引上である。何故に国民はかかる合同のためにより高き鉄を買はねばならぬか。不合理も甚しといふべし」(昭5.11.15.)。

■ 第3節 自由通商と金解禁

　大阪の自由通商か、それとも東京の保護貿易か、両者が激しくせめぎ合っているさなか、ここに突如金本位制問題が新たな争点に加わってくる。すなわち、昭和3 (1928) 年6月23日、フランスが平価を5分の1に切下げて金本位制に復帰する(25日から実行)ことが日本にも伝えられると、欧米ではポルトガルとスペインを除いて主要国はすべて金本位制となり、世界の五列強あるいは三大強国のひとつだと自負していた日本にとって面子のうえからも金輸出禁止を続けにくくなった。これに直ちに反応したのはやはり大阪財界人で、6月22日に大阪毎日と大阪朝日両紙が合同で財界・学界・政界の著名人28名を集めてシンポジウムを開催した。

　平生は上京中でこの場にはいなかったが、彼はその場の空気を次のように書き記している。まず東洋綿花株式会社の児玉一造らの少数派は「為替の低位が輸出促進の効果」を持ち、したがって国際収支が均衡を取り戻すまで金輸出禁止を続けるべきだとして、金解禁「尚早論」を主張したが、それは「政府当局及日本銀行当事者の口吻」をそのまま真似た意見で、いわば「俗論中の俗論」で、「自己の産物を安売するの結果なることを気付かざる謬論」であり、金解禁を実行しない限り為替は安定せず、従って貿易赤字は解消されることはない(昭3.6.24.)と。実際このシンポジウム参加者の大多数は「金解禁即行論」者で、彼等は、経済は貿易が改善され、物価は世界水準並みに低下し、金利は低く、為替も回復している今こそ解禁にとって「一番好時期」であり、また解禁にともなう投機的正貨流出の心配については、現在貿易環境は良好で、また貿易決済に充てられる在外正貨にはまだ余裕があり、さらに為替銀行には最近買入れた外国債が相当あるから

為替資金調達に問題はなく、さほど懸念することではない。また、国内の金融業者は外国債への投資を増加させるから正貨流出は抑えられないだろうとの意見があるが、それに対しては「金融緊縮」が起り、自然に外国証券投資は止むだろう。ただ英米に金解禁の「準備として弐三億のcredit 設定の要」はあろうと。

　平生はこのシンポジウムをこのように総括し、「最後に於て一同協議の上『金解禁準備調査会』の設立を決議し、大阪に於て金解禁断行促進の烽火を揚ぐることとせり。これ近来の快事なり」（昭3.6.24.）と大いに評価した。

　当時政権は政友会が握っていて、蔵相は三土忠造であった。金解禁問題が発生すると、彼は金解禁と緊縮財政か、それとも政友会の伝統的政策である地方財政救済のための地租委譲をするか、そのどちらを優先するかで決心がつかず、蔵相を辞任する。田中義一内閣は満州某重大事件と不戦条約問題の失政に加えて、三土に代る蔵相を得られず、結局総辞職を余儀なくされる。昭和4（1929）年7月2日、「憲政常道」に従って組閣の大命は民政党の濱口雄幸に下り、蔵相には井上準之助が就任することになる。

　民政党内閣は政権を掌握して以来緊縮財政を推し進めていったが、そのさなかの昭和4年10月24日、ウォール街で株価が大暴落し、以後これが引き金となって世界経済は急落していった。金解禁こそ日本経済を復興させるうえで重要な鍵と見ていた平生は、当初、この瓦落（ガラ）が世界的高金利に終止符を打ち、金利低下とともに円為替は上昇に転じ、したがって金解禁にとって有利な方向に展開して行くだろうと予測し、むしろ歓迎した。

　10月26日の日記には次の記述がある。10月24日まではアメリカでは株価がほとんど際限ないほどまで高騰を続け、コール金利は8〜9%に達しても勢いはなお衰えず、連邦準備銀行は金利を引上げ、貸出しを制限するなどあらゆる手段を尽くしても効果は現れなかったが、24日には「寄付早々より投物雪崩の如く殺到し、諸株は見る見る間に崩落して行つた」。この日の「株式市場の恐慌来は世界的に金利高をなせる主因なりしニューヨーク市場に於ける高利を抑制することとて、世界的金利の低落を促進」することになるから、「金融業者は我邦が今や実行せんとする金解禁には好都合なるべし

との意見を抱くは当然なり」。というのは、内外金利差が次第に平準化して金利の差益のため正金の流出を促す恐れが減退するからである。そして11月4日の日記によれば、株価崩壊の結果、ニューヨークのみならず世界の金融市場で金利引下げが行われ、これは「日本の金輸出解禁に好影響を及ぼすべく、加之に本年は入超の最少記録を示し、益々金解禁断行に好都合を示しつつある事情は、ニューヨークに於ても解禁遠からずとの推測より為替は已に四十八弗台に上」った。

11月8日の日記はさらに金解禁が近づきつつあることを示唆している。すなわち、井上蔵相は金解禁のためには「あらゆる事情が順調」に進行しているから、「相当の期間を予定して金解禁の実現を公示するも差支なしと考へ」ているらしく、「期日公示の意あることをほのめかし」つつある。そのために市場では金解禁近しとの「気分は内外に漲り」、為替は急騰している。この空気を平生はむしろ多少じれったく感じていた。井上は「国民の緊縮気分を徹底」させるには来年3月頃までかかると考えているようだが、もしそれが彼に解禁を躊躇させている理由であるとすれば、ますます「解禁即行の必要が高調」されねばならない。というのは単に解禁が予告せられた場合と現実に断行せられた場合とでは、どちらが国民の気分を緊張させるかは説明を要しないからである。つまり前者においては国民に「一種の恐怖心」を起こさせているだけであり、この「不安気分を一掃するには解禁断行の外なし。斯くして国民は金解禁は決して幽霊にあらず魔物にもあらず、尤も平凡なる経済財政上の一現象にして…大に安堵して産業の振興を図るに至るべきか」。

この間平生は、政権や財閥に阿付することを常とする東京の実業家とは違って、従来家訓として政治には距離を置いてきた大阪財界人を「経済更新会」へと勧誘し、民政党後援団体結成に向けて尽力する。昭和4 (1929) 年10月13日に発表された同会の趣意書には、「現下の経済国難を打破する為、財政を緊縮し、国債を整理し、金輸出解禁を断行し、国家財政の基礎を鞏固ならしむると共に、国民経済更新の途を拓かんとする現政府の政策に共鳴」してこの会を結成する、と謳われていた。この趣意書の意味

合いについてその日の日記には次のように記されている。「如此き団体こそ日本に於ける破天荒のものにして、大阪商工業者をして東京の実業者の如く常に政府に阿附し政党の援助に依りて特殊の利益を獲得せんとする所謂政商なるものの簇生を防止」するものであり、このような「新例こそ日本の経済界を物質的にも精神的にも更新するの力あるべしと信ず」と（昭4.10.13.）。

　金解禁に向って滔々と動き始めた世論にも押されて、政府は、11月21日午後5時、昭和5（1930）年1月11日をもって金輸出禁止に関する大蔵省令を廃止することを決定する。この決定を知った平生は「実に愉快此上なきことなり」と記す。その1週間後の11月27日、大阪で「経済更新会」の発会式が行われたが、ここに濱口首相と井上蔵相が招待される。「国家の保護に依りて自己のinterest を擁護せんとする念」が強い東京の実業家とは違って、大阪の実業家は「自己の実力」によって経営をし、また「比較的根柢堅実」であるから金解禁を「経済立直しのため産業界の安定のため必然」と受け取り、「多少の犠牲は止を得ざるものとして其断行を期望」し、したがって現民政党内閣の経済政策を支持している、そのことを公然と世に示したのが、濱口・井上隣席のもとでのこの「経済更新会発会式」であった。

　昭和5（1930）年1月11日の金解禁実行の前日夕、大阪朝日新聞社主催で金解禁記念講演会が開催された。この会は非常な盛会で、翌日の日記によれば、用意した入場券1700枚は午前9時に交付し始めてわずか40分でなくなったが、その後も希望者は引きも切らない状況であった。平生はこの講演会で請われて「自由通商と金解禁」と題して講演をしているが、その要旨は次のようなものであった。

　日本経済は大正9（1920）年恐慌以来「陰鬱なる雰囲気」に包まれていて、金解禁はたまたまこれに「浄化作用を加へ、潜在せる欠陥を曝露」しようとするに過ぎなかった。なるほどこの浄化作用によって「病膏肓に入りたる我経済界に一層の苦痛」を与えたことは勿論だが、これを通してしか日本経済は「健全なる状態に回復」しえなかったであろう。したがって今政府が行っている公私経済での緊縮策はさらに続行されなければならず、不況状態

はなお続くが、「国民は之に対して忍従するの外なからんか」。このように金解禁の影響は、金解禁それ自体の問題ではなく、「一般的浄化作用」に由来するものであった。ところが一部の特殊産業は「関税を以て其影響を緩和せんと」企んでいるが、これは「産業界全般の利益を無視し国民生活に有害なる影響を与へ、一部業者にのみ不当の保護を加ふるものにして不公正」と言わねばならない。では保護でなければ他に如何なる不況脱出策が考えられるのか。それは「産業の合理化」以外には考えられない。ここで産業合理化とは、生産費、したがって賃金を引下げ優良な製品を廉価で販売することを意味していて、そのためには関税や補助金を廃し、それに高能率の労働力をもって国際市場において外国製品と十分太刀打ちできる実力を養うことである。しかし「生産者が自己の企業組織を合理化せずして徒らに旧慣を墨守し、何等の考案も何等の改善も施さずして資本に対する同率の配当を享けんとし、或は関税の保護の下に、或は操業短縮に依り単に価格の維持に力めんか、其製品は価格に於て外国輸出をなす能はず、従って金貨本位維持の要諦たる国際貸借の均衡に資する能はざるべし」。

　平生は以上のように述べ、最後に金解禁を実行しようとする民政党政府の関税政策を、1.「十分成育し関税保護の必要なきもの」に対してはこれを撤廃し、2. 現在関税保護で存在していても「到底成育発達の見込なく又見込不確実」な産業は、国民の負担を軽くするため関税「撤廃し又は軽減」し、3. 新興産業は「最初より関税を以て保護せざること」とする。これは大阪自由通商協会の主義と一致するものであり、「金解禁の実行と共に其善後策として要領を得たるものにして国家百年の長計のため喜ぶべきものなり」と締めくくった（昭5.1.10.）。

　ウォール街での株価大暴落を機に円為替が上昇していったことで可能となった金解禁だが、この決定を国民はどのように見ていたのか。少数与党の民政党はここで衆議院を解散して民意を問い、一気に多数を制すべく、1月22日に衆議院の解散に打って出た。民政党内閣が緊縮財政、国債の整理、消費の節約を金解禁の準備としているがゆえに国際的信用を得、金解禁に際して1億円のクレジットも可能になっているのに、今ここで選挙に敗

れて政権が代われば「海外に於ける我国の財政的信用は忽ち減退し」、国
債は下落し、正貨の流出は加速的に増加し、その結果「金輸出再禁止」を
せざるを得なくなると予想したから、平生は現政権を勝利させるために必死
になって応援をし、「経済更新会」を窓口に選挙資金を集めるために奔走
した。

　1ケ月にわたる選挙戦中、濱口雄幸と井上準之助の人気は絶大で、例え
ば2月15日の日記に平生は濱口への民衆の熱狂興奮ぶりを次のように伝え
ている。神戸の会場では「到る処民衆は首相の演舌を聞き其風采に接せ
んとて開会数時間前より蝟集」し、濱口総理が演壇に現れると、一同脱帽し
て敬意を表し、後方の人々のために正座した。「濱口氏の人格及至誠が大
衆の心線に触れて誰言ふとなしに脱帽を叫び正座を叫ぶものなるが、多衆
が之に応じて謹聴せしことは今日まで政談演説として類例なきところ」である。
「詭言と瞞着を以て一時の人心を買はんとして、政友会が天下を取れば忽
ち景気が回復する如き、実に国民を愚弄せる如き言論を演述しつつある犬
養政友会総理と、謹厳にして言々句々正義を以て満ちたる演説をなす濱口
総理とを対比せば、如何に無識の地方人士といへども孰れの政党が国家
のため貢献するものなるやを知るに足らんか」。

　この選挙戦で政友会は金解禁を再禁止し、従来通りの「積極的財政政
策」を採用することこそ景気を回復させる唯一の方途であると主張したが、
選挙の結果は予想通り民政党の圧勝に終わり（民政党272、政友会172）、
国民は金解禁と緊縮政策の続行を選択したのである。もっともここで忘れて
はならないのは、上述のように、同じ時期に政友会の基本的政策は保護主
義であり、それを基本として製鉄業では民間企業と官営八幡製鉄所が合併
に向かっていたのである。

　昭和5（1930）年11月14日、濱口雄幸が東京駅頭で襲撃されて重傷を負
い、これが民政党内閣の終焉を早める。この事件が平生にとって如何に大
きな衝撃を与えたか、それは次の日記の記述によく表われている。「今やこ
の国難に臨みて…濱口氏が永逝せられる如き事あらんか、国民は唯一の
指導者を失ひたるが如く、荒海を航海せる船人が暗夜に燈火の消ゆるに逢

ひたるが如く、政治も亦混沌たる常態」を呈することになるだろう。すなわち議会で多数を制する民政党が「国難」を意に介することなく政権争奪をめぐって群雄割拠し、分裂し、ついには「絶対多数の好機を逸する」恐れすらある。また「敵党たる政友会に於ては君国の休戚など頓着なく、この機会を以て民政党内を攪乱して内閣の瓦解、民政党の分裂を企図し、之が為めには政友会の常套手段たる陰謀悪策を逞ふする」だろう。このような事態になれば、「政界は戦国時代の観を呈すべく、不景気のために人心が不安の極に陥れるこの際、国家は如何なる状態を呈すべきや、実に寒心に堪へざるなり」。事態は平生が恐れていた方向に進み、濱口内閣の後継若槻内閣は内紛で崩壊し、政友会に再び政権を奪われてしまう。

■ 第4節 イギリスの金本位停止下での
井上準之助と高橋是清との金本位制論争

　昭和6（1931）年9月18日の満州事変と軌を一にして経済界を震撼させるニュースが世界を駆け巡った。イギリス政府が9月21日午前0時をもって金本位を停止すると発表したのである。日本の財界はこの「寝耳に水」、「青天の霹靂」の報道に驚き、東西株式取引所はいっせいに立会を停止した。これにどのように対処すべきか。あくまで経済合理的に考える平生は、日本産品の流通を阻止しようとする中国での「排日排貨」運動を批判する一方で、国内の実業家に向かっては金本位の維持こそ日本がとるべき最良の策だと力説して譲らなかった。

　9月29日、平生は午前中に海外移住組合連合会（後述）で仕事をすませ、東京海上ビルの中央亭で昼食をとっている。その席で、日本も一日でも早く金輸出再禁止をすべきだと強弁する論者がいたが、「余はかかる事は断じて決行すべからず。かかる手段を以て景気の回復を計らんとする人は一時的亢奮剤を以て一時の快に耽らんとする人にして、多く借金の圧迫より脱せんとする人」である。確かに再禁止をすれば物価も、株価も上向くだろうが、それはこれによって賃金の引下げを「闇打的」に行おうとするもので、物価が高騰すれば早晩賃金の引上げを要求されることになり、利潤はすぐ

に減退する。また対外的には「安売高買」を意味するから金輸出再禁止の効果はなく、一部の人々を利するだけである。またその再禁止の根拠についてイギリスの金本位停止を持ち出す人々がいるが、彼らは状況を正確に理解しているとは言えない。上述のように、日本は輸入面からは価格高騰で再禁止のメリットを論ずることができないとすれば、「何が故にかかる手段を取る」必要があるのか。「英国が金本位を停止したるには停止すべき理由が存するものなるが、日本には之と同一なる原因存在せざるにあらずや」、と日英間の情況の違いにもっと目を向けるべきだと主張する。

　翌9月30日、井上蔵相を私邸に訪ねた平生はこのイギリスの金本位停止について彼からより詳しい事実を知らされる。井上によれば、イギリスがこうした事態に追い込まれたのは、財政難に加えて対独短期債権のために国際的信用が疑われて世界の短期資金が次々引き揚げられていったために、対策として、マクドナルド挙国一致内閣のもと、正貨流出の防止に努めたが、その甲斐もなく、そこで政府はアメリカとフランスに向ってクレジットを懇請したが、要領を得ず、万策尽きて金本位停止となったのである。では米仏をはじめ世界の金融業者はなぜポンド売りを急いだのか。その理由は、井上の見るところ、挙国一致内閣が成立していても、労働党の政策について先行きが見えず、それが彼等の間に「不安」を生じさせたのだと。

　平生は12月31日の日記で昭和6年を回顧しているが、このイギリスの金本位停止についてこう総括する。「英国はオーストリアの恐慌〔最大銀行クレディット・アンシュタルトの取り付け〕、ドイツに於ける財界の危機に際し、金融の基礎の堅固を以て天下に誇れる老大国とて、墺独の求に応じて極力応援を怠らざりしが、米仏其他より絶へず短期資金を引上げられ、7月より9月に至る2ヶ月間に於て12億磅の巨額を引出さるるに至り、9月21日に於ける引出も応ぜしが、当時英蘭銀行が貯蔵せる金塊を一掃するも尚不足」する状況に追い詰められた結果がこの金本位停止であった。これがポンドの影響力が強かったヨーロッパ各国に衝撃を与えた。すなわち、ポンド手形が中央銀行の金準備の実質部分のかなりを占めていた国々は、ポンド相場の暴落によって「兌換の基礎」を危うくし、ついに連鎖的に金本位から離脱して

いったのである。

9月30日の井上の話に返れば、このヨーロッパの金融危機に周章狼狽して日本も金本位を停止すべきであると主張するものがいるが、これは日本経済をよく理解していない人物の議論である。第一にイギリス経済との関係だが、戦前とは違って、現在の日本はポンド建輸出の問題はあっても、イギリスに「在外正貨」を置いていないから金本位停止の直接的影響は少ない。第二に財政的には日本は緊縮財政で、第三に国際経済関係では貿易収支は著しく好転し、また短期資本の取付けについては日本の金融市場が「孤立」しているためその懸念はない。要するに「英国の金本位停止に依り我国は何等解決しがたい重大問題に遭遇しては居ない。今日神経を悩ますべき何等の事情もない。しかるに何を苦んで金輸出再禁止とか平価切下を行って財界を攪乱するの必要があろうか」。

平生はこの井上の意見にほぼ全面的に同意するのだが、彼の意をさらに強くしたのは、朝日、毎日の両二大紙が金本位制維持でまとまっていたことである。朝日新聞は11月6日の社説で再禁止に対する反対論を展開し、翌日の大阪毎日は再禁止を「党議」としたことを公表した政友会を次のように非難した。「何をおいても我国の経済的信用を維持して行くことが根本条件」である。「金再禁止論は自ら信用の危を広告宣伝するものであって、信用を毀損する上に、天下之に過ぎた有効な方法はない」。同紙からみれば、満州事変で政治・外交面で国際的信用を失いつつある日本にとって、金融面での信用の孤立化は何としても回避しなければならなかったのである。

しかし問題は民主党内から出てくる。すなわち内相安達謙蔵が突然何の前触れもなく政友会との連立内閣構想を打上げたのである。平生によれば、「政友会は倒閣運動のために天下に発表せる政策はたとえ全部ならざるも其一部を実行せざるべからず。彼〔安達謙蔵〕の金輸出再禁止の如き、政友会にして党議として決定発表したる以上直ちに之を実行せざるべからず。之が為めに生ずる財界の混乱は実に名状すべからざるに至らんか」（昭6.11.23.）と。

この平生の予想はまさに図星で、安達内相が構想した連立内閣は実現

せず、12月13日についにこの安達内相の反乱によって若槻内閣は崩壊してしまう。「憲政常道」に従って野党第一党の政友会総裁犬養毅に大命が降下し、大蔵大臣になった高橋是清によって直ちに金輸出再禁止が実行される。このニュースが伝わるや、直ちに円為替は暴落し、それと同時に物価と株は高騰した。この高橋の政策について、政権移行後まもなく井上と高橋が議論を交しているが、平生が井上宅を訪れた際、両者で次のような会話が交わされたことを聞かされる。井上が高橋に財政の現況等引継ぎ事項を詳細に述べたが、高橋はそれに応えて、「犬養氏の懇請止を得ずしてこの大任を引受」たが、最近は眼病で入院していて「長く世間と遠く居りたるため財界の現状につきても知るところ少なく、為めに金輸出禁止後に於ける対策につきては何等工夫するところなきが如しと」。これを聞いて平生は「真に日本人としては心細きことなり」と感想をもらす（昭6.12.16.）。

　もしこの日記のように、金輸出再禁止という金融政策上の大転換が何等十分な準備のないまま、突然政権が転がり込んできた政友会によって、11月初旬に党議として決定していたからという理由で実行されたのだとすれば、これは余りにも早計で軽率な政策決定であったと言えるのかも知れない。

　井上と高橋とは昭和7（1932）年1月21日に貴族院で本格的論戦を行っている。まず高橋が、金解禁政策のために財政緊縮、国債の整理、消費の節約が実行され、その結果日本は不況に陥り、産業は衰退し、物価は低落し続けたとすれば、これを救ったのが金輸出再禁止であると主張したのに対し、井上は、これまで平生にも私的な談論で語ったことだが、理路整然と高橋の財政政策を批判していった。この論戦の様子を平生は翌日の日記に記している。井上は高橋に次のように質問した。「金本位を維持するのに努力するのが政治家の義務ではないか」。それを現内閣は組閣早々十分な研究も準備もせずに金輸出再禁止したために、「ドル買思惑」で3億円もの「巨額な利益を少数の資本家に得」させてしまった。これは「政治道徳に反するものにあらずや」と。これに対し高橋蔵相は「金本位にあらずば国が立たぬ訳がない。支那は銀本位である」。「また現内閣になって何故再禁止をやったかといふが、夫なれば何故前内閣は金本位をやったか、大し

た理由はないではないか」と。

この蔵相としての高橋の答弁には驚くほかなかったのか、平生は自身の意見をこう記す。「実に国家の財政に慎重の考慮を払はざる暴論といふべく、寒心の至りなり。かかる無謀なる思想の下に積極財政を行はんか、inflation は免るべからず。国民は一時の好景気、否欺瞞的財政策に陶酔して終に救ふべからざる状態に陥るべしと懸念に堪へず。しかして大勢は政友会内閣の積極政策を謳歌しつつあれば、総選挙の結果は必ず政友優勢となり、inflation 政策は必ず実行せらるることとなり、対外信用は頓に下りり為替は漸次低下の歩調をとるに至らんか」と（昭7.1.22.）。

■ 第5節 平生釟三郎の高橋財政批判
（1）時局救済事業

アメリカは大恐慌に対して関税を大幅に引き上げて自国産業を保護する政策を取った。これに対して平生は恐慌を脱するには基本的に世界が自由通商に立ち返らなければならないと考え、彼を中心に大阪自由通商協会は自由貿易の普及に全力を尽くしたが、不況が深刻化するにつれて一層自由通商でなければ「本善に立帰」る（昭6.7.10.）ことはあり得ないとの考えを益々強くしていった。

これに対し、犬養毅政友会内閣の蔵相高橋是清は直ちに金輸出再禁止を決定するのだが、その彼の財政政策だが、昭和7（1932）年3月6日の平生日記を見ると、「現内閣は金輸出再禁止を決行するに当り…各国が実行せる為替管理すら行はず、対外為替は自由放任といふよりは無為無策のために下落に下落を重ね、思惑は思惑を生み、今や見当なき状態である。かかる状態が継続せんか、政府の財政は勿論、一般財界はまさに名実共に破綻に瀕するの外なからんか」と極めて厳しい[30]。

---

(30) 井上準之助や平生とは違って、岩田規久男編著『昭和恐慌の研究』東洋経済新報社、2004年、ixページは、「高橋財政」と呼ばれている「リフレ・レジームへの大転換により、日本経済は昭和恐慌からごく短期間で脱出し得た」と主張する。他方、松本崇『大恐慌を駆け抜けた男高橋是清』中央公論社、2009年、1－2ページは、同じく「井上財政」を批判した上で、高橋が蔵相を務めていた時代は「健全財政の時代と呼ばれ」、またニューディール政策で知られるルーズベルト大統領が「実は健全財政論者だった」ことが判ったと弁じている。

また、政友会は伝統的に農村を選挙基盤にしていたが、特に生糸市価はアメリカ市場で需要が激減し「一大恐慌」到来の感があり、その上農家は地価下落のため土地を担保に融通を受けることさえままならない状況にあった（昭7.4.20.）。他面これを地方銀行から見れば、土地への融通ができないため銀行自体も行詰っていた（昭7.4.24.）。こうした農村を救済することが高橋財政政策の第一の課題であった。

　第62帝国議会では農村救済が最重要議題の一つとなり、向こう3年間で3億5千万円の土木事業を行うために公債発行が決定されたが、平生はすぐにこれに反応を示す。この金額では200万の貧農を救済するには不十分で、10億円の土木事業の計画が立てられようとしているようだが、その維持費は膨大なものになり、従って地方負担も当然増えることになるから農村経済は一層苦しくなる。それに「かかる不急の土木事業を起すために巨額の公債を募集して紙幣を発行するため対米為替率に激落を生ずるとせば、果して夫が政府として取るべき方策なるや甚だ疑なき能はず」、と平生はこの農村救済策には疑問を抱いていた（昭7.6.17.）。

　第63帝国議会は前議会を受けて「時局匡救」が議論の中心となった。この時局匡救事業は結局3年間で総額約85,000万（国55,000万、地方30,000万）が投ぜられることになるが、平生は政友会主導のこの政策を中小地主のための救済策だと厳しく批判する。政友会は「徒に農民に媚びて地盤の固めに腐心」していて、「私利私慾を満足せんとするの外他意なきを知るべし。農村救済を高調するものは農村に於ける中小地主である。彼等は猫額大の田畑を所有し其小作料を以て徒手生活せしものなるが、…世界的不況の影響は我国に及び、諸物価、殊に農産物の時価は極度に低落し、為めに此等の地主は小作米を売却して其生活を維持する能はず。為めに負債を起して一時凌をなし、以て好況の再来を待ちたるも、かかる非常時の景気は再び来らず。負債は利子不払の為めに、やが上に嵩みて今日に至りたるものにして、之れ自業自得とも称すべきである。然るに此等の地主連は彼等の組織せる帝国農会を表面に立てて農村疲弊を絶叫して国家の救済を強要するに至り、夫には農村を根拠とせる地方代議士を脅し

て其 mouthpiece として囂然として徹底的救済を高調せしめ、政府の提案を手緩として政友会案の通過を強要せしむるに至りたるなり。余はかかる径路に依り生じたる中小地主の救済は余ほど手心すべきものにして…農村負債整理に当り国家が其損失を補償するが如き、大に考え物と思ふ。自ら蒔きたるものは自ら苅らざるべからず」（昭7.9.5.）。

（2）満州事変と放漫な軍事費の膨張

　中小地主の救済は「自ら蒔きたるものは自ら苅らざるべからず」、と高橋蔵相の農村救済事業を平生は批判するのだが、それにも増して厳しい現実は満州事変以降の軍事費の膨張であった。高橋蔵相は基本的にこれを増税ではなく国債で切り抜けることを考えていた。平生はその彼の考えを次のように批判する。「財政に通暁せると称せらるる高橋老相」は、現在国民は増税に耐えられないし、たとえ幾分かなりとも余力があるからといって増税を強いる場合には、多少振興しかかった産業を再び萎縮させることになるから、増税は避けねばならないと主張しているが、「国力を無視して軍備をなすものは、恰も衣食の料を割きて甲冑や其他の防身具に投ずる」に等しい（昭7.10.4.）と。

　高橋蔵相の言うように我国の現状では増税に耐えられないとすれば、軍事費も含めて予算を削減すべきである。10月12日の日記には、事実蔵相は昭和8年度予算編成方針として削減を三土鉄相との協議で確認していた。しかし他方で陸軍サイドは巨額の満州事変関連と兵備改善費を要求していた。「今や軍部万能にして民間の言論機関さえ其使命を棄てて軍部に阿諛し軍部に阿附するの言論を敢てし、益々軍部の軍備拡張熱を煽りつつある時、荒木陸相、否軍部の主張に対抗して之を削減するの勇気と自信なきは現内閣組織以来の行動が能く之を示して余あり。海軍も亦陸軍に対抗して莫大なる新要求をなしつつあれば、陸軍の軍備を容認して海軍の要求を拒絶することも不可能なるべく、各省の要求中時局匡救に関するものは政友会の手前もあり如何ともする能はざるべく、財政は何れにしても危機に瀕せりといふべし」。

　11月6日の日記は予算折衝の様子を次のように記している。高橋蔵相が

各省からの新規予算額に対して大鉈を揮い蔵相としての気を吐こうとしていることが窺えるが、「果して高橋蔵相が少くとも陸海軍に向ってかかる大鉞を加へ断乎として所信を以て猛進」することができるだろうか。「荒木陸相の如きは例の軍部を後楯としたる脅要的態度を以て、国家の一大事なりとの口実を以て蔵相に肉薄するならんが、果して之に向って如何なる策謀と勇断を以てするや」。高橋蔵相がこうした削減を敢て閣議に出した以上、「氏にして真に国を思ふ至誠あらんか、軍部の強要を排して勇断決行すべきのみ。若し軍部が反抗に逢ふに於ては内閣は陛下に上奏して御親裁を仰ぐのみ。満州事件を利用して陸海軍があらゆる専断をなし、以て軍備拡張をなすが如きは実に猛省を要することと思ふ」。

だがこの平生の期待は見事に裏切られる。復活折衝で高橋蔵相はすべて軍部の要求を受容れてしまうどころか、その配分についても一切口出しすることができなかった。このようなことは異例のことで、「国家の予算を編成することも大蔵大臣の任務なるに、海陸大臣に一任して干与せざるが如き、果して蔵相たるの責任を尽くせるものといふべきか」、と平生はあきれ果てる（昭7.11.13.）。かくして昭和8年度の予算案は「我国未曾有の大予算」となり、「何等の定見も何等の将来に対する予定計画もなき所謂ダラダラ予算」となる（昭7.11.18.）。

閣議決定した予算案は22億3800万円という「開闢以来の大数字」で、政府は、現在の国情は非常時なれば致方なし、との口実の下に其4割を赤字公債で補填し、このうち軍事費は8億5000万円（内満州軍事費は1億8500万円）で予算額の36%を占める（昭7.11.21.）。この予算案に対して高橋蔵相は、都市においても農村においても景気の兆しが現れてきているから「やがて景気の美酒を満喫するであろう」と楽観論を平然と披歴した。これには平生は我が耳を疑った。「9億の赤字を全部公債を以てせんとする放漫財政を行はんとすることとて、斯の如き楽観論をなすは止を得ざるとするも、かかる楽観的態度が国民をmislead しつつあることは実に寒心に堪えざることである」と（昭7.11.26.）。

（3）公債非公募

　昭和7年2月16日に高橋蔵相は銀行団集会において「公債非公募」の方針を示唆する（『昭和財政史』第6巻）。同日午前9時東京着の列車内の食堂で、平生は大阪山口財閥の山口銀行（昭和8〔1933〕年、三十四銀行と鴻池銀行と合併して三和銀行、現三菱UFJ銀行）の佐々木駒之助と会い、借換公債の件で話し合っている。ここで平生は、公債の増発は今後も続くと思うが、「金本位停止以後銀行の預金は漸減し、銀行手許は決して緩かなるを得ず。かかる時に於て民間に公募応募力なしと思ふが如何」と述べると、佐々木は平生の意見を裏書きして、「長期の公債の如きは募集の見込み」はなく、また中国における軍事費や政友会の「積極政策」がどれほどになるか全く予想ができないから、結局は「日本銀行をして応募せしめんとせば臨時議会に於て日本銀行条例を改正して保証準備を拡張せしめ、以て兌換券の増発に依り応募せしむるの外な」くなるから、山口銀行はその備えを考えていると述べた。

　平生はなお気になる新聞記事を紹介している。昭和7年7月1日に満期を向える満鉄外債600万ポンドについて「金を現送せず…政府が輸出為替を買入れて之を外債支払」に充てることを考えているようだが、そうなると「輸入の管理統制を行ふの必要を生じ、其極に国家が輸出入を自己の手にて行ふこととなり、ソヴィエト・ロシアと同一の手段」を採用することになる、と懸念を示している（昭7.2.16.）。

　事態は平生の懸念した通りに非公募主義、国債の日銀引受と貿易管理体制の方向に一直線に向って進んでいくが、その間に予想されるインフレ景気が一般国民の眼を眩ませる。日本銀行は昭和7（1932）年3月12日から公定歩合を2厘引下げ（商業手形割引日歩1銭6厘、国債担保貸付利子日歩1銭7厘）、制限外発行税も6分から5分に引下げることを発表する。政府および日銀の狙いは、これによりインフレ政策に舵を切ることを決断することにあった。今や世界的に反デフレ政策に転換しつつあるから、日銀は金利引下げによる円為替暴落を懸念することなくインフレ政策を実行することができるというわけである。しかしこの反デフレ政策を平生は次のように批

判する。

「株式や物価が昂騰するも、之に依りて産業が勃興するにあらず。若しこのinflationといふ時ならぬ暖気のため花が開きたりとするも、夫は一時的にして忽ち枯凋の外なからん。何となれば産業を起すも其生産物に対する購買力の増加あらざればなり。収入同額にして貨幣価値低下せる時に於て如何にして購買力が発生するやは何人も疑はざるべし。通貨膨張、否不換紙幣の増発に依る人為的につくられた仮設的購買力乃至仮説的信用力の増大は之を以て国民の真の経済能力増進の結果にあらざればなり」（昭7.3.12.）。

3月の日銀金利下げの効果は現れず、8月18日にはさらに「金融市場空前」の引下げを発表し、商業手形割引は日歩1銭2厘となった。この「強力的インフレーション遂行」で「一時的なりとも好景気」を狙っても、これが「産業界並びに国民の実際生活」に効果がなければ何もならない。日銀は「政府のinflation の先棒となりて市中の状勢を無視して金利引下を行ひつつあるは如何にも無意見である」。経済界では需要が減退し、あらゆる産業で5割以上の操短を行い、「資本は固定」したままで、「進退維谷（これきわ）まるの窮状」である。「要するに事業界は金利の低下は歓迎するも、さりとて金融業者が貸出を渋るに於ては事業界の回復は六ケしかるべく、さりとて金融業者も現在の貸出資金が固定して回収の見込みなき時に、進んで事業の将来につき好望あるにあらざれば、新規貸出を敢てするの決意を生ぜざるべきか。…政府の取らんとするinflation 政策の先駆たる外効果少なかるべきか」。

11月25日には予算額のうち36%が軍事費という「開闢以来」の大予算が閣議決定となるが、同じ25日に国債の日銀引受が開始される。こうして政府と日銀が車の両輪となり、国債増発でインフレ景気が煽られ、軍備拡張のため軍需工場は多忙となり、さらに為替激落で輸出が激増すれば、市場にあふれ出た資金は当然投機化して株式市場に流れ込み、株価はその実態がどうであれ「躍起せんとする勢」である。これを抑止しようとして日銀が「open market operation と称して自行引受の公債を市場に売放ちて遊動資金の収縮に努めつつあるが、之は政府が左に通貨膨張の因を作りながら右に

夫を抑制しようとするもので、政府、即高橋蔵相も資金の存在が必ずしも事業振興を意味するものでないことを悟った形である」。物価は昭和6（1931）年12月に比べ昭和7（1932）年12月の物価指数は英米ともに10ポイント余り低下しているのに、日本は20ポイントも上昇しているから、極めて危険な状態にあった。

こうした経済状況を背景に平生はこう警告する。軍需など前途が見えない「不生産的事業に巨額の資金を投じつつある間はこの危険は避くべからざるものにして、政府は深く思を此の点に致して一日も早く収支相逢ふよう政費の調理を図らざるべからず」と（昭8.1.18.）[31]。

（4）続落する対外為替の意味

財政の逼迫と公債の増発は必然的に対外為替率の低落となって現れる。これはまさしく「日本に対する信用の欠乏」を示すものだが、高橋蔵相はこれについて「人為を以て如何ともすべからざれば放任の外なし」との方針をとっていた（昭7.8.23.）。しかし8月25日の新聞によれば、「氏特意の放任論も些か心細さ」を感じ始めたようで、政友会の為替平衡資金制度類似の方法を大蔵省案として発表した、と日記に記されている。

しかし11月11日の日記には、対米為替が100円＝50ドルから20ドルを割り込むほどに下落している、とある。平生はこれを極めて危険な兆候だと見ていた。確かに世間では輸出が増えるから国民経済にとっても実業家にとっても大いに歓迎すべしとの風潮が漲っているが、「若し金を以て計算せば従来の二倍以上」売らねばならない。他方で輸入物価は上昇しつつある。従って輸出増加で得ている利益には「国民経済全体の負担」が対応していることを忘れてはならない。単に日本は「安売高買」をしているだけである。「之に依り我国民経済が何等利するところなく取引毎に損失を醸しつつあるのである。国民経済自体が弱って来るのに個人や社会が活動し得るとは不審ならんも、之は為替低落といふモルヒネ注射の為であることを知了せね

---

(31) 国債の日銀引受けとオープン・マーケット・オペレーションについては、富田俊基「1930年代における国債の日本銀行引き受け」、『知的資産創造』2005年7月号をも参照。

ばならぬ」。

　さらに為替の続落は直接的には政府の外国への諸支払いや、民間では巨額の外貨建債を抱える電力会社の大きな負担となって表面化する。五大電力会社（大同、東邦、宇治川、東京電燈、日本電力）の財政状態は頓に悪化しているが、これらの会社の利払いと減債基金支払いが「金本位時代に比して今や倍以上」となっているからである。まさにデフォルト となる恐すらある。また政府が外国への諸支払いを輸出為替の買入で行っていることも外国の信任を失い為替市場への圧迫となるから、それだけ脅威となる。為替低落が一面で政府・日銀当局にとっても懸念材料であったことは、昭和7年7月に資本逃避防止法を制定せざるを得なかったことからも分かる。しかし為替の低落が止まらないために、11月30日、ついに大蔵省は省議として「為替応急策」をまとめそれを勅令として断行しようとする。それによると、「政府発行の外債、政府保証にかかる外債、電力外債中内地人及び内地在住の外国人の所有にかかる額は総額拾億円弱（平価計算）」に達しているが、これを近々勅令で設立される「外債評価委員会」で「強制買上げ」をする。政府関係の約8億円を別にして、電力外債中、内地側所有額約1億4000万円については、「大蔵省がこの電力債を援助する理由は電力会社の救済では断じてない。右は為替で元利支払せらるるときに事実上資本逃避の結果となる場合が多く、また円売思惑に乗ぜらるることもあるから之を強制買上して元利払を円で実行することなれば其恐なく、資本逃避法の精神に合致し為替対策となる」（昭7.12.1.）。

　この強制買上げ政策は電力会社にとって「金貨利払の難」を逃れ、しかも「低落せるニューヨーク市場相場を以て有利に銷却」できるとの噂が流れたために電力株が昂騰したが（昭7.12.7.）、総額十億円もの巨額の資金調達のことを考えてもそれは容易なことではなく、高橋蔵相がすでに、「内地に在る外貨証券は公社債引括るめて全部政府が強制買上をやるなどといふことは全く考へて居ない」と否定し（昭7.12.1.）、結局この問題は先送りされた。

■ 第6節 自由通商協会の終焉とロンドン国際経済会議の挫折

　高橋財政と世界的保護主義の大波に飲み込まれ、平生日記にも自由通商のスペースは次第に少なくなっていったが、彼はやはりアメリカを中心に関税引下げが主流となることによって世界貿易が活発にならなければ世界経済は勿論、日本経済に好景気が訪れることはないとの持論を変えることはなかった。

　だが自由通商運動はまず東京で挫折していった。昭和7（1932）年4月11日、平生は帝国ホテルで志立鉄次郎、田口八郎、岸本彦衛と昼食をともにするが、その際志立は、「今や大衆の力は微弱にして、言論機関たる新聞紙も亦実力なき時に於て、講演会を開くも何等の効果」なく、「新聞紙が挙って軍部に媚びるが如き態度を取り、商売主義となりて正論が没却せられつつある」と大いに落胆しながら東京自由通商運動の現状を述べたが、平生は志立を、「保護主義者の包囲中に在りて気力を失ひたるが如く、公衆に向って呼かけるの勇気失せたる」ようであると日記に記す。

　平生は5月24日から7月2日までロータリークラブ太平洋会議出席のためハワイに赴き、6月13日にスピーチをしている。この日の日記にはその内容は記されていないが、ハワイ出発前の5月19日に大阪ロータリークラブでその要旨を語っている。「現在の世界大不景気の主因たるものは北米合衆国が世界大戦争に依り一躍して大富豪国、大債権国となりたるにも拘はらず、やが上に他人を貧しくすることに依り自国を富まさんとする方針を実行し来りたることにして、夫が為め世界の黄金は米国とフランスに集中したるなり。…されば米国が心機一転して、債権国は輸入超過を経済の原則、貿易の原則とすべきものなることを了解し、関税を低下して外国品を輸入し之に対して死蔵せる黄金を放出せるか、之に依りて世界の物資が運行を初め、金の運行と共に物資の自由移動が開始せられ、世界各国間の国際貿易は旧態に復するを得て各国民は今日の旧態より脱するを得んと思ふ」。

　これを見ても平生の自由通商のロジックは変わってはいない。何が変わったのか。それは結局満州問題をそこにどのように組み込んだのかに関わっている。7月16日にハワイからの帰朝歓迎会が行われたが、この席で平生

は次のように述べている。「我国が満蒙に進出するは他意にあらず。生活の資料と原料を求めんがため、我加工品に向って販路を求めんとするのみ。人類が慾望を満足する唯一の平和的手段は外国貿易の外なし。故にこのmeans がなくなるとすれば武力を以て領土拡張かpiratic action の外なし」[32]。アメリカ人には日本の満蒙における行動を非難するものもいるが、それは日本人が「米国流のfrank and open にあらずして東洋流の表面を糊塗せるものなれば、米国人を誤解」させているからである。「若し日本が最初より満蒙は日本の国防上の生命線なりと高調し、満蒙に他国が勢力を扶植すること、また満蒙が常に匪賊の跳梁するところとなり、また暴政の下に苦しめられつつあることは我権益を害し、延て我国の独立を脅かすものなれば、我国は自衛上満蒙を自己の勢力の下に置かざるべからざることを主張し居らんか、彼等は今回の我国の処置に対し釈然たるものありしならんと思ふ」（昭7.7.16.）。

　平生が大阪自由通商協会にどれほど思い入れがあったとしても、現実には次第に周囲からはその余地を益々狭められ、他国への領土侵略という極めて危険な方向に向かわなければならなくなったと苦渋の結論を導き出していたのかもしれない。同年12月9日に同協会事務所で理事会を開くが、ここで通商協会の本部が東京から大阪に移ることが決定された。「自由通商なる文字が自由貿易と混同せられて誤解」を招いている。そればかりか「保護論者（東京に於ける実業家の多数）がこのmisleading の名称を逆用して、彼等は自由貿易論者にしてマンチェスター派の〔流れを〕汲むものにして、彼等のいふところの如くせば日本の産業は根本より顛覆破滅すべしなど脅かす恐あり。従って東京の協会の如き、理事会を招集するも来集するものは志立、大田両氏の外は山川端夫氏、矢野恒太氏位にして有力な事業家

（32）平生は上記のように、ハワイでのロータリークラブ太平洋会議の帰朝報告で「人類が慾望を満足する唯一の平和的手段は外国貿易の外な」く、これが失われると「武力を以て領土拡張かpiratic action の外なし」と述べているが、昭和12（1937）年に自由通商10周年を記念して発行された「拾周年記念特集」においても、日本のように資源の乏しい国が生き残るためには、平和的国際貿易か、そうで無ければ領土拡張しかない、と昭和7年と同じ論調で議論を展開している（滝口剛「満州事変後における自由通商運動の軌跡－『大東亜共栄圏』への道－」『甲南法学』第57巻第3・4号、2017年、108－110ページ）。

は一人も来会せず。此等の事実より考察したる結果、此際自由通商協会を解散し、国際通商協会を大阪に設置し之を本部として現在の会員を其儘継承し、他地方には支部を置くこととせんとの議は一同の賛成を得たり」。こうして昭和3（1928）年以降活発に活動してきた大阪を中心とする自由通商協会も時代の潮流に抗しきれなくなって行ったのである。

　昭和8（1933）年6〜7月にロンドンで世界不況を救済すべく最後の国際経済会議が開催された。主要なテーマは関税引き下げと為替の安定であったが、同年3月にルーズベルト大統領の下で金輸出禁止をしインフレ政策の軸足に移していたアメリカは、ドル為替の安定に飽く迄反対したから、国際会議は決裂した[33]。この後に待っていたのは各国が経済ブロックを一層強化する以外になく、こうして平生や大阪財界人たちが望んでいた世界的自由通商体制と金本位制は最終的に潰えてしまった。

---

(33) この国際会議を決裂させた決定的な「事件」は7月2日のルーズベルト大統領の「爆弾声明」であった。それによると「一国の健全な国内経済システムは、変動する他国通貨の尺度で見たその国の通貨の価格よりも、その福祉にとってより大きな要因である。政府のコストの削減、十分な政府収入、政府債務の履行能力がすべて究極の安定にとってきわめて重要である所以は以上の理由による。そこで、いわゆる国際銀行家たちの古い物神崇拝が国民的貨幣をつくりだす努力に取って代わられつつある」云々と（秋元英一「ロンドン世界経済会議と国際経済協力」『EX ORIENTE』大阪大学言語社会学会誌、Vol.15、2008年、8ページ）。こうしてアメリカは完全に内向きとなり、国際経済を見捨ててしまった。

第5章
—
川崎造船所を liberate し、労資協調体制を実現する

■ 第1節 強制和議

　第一次世界大戦で飛躍的発展を遂げた日本の造船業であったが、その後、戦後恐慌、大正9年恐慌、関東大震火災、金融恐慌、昭和恐慌のなかで何度も経営危機に直面した。経営そのものに問題があったのはもちろんだが、それに加えて金融面で経営を側面から支えるべきはずの主要取引銀行にも、健全性という面で問題がない訳ではなかった。事実、松方幸次郎率いる川崎造船所の主要取引銀行第十五銀行も昭和2（1927）年3月に発生した金融恐慌のさなかの4月21日、連日の取付けでついに休業の止む無きに至る。同行との資金的パイプを断たれた川崎造船所は、その後従業員の思い切った整理や経営陣の刷新、車両部門の分社化等、それに海軍から巡洋艦および大型潜水艦各一隻の受注などがあり、いったん立ち直りの兆を見せるが、世界大恐慌と金解禁によって致命的大打撃を受け、昭和6（1931）年7月20日についに神戸区裁判所に「強制和議法の適用」（同法を改善して2000年から今日の民事再生法が施行される）を申請した。これをただちに受理した区裁判所は窪田武丕を主任判事とし、8月には平生釟三郎ら7名が整理委員会委員として任命され、彼らは早速作業に取り掛かることになった[34]。

　昭和5（1930）年末時点で川崎造船所は1億4100万円の債務残高を抱えていて、これに対して帳簿上の資産は9000万円であったから、すでに倒産状態にあった。この破綻した会社を再生させる道筋を示すことが委員会の仕事であったが、その実質的指導は平生と元鐘紡社長長尾良吉に委ね

---

(34) 柴孝夫「川崎造船所和議事件と平生釟三郎—整理委員としての活動をめぐって—」、杉原四郎他『平生釟三郎日記に関する基礎的研究』甲南大学総合研究所、叢書1、をも参照。

られた。昭和6（1931）年8月18日の第1回の整理委員会の前日、長尾が平生を訪問し今後の見通しについて話し合っている。第一に経営責任の問題について長尾が、社長の鹿島房次郎は当然辞任するとして、その後継は川崎家の川崎芳熊が適当ではないかと述べたのに対し、平生は、「鹿島や石井〔清〕の如き臨機応変、権謀術数をもって社業の回復を計らんとて債権者を胡魔化す事を以て常套手段とせる連中の中に在り、心ならずも彼等の指揮に従いつつ執務」していたため「神経衰弱に陥り不眠症」にかかり、高血圧に悩まされている芳熊にはこの大任は荷が重すぎる、と長尾案に反対した。さらに会社更生方法としては約1億5千万円の債務のうち、1／3は切捨て、1／3は優先株式、1／3は社債とし、新経営陣は優先株主および社債権者の協議によって選出し、未払込株は「即時全額払込」を決行することとし、あわせて財産の再調査を行う。この平生案に長尾もほぼ同意見であった。

　第一回整理委員会ではまず財産の再調査から始めることとし、造船に関する資産については浦賀船渠社長今岡純一郎、経理は東珮五郎計理士、飛行機は川西清兵衛、車両は長谷川正五、船舶は平生が調査を担当することになった。なお製鈑関連については岩井勝治郎が承諾を渋ったが、平生が岩井の工場の技師を個人的に委嘱し、これを岩井は「黙諾」することで問題は解決した（昭6.9.1.）。

　9月2日の委員会では未払込株の払込み問題が主として議論された。第二次大戦前の商法では、株主は会社設立時に発行株数のすべてで所有者が決まっていなければならないが、株式額面の一部を払込めばよいことになっていた。この方式だと、高額面株の株主になることが容易にでき、経営側からすると配当負担を軽減できたのみならず、倒産時には未払込株の徴収で債権者への返済に充てることができるというメリットがあった。平生はこれについて次の点を指摘した。川崎造船所提出の「株式異動表」を見ると、「有力なる株主」のうち「株式を他人に譲渡」したものが少なからずあったが、これは「未払込資本金の払込の要求を恐れて逃避」しているからであった。会社の資産保全のためにこの資本逃避を防止するのが取締役の「当然の

責務」であったから、鹿島社長は「一日も早く決定」しようと思うと答えたので、平生はそのような「不確実なる答弁」には満足せず、日時をはっきりするように迫ると、鹿島社長は一週間以内に重役会を開くと明言し、9月9日の委員会で彼から、払込日は10月1日で、一株につき17円、一括して払込むべき旨株主に通知したとの報告がなされた。

　9月9日の委員会で優先株の問題が議論の俎上に上る。平生は次のように持論を述べる。現和議条件によると、会社の業務経営は株主の代表のみに委ねられ、債権者には発言権がないから、和議反対が大多数なのは当然である。そこで彼らの利害を考えると、彼等の「債権の一部を優先株とすることが最も妙案」、「尤も合理的」である。そうすることで彼等もまた会社の経営に関与でき、また優先的に配当に与ることができるからであると。この間9月18日には突如満州事変が勃発し、12月13日には政権は民政党から政友会に移り、直ちに金輸出は再度禁止されたことがこの強制和議問題にも影響を及ぼすことになる。

　この政治的経済的大変動のさなか、11月あたりから川崎造船所問題でも整理委員会と利害関係者間で激しい鍔迫り合いが繰り広げられる。「尤も厳正公平なる裁断」を目指す平生は、11月29日、長尾と協議し、切捨債権、5分利付き10年据置き債権、優先株（配当5％）をそれぞれ1／3とし、資本金は1／10とするきわめて厳しい再建案を考え、12月1日の整理委員会に提示した。これに対し鹿島社長は債権の切棄は考えていず、また減資については資本金9千万円のうち5千万円を切り捨て4千万円の会社として存続させる意向だと答え、また石井専務は川崎造船所が所有している「無形の財産、即ち技術的進歩、経験及び他に追従を許さざる設備等、俗に老舗料」はもっと評価できるはずだと述べ、平生案に抵抗する構えを見せた。

　債権者側も平生案よりも緩やかな措置を求めた。12月5日午前、大口債権者のうち社債権者として藤本ビルブローカー銀行の三輪小十郎並びに野村証券の片岡音吾が呼ばれた。平生がここで状況を説明して、両者に向って債権の「一部放棄」の覚悟があるかどうか、また両者は社債の仲介人でもあり、顧客に一部放棄を理解させ得るかどうかを質したが、明言は避けた。

ただ三輪は債権切捨てを止めて優先株に変更してはどうかと提案し、また片岡は社債の顧客は地方銀行であり、もし一部放棄で取付けが発生するかもしれないと繰り返し主張した。しかし平生はこうした利己主義的な提案には全く耳を貸さなかった。午後には無担保大口債権者（十五銀行、藤本ビルブローカー銀行、加島銀行、大倉組の代表者）を集めて平生は次のような比喩でもって一部債権放棄を迫った。「この際苦痛を忍びて外科手術に依りて更生の途を計るか、中風の病人の如く単に生命の尽きるまで臥褥するか」の二つに一つだが、整理委員会は前者を「最善法」と考えている。我々を「信用して切棄を肯んぜられるや否やを協議の上通告せられたし」と。まさに高圧的な口調で迫った。

　12月5日の日記の最後に、「本日招集せし債権者は個人にあらずして株式会社の重役のみなれば、彼等は自己の責任上会社の帳簿に赤字を出すことを好まず、たとえ反古に類する優先株にても之を存留して以て資産負債を表面的に繕はんとする真に責任観念乏しき人々の集まりとて、外科手術につき躊躇の色あり」と記す。

　12月24日、整理委員会は大口無担保債権者を集めて平生の第二案を提示する。同案の大枠は、和議債務に関わるものは昭和7（1932）年1月31日時点で総額1億4200余万円であり、この1／3の約4700万円を切捨て、残り3800万円を和議債務、5700万円を優先株とし、造船所の現株式資本は4／5を切捨てるというものであった。

　昭和7（1932）年1月15日に整理委員はこの平生第二案について大口債権者を代表して十五銀行、藤本ビルブローカー銀行および野村証券と交渉している。ここで主要な論点となったのは、切捨てにされる4700万円のことであった。債権者側の論理としては、金輸出禁再禁止により物価が騰貴し、財産価格も当然増加しているから、その分として2000万円の復活は当然要求できるはずであった。その他優先株の配当率を引上げ、和議債権の元本償還期限を延長する等の要求は、平生たち委員から見れば、元本の償還が第一に優先されなければならないのに、それを考慮しない案は「随分債権者側に好都合」なもので、承認するわけにはいかなかった。

それにしても機関銀行ともいうべき十五銀行の抵抗は執拗であった。平生にもたらされた情報によれば、十五銀行は、「銀行の内情上」、1／3もの「巨額の切捨をなすは不可能」であるから、切捨てられるべき債権を「第二債権」として帳簿に計上して残し、「第一債権」完済後償還することにしてほしいとの意向であった。この要望の意味を平生は当初理解できなかった。2月10日に平生は十五銀行頭取西野元と会見しているが、そこで西野は、整理委員会案にしたがって債権を切り捨てれば、「川崎造船所は更生するも十五銀行は破産の運命」に陥るほかなく、それゆえ十五銀行としてはそれをすべて「優先株」とし、それらに対する配当がなくても「辛抱」すると懇願した。

　平生はこの西野頭取の発言を理解できなかったが、3月1日、平生は日銀総裁土方久徵と面会し納得がいく。土方によれば、昭和2年の金融恐慌の際に十五銀行は日銀から特別融通を受けているが、それが満期を向える前に資金に欠損が生じた場合には国庫がそれを保証しなければならない。銀行としてはそれは絶対に避けなければならない。ところが川崎造船所問題で、大口債権者である同行にとって整理委員会の原案通り債権切捨てが実行されれば、多額の欠損処理をしなければならなくなる。そうなると自行の減資までもしなければならなくなり、一気に預金が引出され、日銀の特別融通に対する国庫による保証が現実となり、一般恐慌の素因を作らずとも限らない。こうしたリスクを考えれば、この際整理委員会はこの十五銀行が置かれている状況を考慮し、同行と川崎造船所双方にとって実行可能な案は西野案しかなかった（昭7.3.1.、9.）。

　3月12日、西野は整理委員会の求めに応じて神戸裁判所に出頭し、そこで十五銀行の案として、「1／3の1／3を切捨つることとし、残の1／3は条件付債務として会社が利益を生じたるときは支払ふこととし、最後の1／3は和議債務又は優先株に編入し、優先株の最高率を8％」とするというものであった。

　彼が退席後整理委員会はこの案を検討した結果、特に「条件付債務」については以下のようにすることで意見の一致を見た。すなわち、十五銀行

は同債権については、将来川崎造船所が利益を生じたときに返済を受け得る「特殊債権として資産に計上」する。こうすれば特融の問題には抵触しない。他方「川崎造船所に於ては出世証文に均しきものなれば負債として計上するの必要なきもの」である。こうすれば「十五銀行としてはnominalの債権を存し、川崎としては切捨と同様の取扱をなすを得」と。平生はこの経緯を土方にも早速手紙で報告した。

　この方向で十五銀行と川崎造船所整理問題は大筋でクリアされ、以後法律上、あるいは文言上の細部にわたる諸問題は債権者と債務者の間で詰められることになった。5月9日の整理委員会で、裁判所でも異存なく、ここに和議問題は完結することになった。そして8月10日の整理委員会で「確定案」ができ、13日午前中に裁判所に提出し、裁判所は即日「和議開始の決定」を与え、その後10月28日に開かれた債権者集会において満場一致で和議条件が可決され、同条件は法定抗告期間が満了となった11月22日をもって和議認可決定が確定した[35]。

■ 第2節　労資協調の実験場としての川崎造船所

　昭和8（1933）年3月24日、川崎造船所臨時株主総会において満場一致で平生が新社長に推挙される。そして平生はこう株主に向かって最初の挨拶を行った。前々社長松方幸次郎が外国からパテントを買い、それで安易に経営したことが結局現在の悲惨な状態を招いたことに思いを致し、今後は「工業会社の経営としては技術的研究と進歩を以て内外同業会社に優越することがこの工場を永久に維持する所以」であり、「patent のみに依りてこの工場を維持することは現在の我国及海外の情勢よりは不可能である。Patent は textbook」に過ぎないのであり、あくまで本来のあるべき経営方針を見失ってはならないと。

---

(35)和議債権の8％は免除となり、29％は甲種和議債権とし昭和9（1934）年12月15日から満20カ年で弁済し、63％は乙種和議債権とし、甲種完済後、株式配当等をなした後の剰余金を資本金額と乙種和議債権総額とで案分して後者の弁済とする（『川崎造船所四十年史』昭和11年、97－100ページ参照）

3月26日には従業員に対して彼が理想と考える労資協調について熱っぽく語った。「技術者と事務員と職工とを問はず川崎造船所という株式会社の使用人である。…川崎造船所は自己の仕事場である。この仕事場をして自己の安住の地たらしめざるべからずという信念が職員及技術者、労働者の全員を通じて充満せんか、各員は必ず拮据努力、各其所管の仕事の完成に精進するならん。かくして現業者がこの工場を以て安住の地たらしむるように努力せんか、会社は必ず優良の品物を安価に売販することを得て、販路は益々拡張せられ註文も続々来たりて、職に在る人は常に其堵に安んじて緊張裡に勉強するを得んか、かくして会社の営業が繁昌せんか、株主も亦其利益に均霑」することになる。「左れば現業者諸子はこの工場に働く以上、他人の工場とか資本家の為めに働くという他人行儀の観念を捨て、自己の家を守り自己の身を保つ為めと思ふて猛進せんことを望むものである。営業が繁昌して永続せんか、株主も其余得に均霑するを得、労資協調して永久にこの工場は現業者の安住の地たらしむるを得んか」と。

　平生はこの難題だらけの社長の職に溌剌として取組んだ。彼は日記にこう記す。「余がこの position を取りたるが故に一種の快を感ずることは、余が労資問題につき平素懐抱せる理想を自ら実験すること、これを experience することの機会を得たることである」(昭8.12.7.)。彼はこの労資協調論が如何に会社経営にとって重要であるかを、大正9(1920)年恐慌時の川崎・三菱造船所紛争で実見し、紛争解決には「居中調停」を責任をもって引受ける人物が絶対に必要なことを認識していたから、今その立場に立つことに昂揚を覚えていたのだろう。この気持ちは後の戦時下の産業報国会運動へと繋がっていく。

　さて彼はこの川崎造船所での「実験」をどのように成功に導いて行ったのだろうか。それは経営にとって最も困難な人員整理と労働時間の延長に対する職工たちの反応に現れた。事務職員の55歳定年制は昭和9(1934)年9月1日から実施することはすでに決定していたが(昭9.2.23.)、最も困難が予想されたのは能率の増進・作業効率化のために、吉岡保貞艦船工場長の進言で、44名の「高級の老職工」を解雇し、日給3円以上の高齢の

職工46名に対しては報酬は減少するが身分は「準社員」に「昇格」させ、また労働時間に関しては松方社長時代から続いていた8時間労働制を、8時間30分〜9時間であった海軍工廠や三菱などに倣って、30分延長するというものであった。

この改革案は昭和9（1934）年3月14日に発表され、16日から実行に移されたが、職工たちにはこの会社の方針に対する反抗的態度は全く見られなかった。この職工たちの反応を見て平生はこう考えた。社長である自分が無報酬で「労務者の為め専念、川崎造船所の更生のため努力」してきたことが試される機会が来た。無能な重役や重役技術者を馘首し、様々な悪弊を取り除き、福利厚生のための組織を作り、川崎病院設立計画を立て、こうして「川崎造船所に職を奉じる労務者にして真面目に働けるものの為めにあらゆる改良」を行ってきたことが評価されたのであり、「余は壱万数千人の職工のために欣喜に堪えざるなり」（昭9.3.15.）、とこの「実験」の成功をかみしめる。

■ 第3節 川崎病院と川崎東山学校
（1）川崎病院の建設

甲南病院建設に成功して自信を持っていた平生は、これを川崎造船所にも適用して従業員とその家族の健康維持のための総合病院を建設することを考えた。昭和9（1934）年6月29日に川崎造船所第76期株主総会が開かれたが、平生は事業報告の最後に次のような提案をした。「最後に工場の労務員はビルヂング建築に於ける地下に於ける基礎工事の如し。彼等が不安を抱かず、工場の利益第一と緊張して活動するに於ては、たとへ彼等の努力励精は表面にあらはれざるも、工場は相当の収益を挙げて工場も亦堅固となるべし。故に凡ての施設を超越して彼等の福利増進のため必要なる機関を設けざるべからず。この意味に於て今回約壱百万円の資金を以て川崎病院を中央部に設けんとす。内務省の調査によるも、この社会に於ける貧乏の最大原因は病気である。一人病気なるときは収入は減じ、支出は増し、多少の貯金も忽ち枯渇し、貯なきものは負債を以て治療費を

払ふの外道なし。かくて生じたる負債は中々に償却するを得ず。かくて、たとへ病気全快するも借金の償却が精神を痛ましめて真の力を発揮する能はざるに至るや必せり。されば最少の費用を以て労務者又は其家族の負担を軽減せしむることが福利増進のため最大緊要事とし」、と循々として病院設置の必要を説いた。

もちろん彼の提案に反対するものはいなかった。昭和9年10月22日、川崎病院の地鎮祭が行われた。建築を請負ったのは竹中工務店であった。平生はこの病院をこのように賞賛する。「地域は会下山に在り。土地高燥、眺望絶佳、神戸港湾は勿論、大阪湾を一眸の中に見、設計の如く本病院が設立せらるるに於ては堂々たる建物にして、神戸市に於ける一偉観たるを失はざるべく、この形勝の地に於て壹万八千余人の従業員及其家族内に於ける病人が技倆優秀なる医士の手に於て、完全なる設備を有する病院に於て治療を受くるに於ては、必ずや其効顕は著しきものあらんか。之に依り従業員が如何に安心し、如何に薄費を以て病を養ふを得べきや知るべきのみ。余はこの病院が従業員の治療費を軽減し、しかも加養の時日を短縮せしむるを得、其結果彼等の能率を良化するを得べしと信じて疑はず。この病院の設立は余が川崎造船所の将来のため計りたる事業の一として長く多数の労務者のため感謝を受くべしと信ずるものなり」。

昭和11年1月6日に、196床、内科、外科、皮膚科、小児科、産婦人科、眼科、耳鼻咽喉科、物療科および歯科の9科を備えた総合病院川崎病院が完成したが、ここからも彼が理想とする企業、学校、病院を一体とする労資協調社会を作り上げようと努めていたことが分かる[36]。なお川崎病院は昭和25（1950）年9月に兵庫県下第一号の医療法人として川崎重工業株式会社から分離独立する。

(2) 川崎東山学校と「コーオプ教育」制度

労資協調体制を実現するには有能で会社に心底から尽くす人材を養成することが何よりも重要であった。平生はすでに大正8（1919）年8月21日に、

---

(36)『川崎造船所四十年史』昭和11年、237－253ページ。

岡本利吉の労資協調のための「企業組織改善協会」案の趣意書には対して大いに賛成だが、ただ労働者の知育徳育に触れていないのが不満なところであると記していた。それが川崎造船所社長になると、その懸案の問題を実現する機会が訪れた。昭和9（1934）年11月15日に労務部長久原福松、福利課長大塚好らが労務者の福利増進のため、共済組合制度とともに、「見習職工学校」の新設案を携えて平生のもとにやってきた。その案によると、県立工業学校卒業生を実地見習いの後職工長にさせる現制度は大多数が途中で退社するため失敗であり、また高等小学校卒は昼間は現業に従事するため夜間学校は疲労で十分勉強できない。それゆえ川崎造船所では「昼間工業学校を新設し、約600人の生徒を1週日毎に交代して、A組は工場に於て実際の仕事を見習はしめ、B 組は学校に於て必要なる学科及実験を修習せしむること」とすれば、将来造船所の職工の性格や仕事への心構えは一新すると。

　こうした制度は日本ではまったく新しい制度で、久原部長と大塚課長は平生にこの案の実効可能性を求めた（昭10.3.24.）。平生の返事は、資金の都合により延期も止むを得ない、というものであったが、「資金の都合に依り速行可能なれば之を実行するも差支へなし」と言い換え、いずれにしても資金次第ということで話は終わる。

　平生は昭和10（1935）年4月初めから10月末まで経済使節団団長としてブラジルに派遣されることになっていたので、この新学校構想は鑄谷正輔専務に委ねられる。その概要が神戸新聞に発表されたのは同年7月18日で、それによると、校名は「川崎東山学校」、それの最も革新的な点は「勉強しながら働く“連携制度”を採用」していることであった。すでにアメリカで実験済みのこの「コオパレーチブ・システム（連携制度）」は、日本ではまだ文献によって紹介されているだけだが、「川崎造船所によって初めて輸入され、その成果如何は今後の実業青年教育の実際に少なからぬ衝撃を与えるものと期待」された。

　川崎東山学校は予定通り昭和11（1936）年4月1日に開校される。平生は同年3月25日に廣田内閣の文部大臣となり、すでに川崎造船所会長を退い

ていたが、4月2日、東京朝日新聞に「平生文相の手土産 "よく働きよく学べ"学校・工場コンビの新式で生まれた『東山学校』」という記事が大きく掲載される。それによると、この学校は平生文相の「教育に対する抱負経綸の一端を示す新しい試み」で、生徒は全員学校と同一敷地にある寄宿舎で共同生活をして「しつけ」を身につけさせ、しかも高等小学校卒は4年制である。工場と学校を連携させるこの方式は「今全米に普及しつつある新しい産業教育の試み、すなわち『コ・オパレイティヴ・システム』」を取り入れたもので、これによって生徒は工場で働きながら「実際に必要な学問は何か」を学び、卒業までに「自己の適性」を発見し、「最高度の能率ある産業人」を生みだす仕組みである[37]。この新聞記事以降、東山学校方式が評判となり、コーポレイティヴ・システムは同校と一体のものとして理解される風潮が生まれた。

　ところで川崎東山学校方式は真のコーオプ教育制度と言い得たのか。この制度の発案者H.シュナイダー（1872–1939）によれば、アメリカでは大学を卒業すると、2年間は見習職工になることになっていたが、この見習を在学中にする方がより効果的だと考えたことが発想の原点であった。彼のこの産学連携方式は、その応用としてフォード工場では少年達が賃金を得て工場で働きながら勉強もできる「フォード・トレード・スクール」を生み出す。フォード工場を視察し、シンシナティ大学でコーオプ教育を実際に見てきた大塚好は、東山学校が「コーポレイティヴ・システムの本質であるところの学校が事業会社と提携をして教育を生かすと云ふやうな方法ではない」、むしろ「フォード氏のトレード・スクールを真似た」ものだと明言する。同校がコーオプ教育制度と同一視されることに忸怩たるものを感じていたのだろう[38]。

　だが名称は別として、平生もこの制度を高く評価していた。文相時代の昭和11（1936）年7月にこう述べている。「東山学院は、造船所の見習職工で、夜間青年学校に通っている者のために設けたもので、1週間働けば、次の1週間は働かずに、学院で勉強出来るやうにしたものだ。勿論給料は、

(37) 東山学校の規則、各学年のカリキュラムなど詳細は『川崎造船所四十年史』昭和11年、254–272ページ参照。
(38) 大塚好『工場生活と少年の教育』錦正社、昭和14年。

働いている時も、学問している時も、同じやうに支給するのである。やって見ると、工場に於ける能率もよく上がる。…前途の見込みのある者には、上級の学校にやって、その才能を自由に発揮させる途も開いてある[39]」。

　また元東山学校校長栗林三郎の戦後の回想によれば、同校はCo-operation Systemというアメリカ式教育法の長所のみを大幅に採り入れ、これに「教育の本旨は親子が根本」という私の信念を加えたもので、「しつけ」を重んじ、「知識の切り売り」を避け、「学校と職場と家庭（寮）の三つを結びつけた教育の完成」を目指した学校であった。この学校は社会的評価も極めて高く、神戸一中（現　神戸高等学校）よりも入学難で、競争率は10倍を超えた。また彼は次のようなエピソードも語っている。「全国の大会社の"見習工教育"は大部分が東山学校の方式を模倣しました。新潟鉄工所が初めて見に来て非常に感心してソックリその侭真似た。新潟鉄工所がうまくいったものですから、あの辺りの県が全部真似た。余り全国的に評判になったので各府県から毎日毎日参観に来られて取扱いに実の処悲鳴をあげました」[40]。

　なお平生は社長就任以来無報酬で造船所の更生に尽力し、廣田内閣の文部大臣に就任すると同時に退職した。会社はそれまでの功績に報いるために退職慰労金30万円を贈呈したが、平生は15万円を東山学校に、他の半分は甲南病院に寄付した。平生は「家貧にして恵まれぬ職工も立派な技師になれる希望を持てる奨学資金と、医師や看護婦が此基礎に依って安心して働けたら、私の喜びは之に過ぎるものはない。私は唯幸運と努力にとに依って社会から貰ったものを又社会に返したいのである」と心情を披歴した[41]。そしてこの平生の心情に応え、貴族院議員勅撰を機に、従業員一同が資金を出し合って坂本龍馬像で名を馳せていた本山白雲の手による「平生社長寿像」を東山学校に建設し、昭和11年8月1日に除幕式を挙行した

(39) 平生釟三郎述『私は斯う思ふ』千倉書房、昭和11年、246ページ。
(40) 栗林三郎『川崎東山学校のことども』昭和32（1957）年5月13日のインタビュー。
(41) 『川崎造船所四十年史』275-276ページ。

のであった[(42)]。その寿像には次の碑文が刻まれていた。「…昭和八年三月社業艱難ノ秋輿望ヲ担ヒテ社長ノ重任ニ就キ資性事ニ当リ温情衆ヲ率ヰ能ク難局ヲ打開シテ遂ニ今日ノ隆盛ヲ致シ我等ヲシテ恵沢ニ浴セシム其多年ノ功績畏クモ　天聴ニ達シ貴族院議員ノ恩命ヲ拝ス…茲ニ之ヲ東山丘上ニ建テ永ク其高徳ヲ記念シ謝恩ノ微衷ヲ表すト云フ　昭和十年十二月」。

　なおこの川崎東山学校は戦後廃止されるが、現在当該地には川崎重工業の高層の寮がそびえ、かつての学校はもちろん、あの寿像も台座も見当たらない。『川崎重工業社史』によれば、「戦局の推移によって、平生社長の諒解のもとに“供出„された」[(43)]とあるから、寿像は「金属類回収令」で軍需関連物として溶かされ消えてしまったかもしれない。だがその寮から一段下がったところに川崎病院があり、その玄関から裏手に移築されて寿像は確かに建っている。その秘密は川重OB会機関誌『相信』に大西胖が「五十三年目の寿像」と題して書かれた次の文章にある。川崎病院は昭和61年に創立50周年を迎え新棟が建設されたが、その際工事中屋内に移していた平生の胸像をどこに設置し、化粧直しをどうするかが議論された。問題は特に

補習教育のための東山学校の前に建立された「平生社長寿像」（出典『川崎造船所四十年史（昭和11年）』121頁）

昭和12年5月23日「平生釟三郎先生寿像」除幕式で謝辞を述べる平生釟三郎（甲南学園蔵）

(42) 造船所の寿像の碑文と旧制甲南高校のそれとを比較すると興味深い。
(43) 『川崎重工業社史　本史』1959年、115ページ。

台座にあった。元の台座はコンクリートブロックを積んでモルタルで上塗りしただけのものであったから、これをどうするか。こうした議論が行われたこと自体、問題の寿像はあの「東山丘上」に立っていたものではなく、最初から病院の玄関前に建立されていたものだろう。そんな折、東山寮の敷地の一隅にあの問題の台座が雑草に半ば埋もれているのが発見され、これがコンクリートブロックに代わる新たな台座として使用されることになった。そして大西は「新装成った川崎病院の玄関前に、平生社長の寿像が端然と据え付けられる日を、今から心待ちにしている」とこのエッセーを締めくくっている。

　寿像と切り離された台座はこうして生き返ったが、あの寿像そのものはどこに行ったのか。「供出」されてもはやなくなってしまったのか。実は生き残っていたのである。それは現在不釣り合いの木制の台座に乗せられて旧東山寮の屋内にあった。恐らく当時の社長鑄谷正輔が決断したと思われるが、いつ、いかなる経緯でそうしたのかは今となっては判然としない。しかしこの寿像はかつての役目を終えたかのように、旧寮の二階にひっそりと佇んでいる。

　なおこの寿像は甲南大学にとってもきわめて重要な意味を持っている。平生は2.26事件後文部大臣に就任するが、これを記念して寿像建設計画が持ち上がるが、すでに川崎造船所が本山白雲の型を持っており、そこで同造船所の好意でそれをそのまま利用し、「学校教育が知育に偏し徳育を軽んじ体育に力を致さざるを見て…」の銘文を背面に記し、昭和12年5月23日に除幕式が行われた[44]。

現在川崎重工業旧東山寮内に安置されている木製板の台座に乗せられた平生釟三郎像（川崎重工蔵）

---

(44)藤本建夫「平生釟三郎の寿像の話」『KONAN TODAY』No.57、2020、27−28ページ。

■ 第4節 艦船受注をめぐる平生社長の苦悩

　平生は社長として人事を一新し、様々な改革を行って労資協調の基礎を築き上げていったが、何と言っても経営が成り立たなければどうにもならない。川崎造船所にとってやはり軍部との関係を抜きにしては経営は語れなかった。平生日記には海軍と陸軍のそれぞれに平生が如何に熱心に交渉していたかが詳しく記されている。造船所経営の中核とも言うべき艦船受注が軌道に乗らなければ折角更生し始めた川崎造船所もいつ立ち行かなくなるかも知れず、それ故彼の主たるロビー活動も海軍からの人事引抜と艦船受注に向けられた。確かに陸軍との関係においても川崎の戦闘機、爆撃機が割合高い評価を得て十数機の注文を取り付けた他（昭8.8.24.）、民間工場に飛行機製造を委託する方針であった陸軍省からは内々に川崎と三菱を「陸軍専属」とすることを聞かされ、平生は大いに満足する（昭9.1.17.）。また満州では昭和9（1934）年度の鉄道機関車約150台のうち60台以上が、また客車貨車もかなりの数の注文がくる方向にあり、工場はフル稼働の状態が続きそうであった（昭8.10.2.）。しかしやはり中核部門は造船、特に艦船であった。

　民間企業はすべからくビジネスライクでなければならない。これは平生が最も重視する点であった。しかし川崎造船所が実際にはビジネスライクとはかけ離れた軍需に依存しなければならなかったのも事実であった。その苦悩を平生は次のように記す。「造船所が海陸軍の後援により命脈を保ち、大官の一顰（いちびん）一笑に依りて盛衰を来たすべき憐れむべき運命にある間は、大官を好遇してその歓心を求むること」は、「経営の主脳たる余の重大要務の一である。余はかかる手段を以てbusinessをなすことは元来尤も嫌忌するところなるも、世の大勢がかかる行動を以てせざれば川崎造船所更生の目的を達する能はずとせば止むを得ず、川崎造船所従業員14,000人前後の為めに余はたとえ其意に反するも、本旨にあらざるも大勢に順応して好ましからざる行動も敢てせざるを得ず」（昭8.5.13.）。

　平生が「尤も嫌忌」するビジネスが早速始まる。昭和8（1933）年5月15日夕、オリエンタルホテルに海軍監督官約20余名を招き新重役就任の披露

を行い、スピーチを行っている。それによると、元来川崎造船所の艦船工場の設備は大艦隊（所謂八八艦隊）の組織のために政府の勧誘によって整えられたが、戦後のワシントン海軍軍縮条約で艦船建造中止となったので莫大な負債を抱えたままで元利支払いができなくなり、経営は破綻し、軍艦の発注も当然受けることができなくなった。しかし幸いにも強制和議申請が認められ負債の大整理が行われて身軽となったが、造船所の大規模な設備は「若し有利なる仕事が相当の額に上らざるに於ては再び窮態に陥り、整理の効果を没却」することになる。そうなれば、従業員は路頭に迷うのみならず、「延て国防機関としての本務を尽くす」ことができなくなる。政府が国策で民間企業の造船所に巨大設備を作らせながら、同じく国家の都合でこれを破綻させ、そして今やっと更生の緒についたばかりのこの造船所をよもや再び同じ目に合わせることはあるまいし、またそれは国防のためにもならない、このことを平生は一言釘を刺しておきたかったのであろう。海軍相手とはいえ、全く臆するところがない。

　昭和8（1933）年6月1日には帝国ホテルで大角岑生海軍大臣以下各首脳部を招いて披露宴を開く。ここでも平生は造船所の苦しい経営を訴え、かつ技術面での自信のほどを伝えようとした。「数年来会社が窮迫せる状態にありましたため新しき注文がありません」。しかし外国のパテント頼みの旧役員時代とは違って、「我々新役員は経営方針として技術的進歩は我工場の生命であることをmottoとし、益々研究に力を用ひ、system に於ても機械に於ても川崎式、川崎型を確立し、技術と工夫の点に於て人後に落ちざることを努めます次第であります」。

　第一次大戦下、もっぱら民間相手にストックボートを大量に製造販売して急成長を遂げた松方社長時代とは違って、自らの技術をセールスポイントとする新生川崎造船所を海軍大臣に向って強くアピールしたことは確かに効果はあった。大臣は平生に応えて、従来までは海軍と川崎は「意志の疎通を欠」いていたが、これからはその「行掛を捨て水に流し」、「以心伝心之が更生に助力」すると述べている。海軍からはやがて川崎造船所に注文が次々来るようになるのだが、問題はそれがビジネスとして成り立つかどうか

である。

　11月21日、扶桑海上火災保険会社での重役会後の雑談で平生は次のような話をしている。軍需工業が股盛を極めているので、川崎造船所も収益は大いに増加しているだろうと言われているが、そうではない。軍艦の注文が多いのは事実だが、これほど「利益なきのみならず経営困難なるものはなし」。軍艦は海軍工廠で建造しているから、原料、職工数や賃金その他の事項について民間造船所よりも経験や知識が豊富であるため、「海軍省の註文は形式的に見積書を出だすも其実は命令的である。幾許の代金を以て建造すべし、之は可能である、とあらゆるdata に依りて立証せらるるなり。然るに海軍工廠に於ては税金なく、overhead charge〔諸経費〕もなく、depreciation〔減価償却〕は無関係にして、資本に対するreturnをconsiderする必要なし。…少しく順序を誤れば忽ち赤字を出だすことは現に軍艦製造に従事せし各造船所が総て気息奄々たるを以て知るべきにあらずや。故に第二補充計画(45)が実現して艦船の註文が増加するとするも、到底之に依りて利益を得ること能はざるべし。自分は種々之に対する方策を考慮するも何等の妙案を見出さず」。

　昭和9（1934）年度より12（1937）年度にわたる第二次補充計画の予算は閣議を通過したが、問題は民間造船所の位置関係である。平生にとってここで最も気懸りであったのは、「漫然引受をなし、八八艦隊中止の如き運命」に会うことであった。そこで平生は直接杉政人艦政本部長に会見して上記のような種々の保証を求めたが、杉は「民間工場に於て考案の上申出でられたし」との答えで、「老獪なる杉氏は真面目に相談に乗」ってこなかった（昭8.12.7.）。

　平生の提起した問題に答えることなく、12月20日に杉より中型巡洋艦1隻の見積書の提出を求められる。その際彼からは建造価格について、資金的に余裕がないから「大いに奮発」して出来得る限りに切り詰めたものにしてほしいとの注文がついた。平生はどのように考えても「不可能」と思うが、「果

---

(45)補助艦保有量の制限を目的としたロンドン海軍軍縮条約に対応した建艦計画のこと。

して海軍の希望に副ふたるやは何人も断言し得ず」と答えてその場を去る。ただちにこの問題について吉岡工場長と鑄谷専務と合議するが、鑄谷が、海軍は単価が高く「予算に余裕あるものは官の工廠」で行い、単価が低く「余裕なきものは民間工場」に当て、「以て政府、否海軍の負担を軽かしめ、損失を民間工場に負はしめんとする老獪の政策」ではないかと意見を述べた。平生は鑄谷の言う通りだと思うが、川崎としては「損益なしの程度までは譲歩するも、損失を予想して引受をなすことは到底忍ぶ能はざるところなり」と決意を述べる。

　この決意の下、昭和9年1月6日に吉岡艦船工場長に会い、中型巡洋艦の見積書作成に関し次のことを注意する。もしこれが「単に製造原価に於て収支相償う如き程度のものなりせば艦船工場は再び川崎造船所を危殆に陥らしむる」ものである。従ってその見積書にはプライム　コストはもちろん、直接間接費用、機械設備の償却費、金利、職工解雇費用等、あらゆる関連費用をすべて建造費に計上するように命じた。

　なぜ平生はこのような厳しい注文を吉岡に出したのか。昭和9 (1934) 年1月8日に平生が出した答えは次のようなものであった。「余が社長として常に考ふるところは川崎造船所をして恒久的工業会社として現在茲処に働き居る壱万五千人の職工をして安んじて茲処に働かしめ得るの基礎を完成せんとするものである」。もし海軍がこのことについて「何等のassuranceを与えず、我々民間工場をして五里霧中に工事をなさしむる」とすれば、川崎としては「中巡註文を謝絶」するかもしれないと。

　だが平生の意向は通らなかった。1月27日、吉岡工場長がかなりの損失覚悟の見積書を以て杉艦政部長に会見して了承を得、帰社し、平生に艦政本部も「損失を顧みずして引受をなしたるに満足せり」と報告する。この報告に平生の落胆の気持ちは計り知れないものがあったのではないか。「病呆けて気息奄々、存続の見込不確なる川崎造船所が7～8拾万円の損失を覚悟して国家の為め犠牲を払はざるべからざる事情の下におかれたる事、如何に涙ぐましき事ながら、さりとて之を謝絶して他に有利なる事業もなく、また之を拒絶せんか、非国民とか売国奴とかいふ悪評を免れず」。

■ 第5節 「海軍工場の extention」と化した川崎造船所

　しかしすぐさまこの現状を受容れて「努力奮励」へと気持ちを切り換えられるのが平生の平生たるゆえんであった。昭和9（1934）年4月1日の日記に川崎造船所は新艦政本部長中村良三を主賓として宴会を催したことが記されているが、そこで平生は次のようなスピーチをしている。「今後この造船所をして恒久的に保存して国家の御用をなし国防の一端ともならんとせば、設備の点よりするも職工の性質よりするも海軍の後援と助力に依る外ありません。私は社長として、海軍側におかせられてはこの艦船工場を海軍工場のextensionと見做され、処員を督励せられ鞭撻せらるると共に、この工場が維持せられ改善せられ行くよう御助勢あらんことを重ね重ね御願する次第である」と。

　こうして平生はここでビジネスライクの観点を度外視してまでも海軍の後援で造船所を存続させ、職工たちの生活が保証されることを選択する。4月10日に催された艦船工場の晩餐会で艦船工場の仕事の7割以上が海軍関係のものだと平生は述べているが、文字通り川崎艦船工場は「海軍工場のextension」となったのである。

　昭和8（1933）年3月24日の臨時株主総会で平生が社長に就任して以来わずか1年3ヶ月余り、川崎造船所にも景気回復の兆しがはっきりと現れてきた。昭和9（1934）年6月29日に開催された第76期株主総会において平生は各工場の事業内容を詳細に報告し、次のように結論付けた。「今や軍需工業の盛況と貿易の活動、殊に輸出貿易の拡大の結果にして一般的需要もなし。商工業が殷賑を示しつつある結果、我が社の注文も大いに増し、5月末の引受業績は昨昨年同季に比し倍額以上」となった。赤字経営で苦しんできた艦船工場では人員整理、機械設備の大改革、総合事務室と倉庫の新設など、あらゆる改革を行って「能率の増進、科学的経営法を採用」しているので、来期、来々期には必ず面目を一新するであろう。労働時間の30分延長も、いわば「大和魂を以て当らんとする決意の発露」であって一人も不満を抱くものなく、「労務者の努力に向って敬意」を表したい。製鈑工場では前期に優る成績を上げることが出来たのは、「一貫作業を計画して、仲介

商人の思惑売買を不可能」にしたことが大いに効果を上げたからであり、さらに飛行機工場も内容が大いに改善された。また分社の川崎車輌会社は20万円の繰越損失を減資と残利益で解消することができた。最後に平生は「工場の労務員はビルディング建築に於ける基礎工事」のようなもので、彼等が不安なく働けるからこそ、「工場は相当の利益を挙げて工場も亦堅固」となる。内務省の調査に依るも、「社会に於ける貧乏の最大原因は病気」である。「故に凡ての施設を超越して彼等の福利増進のため必要なる機関を設けざるべからず。この意味に於て今回約壱百万円の資金を以て川崎病院を中央部に設けんとす」。

　以上のように川崎は平生社長のもとで順風そのものに見えたが、車輌会社の製鋼部門で無視しえない問題が発生していた。すなわち海軍から艦艇関連の受注が能力を超過して増加し、コストは割高でしかも期日通りに納品できなくなり、神戸製鋼所や三菱神戸造船所などに外注せざるを得なくなった。この状況を見て平生はただちに、車輌会社から製鋼部門を独立させて本社直属の製鋼工場とすることを決断する（昭9.10.15.）。

　第77期定時株主総会は半年後の昭和9年12月28日に開催された。当期純益金は約147万円で8年ぶりに配当（優先株への4％）が可能となり、また「和議条件」にて約束した通り甲種債権の第一回年賦支払いを行うことができた。従って外見的には川崎造船所の経営は確かに順調に更生しているかに見えたが、平生は四囲の状況から寧ろ不安を敏感に感じ取っていた。同日の午後5時から役付職工以上の社員、準社員等1300人余りに向って以下のような訓諭をしている。

　「非常時」とか「危機」とかが高唱される昭和10（1935）年がすぐ間近に迫っている。同年3月27日には国際連盟脱退が正式に発効することになっているが、それに加えて、ワシントン軍縮条約廃棄も一両日中にアメリカに通告することになっている。軍艦保有について日米間の主張に大きな隔たりがあり合意は困難で、もしここで両国が決裂すれば、「建艦競争」は不可避となる。「我国の国力、即ち財力が英米に比し同一でなく、寧ろ劣位にあるものなれば、我海軍力をして英米と同一程度の実力を保たしめんには艦体、

機具の性能をして優秀ならしめ、より低廉なるcostを以てより威力ある艦船を建造せざるべからず。我公債は来年に於て98億に達し、其利息のみにても4億以上に及び、我租税収入の約半額、総経常収入の約参割二分に及ぶの現状である。されば国家が連年赤字公債を以て拾億円に近き軍事費を負担することは不可能であります。…かかる時に於て国家は国防費を節約して、しかし国防の充実を期すべき方策を執らざるべからず。之がためには前述の如くless costにしてmore efficientの艦船の建造を必要とする」。

だが今後の戦争において勝敗を決するものは「飛行機の対抗戦」であることを忘れてはならない。もしこれに敗北すれば「国家の運命」も決まる。今やどの国も優れた飛行機の発明・製作に心血を注いでいる。これに対し「我国の飛行機の性能・実力は決して世界に於て最優秀のもの」ということはできない。それどころか川崎は「現状を見るに我国に於ける同業者に対しても卓越せるもの」とは言えない。もし他社が川崎を凌駕すれば、「軍部の注文は一時に中止」となるは必然である。したがって軍部が満足すべき優秀な飛行機を開発するよう技術者並びに従業員一同奮闘努力してほしい。だが平生の想いとは違って陸軍に受け入れられる優秀性を持った戦闘機はつくれなかった[46]。

川崎造船所の経営が軌道に乗ってくると平生はそろそろ社長を退くことを考え始めた。昭和9（1934）年8月8日の日記には次のような記述が見られる。「余は川崎造船所の更生が実現せられたるとき引退することは最初より余の決意にして…幸いに事業界は好転し、各工場の整理も漸次其緒に就き、殊に川崎造船所発祥の地にして、且尤も紊乱を極めたる艦船工場も吉岡所長就任以来全く面目を一新し整理が着々と進行」している。「債権の償還及び両種の株式に配当するを得るとせば川崎造船所は更生せりといふべく、もはや余の任務は終了せるものなるを以て凱歌を揚げ退却すべき時」というべきである。問題は後任を誰にするかである。「余は川崎芳熊を社長とし

(46)柴孝夫「川崎造船所における航空機部門－独立問題と平生釟三郎」『平生釟三郎の人と思想』甲南大学総合研究所、叢書27、1993年を参照。

て後釜とすべく決心して社長の印綬を帯び今日に至りたるが、一ケ年余の経験に於て芳熊氏はこの大重工業会社を背負て立つべき実力と気魂を有せざる人」である。「現僚友中より求むれば鑄谷氏を除きては他なしと思ふ」。

　昭和10（1935）12月23日、川崎造船所株主総会が開かれた。利益は増収で、和議条件による償却金156万円を天引きしたのち、優先株に対し5％、普通株に対しても1％の配当をなすことが報告された。こうして川崎造船所の更生の道は確かなものとなり、平生の任務はここに終了した。そして最後に定款の改正が行われて取締役会長制が新設されることが決定されたが、いうまでもなくこの制度は平生のために新設されたものであった。総会終了後、互選で平生が取締役会長に、鑄谷が社長に、吉岡が専務取締役に選出された。「余は代表取締役たるの任を解かれ、単に取締役会の会長、総会の議長たるの任務を執ることとし、大いに責任を軽減され、事務的業務も減少せられたり」と日記に記した。

　ちなみに、平生が川崎造船所を去ってからまもなくして、十五銀行が造船所株を大阪商船と山下亀三郎に譲渡したことが大阪商船の村田省蔵によって明るみにされるや、「川崎造船の支配権大阪商船に移る」、と従業員にまで含めて動揺が走った（昭14.4.7.、4.26.）。この問題は人事問題や軍部にまで関係していたためにこじれにこじれたが、一条の救いの手が軍部から差し伸べられる。東條英機率いる陸軍航空本部から出された最終案は、「株式譲渡には触れず、村田、山下のgroupに於ては今後会社の経営、人事問題には触れず、現重役は変更せず、次期の定期総会には必ず現重役を再選すとの条件として双方の同意を求め、覚書を作りて署名調印」をさせるというものであった。平生はこの条件が同意されれば向こう3年間は彼等は現経営陣に手を出せないから、「同慶の至り」と歓迎する（昭14.5.17.）。そして5月20日、この覚書に鑄谷と村田が署名調印して、ここに2か月余り続いた「紛擾も平和の終局」を見るに至った。しかし二度とこのような事態が起こらないようにするには、前もって対策を立てておく必要があった。6月26日、鑄谷が平生を訪問し次のような案を提示して見せた。すなわち川崎造船所をホールディング・カンパニー制にして、資金金を2億円に

増資し、強制和議法に基づく甲種債権の残額を社内留保金で完済して名称を川崎重工業株式会社に改め、その傘下に川崎造船（艦船工場と製鋼工場）、川崎車輌、川崎航空、川崎汽船、川崎製鈑の5社を置くというものであった。この案に平生は賛成する。また9月13日には、大蔵省から増資問題に賛成する意見が出され、商工省からも同様な意見が出、そして昨12日には日銀神戸支店から増資案につき正式の申請書を提出せよとの通告があったことが平生日記には記されている。そしてついに9月18日、川崎造船所重役会が開催され、増資案が決定され、川崎造船所は近々株主総会を経て2億円の大資本を有する川崎重工業株式会社となることが決定された。

■ 第1節 アメリカ排日移民法の成立と
ブラジル移民への期待

　第一次大戦後、ヨーロッパ諸国が戦勝戦敗にも拘わらず軒並み衰退を余儀なくされた一方で、アメリカは世界の資源と大半の金を手中に収め、それに基づき世界経済のみならず、世論形成にも絶大な発言力を揮うようになったことは周知のとおりである。この富裕国アメリカに向かう移民の群れに白人の保守的人種主義者は生活が脅かされると感じ、それを受けて議会は大正13（1924）年7月1日に移民法を制定する。それによると移民数は1890（明治23）年時点でアメリカに居住する人数の2％とされたために、半分以下に激減した。同法のねらいは南欧および東欧のユダヤ系移民を排除することにあったが、同時にアメリカに帰化することを許されていなかったアジア人はほぼ完全に締出されることになった。日本人はそれまで例外的に、明治27（1894）年に締結された条約によってアメリカへの移民権を保証され市民権も享受してきたし、日米間で緊張が高まった時でさえ「紳士協約」（明治41〔1908〕年）に基づいて移民を自粛することで日米間の友好関係が保たれてきたが、その特別措置もこの移民法で廃棄されることになった(47)。

　なぜこうした事態にいたったのか。大正13（1924）年4月14日の平生日記には「目下米国議会に提出せられたる日本移民絶対禁止案に対し、埴原〔正直〕大使は去る11日米国国務卿ヒューズ氏に向って抗議書を送りたるが…」と不吉な記述が出てくる。つまりそこには「今回の移民法案中の排日条項は日米両国間に現存する幸福にして有益なる関係に重大なる結果を

---

(47) アメリカの1924年の排日移民法を巡る日本での議論については、長谷川雄一「1920年代の日本移民論」『平生釟三郎とその時代』甲南大学総合研究所、叢書18、1991年参照。

齎すもの」であるから、「十二分に考慮を与へられんことを希望す」と記されていたが、特に「重大なる結果」という文言は、日本政府がアメリカ人を恫喝していると受け取られ、その後の日米関係に不穏な空気が次第に醸成されてゆくことになる。

そこで平生は移民法成立後の世界の実情を見るべく、大正13(1924)年9月から翌年の4月まで世界漫遊に出かけることにした。その出発直前、彼はその目的について次のように記している。欧州大戦によって泡沫的蓄財をなした日本であったが、終戦後世界経済沈衰とともに財界は不況に苦しみ、ここに大震火災が襲い、日本の国威も五大強国の一つから二流国、三流国へと下がってしまった。事実アメリカはその日本を見くびり、「我国を侮辱すべき排日条項」をすら決定した。そうであるのに日本の「有識有産の徒輩はこの危機に瀕するも未だ何等真面目なる国策の樹立に力を用ひず、政事家は単に政権の争奪を事にし蝸牛角上の争に日も亦足らず」の状態である。また無産者は日本社会が「解体するも自己及自己の同志が安逸なる生活を得れば足れり」と考え資本家に対峙している。資源に乏しい日本が今緊急に解決を迫られているのは、階級対立ではなく人口過剰問題である。したがって「余の今回の外遊に依りて人口の過剰に苦める日本が如何にしてこの窮境を脱するを得べしやを、人口過剰に苦める欧州の小国及人口稀薄の為め産業興らざる南米諸国と実相を研究して深考せんとす」[48]（大13.9.1.）。

781人の移民を乗せて「笠戸丸」が神戸を出港しブラジルに向かったの

---

(48) 大正・昭和初期に日本で活発な人口論争が繰り広げられるが、その主要な解決策の一つに内外移住策が盛り込まれていた（玉井金五・杉田菜穂「日本における〈経済学〉系社会政策論と〈社会学〉系社会政策論－戦前の軌跡－」、羽鳥卓也・藤本建夫・坂本正・玉井金五編著『経済学の地下水脈』晃洋書房、2012年）。
　平生とブラジル移民関しては、小川守正『続平生釟三郎伝　昭和前史に見る武士道』の第4章「国家百年の計なる―ブラジルとの経済国交樹立―」燃焼社、平成17(2005)年、小川守正・上村多恵子『大地に夢求めて―ブラジル移民と平生釟三郎の軌跡―』神戸新聞総合出版センター、2001年なども参照のこと。
　また戦前のブラジル移民について、公益財団法人渋沢栄一記念財団研究部編『実業家とブラジル移住』不二出版、2012年、は次の7編の論文を通して、日本の当時の実業家が如何にブラジル移民の可能性を見い出していたかがわかる。柳田利夫「岩崎久彌とブラジル東山農場の創設」、黒瀬郁二「渋沢栄一とブラジルの日本人植民地」、山本長次「武藤山治と南米拓殖会社の設立」、栗田政彦「平生釟三郎と日伯交流基盤構築」、高嶋雅明「移民農業と金融」、谷ガ城秀吉「大阪商船の積極性と南米航路」、木村昌人「米国と日伯関係」。

は明治41（1908）年4月28日であったが、本格的にブラジル移民の転機となるのはこのアメリカの排日移民法からである。平生は日本を出発し、まず世界の金融都市ニューヨークを視察し、12月4日、「懶惰にして労働を厭う為め文化の進歩遅々として」進まず（大13.12.5.）、便所は勿論、洗面所なども「其汚穢さ加減到底洗面口嗽を為すの勇気なし」（大13.12.10.）というほどの貧国ブラジルの首都リオデジャネイロに上陸する。彼がことさらにこの文化の遅れたブラジルにこだわったのは、日本の過剰人口受け入れをアメリカが拒否した以上、これに代る受け入れ国としてはブラジルがまず第一候補に上がっていたからである。だがアメリカはモンロー主義を実現するために南北米21ケ国を糾合してパンアメリカン・ユニオンを結成し、排日論の急先鋒としてブラジルを利用しようとしていたから、平生は安閑とはしていられなかったのである。

　そこで彼はリオに到着するやただちに大阪商船の村田省蔵に次のような手紙をしたためる。来年から政府がブラジル移民奨励のために同社に補助金を提供して三隻の巨船を就航させる計画であると聞くが、同社は合わせてこの計画を成功させるための準備とし社員を同地に派遣することも考えるべきではないか。「移民に関し尤も正確なる資料を有し、如何なる照会に対しても正確なる材料を供給し、志あるものをして安心して渡航」できるようにしなければならないが、それには3〜5名の「真に本件に興味を有し此地（伯国）に永住するの覚悟」を持った「俊秀なる熱心家を派遣」する必要がある。もし大阪商船が何等調査機関をもたず、移民のことは「移民会社に託せば可なり」と考えているとすれば、それはあまりに「移民会社を買被りたる」ものである（大13.12.6.）。

　12月6日、平生はブラジル駐在日本大使から晩餐に招待される。ここでの話柄は専ら移民問題であったが、平生はブラジル移民を奨励する日本政府の政策の貧困さに驚く。例えばサンパウロ以外にも移民を分散させるべきだとの意見が盛んに議論されたが、「他州の地味気候等が果して日本移民の耕地として、又健康上適当なるや否やというに、日本の手にては何等の調査もなく、為めに之を判断すべき材料皆無なるは実に驚くべき事なり。…官民

共に思を茲に致すものなく、単に他動的に移民を為すに止まり、自動的自発的に移民を奨励するの方針に出でざるは嘆わしき事なり。今や日本が移民を為す地は一にブラジルに在りとせば、政府は進んで之が調査を為す可きに、単にサンパウロに於ける移民に関し報告を為し、之を処理するのみなるは浅慮の次第といふべし」（大13.12.7.）。

　平生はブラジル移民について大使館で正確な情報を得られぬまま、12月10日から現地調査に向かう。日本人移民は通常、コーヒー農場ファゼンダに少なくても一年間は契約農民コロノとして入る。そこでの労働は過酷で「半奴隷的努力」をしなければならず、この試練を経なければ成功の見込みはない。一年の契約期間終了の後、次のステップは5年契約で他人の土地をコーヒー園に仕上げて引渡し、6年目からはコーヒー栽培収入を地主と小作人との間で折半あるいは四分の三を小作が得る契約だが、平生によれば、「斯くして小作人は5ケ年後に於て数千円を貯蓄すること、敢て困難ならず。この資金を以て自ら新地を買ひて地主として開拓に従ふ」実例もあり、日本人で成功するものの多数はこれである（大13.12.11.）。

　ここで平生はハワイ・北米移民とブラジル移民との違いを比較している。すなわち前者は最初から移民期間を定めた、いわば「出稼移住者」で、彼等は稼いで貯めた資金は日本に「送金し、国元に於て田地を買入れ又は其他に投資し、所謂錦を衣て帰国し以て老後…を日本に於て送らんとすることを目的」とするのが多数である。これに対しブラジル移民は、ここが「沃野千里」であるから、最初契約移民コロノとして入った経験があれば、自ら土地を購入して耕作すれば「収益多大なるを自覚」するのみならず、「些少の資金を以て帰国するよりもこの地に於て大地主たるの〔方が〕愉快にして将来多望」である（大13.12.12.）。

　このように平生はブラジル移民に大きな期待をかけていたが、それを推進していた日本政府の政策についてはかなり批判的であった。その一つは、唯一移民のための会社、「海外興業会社」の問題である。平生はレジストロにある同社イガッペ植民地本部を訪問し殖民農場も巡覧しているが、まず彼はこの会社それ自体に経営の資質があるのかどうかを疑う。同社はい

くつかの経営不振に陥った殖民会社を統合合併してできたものだが、その
ために「生れながらにして両親の病毒を遺伝」していて「決して健全なる発
達」を遂げたものではなく、従って「其責任の地位に在りし人々は」責任を
取ることもない（大13.12.21.）。

　ブラジル移民が日本にとって大きな可能性を持っているにも関わらず、日
本政府が、綿密な調査・研究を行うことなく、ビジネスタレントのない人々に海
外興業会社の運営をまかせ、同社の杜撰な計画をそのまま承認している事
実を知るにつけ、平生は暗澹たる気持になる。だがさらに現地で日本移民
の利害を代弁するはずのサンパウロ大使館・領事館にも大いに問題があった。
平生によれば、ここは日本移民のために設置されたものであるから、領事は
赴任と同時に移民地を視察し、「移民を訪問して之を慰撫すると共に、其
状態を観察して自己の参考に供し、爾来屢々実地視察を為して以て移民
の現在及将来に関して自己の意見を樹て、以て大使の参考に供す可き」な
のに、それをまったくせず、帰朝を命じられた途端に急遽巡視を為す。まさに
「俗吏の典型」である。また「人口過剰を調節せんとする意味に於ける移
民殖民問題としては其大目的」を達成するためには徴兵問題はささいなこ
とで、兵役などは何等かの特権を付与して免除すべきではないか。それど
ころか、領事館員達はブラジル移民の多数が社会的知識を欠くとして彼等
を軽蔑し、従って彼等を「誘導扶掖するの念」をさらさら持っていない。こ
れでは「ブラジル移民の如きは全然失敗に終わるべきなり」（大13.12.18.）。

　帰国後、大正15（1926）年4月15日、大阪商船の神戸支店で開催された
日伯協会創立委員会の席で、平生は次のようにブラジル移民の意義を説い
た。日伯協会が設立され、今後移民の増加に拍車がかかると、「過剰人口
の一のexodusとなるのみならず将来日伯間の貿易の基を造るに至るや明
か」である。したがって日伯協会成立の暁には、政府に働きかけて「神戸に
一大移民収容所」を建設して、少なくても一カ月間はこの収容所において「移
民の講習をなしたる後渡航せしめんか、其便益や大」である。したがって
政府が移民を本気で人口問題解決の一策と考えているのであれば、神戸
に収容所を建設することは当然である。日本の重要な輸出品である生糸の

ために横浜に「官設検査所」を設けて不良品の輸出を防止しているのであれば、同様に「移民収容所を設けて移民の選択及移民の教養をなす事は重要」な政策である。「朝野心を一にして移民の為めに考慮せざるべからず」。この提案に一同賛意を表した。

　同年5月3日には兵庫県庁でブラジル領事を交えて日伯協会打合せが行われたが、この席でも平生は協会創立後の「第一着手すべき仕事」は神戸に移民収容所を設置することであることを強調し、一同の賛意を得、これ等の案は創立大会が開催された5月8日に正式に承認される。

　それから一カ月後の6月2日に、神戸海岸通一丁目に事務所を設けていた日伯協会に赴いた平生は、内務省がこの神戸案に乗り気で、政府も相当の出資を惜しまず、しかも具体化すれば「其収容所の経営を日伯協会に任ずる意向」であることを聞く。さらに一カ月後の7月3日に日伯協会理事会が開催され、政府に対して移民収容所建設を正式に建議することを決定する。その日の晩餐で平生にうれしい報告がもたらされる。ブラジルは今後10年間にわたって日本人移民に対して一人15円の補助金を出すことを決定したと言うのである。これが事実だとすれば、少なくても10年間は排日は起こらないから、その間に、日本は移民だけではなく、移民たちの受け皿となるべき資本もまた輸出すべきで、そのために日伯協会は資本家たちに「常に的確なるinformationを与へ」るようにしなければならない、と平生は述べた（大15.7.4.）。

　この輸出すべき資本について、平生は日伯協会雑誌『ブラジル』に寄稿した一文「資本家の奮起を促す」を10月29日の日記に転記している。「是等の渡航者の殆んど全部は農業労働者であって資本家と称するものは一人もなしといふも誣言にあらず。大阪の野村徳七氏が本年初に大コフヒー園を買収せられたと聞けるが、恐らく日本の資産家のブラジルに於て大放資の嚆矢とする」。現在ブラジルの農園では労働力不足のために政府が補助金を出して移民を迎えているが、資本が潤沢でない国だから、いずれ移民が増えて労働力は過剰となる。そうなると「日本人との競争に堪えず、土着労働者又は白人労働者が団結して日本移民を排斥」するだろう。それを回

避し、日本人をして長く移民を継続させるためには「日本の資本家がブラジルに於ける土地を購入することが急務」である。「労資相伴ふて入国するとせば毫も同国の労働者と競争する要もなく、日本人所有の未墾地を日本の移民が開拓するに於てはブラジル国民も満足せざるを得ず」（大15.10.29.）。この趣旨に従って平生自身、土地購入代金を11月1日に送金している。

　大正15（1926）年7月24日、平生は黒瀬神戸市長らと移民収容所建設陳情のため上京し、濱口雄幸内務大臣と会見する。その席で平生は、設備がないため「木賃宿類似の旅宿」に寝泊まりして「風紀上健康上寒心」に堪えざる状況であるから、一日も早く収容所を建設するよう、その必要性を訴えた。それに対して濱口内相は、移民奨励は政府の国策として企画しつつあるものだから、財政的余裕があれば直ちに実行すべきであるが、現時点では緊急を要する予算が多く、従って「仮収容所」からでも始められないかと言うものであった。平生はこの会見に対し、「多少のhopeを以て退去」したが、「濱口氏の口吻及其意気込よりするも、少くとも仮収容所の費用は予算に繰込むの決意あるが如し」、と7月24日の日記に記している。

　なおこの神戸移民収容所案は昭和3（1928）年2月に国立移民収容所として実現することとなる。

■ 第2節　海外移住組合連合会会頭に就任

　海外移住組合法が帝国議会を通過し、内務省令施行細則が制定されたのは金融恐慌のさなかの昭和2（1927）年4月末であり、道府県を単位とする海外移住組合が次々に生まれ、同年8月に三重県以下7県の移住組合を主体に統括組織として海外移住組合連合会が設立された。理事長には元ブラジル大使田附七太が推され、専務理事には元長野県知事でアリアンサ移住地建設に尽力した梅谷光貞が就任した。連合会は、各移住組合に事業資金などの融通の道を開く一方で、他方で事業の基礎としての土地選定を急ぎ、各組合からは移住させる200家族を選び、それぞれ別個に移住地を経営させる方針を立てさせる。専務理事梅谷の主たる仕事は土地の選定にあった。

梅谷がブラジル滞在中に買収した土地はソロカバナ鉄道沿線バストス、ノロエステ線アリアンサ隣接地、ノロエステ線チエーテの3地域総計6万余アルケイレス（1アルケイレ＝24,200㎡）で、さらに加えてパラナー、アリアンサ隣接地、ミナス・ジェライエス等の買収交渉が進められていたが、この梅谷の経営方法は結果的に失敗に終わる。となれば、田附・梅谷体制の後継が問題となるが、これまでの経緯からも当然平生に白羽の矢が立った。昭和5（1930）年12月4日、平生は松田源治拓務大臣、小坂順造政務・小村欣一（小村寿太郎の長男）事務次官と会見し、海外移住組合連合会会頭への就任を要請される。会頭は理事長の上に位置し、名目的ポストであるから負担にならないからと説得されるが、平生は肯諾には慎重であった。だが翌日も両次官に拓務局長も加わって、平生に会頭就任を懇請している。連合会総会を昭和6（1931）年2月に控えて、拓務局長の言によれば、現田附・梅谷体制は官僚的で「経営法は全然unbusinesslikeにして収支の計算は少しも考慮の中に入れず、唯資金のあるの儘事業を拡大し、収支相償ふやの如きは少しも思」わず、この杜撰極まりない状況を政府としては放置するわけにはいかない。この際「経営の材幹と計数の頭脳を有する適当なる理事長又は専務理事を得て大整理」を行なうことが必要で、それができる人物は、平生を措いて他になし、と拓務省内の意見が一致したから、「曲げて承認せられたし」と。

　拓務省の要求する実務的能力を備えた人物は、平生の見るところ、宮坂國人[49]しかいなかった。宮坂は拾芳会第一期生で、神戸高商を卒業して以来、日本の移植民事業を一手に引受ける半官半民の海外興業会社であらゆる経験を積み、この分野で識見・知識において彼の右に出るものはなかった。平生は宮坂を招き、彼の下で専務理事として「この職を天職なり、国家に尽くすの道として快諾」する意向があれば、平生も進んで拓務大臣の切願を受け入れるつもりである、と率直に述べた。それに対し宮坂は、自分の一生の仕事としてこれを受容れたいが、海外興業会社で最も成功して

<hr>

(49)宮坂國人の生涯については、角田房子『宮坂國人伝』南米銀行、1985年を参照。

いるダバオ（フィリピン）の責任者である以上、そこから連合会に移るには当然井上雅二社長の許可がいる。しかし井上はもしそれを認めれば事業そのものが成り立たなくなることを恐れて肯諾しないだろうと（昭5.12.15.）。

　平生は井上とは知己の間柄で、12月15日に海外興業本社に自ら井上を訪ね、宮坂割愛を申し出る。これに対し井上は、「如此きは到底不可能」である。なぜなら宮坂をダバオに派遣しているのは、彼の進言で180万円の資金を投じて拓殖事業を拡張・改良した結果であって、今ようやく利益をあげ始めたところで、それはまだ完成していない。もし彼がいなくなればこの事業はどうなるかと。

　平生はこの井上の議論がわからぬわけではないが、彼が平生を連合会会頭に推薦している以上、宮坂の連合会への割愛に反対はできなかった。もし敢えて反対をすれば、海外興業会社にとっても重要な移民事業に様々な差し障りが生じることは目に見えていた。平生が「貴君は余を会頭として、否自身としても之を懇請せられたるにあらずや」と抗弁すると、井上は「顔面蒼白となり大いに苦悶」しているようであったが、不承不承ながら割愛を承諾した。

　こうして平生は昭和5（1930）年12月18日、松田拓務大臣に連合会会頭就任を引き受けることを伝える。しかしそれには、（i）宮坂國人を専務理事とし、ただちにブラジルに派遣して実情を調査させ、それに基づいて政府は必要な法律を改正すること、（ii）人事その他一切を会頭に一任すること、（iii）「会頭は必要に応じ理事長の職務を兼摂」すること、（iv）各地方組合は組合員を連合会が購入した土地に直ちに入植させ、それ以後は一切関与しないこと、等の条件をつけたが、大臣はもちろんこれに同意した。こうして連合会は平生の構想に沿って動き出すことになる。

　昭和6（1931）年2月25日の海外移住組合連合会総会までに平生は解決すべき問題をなお多く抱えていた。その一つが人事に関することで、まず理事長の田附七太は顧問とし、梅谷光貞については、「今日の不成績は彼のmanagement 宜を得ざりし結果なるにも拘はらず恬然として自省」しない彼をほとんど評価しなかったが、彼の収入のこともあり平理事として残すこと

にした。

　総会ではさまざまな意見が出されたが無事終了し、それに引続き理事の選挙が行われ、平生を会頭兼理事長に、宮坂および野村徳七が新理事に推薦され、予定通り宮坂が専務理事になった。この席で平生は次の2点を就任の条件として挙げた。

　(i)「前任者の計画、経営その他の行為より過去及び現在に於て生ずる、また未来に於ても必然的に生ずる結果に対しては責任を負はざること」。

　(ii)昭和5（1930）年度の更正予算並びに6年度予算は「宮坂専務理事が不日ブラジルへ渡航し、彼地に於ける事業の現状を視察調査したる上帰朝し、改めて計画を立つるまでは其儘とし、新計画樹立の後之に応じて予算を作成し総会の承認を受くること」。

　平生は宮坂の調査報告をもとに「建直案」を作成し、拓務省からもその承認を取り、昭和7（1932）年3月23日に海外移住組合連合会総会にそれを諮った。ここで平生は次のように本事業の意義を説いた。昭和6（1931）年には民政党から政友会へ政権が交代、金輸出再禁止、7年には議会解散のため予算不成立、と目まぐるしく状況は変転したが、平生・宮坂体制の任務は飽くまで「本事業の根本的立直し」であって、すでに政府がブラジルで購入したバストス、チエーテ、トレス・バラスの地に集中的に「一日も早く本邦人の入植を完成し、以てブラジル国に理想的の植民地を創設」することである。そのために以下の4点に重点をおいた改革案が必要である。

　第一に、政府購入地を入植者に配分するにあたって、「土地の良否に依りて地格を定め、夫に依りて地代を定め」る。

　第二に、政府との予算上の交渉窓口は連合会であるが、従来まで入植者個人が負担していた円暴落による日伯間の為替差損益などは、今後政府が負担するよう交渉する。

　第三に、本会の事業は完成までに十数年を要するものであるから、「継続事業として予め年々の支出を一定不変のものたらしめんことを政府に要望」する。

　第四に、連合会の下部組織である地方組合は入植者との資金貸借問題

など金銭的事務的負担が大きく目下16の府県にとどまっているが、これらの負担から解放して「宣伝と募集」のみとすることで地方組合の全国的普及を図る。

　国家的事業であり、何よりも優先的に行われるべきこの移民政策であったが、法律問題、予算問題が絡み、政府は平生の思い通りに動こうとはしなかった。昭和7（1932）年10月4日の日記には次のような記述が見られる。宮坂國人と拓務省に河田〔正義〕次官を訪ね、連合会の政府からの借入金、つまり土地購入資金に充当された企業資金555万円および生産諸設備資金2億5千万円に対する利子の全免を申し入れ、それに関するいくつかの具体的要望を提出したが、それには法改正、議会の協賛が必要であり、なかなか困難であるとの回答であった。そこで平生は、「余は現職を引受くるに当り、時の大臣松田氏、次官小村、小坂両氏より懇請あり。夫に対し余は連合会の建直しをなし、本会設立の趣旨を達成するに要する法律の改廃、償還方法の変更は必ず政府に於て余が求むるごとく実行すべしとの事なりき。然るに今日拓務省の考案の如くせば償還条件は不実行に了り、…何等整理の実を示す能はず。自分は報酬を得んが為めにもあらず、衣食の為めにもあらず、奉仕の観念を以て懇請に応じたるものなるに、何等の整理もできず、根本方針の建直しできず、徒に其職に留まる能はず、と決然と言放」った。

　また同年11月7日の日記には、大蔵省が連合会に関する予算案を削減したことについて平生は拓務省の局長に不満を露わにしたことが記されている。すなわちは、「たとへ軍事費に巨額の支出するの要ありと仮定するも、夫がため我民族百年の長計の為め新天地を設けんとする恒久的国策を放棄せんとする如き処理をなすは、一に事務的近視眼的事務当局の暴挙というべく、真に国家の前途を達観し得る政治家のなすべき業」ではない、と憤慨しながら拓務省を後にする。しかしこれで引き下がる平生ではない。11月16日には永井柳太郎拓務大臣を訪問し、入植者を増やすためには産業施設と公益施設の完備が最も重要であるにも関わらず予算の大幅削減は入植者の士気を挫くばかりで、政府自らこの事業を破棄しようとするものであって、理

解できないと訴える。

　予算削減は大蔵省だけではなく、外務省管轄の学校、病院、収容所などの公益施設に関する予算も38万円が5万円に削減された。そこで平生は外務省に有田八郎外務次官を訪問し、今やブラジル移民は人気があり、7年度には600家族、8年度には650家族以上の入植を計画しているが、これは政府によって学校や病院、また宿泊施設が完備されてきていると海外移住組合連合会が宣伝しているからであるが、今ここで予算が削減されると、「我々は彼等を欺瞞せしと同様の結果」を生じ、彼等の「進んで入植せんとせし気先を阻む」ことになり、ひいては「政府に対して信用を失ふ」ことになる。必要な公益施設は当然設けなければならぬと力説した（昭7.11.9.）。

　平生は社会・国家への奉仕という彼の当初の意気込みと、それを平気で反故にしてしまいかねない現実政治との狭間で悩むことになるが、昭和7（1932）年12月19日、ブラジルに向う宮坂を神戸港に見送りに出かけたとき、平生は思わぬ光景を目にして、思わず感動がこみ上げてきた。海外移住者は1329人を数え、ブラジル移民開始以来の最高記録に達したことを知ったのである。その理由は、コーヒーの世界価格が大暴落して以来、連合会の組織変更、入植制限の撤廃、在伯邦人の入植奨励、さらにコーヒー単作農業から多角的農業への可能性の宣伝などが功を奏して、昭和7（1932）年に入ると移民制限に対する悲観的宣伝は影を潜め、逆に「奨励的宣伝は有力なる新聞紙に於て盛んに行はるるに至」っているからである。これが平生を勇気づけたのである。

　ブラジル移住希望者の増加というニュースは平生を喜ばせたが、しかし大蔵省との厳しい交渉はデッドロックに乗り上げたままであった。それに追い打ちをかけるようにバストス移住地では厄介な訴訟事件が発生する（昭8.1.12.）。さらに平生を驚かせたのは、連合会の現地の代行機関ブラ拓（有限会社ブラジル拓殖組合）からの報告によれば、昭和7（1932）年度の土地代収入、つまり償還地代は本来の「建直案」では462コントスであるのに、わずか10コントスに過ぎないとの電報が届いたことである。だがこれは由々しき問題で、「現在大蔵官吏が我々の計画に対し疑を存し居り、未だ之を

認めざるに先だちこのことを発表せんか、目下引続き交渉中の償還条件変更の事も目下提出せる償還表に信を措かず、従ってこの条件にて貸出を見合はすに至るやも知れず。…この建直案の基礎たるべき移民の収入に基きたる償還計画が初年度よりかかる喰違を生ずるに於ては余りに杜撰なりといはざるべからず」（昭8.1.17.）。

このような状況下、昭和8（1933）年1月30日に海外移住組合連合会総会が開催される。この総会でも平生は建直案の趣旨（分譲地の地代の改正、為替変動の危険から免ずること、地方組合の義務の免除、コーヒー単作農から多角的農業へ、この農事方法変更に伴い生じる産業諸施策への政府の援助、連合会の政府との諸々の交渉事）を説明して了解を求め了承を得たが、そのなかで為替暴落の問題は深刻であった。すなわち入植渡航者の持参金は、従来の為替率1円＝6ミルレイスとして、4コントス200ミル、円換算で700円であったが、昭和8年から為替率が3ミルレイスに下落したため、1400円になっている。これは入植者にとって厳しいのでどうにかならないかとの質問であったが、平生はこれに対し、「これは何人の罪でもなく、我政府の財政が窮迫せる結果、対日信用が下落せるものなれば何人も咎むる能はず」と説明したが、ブラ拓に減額の可能性につき問い合わせることで終わった。

■ 第3節 移民2分制限法の成立と訪伯経済使節団の結成

昭和6（1931）年から平生・宮坂新体制が動き始めた海外移住組合連合会だが、満州事変以後の軍事費拡大の中での予算の確保、現地での土地をめぐる訴訟など、難問が次々現れ、平生を苛立たせた。だが決定的だったのはブラジルでの排日運動であった。昭和9（1934）年5月3日の海外興業ブラジル支店員からの現況報告はまだかなり楽観的であったが、5月12日の平生日記によると、サンパウロ州チエーテで日本人移民の少女を誘拐した現地人を日本人が殺害した事で排日熱が一気に高まり、そしてついに5月24日の憲法審議会で移民2分制限法が146対41の圧倒的多数で可決されてしまった。この法律の内容は、過去50年間に定住した各国移民総数の2

%に限って入国を許可するというものであるが、平生によれば「現在入国するものは日本人のみなれば結局排日案」ということになる。現在の定住者が17万人とすれば、許可される移民は1年に3400人となり、大阪商船、海外興業会社、海外移住組合連合会など関係する会社や機関は重大な影響を被ることになる。現地からの特電によれば、排日の理由としては、人種的偏見、日本移民の経済発展に対する潜在力への脅威、背後に潜むブラジル綿糸布市場をめぐる英米の策動、強力な議会の排日グループの存在が考えられた（昭9.5.26.）。

　昭和9（1934）年6月6日には早速大阪で移民事業関係者（大阪商船、南拓、アマゾニア拓殖、海外興業、連合会、外務省アメリカ局、拓務省）が集まり善後策を協議したが、「我国としてはブラジル移民を国策として継続せんとする以上、隠忍して妄動せず」で意見は一致したが、それ以上に具体案は出なかった。何等進展のないまま、ついに7月16日から移民法は公布され、ブラジルの統計から割り出された計算で日本人移民は最終的には年2849人と決まった(50)。

　切羽詰まった状況のなかで、外務省移民課から平生に民間使節団派遣を打診してきた（昭9.7.21.）。9月20日の平生日記には坪上卓二拓務省事務次官との会見の模様が記されている。平生は坪上に、ブラジル移民事業に最も関係が深い大阪商船、海外興業会社、ブラ拓を代表する優秀な実業家が現地でブラジルの政府および在野の要人と交流を深め、「日本移民がブラジル国のため利益あることを認識理解」させることが最緊要事で、それにはブラ拓の宮坂國人が最適任者だが、多忙な彼をサポートするための人件費をどこからか捻出しなければならないと述べると、彼も同意した。

　10月31日、坪上次官から平生に突然呼び出しがかかる。駐伯代理公使から外務省への通電に、ブラジル外務大臣との会見で次のことが問題となったというのである。移民制限の緩和を図るには、「日本より有力なる実業家」を民間使節としてブラジルに派遣し、「通商貿易の事を力説せしめ、ブラジ

(50)『日系移民資料集　南米編　第29巻』（日本図書センター、128ページ、1999年）によれば、種々の内政的事情から、日本人移民の割り当ては「1934年の前憲法中に規定された各国移民制限条項の真の実施は、5年後の1939年から始まった」。

ル国が日本移民の力に依り開拓し実を挙げるに於ては、日本へ輸出し得る国産〔品〕を生産するを得べく、現に綿花の如きは其綿種にして日本が要望するものを生産」するということで話がまとまれば、解決の道が開かれる。従って日本の外務省からも適任者をブラジルに派遣するように希望すると。

坪上はこの報告を平生に示しながら、この使命を果し得る人物は平生をおいて他になく、「真に老躯を挺して、今日といへども国家のため活動せられる余に対しては迷惑千万にして言ふに忍びざることなれど、邦家のため枉げて承諾せられたし」と懇請した。平生は使節団長を断り続けた。というのも、昭和8年3月に再生途上の川崎造船所社長になったばかりの身で、かつ甲南高校では理事長兼校長の職にあり、それに甲南病院理事長でもあり、加えて古希という高齢を考えると、数ケ月に及ぶ団長の仕事を引受けるには体力に自信が持てなかったからである。しかし造船所の重役たちは国家のためならば、と渡伯を容認し（昭9.11.26.）、また甲南高校では「国家のため老躯を挺して遠く重大なる使命を果さんため渡伯せらるることに対して敬意を表すると共に、不在中は一同誠意を以て協同し大過なからんことを誓約」した（昭9.12.3.）ことで、この大任を思い切って引受けることにした。

昭和9（1934）年12月5日、拓務省に赴き、正式に渡伯引受けを了承したが、これには次の条件を付した。この使命は「国家への奉仕事業」であるので「何等の報酬を要求」するものではなく、また妻を同行させ、場合によってはヨーロッパ見物を旅程に組み込むこととし、このミッションの形式に関しては「trade missionとして日本商工会議所の計画として組織」するというものであった。

経済使節団長を引受けたものの、「有力なる実業家」の陣容をどう整えるかが問題であった。実業家はえてして自己の目先の損得を考えて決断し行動する。綿関連で平生が候補者の筆頭に挙げたのは、東洋紡社長で貴族院議員でもある阿部房次郎、若しくは副社長庄司乙吉であったが、二人とも固辞し、結局常務取締役関桂三に落ち着いた。伊藤忠・綿花同業会の伊藤竹之助については伊藤忠兵衛を通して難なく了承を得た。また最初から積極的であった大阪商船は渥美育郎を推薦した。だが平生の考えでは、

「有力な実業家」となれば、三井、三菱、住友の三大財閥をはずすわけにはいかない。三井物産からは岩井尊人が平生の考えに感銘して一員に加わることになったが、三菱商事からは二転三転してやっと奥野勁に決まった。しかし住友は、日伯間の通商が日本の貿易総額のわずか千分の一に過ぎないとの理由で、結局断った。こうして以上6名に事務長と医師各1名、随員9名（この中に小林一三の長男米三も特別に団長秘書として含まれていた）を加えて総勢17名の使節団が結成されることになった。

　出発は昭和10（1935）年4月8日、秩父丸にて横浜港出帆と決まり、それに先立ち4月1日に岡田啓介総理主催で開かれた歓送会で平生は次のように使節団の意義を述べる。移民制限問題が発生して以来、政府はもちろん、これに関係ある人々が色々と善後策を講じてきたが、結局日本から経済使節団を派遣することになった。問題はこれまで振るわなかった日伯間の通商を増進させることだが、それには何よりもブラジルが日本向けの農産物を新たに興すことが肝要で、それは綿作である。現在コーヒー栽培ではすでに労働力不足が感じられているから、もし綿作を大々的に奨励しようとすれば、ブラジル政府は外国移民に頼らざるを得ず、従って日本移民の増加策を考えざるを得なくなると。

　一行はあくまで民間使節として横浜港を出帆し、13日間でサンフランシスコ、米大陸を横断してニューヨーク、そこから12日間かけてリオデジャネイロに着岸した。航行中にブラジル日本大使澤田節蔵から「ブラジル政府から国賓の待遇」をするつもりでいるとの電報が入ったから、平生はすぐ辞退の

カテナ宮殿でヴァルガス大統領に謁見する使節団一行（前列右から2人目が平生、その隣が大統領）（甲南学園蔵）

返電をしたが、すでに準備をしているから辞退はできないと再度電報が入った。平生はただちに、「将来ブラジルから同じ様な経済視察団が日本に来た時に、同一の待遇をすることが出来るか、若しそれが出来ぬ場合、ブラジル人はブラジルを侮辱」したと感じるだろう。そうなると「我々の努力している日伯親善上障碍を招きはしないか」と返電すると、大使からは「本国に請訓して、承知する事に決めた」との返事があり、5月16日、使節団は国賓としてリオに入港し、大歓迎を受けた。

　昭和10（1935）年5月17日の日記にこの16日のリオ入港の様子が描かれているが、それも中途で途切れ、以後翌日からブラジル滞在中の一行の行動に関する日記はほとんど欠落している。一行の行動について我々として知り得る断片的情報は、岩井尊人の編集になる日本商工会議所訪伯経済使節『伯国経済事情』（昭和11年）と『スズ日記』、および平生釟三郎述『私は斯う思ふ』（千倉書房、昭和11年）の「ブラジルを訪ふの記」である。

　これらの資料からも訪伯経済使節団が国賓として如何に大歓迎を受けたかは手に取るように分かるが、使節団としての目的は岡田総理の歓送会で述べた通り明瞭であった。5月17日に団長として平生がリオ中央放送局でラジオを通じて全ブラジル国民に日本語で挨拶した中で、「吾々は約1ケ月貴国に滞在し各方面の経済事情を視察し事実と数字とに就ての知識を得ると共に、朝野の有力者と接触して腹蔵なき意見を交換せむことを希望し居り、若し吾々の伯国訪問が貴我両国の将来の通商貿易関係増進の第一段とも為り得れば望外の仕合せなり」と述べたことにも表れていた(51)。

　この使節団が大成功を収めたのは、その後の両国の貿易の拡大からも分かるが、『私は斯う思ふ』に掲載されている6月11日の記述からも十分に理解できる。「両国経済提携の効果は、ブラジル棉が頗る有望」であることを発見した以外に、1. 日伯通商協会の設立、2. 両国観光局の提携、3. 日本側焦付資金の回収は英米よりは有利な解決を見たようだが、公表は避ける、4. 為替についてはポンド建、ドル建、円建のいずれにするかはブラジル

---

(51) 日本商工会議所訪伯経済使節編『伯国経済事情　昭和10年4月－11月』昭和11年（1936）、21ページ。

側の意向に従う、5. 日本側の投資は、貿易進展の意味からある程度容認するが、現在の棉のそれ以上は考えられない⁽⁵²⁾、と。

また、昭和10(1935)年6月12日に使節団が現地解団(その前日の最後の総会で平生がコメンダトール勲章を授与されている)するに当って、平生は記者団に次のように語った。「我々使節団は民間の資格で来たもので、各使節は何れも大商社を代表して居る。しかしブラジルの物産、殊に棉花が日本の紡績業界に使用し得るや否やについても調査した。…ブラジル棉は歴史が浅いので、現在荷造繊維の分類、運輸機関等に欠陥があるが、将来これが改善されないといふ理由はない」⁽⁵³⁾。

6月末にウルグアイを経てアルゼンチンに向う途次「猛烈なる赤痢類似症」(昭10.10.13.)に襲われる。この時平生夫人スズは小林米三とともにニューヨークにいた。スズは娘の美津子と夫の水沢謙三宅でアメリカでの生活を満喫していた矢先に、ブエノスアイレスから驚くべき電報が届く。「25日より汽車中にて発病、下痢止まらず、28日当地着と同時に独逸病院に入院す⁽⁵⁴⁾」と。

入院中も平生は冷静に日本の病院との比較を忘れない。「日本の病院では看護婦は病人の看護婦ではなくて、医者の小使だ。病人と喧嘩をする者さえある位だ。だからして、病人には付添婦を雇はねばならぬ。…私の病気は…非常な下痢をする病気であって、何かと不自由を感じたので、日本婦人を夜だけ使いたいと申込んだが、医者が許さない。…看護婦以外には病人に触れさせないと云うのだ。…食物も非常に喧しく、医者の許可を受けねばならぬ。…日本も医学はなる程進んでいるが、病人の世話する方は考へられていないと言っても、差支へないと思ふ」⁽⁵⁵⁾。

約1か月の入院で退院し、平生ら一行はスズと米三に会うためにロンドンに向かった。8月27日に無事落合い、ロンドンを皮切りにパリ、ベルリン等を見物し、「世界の公園」スイスのインターラーケン着いたのは9月19日で、そ

(52)平生釟三郎述『私は斯う思ふ』297-298ページ。
(53)同上、299-300ページ。
(54)「スズ日記」、『平生釟三郎日記　補遺』6月30日、72ページ。
(55)平生釟三郎述『私は斯う思ふ』310-313ページ。

の翌日ユングフラウヨッホにケーブルで登る。終点の頂上には「氷の宮殿」があり、一同は内部の美しさに感心する。スズ日記には「スイスの山ほど美しい思ひ出はありません」(56)と記されている。

　平生は昭和10（1935）年9月28日ナポリから照国丸に乗船し、1か月にわたる帰国の途につく。飛行機で12〜3時間の今日からすると、さぞ退屈だったのではないかと思われるが、さにあらず。エジプトでピラミッドなどを観光する。船内では麻雀やデッキゴルフに興じ、また運動会やすき焼きパーティーで盛り上がり、送別会では「蝶々夫人」で国際的に名を馳せたオペラ歌手三浦環の独唱に聞きほれる。彼には「退屈」とか「無聊」とかは縁遠い言葉であった。

　船上でも平生は国際政治について語り合う有識者に事欠かなかった。イタリアが国際連盟規約を無視してエチオピアを侵略する話題がさかんに出てくる。その下りに、同国に対し連盟は経済断交を決定し、金融の道を絶ったが、我国においても「達識勇胆の政治家」が出て「一死を以て君国のため軍人の跋扈に対抗するにあらざれば、軍事費の増加は到底免れざるべきか」。そうなれば、他国征服の野望をやたら駆り立てることになるが、これこそ「イタリアの首相ムッソリニの轍を踏むに至らんか」とある（昭10.10.14.）。自由通商の可能性をまだ信じていた平生にとって思いもよらぬイタリアの行動であった。

　シンガポールに寄港した際、領事並びに各社支店長の招待を受けたが、平生はここで日本にとって自由通商が如何に大切かをこう述べる。「武力を以て他国を侵畧し、他国の物資を奪掠するが如きは到底今代に於て国家の方針として実行不可能である。されば日本の如きは何処までも通商自由の旗旛を翻へして各国に臨まざるべからざることは日を睹るよりも明かである。然るに我国の政治家、殊に官僚政治家、及之を謳歌して私利を図らんとする我実業家、殊に東京に於ける尤も勢力ある実業家が相集りて通商自由の主義に反対することは実に嘆はしき事である」（昭10.10.18.）。このスピー

---

(56)「スズ日記」、9月20日、100ページ。

チからも明らかなように、ブラジル経済使節団の成功を確信した自由通商論者平生の姿がここにあった。

　神戸港に接岸したのが10月28日。その1か月後の12月3日には、渡伯前に話題になっていたことだが、岡田総理から正式に貴族院議員に奏請するとの連絡があり、4日に辞令を受取る。5日には天皇陛下にブラジルについて約50分にわたって御進講[57]を申し上げた。平生にとって「身に、余る光栄」のひと時であった。

■ 第4節 日南産業株式会社社長に就任

　帰国後すぐさま平生はあちこちで帰朝報告を行い、今後のブラジルの経済的可能性を訴える。昭和10（1935）年10月30日には廣田外相同席のもと、外務省通商審議会で講演を行っている。今回の使節団の「第一目的として如何にして日伯間の通商を増進」するかが問題であったが、それにはまずブラジルに「我国の要求する原料を発見して之を輸入するの道を開く」ことが肝要である。我国は工業国であるから、その原料は外国に求める他はない。我国の官僚の中には未だに「自給自足主義の錯覚」に囚われてあらゆる原料を自国で産出するべきだとの癖論を真面目に論じる者もいるし、また実業家にも「輸出は大に奨励すべく、輸入は防止すべし」という虫の良い説を公然と主張する者もいる。一旦こうした思想に染まると自由主義に転向することが難しくなる。その結果バーター・システム、割当制度、輸出入均衡策とかを根拠にして、「自国産の物資の買入るる国に対し其額に相当する輸入を許す主義を固守」することになる。事実南米では「日本が新に開きたる市場に於て其輸入をcheck すべく、現行通商条約を廃棄して日本品に対して高税を課して輸入を防止」しようとしている国は二～三に止まらない。ブラジルと日本との輸出入状況を見れば各々3百万円、総額6百万円で、日本の総貿易額の千分の一強に過ぎない。22倍の国土を有するこの大農業国

---

(57)昭和10（1935）年10月5日に平生はブラジルの現況について御進講を行っているが、そのとき彼は天皇の質問に対し、「そんなこというたかてあんた」、とつい関西弁を使ったという逸話が残っている（藤田宏郎「平生釟三郎の御進講－日伯貿易について－」『平生釟三郎日記　第15巻附録』2017年）。「スズ日記」、9月20日、100ページ。

と商工業立国日本との通商関係から見れば、この数字はいかにも「奇現象」である。その理由は両国が遠く離れていること、ブラジルの主要産品コーヒーは日本人の嗜好に合わないことに加えて、日本の有力な実業家がブラジルを単に移民国としか見てこなかったことも大いに関係がある。

　今回経済使節団が派遣されたのは、我々が輸入原料としてブラジルに綿花を発見したからで、経済使節団の主体が綿業者であったのはそのためである。綿花は確かに北ブラジルでかなり生産され、その綿は長繊維のため羊毛との交織に適し、主としてイギリスに輸出されてきた。ところがここ数年サンパウロ州でアメリカ種の綿花が栽培され注目されている。その契機となったのは大不況で、コーヒー価格が生産過剰で暴落し、その対策として大量のコーヒーを政府が買上げ焼棄するまでに至った。この政策の結果ブラジル国内の価格は維持されることになったが、これを機に他国では自らコーヒーの増産に努め、かつてのブラジルの市場を蚕食していったために、ブラジルの国際収支は悪化し、公共事業資金は不足し、外債の利子すら支払えなくなった。さらに軍事政権は軍事費を激増させ財政の腐朽をさらに進めた。このような状況の国に資金を融通するものはいない。自ら出口を見出さざるを得ない。それには官民が力を合わせ「新に国産を発見して之を外国に輸出し、之に依り国際貸借と財政の調節を求めざるべからざる境涯」に陥り、ここで「好個の国産」として綿花が発見されたのである。サンパウロ州はアメリカ綿の栽培に好成績を上げ、同州政府は「米国種にして政府が交付する種子にあらざれば播種を許さざること」にしたのである。

　ただブラジルはまだこの綿花を「国際商品として処理することに不慣」れで、例えばアメリカ綿と比べて規格の面で劣っているため、そこで使節団は手分けして地方をまわり、耕作、播種、採摘、綿繰、荷造、保管、運送、取引、金融等に付き改善点を指摘する文書を作成してブラジル政府・サンパウロ政府に届けた。これ等の改善が行われるならば、日本にとってブラジル綿は十分にアメリカ綿の代用となり得るし、ブラジルからの輸入も飛躍的に増加し、その見返りに輸出も躍進することは困難ではない。ブラジル綿の生産・輸出増は、延いては「日本の移民に対し緩和の道」に通じることは疑いな

い。現在サンパウロ州での綿花栽培の約半分は日本人の手になるものだが、彼等が収穫する実綿は綿繰工場を持たないためにブラジル商人とアメリカ商人の言い値で売買されている。従って「日本の移民は綿花の栽培に依り得られるべき正当の収穫」を手にすることが出来ていない。早急に「日本人の手に依りて必要なる機関を設備するの要」がある。使節団一行は、このためにも株式会社の設立を考えているが、もしこれが実現すれば、「ブラジル綿花は日本移民の手に依り栽培せられ、日本人の手に依りて処理せられ、日本の船に依りて運送せられ、日本の紡績のために緊要なる材料となる、所謂一貫作業である」。

　外務省通商審議会での講演で、平生はブラジル綿が日本移民の手により栽培され、処理され、日本船で運搬され、日本の紡績の材料になる、「所謂一貫作業」に成長させるには株式会社の設立が是非とも必要だと述べたが、それは「日南産業株式会社」となって実現する[58]。

　海外移住組合連合会は政府がブラジル移民のために設立し、政府が購入した未耕地を日本移民に分譲して自作農を育成しようとしたものだったが、二分制限法で移民の道がほぼ断たれた以上、政府もこれまでの土地代金償還の方法を改め、移民にも綿作を奨励し、漸次年賦金を償還させる方法を考える必要が出てきた。この問題について平生は政府と協議し、最終的に政府は官民共同の株式会社日南産業を設立することに決め、この法律は昭和12（1937）年3月30日に帝国議会を通過し、7月10日に創立総会を開催し、平生が取締役社長に就任する。日南産業株式会社は政府出資725万、民間株主275万、併せて1千万円の会社で、移民業の外、銀行部、商事部、鉱業部、技術部、綿花部の事業組織を有する大会社であった[59]。

　日南産業株式会社の農業生産における貢献度は大きく、特に綿花生産は目覚ましいものがあった。昭和14（1939）年にサンパウロおよびパラナー州北部で生産された農産物の価格を見ると、綿花が367,780コントスで圧

(58)草野正裕「ブラジル綿と平生釟三郎」、安西敏三編著『現代日本と平生釟三郎』晃洋書房、2015年参照。
(59)『日系移民資料集　南米編　第30巻』1999年、66−69ページ参照。

倒的に多く、これに次ぐのはコーヒーだが、56,000コントスに過ぎなかった。

　その他日南産業株式会社について平生が主に言及しているのは雲母である。昭和13（1938）年7月18日の日記はなかなか興味深い。昭和14（1939）年度の拓殖部の予算は20万円の赤字で、その原因はブラジル政府が移民制限を励行し、それに加えて日中戦争のためブラジルへの渡航者が著しく減少し、これまで支給されていた事務費が廃止されたことによる。しかし商事部の利益は予想外に多く、その「主因は鉱石、特に雲母の日本輸入」である。その買手は海軍である。「毎月輸入し居る雲母の全部は品質の如何に拘はらず海軍一手に買収」とある。人口過剰の解決策としてブラジルは重要な移民受入れ国であったが、以上からもその本来の目的から離れて行く様子が伺われる。

　昭和13（1938）年11月30日の日記には日南産業の定時株主総会で平生がブラジルの政情について語っている。前年にヴァルガスがクーデターを起こし異民族に対する反抗的政策が助長されたが、「日本及日本移民に対する政府者の感情は不良ならず。是れ駐伯大使澤田氏の伯国官民間の気受宜しきと、先きに伯国に赴きたる訪伯経済使節の尽力を以て日伯間の貿易が拾数倍に及びたる等の原因あるが如し。経済方面に於てはコフヒーに対し輸出政策は失敗に終りたるが、自由輸出を許すに至りたるより珈琲の輸出も増加し、且棉花栽培は大なる功果を齎らし、日伯間の貿易は昨年度に於て六千万円以上に及びたる等、日伯間の関係は好良といふべく[60]、また我社の事業は事変〔日中戦争〕の結果として渡伯者激減し、また在伯邦人の移殖も減じたる為拓植部の成績は著しく不良なるも、土地代金の回収は比較的好良である。商業部、金融部に至りては業務開始早々見るべきものなく、為めに第一期は無配当の止を得ざるに至りたるは遺憾である」。

　昭和14（1939）年9月1日に第二次大戦が勃発し、それに続いて昭和16

---

(60)『第30巻』222ページ。1936年には、輸入額は「為替管理一層の緩和」で陶磁器、雑貨類、毛糸、絹糸、針金や紙類などが大幅に増加し、前年に比し42パーセントのプラスとなり（全輸入額の1.163%）、輸出は綿花買付が前年度に比し15倍増加したために、全輸出額は11倍増となり、全輸出高の4.308%となった。これを1930年と比べると、輸入は22位から12位へ、輸出は33位から一躍5位に跳ね上がった（『第29巻』197ページ）。

（1941）年12月8日に太平洋戦争が始まると、連合国側に付いたブラジルは日本と敵対関係になり、昭和17年（1942）年1月には国交断絶となる。こうなると日南産業株式会社は事業を行えなくなる。ブラジル交換船で日本に帰国したある人物を通して、ブラ拓の宮坂は「今回外交官は大使初め全部引上げたるも、自分は日南産業のブラジルに於ける事業会社たるブラジル拓殖会社の総経営者として、弐万数千人のブラタク殖民地にある日本人を放任して自己の安全のため引揚ぐるを得ず。たとえ将来如何なることが発生するもブラ拓の手にかけたる移植民は勿論、海外興業会社の手を経たる移民又は自由渡航移殖民の為最後まで踏み止まる」ことに決心する（昭17. 8. 23.）。

　ではブラジルに滞在していた日本人は如何なる生活状況にあったのか。平生に伝えられた情報によれば、「ブラ拓としては銀行部には伯国政府が取付防止の為金額に制限を設け、其制限以上に引出を禁止せるを以て、生活費を限度として取付が行はるるが如く最初一日丈ケ取付ありしが、伯国政府の命令に依り即坐に中止となり、米国銀行や土着銀行に比し信用もあるを以て、今後新しき変動あるにあらざれば取付の心配なきが如く、本年は棉花もコヒーも比較的好景気にして農民の収入も多く、また生糸の如きも支那、日本よりの輸入なきため市価も昂騰し、移民の懐中は好都合なるが如し」。移民の生活は苦しいどころか、むしろ「好景気なるが如し」（昭17.8.28.）。

　だがこの情報も、交換船で帰京した日南産業社員によると、「日南産業としてはブラジル政府が日本に対し宣戦を布告し、同地にある日本人を敵国人として取扱ふこととなりたるを以て、且物資の輸出入を禁じ、資産の凍結を行ひたるを以て、日南産業としては貿易業より撤退せざるべからず。また棉繰compressも許可せざるにつき平和克服迄は殆んど活動の余地なければ、他に進出活躍の道を求めざるべからず」（昭17.10.8.）とあり、平生が唯一望を賭けていた日伯貿易関係はここに完全に途絶えてしまった。

　平生は昭和17（1942）年10月13日に勲一等旭日大綬章を授与され、それから1カ月と経たないうちに脳血栓で倒れる。それにも関わらず、翌年4月28

日に枢密顧問官に任命される。そして5月10日には来訪した関桂三（東洋紡）に、「枢密顧問官は民間事業は勿論、政治に関係ある協会、其他の会に役員たることを得ざる規定なれば、止むを得ず退くの外なし」と述べ、日南産業株式会社社長を辞任することを告げる。

■ 第1節 2.26事件の衝撃

人生には不思議な巡り合わせがあるものである。昭和10（1935）年の平生釟三郎は、4月から10月まで訪伯経済使節団の団長としての大役を果たし、12月初めには貴族院勅撰議員に推挙され、続いて天皇陛下に「ブラジルの国状について」御進講を行うなど、超多忙な日々が続いた。さすがの彼も70歳の高齢には勝てず、川崎造船所も彼を会長にしてねぎらったが、暮れから体調を崩して入院する。やっと快復し、三女一家が暮らしているハワイで休養しようと思い立ち、奇しくも昭和11（1936）年2月26日の早朝に東京駅に降り立った。

小石川の自宅に向かって皇居方面の大通りに入ろうとした刹那、銃剣で武装した兵卒が検問しているのに出くわした。平生はその時は「何か不穏の事が生じたため宮城守護のためかかる厳重な警護」をしているのだろう、とさほど気にも留めなかったが、自宅に着いて間もなく、川崎造船所専務の川崎芳熊が東京出張所から衝撃のニュースを伝えてきた。今朝5時麻布三連隊（第一師団）の大部分と第一連隊の一部1000人余り（実際は1500人弱）が4人の大尉に指揮されて、岡田啓介首相（松尾伝蔵大佐が身代り）、高橋是清蔵相、渡邊錠太郎陸軍教育総監、斎藤實内大臣を襲撃し、四人とも即死した。尚鈴木貫太郎侍従長は重傷を負ったと。

こうした惨劇がいつ起こっても不思議ではない不穏な空気が軍部の一部や民間右翼の間で支配していた。昭和7（1932）年2月には元日銀総裁で平生とも親しかった民政党幹事長井上準之助が、3月には三井合名理事長團琢磨が、さらに5月15日には首相の犬養毅までもテロにかかって落命していた。昭和9（1934）年5月5日の平生日記には、元軍人で孫文の「辛亥革

命」にも参加したことがあり、荒木貞夫陸軍大将らとも懇意で、共産主義を一掃して「天皇を中心とせる独裁政治」を、すなわち「fascio 政治を天皇直裁」のもとで行うことを画策している、という人物の訪問を受けたと記されている。

　この張り詰めた緊張感のなかで、昭和10（1935）年に突然天皇機関説事件が発生する。もとはと言えば天皇機関説は30年も前、上杉慎吉が帝大での講義で、天皇はすなわち国家であり、全ての国家の機能・権能は天皇に帰着すると述べたのに対し、美濃部達吉は西洋流の法理論の立場から国家を法人と見なして、天皇もその法人の機関である、と論じたことから始まった。この大学での論争が一世代を経て、突如政治問題化する。昭和10年2月18日の貴族院で菊池武夫議員が天皇機関説を「天皇の大権を非議し国体の尊厳を毀損するもの」だと非難する演説をし、28日には衆議院でも不敬罪で美濃部を告訴すべきであるという意見が受理されたことで、政界は「一大波紋」に包まれた。

　平生の冷静な目からすれば、天皇機関説は今日まで一つの学説として相当の敬意が払われてきたが、これが突如「天下の問題」となったのは、「寧ろ不可解」である。思うに、これは満州事件以来、軍部が「宣伝と右翼的集団の勃興とを利用して其勢力の拡大を図」ってきた結果、この潮流に乗じて利益を獲得しようとする連中が「愛国、皇国、皇道、日本主義とかいふ日本精神の復興」を声高に叫んでいる間に、欧米流行のファシズムの輸入が行われ、これが「反動的復古主義と合流して似而非なる日本主義の旗」をあげるに至ったことが「主因」のようである（昭10.3.1.）。

　それはともかく、好奇心が人一倍旺盛な平生のこと、この26日の事件の成り行きを自分の目で確かめようと決心し、ハワイ行きを急遽キャンセルをする。平生がまず感じたことは、中隊長指揮下にある1000人余りの士卒を鎮圧することが出来ない陸軍部内の上官たちを全く理解できない、ということであった。聞くところよると、反乱に加わっていない兵士を鎮圧に向かわせると、「彼等が鉾を逆にして暴行兵士と合体するの恐れあるを以て」鎮圧に着手することが出来ないと。平生はこれには開いた口が塞がらない。「実に浩嘆の

外なし」。平生は続けて、「常に自己を以て国家の干城なりとか、陛下の藩屏なりとか、忠君愛国の結晶なるが如く自負しつつある将校」が、陛下御信任の重臣を「惨虐なる行動をなして平然たるのみならず、政府の要所を占領して豪然たること、実に不忠義の悪漢にあらざれば狂人といふの外なし。かかる狂暴にして思慮なき者が陸軍部内に発生し、其上官たるものは之を鎮圧するの誠心も勇気もなきに於ては、かかる軍部が国民の信頼を受くる能はざること明白ならずや」。そればかりか「対外的に国威を失墜」すること多大である。ここでもし満州、シベリアでソ連兵と干戈を交えることになれば、善戦するどころか、「暴虎馮河の蛮勇」で国家を危殆に導くことになろうと(昭11.2.26.)。事実昭和14(1939)年、ノモンハン事件で日本軍は手痛い打撃を被ることになる。

　この事件で内閣は完全に機能不全に陥ったために、関東大震火災のときと同様に意味のない戒厳令が翌日敷かれ、当日の丸の内一帯は車馬の通行が禁止された。何故にこのように「警戒線」を拡大したのか、また「警備司令本部の側に土嚢を以て小児だましに等しき塁を築き機関銃を据附くるが如き」は、誰から司令部を守ろうとしているのか、平生には全く不可解であった。こんな時には流言飛語が飛びかう。海軍側が強硬に、「若し陸軍の手に於てこの暴徒を鎮圧する能はずんば海軍陸戦隊の手に於て之を決行すべしと厳重なる交渉を申出[61]」たので、陸軍側は「首脳会議の結果自分の手にて武装解除を決行」するつもりだが、「若しこの暴行隊が抵抗するに於ては市街戦を現出する」かもしれないから、このように警戒線を拡大したのだと弁解したと。

　平生はこの流言に関しこう記す。陸軍主脳部が「今以て何等の実行に出でざること、軍人の名誉を毀損し、国民の信頼を裏切ること少々ならずといふべく、如何にも不甲斐なき軍人の集団なるかな」。いずれにせよ「多数の軍事参議官や現役は勿論、予後備の大中少将の将官連は何の顔あって君国に見えんとするや。実に唾棄すべき行動といふべし。かかる陸

<hr />

(61)この事件での海軍の動向について、2019年8月15日にNHKで放映された「二.二六事件。海軍極秘文書を発見」には、2月29日に海軍の陸戦隊が「直ちに出撃し、一挙に撃滅」する決心をした、とある(https://www.nhk.or.jp politics articles statement)。

軍を以て外敵に向はんとす。其結果や実に不安といはざるべからず」（昭11.2.28.）

　3月4日には平生は、軍政府樹立の暁にはその首班になると噂されていた真崎甚三郎大将に手紙を送り、この事件に対する彼なりの責任をとるべきだと迫る。すなわち、「常に国体明徴を強調する陸軍将校の一部が自ら国体を冒涜するが如き行為を敢てして之を自覚せざるが如き狂暴さは」言語道断である。「閣下にして真に日本軍人の気魄を有し、粛軍の実を挙げんことの誠意あれば…単独に闕下に伏して自決し其罪を謝すべきである」と。

　民政党の濱口雄幸と井上準之助が銃弾に倒れ、そして今また政友会の重鎮達が青年将校の犠牲になると、彼等と常に結託していると見なされていた財閥富豪は如何なる行動を取ったのか。奇しくも2月17日に平生は三井合名の会議室で三井高公社長をはじめ歴々たる重役を前に、今や「右翼的フハシズム的思想は頓に勃興し、殊にこの思想は軍部内に燎原の火の如く伝播し、政党と財閥は此等のフハシストの排撃の標的」となっていると語ったばかりであった。ファシストに戦々兢々としていた彼等は、事実この事件が勃発するや、直ちに東京を離れた。三菱を代表する各務鎌吉は京都の木屋町に身を隠した。川崎銀行（川崎八右衛門によって明治13年に設立された銀行）頭取の川崎肇もそうした一人で、平生が東京から、岩井尊人の斡旋で手に入れたばかりの熱海の別荘への帰途、彼と偶然同車したとき、彼は平生にさえ隠れ場所を言わないほど、おののいていた。そこで平生は彼に「東京に於ける資本家はsafety first なれば何処にか隠遁するに如かず」と述べると、彼は「東京に於ける彼等の境涯は実に危険」なりと応えている（昭11.2.28.）。

　だが戒厳令下でも軍部を信頼していない東京市民は冷静であった。というより、反乱軍をあざ笑うかのような行動をしている。例えば「○○病院患者運搬用」と張り紙がしてあるタクシーが通行禁止区域で止まっていたが、これは単に警備の兵卒や巡査を欺いて自動車通行禁止区域でも自由に出入りして客を拾うための口実に過ぎず、これには平生も「其狡知」に驚いた、と日記に記している（昭11.2.29.）。東京市民がこのように平静であ

れば、大阪人にはこの事件は全くの余所事であった。3月2日、伊藤忠兵衛が平生宅を訪問しているが、事件に話題が及んだ時、彼は「大阪市民は何等周章の様なく、至極沈着に東京より来れる諸報告に接し居り、見上げた」ものだと語っている。

　平生は今の時代を、危険か危険でないか、といった単純な発想では解き得ないと考える。三井合名での2月17日の講演でこう述べている。「今や世界を通じて自由資本主義は已に爛熟期を過ぎたるが如く、何等の国家的制限干渉を受けずして資本の威力に依り其蓄積、其増大を縦にし得る時期は去りつつあるが如し」。ソ連の「徹底的国家社会主義」は例外としても、程度の差こそあれ、「世界を通じて国家社会主義が自由資本主義を駆逐しつつあることは否定」できない。イタリアはファッショ政治、ドイツは「ナチス万能の政治」、アメリカもやはり国家社会主義の一現象たるニューディールを採用していると。

　川崎肇との会話においても、平生は日本の現状をこう解釈してみせる。「世界を通じて state socialism が横溢せんとしつつあり。其形態こそ相異せるも、軍隊の大部分、少壮政治家、社会主義的思想家、一部の経済学者の間には統制経済、進んで国家社会主義を以てするにあらざれば国体の尊厳を維持し日本の国威を宇内に輝す能はず、と狭義の国家主義を以て金科玉条とし、武力を以て之を実現せんとし、かかる思想の宣布は未経験にして、社会上の知識なき亢奮せる少壮士官を煽動せるを以てかかる事件を現出」したものである（昭11.2.28.）。

　世界的に国家社会主義が蔓延しているなかで、このクーデター後の日本はどうなって行くのか。2月29日に平生は読売新聞と親しかった政治家永野護からニュースを得ようとしたが、すべてデマばかりであった。ただ彼との話の中で、平生は後継内閣の関連で、軍部で今最も有力なのは平沼騏一郎説だということが気になった。平生は、「平沼氏の如き狭量にして野心強き人が内閣の首班となり、彼に共鳴せる人が閣僚とならんか、我国は鎖国的外交方針」を採らざるを得なくなる。平沼ははっきりと「internationalism を排斥すると宣言」をしているが、これを実行することが「日本の為なりと信

ずる人々は我国の貿易状態につき無知」にして、「我国は孤立の状態」に陥ることは目に見えている。「徒に軍部に媚びて首相の位地を得んとする狭義の愛国家に政治が一任せられんか、日本の前途や寒心に堪えざらん」。

　また田口八郎、坂田幹太と三人で後継内閣について話し合ったとき、平生はこう述べている。「彼等軍人は口を開けば国家の危機を叫ぶは、之れ彼等が軍備を拡大せんとする口実に過ぎず。我国の御神勅に、いわゆる天壌と共に無窮たるべき国柄にして、決して焦燥周章して其功を急ぐ要なし。徐ろに獲たるものは失はず、踏みたる歩は後に引かざるの決心を以て徐ろに国運を図るべきにあらず〔や〕。軍人の野望のために国家国民を犠牲に供するが如きは尤も好ましからざる処」であると（昭11.3.1.）。平生にとって、国家社会主義の時代になったとはいえ、自由通商とインターナショナリズムは日本経済には欠くべからざる基本原則であった。

　クーデターが未遂に終わると、平生は後継内閣が気になった。口を開けば国家の危機を叫ぶ、このような軍人集団に気後れしてか、近衛文麿は「非常時局を乗切る自信なきため」を理由に辞退した。元老の西園寺公望は陸海両大臣には首相の駒を持ち合わせていないことを確かめた上で、廣田弘毅を推挙する。3月5日、平生はこのニュースを知り、「新内閣の成立することは人心を安定せしむる点、また外国に対する我国威の維持」のためにも必要であるから、廣田がこの大任を拝受して、組閣に着手する決心をしたことに対し感謝する旨の電報を打つ。平生が訪伯経済使節の委嘱を受けたのは外相時代の廣田からであったが、3月25日、今再び文部大臣として彼に仕えることになる。

■ 第2節　文部大臣平生釟三郎、作家里見弴と教育談義

　大正12（1923）年4月23日、鐘淵紡績を率いていた武藤山治が実業家として直接間接に政治に干与しようとして実業同志会を結成し、翌年の5月に選挙に打って出るのだが、平生等をはじめとして多くの実業家がこの新党を応援した。この政治への盛り上がりの中で、大正13（1924）年2月3日、彼は門下生達と牛鍋をつつきながら教育談義に花を咲かせたが、そのうち話柄

が政治に移り、誰かが平生が政界に出て「政界革新に尽力せば其効果少なからざるべき」と言った時、彼はこう答えた。「余は政界に興味を有せざるも国民の一員として、如此き渾濁政界は遂に日本を亡滅するものなれば、この革新に任ぜんとする武藤君一派の政界に勢力を占めて革新の実を行はしむる様、間接直接に援助せざる可からず。而して若し余が政治方面に出づるの時あれば、そは余をして文部大臣たらしむるの時なり」と。平生はこのようにすでに早くから政治に関わるのであれば文教関係で、従って文部大臣であれば引き受けても良いと語っていた。それが2.26事件という思わぬ政治的激震から廣田弘毅内閣の文部大臣に招聘されることになった。一躍時の人になった平生にとって、彼の従来から考えていた政策を実際に実行するまたとない機会が訪れたのである。

　ところで文部大臣前後の平生の日記は存在しないが、しかし彼の活動は帝国議会議事録をはじめとして新聞や雑誌等でのインタビューや講演でほぼ追跡できる。例えば河合哲雄は彼の著書『平生釟三郎』において、商科大学の内紛、帝国美術院問題、天皇機関説論と憲法論争、漢字使用制限論争、義務教育年限延長問題、議会の権能をめぐって立憲政友会の濱田国松と陸相寺内寿一との間での「切腹問答」について詳しく論じている[62]。ここでは里見弴との教育談義、漢字使用制限論争と義務教育二年延長問題、並びに教育帝国美術院建設問題に限って文相としての平生の考え方を検討してみたい。

　有島武郎の弟で同じく作家の里見弴が、平生が文部大臣になって早々の昭和11（1936）年4月2日にインタビューしているが、その記事は『文藝春秋』に掲載されている。内容的にはすでに甲南高校やその他で述べていたことの繰り返しに見えるが、まさにその繰り返しこそが、平生からすれば日本の教育に基本的に欠けているもので、ぜひとも改善されねばならない事柄の数々であった。

---

(62)河合哲雄『平生釟三郎』756－779ページ参照。天皇機関説、国体明徴運動がどのような歴史的絡み合いのなかで2.26事件に連なり、それを引き継いだ廣田弘毅内閣がどのようにして崩壊していったかについては、文献実証的に、安西敏三「昭和精神史における平生釟三郎－機関説・学制改革・国体論－」『甲南法学』第60巻1・2・3・4号、令和2年が分析している。

里見がまず「特にこういふことに一番力を入れて行きたいといふやうに思召してゐらつしやる点を伺ひたいと思ひますのですが」と口火を切ると、平生は早速「どうも現代の教育は知育万能で、且つ画一注入的である。こういふことをして居れば知育の方はずんずん進んで行くけれども、精神方面は寧ろ逆行して行きはしないか、そうすれば結局将来に於て由々しきことが起るんぢやないか、これはどうしても、今の知育よりも、もつと精神教育の方面に重きを置かなければいけないといふ考を起しまして、七年制の甲南高等学校を拵へました。

　それで私の学校の教育方針は、人格の修養と健康の増進といふことを第一義にして居るのです。それから知育の方も今のやうな注入主義ではいけない。今の学校の知育は人間を空っぽのものと思ってやって居るやうなもので、つまり空瓶の中に物を入れるやうな考で、色々のことを詰め込もうとして居るやうに見えるですな。私は人間は生れながらにしてインボン〔inborn〕・タレントといふものを持って居る。天賦の智能を持って居る。それを啓発して行くと云ふことが所謂知育でなければならぬと考へまして、そういふ方針で学校を一つやって見よう。今の官公立学校がやって居るやうなことでは必ずやびっこの教育になって、憂ふべき結果が生ずるのではないか」と持論を展開する。

　小学教育についての二人のやり取りはまるで現代の問題を論じあっているかのようである。まず平生はこう論じる。「都会の小学校は小学教育といふよりは寧ろ上級学校へ入る予備校のやうなもので、又中学校は高等学校へ入る予備校のやうなものになって居って、…唯上の学校へ行く準備ばかりやってゐるといふ訳ですネ。これは又先生も困るですな。這入れないと先生の所へ行って父兄の者が苦情を言ふのです。だから仕方がなく先生もそれをやる。先生も実際板挟みになって気の毒です」。

　これに対して里見は先生の側からこう付け加える。「小学校の先生などは、中には古い方も居ますが、二十代の人も可なり多い、すると大抵は生徒のお母さんたちの方が年上ですから、そのお母さん達にやっ付けられるともうどうにもならない。第一ろくに女の人と話をしたことがないといふやうな人が先生なのですから、たゞ口を利くといふだけのことにもどぎまぎして了ひます」。

平生はこれに応えて甲南幼稚園・小学校の事例を引き合いに出しながら、甲南では健康で、成績も「著しく悪くない者」以外は無試験で甲南高等学校に入れる。何の準備も必要もいらない。そして彼は次のような持論を述べる。「教育ばかりは大量生産といふことが出来ないです、それは人間が皆一人々々違って居る、だから大量生産が出来ない」。例へば紡績なら、工場はいくつあっても、二十番手は二十番手。それは紡績には混棉という過程があって、インド棉をいくら、アメリカ棉を幾らといふやうに混ぜると、どの工場でも同じものが正確に出来る。ところが人間の教育では、「生れながら持って居るタレントといふものを混ぜ込む訳に行かぬ。一人々々違ったものを持って居るから、矢張り一人々々に就てインボン・タレントを研究して、そうして育て上げて行けばその人間が天賦の本領を発揮する。ところが今の教育はそうぢゃなくて、人間を皆同じものと見て教育をやって居る…。皆同じ人間と見て、同じ学科をやって、その平均点を取って同じやうに行かなければいかぬといふのですよ」。しかしこの平均点主義は誤りで、それぞれ「違って居れば喧嘩がないです。それを同じにすればまるで押し合ひ、へし合ひになってしまふ。だからこれはどうしても人間の天賦の知能といふものは違って居るものであるといふことを認めて、そうして勝れて居るものを伸ばして行くといふのが本当ぢゃないかと思ひますネ」。

　次に大学生と大学設置について、まず里見が、大学を卒業しても近頃の学生は「非常に希望的でなくなって、感じがひどく暗い」。給料も知れたものだし、出世の道も閉ざされているから、親に出してもらった授業料も一生かかっても取り返せるかわからない。だから「どっちへどうひっくり返った所で、一生大したことはないといふやうなところから、学生の気持が非常に暗くなって、その揚句が享楽的になつて…」、と悲観的な意見を述べた。

　これに対して平生も日本の大学制度には問題が多すぎる、と同調する。文部省が一旦大学の設置を認めると、これを廃止することは難しい。当該地方が代議士を担ぎ出して中央政府に陳情するなどして何かと騒ぎを起こす。また大学昇格運動が問題になると次々我も我もと同じ運動が出てくる。「そうなると経費が増すばかりではなくて、卒業生が非常に殖えて来て、学校が

方々昇格して来ると同じような種類の人が沢山出て来ますからネ。そうなると益々争が絶へないといふ訳だ」。

　さらにこれを受けて里見は大学の質の低下も問題にする。もちろん全部ではないけれど、私立大学についてこんな噂がささやかれている。「この頃儲かる商売といへば食物屋か大学校を建てるか、この二つより外に東京市中で儲かる商売はない、こういふ口の悪い下馬評が行はれて居る位だけれども、建物にそれだけの収容力もないのに、たゞ無茶苦茶に学生を募集したり、先生なども羊頭狗肉で立派な名前だけ並べ立てて置いて、さういふ人は、実際は殆ど出て来ない」。これは「教育ではない、金儲けをして居る」だけ。「帝大を出た者も私学を出た人も今では大した区別なく、何とか彼とか、伝手でも良ければそれでずんずん就職してしまふ。そういふところはどうも変な工合のものではないかと思ひますがネ」。

　平生はこれに対してアメリカ型の大学を引き合いに出して日本の大学を批判する。アメリカの大学は「官の力を借りずに各々独立」してやっているが、それが「一番いいんだな…。高等学校若くは高等専門学校迄は人間を作るといふことが本務であるから勝手に私立学校でさせる訳に行かないから、矢張りこれは国家の基になり、中堅になる人間を作るのだから国家の監督の下にやる必要があるかも知れぬが、大学は大人が行って自分の好きの学問をしようといふ所だからこれは私立でも構はぬですね。それで良くない所には誰も行かなくなって自然消滅になる。亜米利加などでも州立には余り良い学校はありませぬ。プリンストンにしろ、ハーバードにしろ、コロンビアにしろ、私立学校は皆立派なものです。英吉利にしてもオックスフォード、ケンブリッヂ皆そうですネ。日本も早くそういふ所まで行って、大学は皆自力で行くやうになれば結構ですがな」。「大体大学といふものは文部省の監督を受けてやるといふものぢゃない」。「学問の権威」という点からも欧米のように自由でなければ、これが平生の偽らざる考えであった[63]。

---

(63)作家里見弴とのインタビューは以上のように今日でも通用するものだが、こうした平生の考えに左翼的哲学者戸坂潤、右翼思想家蓑田胸喜ともに好評価をしているのは興味あることである（安西敏三「政治家としての平生釟三郎（一）」『平生釟三郎の総合的研究』甲南大学総合研究所、叢書9、1989年）。

■ 第3節 帝国議会での国字・漢字論争と
義務教育2年延長問題

　帝国議会でも平生の教育論議には「拍手」が沸いたが、それに対し、彼が日本の教育をliberateするには絶対に必要と考えていた漢字の廃止あるいは制限の問題については、反対が強かった。平生は、大正の頃、帰国子女の11才の女児がロンドンタイムスをすらすら読めることに驚き（大10.4.8.）、以来、これが切っ掛けでカナモジカイに入会するのだが[64]、実はこの漢字問題こそ日本の教育の癌とも言えるものである、と彼は見ていた。

　昭和11年5月9日、議場の演壇に立った彼は漢字の問題点を滔々と論じた。彼は「私は漢字廃止を致さうとして居る者であります。但し漢字を全廃して仮名文字ばかりを使ふことはずっと将来のことであって、今の所は、民間で自由に研究し、又運動をやって見るのが宜いと思って居るのであります」と前置きし、以下のように漢字廃止が「我国文化の進展の為極めて必要」だと論じる。

　まず第一に「教育費の負担軽減」。今や地方財政窮乏を前にして、市町村は教育費の負担の重圧に耐えきれず、しかも教育上の効果をして益々大ならしめたいと言うことは、国民一般が望む所であり、「若し漢字と云ふものが国定教科書に無くなりましたならば、四箇年以内にして此の国定教科書を理解せしむることが出来る」。

　さらにメリットとして「法律の文字」の問題がある。法律は総ての人が良く知っていることが必要であるのに、尋常小学校の国民教育を受けただけの民衆には、法律を理解することの出来る者は非常に少い。法律に「人を誑惑せしむへき流言浮説又は虚報を為したる者」とあるが、これを「人を惑はすやうなことを言ったり嘘や宜い加減のことを言ひ触らしたりする者」と言った方が分りやすい。こういう事例は枚挙に暇がないが、最近大阪で「コレラ」が流行った時、河口に、「虎疫猖獗河水飲用厳禁」と言う立て札が立ててあったが、これなどは「『コレラ』が流行るから河の水を飲むな」、とした方が

---

(64)この女児の逸話については、第2部第1章第2節の注3を参照。

簡単で、ここまでくると漢字の濫用も甚だしい。

　第二に漢字を廃して仮名文字「タイプライター」を使用すると、時間の点においても、また間違いの数も少なくてすむ。第三には漢字を人名や地名に当てはめてみると、読み方が色々ある。例えば神戸。神戸と漢字では同じ字でありながら、「かんべ」と読むところも、「ごうど」と読む所もある。平生は名刺に仮名を附けているが、そうしないと何度も聴かれるので、時間の浪費である。

　第四に女性教育の問題である。現在婦人の教育水準は非常に低く、これは「社会の文化の向上に於て著しき障碍」となっている。教育には非常に時間がかかるから、「婦人が男と同じやうな教育を受けて居ると云ふと、其の婚期を失する」。そうなると「生涯に於て大なる不幸」を感ずることにもなる。その意味でも漢字は廃止の方向にもっていかなければならない。

　漢字を廃することについて、国民思想に影響すると言う議論は多いが、「文字と思想とは全く別物」である。「文字は思想を引出す手掛りに過ぎぬ」。「漢字は此の手掛りとして使ひ慣れて居るだけのことで、之を徐々に仮名文字に移すと云ふことは出来ぬことぢゃない」。つまり「日本人が漢字を読みつけて居る習慣を仮名文字に徐々に移して行くのであります。…長年月に次第に変化させて行ったならば、国民思想に影響すると云ふやうなことはなからうと考へて居ります」。「忠孝の思想と云ふものは是は日本建国以来の思想であり」、従って「忠孝と云ふ漢字から其の思想が浮び出たと云ふことは決してない」。「国民一般が忠孝の思想を漢字から思ひ浮べるやうになったのは明治以降で、極めて新しいことである」。実際、「仮名でも修練を積めば、幾らでも深い意味が現せるもの」である。「現に我が国古来の名文章、名歌の多くは漢語や漢字の力を借りたものではない」。

　もともと漢字は外国から渡って来た文字で、仮名は日本の国土に芽生えた文字であり、日本人の「独得の思想とか感情を最も適切に現すことが出来る」。「従って仮名を奨励したが為に何等国体を明徴にするのに差支が起ると云ふことはないと考へるのであります」。また漢字が無かったなら東洋思想が理解出来ぬと考へる者もいるが、決してそうではない。思想と言う

ものは文字に依って伝るものでは決してない。例へばキリスト教の精神はヘブライ語で書かなければ伝らぬと言うのであれば、今日ヘブライ語を使っていない各国に此の精神がなぜこれほど弘まったのか。漢字は漢学とは違う。漢学によって東洋思想を伝えると言うことは事実であるが、それは翻訳をしても伝えることが出来る。

　この平生文相の漢字廃止論に対して、詔勅とか憲法とか天皇制に関わることから加藤政之助、深澤豊太郎、金杉栄五郎達から辛辣な批判がなされたが、彼はそれらに反批判をするどころか、次のように答弁する。「私が漢字廃止論者であると云ふことと、私が文部大臣であると云ふこととは全然違って居るのであります。立場が違って居るのであります。文部大臣と致しまして、又政府と致しましては、今直ちに漢字を廃止しようと云ふ考は持って居りませぬ」。平生のこの答弁は文部大臣としてはまるで体を成していない。だが彼としては国語国字をliberateしなければ欧米諸国と対等に競争できるところまで発展できないのだから、一日でも早くこの問題を解決しなければならないと考え、それが彼の議会演説となったのだが、彼のような意識を端から問題にしていない議員には何を言っても無駄なことであった。それを承知の上で、いかに実行し得るかは「目下研究中」である、として彼は漢字廃止論を打ち切ったが、日本の国字・漢字にはこうした深刻な問題が孕まれていることを議会の場でまず提起することに意味があると考えていたのかも知れない[65]。

　だが太平洋戦争が始まると、アジアの諸民族を文化的に親日にするためには「大東亜共栄圏共通語としての日本語」について日本として真剣に考えなければならなくなる。また平生はかつてロンドンタイムスを自由に読めた小学生の存在に触発されてカナモジカイに入ったが、今現実問題としてハワイで育った孫月野汎のことが具体的に頭に浮かんでいたかもしれない。このような事例からも、平生にとって大東亜共栄圏内の共通語としてのカナモ

---

(65) 帝国議会での平生文相の漢字廃止論とそれに対する議員達とのやり取りについては、有村兼彬「漢字廃止論と文部大臣平生釟三郎」『平生釟三郎日記　第16巻　附録』2017年、を参照。

ジは自明のことであったであろう。

　昭和17(1942)年2月21日に平生夫婦は自由学園に羽仁もと子を訪ねているが、そこで宿願のカナモジ論の意義を強調する。また同年3月3日には平生は教育研究同志会会長後藤文雄に請われて次のようなスピーチをしている。「日本語を広めるには先づ日本につき興味を持たしむることを先決問題とし、音楽、絵画、写真など語を介せざるも相手に分るようにする」。はじめから日本の理想などを理解させようとしても日本語を知らない無数の無知の現地住民には不可能である。また日本語を教えるとしても、問題は「日本には標準日本語が確立」していない。漢字を何字教えるかの標準がない。カナも同様で、横書と縦書、また右からと左からがある。そこで「大東亜用の標準日本語」を作り、これを用いれば発音、書方、左横の片カナとなり、漢字は教える必要はない。「国策として積極的に促進するの要がある」。これを実行するには、英語に850字の基礎英語 があるように、日本語にも、口語、文語および敬語を考慮に入れて2,500字 としてはどうであろうか。これらの語を説明するには日本語の辞典を編纂する必要があり、色々編纂方法が考えられるが、「カタカナ、左横書一本」を主張したいと。こうしてカナモジへの平生の宿願は「大東亜用の標準日本語」として可能性を見出すことになるが、基本的には国語国字問題は戦後の課題となる。

　さて国語国字論争に次いで、義務教育延長案が争点となった。国民の知識水準を高めるためには漢字制限をし、しかもこの改革は同時に教育年限の短縮を可能にすることによって地方自治体財政負担を軽減出来るというのも平生の根拠であったが、この改革案が不可能となれば、むしろ義務教育を2年延長することによって国民の知識水準を高めることを平生は考えた。これは地方財政がらみで30年来の未決の難問であった。そこで平生は彼が大臣の内に一気に解決しようと考え、ごく一部の官僚間で秘密裏に案が練られ、次の3案の内どれにするかというところにまで絞り込んでいた。すなわち、第1案は、義務教育年限を8年とし、それに要する経費は「当分国庫」が負担し、昭和12年度から2年間を準備期間とし、14年度から実施し、2カ年で完了する。第2案は、5カ年をもって完了する。第3案は、青年学校普通

科（2年）の就学をもって高等小学校の就学に代替可能とし、昭和13年度より実施する。

　この3案のうち平生は第1案を支持していたが、財政的には第3案が最も安上がりですみ、結局政府としてはこの第3案を閣議決定し、馬場鍈一蔵相も昭和13年度から実施することに同意した。しかしこの義務教育年限延長案は国会での寺内寿一陸相と濱田国松議員とのいわゆる「割腹問答」を巡る紛糾で廣田内閣は総辞職となり、平生の努力も水の泡となってしまった[66]。

■ 第4節　帝国美術院建設問題と根津嘉一郎の存在

　文化を誇る欧米の国々ではどの都市にもアートミュージアムとかアートギャラリーという「常設美術館」があり、そこには美術館自身の所有物もあるが、富豪やコレクターが所有する美術品が彼らの好意によって陳列されて一般に公開されている。いわば美術品は市民の生活の一部として溶け込んでいる。それに対して日本では美術品は「門外不出」で代々家宝として、あるいは名家から名家へ受け継がれてきたが、以前からこの彼我の違いを憂いていた平生は、昭和4（1929）年4月27日に京都で開催されたロータリークラブでこう述べた。

　近々藤田男爵家の売立（オークション）が行われるとのことだが、その名器珍什の中に夏珪（南宋時代の画家）が描いた「真山水」という画幅がある。これは足利義政が愛蔵したもので、それが後に東京の鹿嶋家の手に移り、その後、井上侯爵の仲介で藤田家の所有となった。このように、確かに日本では見るべき美術工芸は少なくないのに、首都東京にも商工の中心大阪にも市民に開放された常設美術館はないに等しい。これは日本の富豪の「門外不出というセルフィッシュの思想」に由来するもので、もし日本の金持ちが市民とともに楽しみ、「門外不出の旧思想、利己的心理より脱出したら常設美術館の設立は決して難事でない」と平生は一席を弁じた。

---

(66)河合哲雄『平生釟三郎』771－779ページ。

平生が文部大臣になった時、美術界では帝国美術院改組問題で喧々
諤々、全く意見がまとまらない状態にあった。平生が秘書岩井尊人にまとめ
させた「文相試案」を発表すると、まとまるどころか一層問題を複雑化させ
ただけであった[67]。昭和11（1936）年5月14日の衆議院予算委員会でも、
「国家が美術を奨励し益々日本の美術を向上せしむるのには、美術に勝れ
て居る人を寄せて一つの美術院を拵へて、そうして益々国家が美術に対す
る所の目的」を達成し、「日本の美術を世界に紹介して之を各国に知らしめ」
ることが重要だが、現時点での帝国美術院の紛争を考えても良い知恵が
浮かばないから一度考え直してみようと思っている、と平生は答弁している。

　他方で平生は個人のルートでも行動を起こしていた。かつて門外不出で
あった骨董品・美術品が大正から昭和期にかけて不況で苦しむ旧家から売
りに出され、かつての大名達、例えば一橋徳川家、仙台伊達家、金沢前田
家など錚々たる名家も伝来の家宝を手放し始めていた。この売立市場での
買手は事業に成功した実業家か、外国人であったが、外国への流出を何と
か食い止めようとした人物の一人が初代根津嘉一郎（東武鉄道等の社長。
旧制武蔵高校を設立）で、尾形光琳の「燕子花図屏風」は西本願寺大谷
家から彼が手に入れたものである。

　この根津に平生は目を付ける。彼より27歳年下の大阪商人で、根津とは
ビール事業で取引があり、平生とは大阪ロータリークラブでも親しい関係に
あった山本爲三郎が二人の仲立ちをする。山本は戦後朝日麦酒株式会社
社長に就任するのだが、その間の事情を甲南大学で学生を前に『平生釟
三郎翁のことども』[68]と題してこう語っている。

　ある日、平生が山本を訪ね、「山本君、美術家連中を相当気の毒な目にあ
わせたのだが、ここで美術館を東京に建てたいんだ。で、一つ根津さんに日
比谷公園に美術館を建てて貰って呉れないか」と話を切り出した。平生は
帝国美術院改革で紛糾させていたから、美術館建設で解決を図ろうとした

(67)河合哲雄『平生釟三郎』758－764ページ。
(68)山本爲三郎『平生釟三郎翁のことども』甲南大学出版会、1959年、21－22ページ。

のである。

　明治42（1909）年の米国視察以来美術館構想を温めていた根津の反応は、山本に「幾ら金が要るんだ」。山本は、平生は700万だと言っている。「よろしい、あの平生という人は、私は偶々逢うが実に立派な人だねェ。実業界には珍しいよ。あの人がいうから嘘じゃないだろう」。「国家が半分出すなら僕も半分出す」と根津は快く応じた。

　後日平生と根津は美術館建設について細部について話し合い、閣議でも決定されたが、廣田内閣が総辞職したため結局実現しなかった。この経緯について平生は、「根津さん、心から感謝する。国家というより僕の為に出してくれるといったのだから、私が辞めたから辞退します。再びお願いすることもあるかもしれないから宜しく」と語ったという。

　それから3年後の昭和15（1940）年1月4日、根津はインフルエンザから中耳炎を併発し、尿毒症を起こしてあっけなくこの世を去る。1月23日に根津の息子の藤太郎（二代目根津嘉一郎）が突然平生を訪ねてくる。要件は、亡父の初七日に、日本トーキー映画の先駆け皆川芳造が、平生の文相時代に亡父と美術館構想について話合っていたが、その後どうなったのか、と質されたので、その真偽を確かめるために訪問したとのことであった。

　そこで平生は藤太郎に、文部大臣在職中、山本爲三郎氏の紹介にて根津氏と会見して、根津氏が日本美術品の鑑賞家にして高尚なる多数のコレクションの所有者であるから、同氏にその資産の一部を提供してもらって常設美術館を建設し、国家に寄付してもらうことを考え、それをお願いしたが、もし廣田内閣がもっと続いていれば、この「国家的記念物」を建設させるための機会が訪れたかもしれない。ところが、あれほど元気であった彼が急逝してしまった。「日本として、美術国として国辱とも言うべき常設美術館が不存在は実に嘆わしい事なれば、若し建設せられて之を国家に寄贈せらるるに於ては、永久に国民は根津氏の芳志に対し感謝の意を表すべしと思う」。そればかりでなく「美術国日本の光彩を輝し、国民の美術心を振興し、延て海外人にも日本の美術を賞観せしむるに足らずと思う」（昭15.1.23.）と。

　根津の資産の一部を寄付してもらい常設国立美術館を建設するという平

生の構想は実現しなかったが、藤太郎は太平洋戦争直前の昭和16（1941）年11月に根津美術館を開館させる。かつて平生は「門外不出」という旧思想がなくなれば、庶民が気軽に美術館に足を運ぶのも「難事」ではないと日記に記したが、今日では国公私立を問わず各地に無数の常設美術館があり、種々の企画展も盛んに開催され、美術は日本国民にとって身近な存在となっている[69]。

---

(69) 平生釟三郎と日本の美術家達との関係については、諸岡知徳「平生釟三郎と美術」『平生釟三郎日記　第17巻　附録』2018年、を参照のこと。

第 3 部

戦争責任を皇室に転嫁する軍部と その軍部に翻弄される平生釟三郎

　陸軍参謀総長に閑院宮、軍令部長に伏見宮がなり、ともに宮家が軍の最高指揮官の座につくことになったが、今や日本の陸海軍には「自己の行動を是認せしむ種の英邁なる頭領の欠けるを示す」もので、「寧ろ怯懦」というべきである。「軍事行動の始末が順調に運ばずして国民の怨嗟の声を聞くに至りたるときは累を皇室に及ぼすの恐れあるものにして、彼等は自己の責任を皇室に転嫁するの恐れある挙に出でたるものといふべく、臣民として余は之を黙過する能はざるなり。余はかかる事をなす軍部側の考を了解する能はざるなり」（昭7.2.3.）。

第1章
—
満州国の建設と国際社会からの孤立

■ 第1節「ロボット国家」満州国の建設とアメリカの反応

　健全財政主義と自由通商という平生のあるべき経済システムと現実の経済情勢とは益々乖離していったが、その主要な要因は日本国内では軍部が完全に独り歩きを始め、満州に傀儡政権をつくり、さらに日中戦争をはじめたことにあり、また国際経済面では最富裕国アメリカが高度保護関税政策に加えて金本位制からも離脱したことにあった。こうしたなかで平生が救済策と考えたのは日満支ブロック経済であったが、これすらも強固な陸海軍相互間の特殊なロジックの前に次々と潰えていった。

　昭和6年(1931年)9月18日、奉天郊外の柳条湖付近で南満洲鉄道が爆破された。3年前の張作霖爆殺事件の現場からわずか数キロの地点であった。関東軍はこれを張学良配下の軍による破壊工作と発表し、直ちに軍事行動を起こした。満州事変がこうして始まるのだが、陸軍が中国北部でこのような大事件を起こせば、南部の上海では海軍が中心になって軍事行動の機会を虎視眈々と狙っていた。そこに、昭和7(1932)年1月28日、日本人僧侶が中国人に暴行を加えられ、これを切掛けに居留民が抗議行動を起こし、一気に緊張が高まった。2月3日の平生日記には、日本海軍が上海砲撃を開始したことに対して、英米両国大使が日本の外務大臣に抗議的警告をなし、また国際連盟理事会が規約十五条「連盟理事会の紛争審査」適用に関する決議を行ったが、日本政府はそれらを「居留民の保護、即ち自衛権の行使」を理由に無視したため、日中間の武力衝突へと発展していったとある。ここで興味深いのは、軍令部長が谷口尚真から伏見宮博恭親王に交代し、陸軍の閑院宮参謀総長とともに宮家が軍の最高指揮官の座につくことになったことである。これは一体何を意味したのか。平生はこれを次のように解

釈し軍部を厳しく批判する。今や日本の陸海軍には「自己の行動を是認せしむ種の英邁なる頭領の欠けるを示す」もので、「寧ろ怯懦」というべきである。なぜなら「軍事行動の始末が順調に運ばずして国民の怨嗟の声を聞くに至りたるときは累を皇室に及ぼすの恐れあるものにして、彼等は自己の責任を皇室に転嫁するの恐れある挙に出でたるものといふべく、臣民として余は之を黙過する能はざるなり。余はかかる事をなす軍部側の考を了解する能はざるなり」と記す（昭7.2.3.）。

　上海の戦闘はなかなか激しく、ついに軍は一個師団派遣を要請する。財政逼迫の折、高橋是清蔵相はそれを拒否したが、軍部側は「今更各国の要求に応じて日本居留地を外国警備の下に置くことは国家の体面上不都合なりとの議勝ちて、終に出兵」を決定する。しかし「上海は国際都市にして列国環視の下に行動せざるべからざれば、之は満州の僻地と同一視すべからず。支那人に対しても亦事毎に慎重なる措置を要す」。そうであるのに居留地の自警団は便衣隊かどうかも弁えず中国人を虐殺したから、それに中国人が憤慨している。そればかりか、外国人からも顰蹙を買い、「英国議会に於てある議員が日本の行為は海賊的なりと豪語せしが如きを見ても、如何に外国居留民も亦我同胞の行為に対し同情を失ふに至るが如し」と日記に記す（昭7.2.6.）。

　上海の戦闘は解決の見込みなく、満州国創立の昭和7（1932）年3月1日、白川義則大将は、「若し支那側に於て誠意を以て要求を納れ速やかに其軍を撤退するに於ては、我軍も適時軍事行動を停止するに躊躇せざるべし」と声明を発表し、事態の収拾に向けて舵をきる。平生はこのニュースに、「我海軍の行動が誤れるといふべく、上海に於ける無頼漢の煽動脅迫に乗ぜられて兵火を見るに至りしことは、蓋し徒労ともいふべく、上海事件は徒に世界各国をして、日本国民はwarlike peopleにして、軍部は侵略的なることを信ぜしめ、我国に対する列国の感情を悪化せしめたること大なりといふべきか」と慨嘆する（昭7.3.2.）。

　停戦協定は英国公使の熱心な仲介で5月5日にともかく成立した。平生は、「排日に憤慨し恨みを呑みつつありし我居留民が満州に於ける我軍の成

功を見て、上海に於ても我国の強硬外交に依り一泡吹かせん」としたもの
であったと居留民の行動を批判し、これに乗じた海軍は莫大な軍事費と多
くの死傷者を出しただけで終わった、と総括している（昭7.5.4.）。

　上海事件は一旦落ち着いたとしても、満蒙の地では戦争が続いていた。
昭和7（1932）年2月10日、平生は小森雄介を訪問し、彼に荒木貞夫陸相ら
軍人たちは満蒙問題をいかに解決しようと考えているのかを訊ねたところ、「宣
統帝を立てて新王国を建て、其王国と日本との間に条約を締結して、其王
国を日本の勢力に置」くとの計画だとのことであった。平生はこれに唖然として、
なぜ軍人はもう少し「率直に露骨に我国の権利を主張」しないのか。「余
は満蒙は日本の委任経営の下に置くこそ将来の禍根を断つものと思ふ。軍
部は満蒙を日本に併合せんとするの意強きものと思ふが、然れば宣統帝を
立つるが如きは一種のインチキにして後害を胎すや必せり。満蒙は日本の
外郭である。…故に満蒙は日本の勢力の許に置かざるべからず。しかして
この満蒙が経済的にも政治的にも独立して他国に侵犯せらるる恐れなきに
至れば何時にても之に自治を認むべし。夫迄は日本は保護者として経営の
任に当るべし、と国際連盟理事会に於て提案すると共に、我真意を世界に
声明し、以て一挙にこの問題を解決すべきのみ」（昭7.2.11.）と。

　平生は軍による宣統帝傀儡政権は「インチキ」であり、むしろ率直に満蒙
における日本の国家としての「生存権」を表明し、そしてその意味において
満蒙を日本の「委任統治」として国際連盟理事会に承認させることが解決
策の早道だと考えたが、現実は平生案とは違ってすべて関東軍司令部の
考えに沿って動いていった。平生は2月12日に東京自由通商協会で、先般
満蒙新国家構想に関する関東軍司令部の会議に出席していた東大教授
蝋山正道の演説を聞き、ひどく違和感を持った。そこで平生は蝋山に、関
東軍の招きに応じて会議に出席したとのことだが、「かかる問題は政府が決
定すべき問題にして関東軍といふが如き我陸軍の一部隊に於ける将校が
政府、陸軍省又は参謀本部を度外視して干係すべきものにあらずや」と質
問すると、蝋山は「理論上よりすれば夫が当然なるも、事実は左にあらず」
と答えた。平生は、大学で国際法や政治学を講義しながら関東軍司令部

で意見を述べるとは、「如何にも思慮乏しき人」と感じた。

　そしてその席で関東軍を軍の最高指導部が抑えられない現実も話題となった。荒木陸相などは寧ろ現地の事情を知悉する者の意見を尊重した方が誤りがないとの判断から、政府は満蒙問題においてもすべて「不問に付す」と平然と論じていたと聞き、平生は一驚する。これでは軍の規律はないも同然で、「今や陸海相といひ、参謀長、軍令部長といひ部下に信用を失ひ統制を欠く」に至り、その結果「宮殿下を担ぐに至りたることは実に由々しき大事にして、如此きは下剋上にして天下之より乱れんとするの兆にあらずして何ぞや。上に立つものに下を剋するの力欠けんか、ことに軍部に於て軍紀も風紀も紊乱せるもの」にして、「実に寒心の至りといふべし」と記す。

　政府のみならず陸海軍の意向も無視して関東軍司令部は2月に満州国建設を宣言した。1932年3月1日この満蒙新国家のニュースが流れるや、アメリカの対日経済断交が現実味を帯びてくる。アメリカは日本製品のボイコット、金融面では新規資金の融通および借換の差押え、米貨邦債担保の拒否などさまざまな経済部門で制裁を課し、海運方面までもアメリカは日本の貿易商および海運業取扱業者にかわって自国船主義を貫徹しようとする傾向を見せ始めた（昭7.2.27.）。

　このようなアメリカを中心に世界各国からの経済制裁がやがて戦争へとつながって行くことになるのだが、2月28日の日記には、3月1日創立の新国家の政治大綱によれば、国家組織は「連省自治共和制」とし、執政（元首）は溥儀（宣統廃帝）に決まったとあり、平生はこの陣容を見て、「総て親日派の人々にして、多数は日本に於て教育を受けたる人か「緑林」〔つまり盗賊集団〕出身にして、一身の名利の為めには臨機応変、勢に乗じて終始する人々である。かかる人々が関東軍司令部の差金に依りて、或は右に或は左に自己の慾望を満足し得る方面に進み行く事大主義の人々なれば、満蒙に於ける我国の武力的勢力如何」で彼等が如何なる行動を取るか、覚悟しなければならないと。

　平生はこのような陣容の満蒙新国家を信用するに足りるものではないと見ていたが、2月25日に大阪に置かれていた第四師団の寺内寿一の招待を

受け彼と晩餐を共にし、そこで満蒙移民の問題について興味深い議論を交わしている。平生は、確かにブラジル移民もいろいろ苦労をしているが、その彼らと比較すると「満蒙移住が容易なりと考ふるは錯覚である」。兵士としてならいざしらず、「満目蕭条たる荒野に於て何等の慰安もなき地に一生を農耕に従事せんとするに至りては、刺激も失せて熱性も消へ、到底かかる生活に甘んずること能はざるべし」と意見を述べると、寺内もそれに同意見であった。

新国家へのこの平生の不信感は、満州国吏員として交通部に勤務していた拾芳会門下生嶋崎庸一からの手紙に対する返信にも良く表れている。「満州国は我国力を東亜に伸張すべき一種のcamouflage に過ぎざることは世界各国に於ける具眼の士が百も承知の事なるに、先日支那政府より、日本が満州国設立に関与又は助力又は後援しつつにあらずやとの照会に対し、我外務大臣はかかる事絶対になし、と心にもなき答弁をなせるを見たが、余は何故に日本政府は満蒙は我国の生命線なりと揚言しながら、満州国の如きロボット的新国家を設立せるやを怪む。余は…今や世界各国が移民法を設けて民族の自由移動を妨げ、関税の障壁を高めて物資の自由移動を制しつつある時に於て、我国の如き領土狭小にして天然の資源に恵まれざる国が豊富なる土地に進出することは民族生存上当然の事なりと思ふ。余は…直接に満蒙を我国の委任統治の下に置くことを断乎として主張せざりしかを訝るものである。…国際連盟をも脱退し経済断交も意に介せず、英米を敵として此際一戦を交ふるを辞せず底の元気ある少壮軍部の人々がかかるcamouflageを敢てせんことを見れば、到底維新の志士と同一視すべきものにあらずと思ふ…。…薄儀といふロボットの行末こそ寧ろ憐れむべしと想像いたします。…満州国の要人共は我軍部に強要せられて傀儡の役目を勤め居るものに過ぎざれば、到底信頼すべきものにあらず。…」（昭7.4.13.）。

ブラジル移民に日本の活路を見ていた平生は、昭和10年にブラジルに赴き成功を収めるのだが、この彼が考える方向性を全く無視して、きわめて危険な方向に舵を切った関東軍や陸軍に苦々しさを感じていた。そんな折、

昭和7（1932）年8月6日、真崎甚三郎参謀次長の来阪を期に、寺内寿一第四師団長ならびに幹部は、大阪軍縮促進会[1]との会合を持った。この席で当然事変以降の満州が話題になったが、平生は真崎に対して「満州国の如きcamouflageをなすの要何処にあるや」と訊くと、真崎は、平生の主張するように「若し広大なる満州を我領有とせば、之が治安を維持するには二十個師団の兵力を要す。かかる大兵を満州に駐屯せしむるの実力ありや」と答えた。これを聞き平生が思い出したのは、一か月前真崎が新聞記者に「満州に於ける兵匪、土匪、馬賊は本年中には平定すべし」と語ったが、とすればその彼の発言と今平生に語ったことは「大相違」で、「実に期に応じて場当りの言論を弄して国民を欺瞞せんとする如き、実に許すべからざることである」、と真崎の言をまったく信用できないと平生は思った。

　平生らがこのような議論をしていたのと軌を一にして、米国国務卿スティムソンが8月7日の外交調査会で日本の満州政策を批判した。すなわち、満州事変は日本の「自衛権発動」によって引起されたものではなく、日本は中国に対する「侵略者」であり、さらに「満州国」はその結果であるから、列強諸国は提携して「不承認」とすべきであると厳しく批判したが、これに対し日本の外務当局は、スティムソン演説が「国際信義を蹂躙」し、「日本の満州に於ける行動を誹謗」するものであるとして、何らかの形でアメリカ政府に抗議をしようとしているようであった。

---

(1)昭和6（1931）年3月3日、大阪クラブで軍縮促進会の発起人会が開かれ、出席者は阿部房次郎、田附政次郎、加藤晴比古、永井繁、高原操、高柳松一郎、東川嘉一、平田譲衛、栗本勇之助、弘世助太郎、一瀬粂吉、河田嗣郎、佐多愛彦、田口八郎、星野行則、林作太郎、坂田幹太、安宅彌吉、和田信夫等で、発起人を承諾した人々は、野村徳七、坂田幹太、本山彦一、高石眞五郎、田附政次郎、安宅彌吉、佐多愛彦、東川嘉一、一瀬粂吉、永井繁、星野行則、平田譲衛、河田嗣郎、森平兵衛、加藤晴比古、平生釟三郎、栗本勇之助、下田将美、阿部房次郎、林作太郎、高柳松一郎、田口八郎、弘世助太郎、松崎壽、能嶋進、清瀬一郎、村山龍平、高原操、和田信夫の多きを数えた。
其規約は、
　1．本会は大阪軍縮促進会と称す。
　2．本会は我国の軍備を国力相当の程度に縮少し、且各国と協調の下に各国の軍備を最少限度に縮少すべき機運を促進し、世界の平和に寄与するを以て目的とす。
　3．本会は前条の目的を達するため左の事業を行ふ。
　　イ．軍備及軍事費の調査研究及其発表。
　　ロ．演説会講演会の開催。
　　ハ．内外の同種団体との協力。
　　ニ．其他常任理事に於て必要と認むる適宜の処置、
等を決定し、常任理事として高柳松一郎、阿部房次郎、田附政次郎、高石眞五郎、高原操、平生釟三郎、東川嘉一が指名された（昭6.3.3.）。

さらに以上のスティムソンの発言に加えて、8月12日の日記には、後述のリットン満州調査団の報告もまた「満州国不承認」の勧告となるとのことで、「対外関係は今や極度に緊張」しているとある。建国当初、政府は「正式承認は当分問題とせず、事実上の承認といふ建前に於て新しき外交局面に対処」してゆく方針としてきたが（昭7.3.11.）、ここまで追詰められてくると、日本はとにかくリットン報告書が正式に発表される前に満州国を承認する必要があると判断し、急いで9月13日に満州国承認に関する諮詢案を枢密院本会議で可決し、閣議で決定された。同時に発表された内田康哉外務大臣の外交方針によれば、満州国は「国際法上及国際慣例に照らして何等非難さるべきもの」ではなく、したがって「我国に有形無形の重圧を加ふるものあるに於ては…最悪の場合は連盟脱退の如きも何等躊躇せず」、と強気そのものの声明であった。そして2日後の15日、正式に承認議定書調印が行われたが、協定事項のなかに、「両締約国は満州国の治安に対する内外の脅威を以て両締約国の平和に対する共同の問題と認めるを以て…之に必要なる日本軍隊を満州国に駐屯せしことを約諾す」とある。

　平生が一方で「camouflage」とか、「ロボット国家」と非難しながら、この時点では満州国および日本をめぐる国際環境についてはまだかなり楽観的な見方をしていたことは事実である。平生は、ソヴィエトは他国と事を構える余裕はなく、中国は群雄割拠と共産軍の跋扈のため満州で日本軍と渡り合う力はなく、また国際連盟諸国は満州国に直接利害関係を持っていないから武力をもって日本の行動を阻止することはないだろう。問題はアメリカであるが、日米戦争を恐れている者も確かにいるが、「米国政府は伝統的に、如何にKellogg Pactあるも、九国条約あるも、武力を以て平和を維持せんとすることには反対するものなれば、日米戦争の如きは痴人の夢」であって、憂慮すべきは満州国内での土匪、馬賊等の問題とそれに要する莫大な費用だけである。これが当時の平生の現状認識であったようである。

■ 第2節 リットン調査団報告と国際連盟からの脱退

　国際連盟によって満州事変および満州国の調査を命ぜられたこのリットン

調査団は昭和7（1932）年3月初めに来日し、まず東京の要人と会見し、次いで平生も同席した関西実業家との間で意見交換を行なっている。調査団はさらに中華民国、満州でも調査を行い、10月2日に国際連盟に報告書を提出・発表している。この報告について平生は翌10月3日の日記に次のように記す。

　この報告は全体として「我国の為めには非常に不利益」だが、「比較的公平」である。「我国としては平和の手段に依りて実益を得んとすれば支那のnominalなるsovereigntyを認め、満蒙を日本のprotectorateとして統御することが将来の為めには当を得たるものやも知れず」。しかし満州国という「camouflageを作りpuppetとして操縦」しようと計画している陸軍は「報告に対して憤慨の意」を示している。もともと調査団は日本が提案し連盟が賛成して組織されたものであるから、本来なら我国は報告の問題点を指摘し、認識に誤りがあれば是正するなどをし、また結論的には飽くまで我国が満州国の承認に固執するのであれば、連盟を脱退した後にその承認をしても遅くはないのに、「何故にこの報告が連盟に提議せられざるに先だち承認し、満州国と攻守同盟を協約するの要ありや。…要するに先手を打ちて連盟の気勢を殺がんとする強圧手段に出たるものならんも、如此き、各国の信を得る所以にあらず。…不信の行為を以て連盟を圧せんとする如きは徒に連盟各国をして我国に対する信用を失わしめ、故らに自国を孤立せしむるに過ぎずと思ふ」。各国は「必ず平和の解決を希望するや必せり。この点に於て報告書提出前の承認は時期を早まりたりといふべきか」。

　10月4日に平生は各務鎌吉を訪問し、リットン報告書と今後の日本について談論している。ここで各務は、報告書は正当で誰も否定できないが、連盟の討議を待たずに満州国を承認した今となっては、日本はこれまでの主張を貫いていく他ないが、問題は「財政的に今日のprestigeを維持」できるかどうかにある。満州国に膨大な出費を敢てし続ければ、ハイパーインフレになり、1923年の「ドイツの二の舞」になる。その「覚悟」をしなければならないと。平生も彼と同様な財政危機を危惧していた。11月21日の日記によれば、昭和8（1933）年度予算案は22億3800万円で、その4割を国債で補

填しようとするもので、そのうち軍事費が予算総額の実に36%を占めていた。この結果は確実にインフレを招かざるを得ないが、「政府は何等の対策を講ぜざるのみならず、何等の考慮を払はずして、徒に景気の回復を待って善処せんとするが如きは国民の信頼を得るものにあらず」。

　軍は統制力を失い、財政は膨張して危機的状況になっているなかで、満州国成立と国際連盟脱退は国際的孤立への最後のひと押しとなる。11月23日の夕刊に松岡洋右国際連盟全権がアメリカ軍縮会議代表デービスと会見した記事が載った。そこで松岡は「若し連盟が日本の主張を排するに於ては日本は連盟を脱退し亜細亜連盟を形（かたち）るべく、欧州は欧州連盟、アメリカはアメリカ連盟を作るべく…」と述べ、連盟脱退論を公言する。平生はこれにこうコメントしている。「余はかかる大言壮語は無用の贅弁にして、大国たる日本を代表する松岡氏としてかかるbluffを以て米国に対せんとする如き、徒に連盟の感情を害し、有識者の嘲笑を招くものと思ふ」と。

　年が明けて昭和8（1933）年1月1日の日記に彼の率直な危機意識がこう記されている。軍国主義の軍人およびそれに屈従する人々は「本年を以て東洋平和、否世界平和に対する我民族的使命を益々高潮し…真に亜細亜は亜細亜人の亜細亜なりとの理想の下に我日本は東洋の盟主として…といふ大言壮語を以て自家陶酔の態をなすは実に狂酔者の譫言（うわごと）」である。「亜細亜民族中尤も多数なる人口を抱擁する支那本土を敵として亜細亜の平和を確立せんとするも不可能ならずや。国際連盟に於て世界の各国が承認せざる行動を敢てして世界の平和を企図せんとするも不可能ならずや」。

　ここに日本が国際社会から孤立するのを回避する一縷の望みがあるとすれば、それはイギリスの存在だった。1月23日の日記には、国際連盟では「英国代表は居中調停、決裂を避け日本の脱退を阻止せんと力むる」ようであると記す。だが2月15日の日記には望みが絶たれたことが記されている。「連盟の破綻を好まざる英国が突如として態度を変じ、日本に対して好感を有せざる国々の主張に共鳴して居中調停の労を取ることを止めたるは、思ふに、英国は日本が熱河（ねっか）を以て満州の一分として之を政略せんとするに至りたることと、英米が戦債問題に絡みて協調せざるべからざる関係にあらざるか。

熱河に於ける阿片の収益は¥30,000,000なるに、今迄は英国の手に依りて輸入せられつつあるが、若し満州国の手に入らんか、この阿片は日本人の手に依りて満州国に入ることとなり、英国は忽ちにして取引を失ふに至り、其損失や莫大なり」。この日記の記述から察するに、イギリスの態度の急変は、熱河でのアヘン取引で巨額の利益を得ていたイギリスにとって、満州国の一部として熱河を併合しようと企図していた関東軍を許すことはできなかったのである。

　2月16日の日記によれば、ジュネーブでは国際連盟19委員会からリットン報告に沿った次の「勧告」、つまり満州をめぐる日中紛争はケロッグ不戦条約および九国条約違反であり、また「満州に於ける自治的にして支那の主権下にある新政権の樹立」を支持し、日本軍の南満州鉄道付属地帯から撤退する等、という勧告が出される。この勧告はこれまでの関東軍の満蒙政策を完全に否定するもので、「我国が連盟を脱退して単独行動を取るの外なき境地に陥れる」もので、事ここに至れば「our own wayを行くの外なし。…如何とも致しがたし。臨機応変善処の外なからんか」。そしてこのニュースがもたらされるや、株式市場は総崩れとなり、「実に世界に対して醜態といふべく、恰も腰を抜かして肱を張り手を動かし大言壮語せると一般なるが如し」と平生は日記に記す。2月24日に開催された国際連盟総会でリットン報告書の採択と満州国不承認は日本のみが反対し、可決された。これに抗議して日本全権松岡洋右が会場を退席した。

　この退場劇に先立って、日本の実業家たちは東京海上ビルの中央亭に集まってこの問題について議論しているが、すべて「悲観論」一色であった。各務は次のように述べた。「各国も容易に経済断交をなさざるべく、無論武力に訴ふることなかるべれど、世界を相手に自ら進んで孤立せんとする如き無謀なる軽挙をなす日本人、国家の財政をも無視せる日本国民に向ってcreditを与へざるべく、我国の在外銀行、貿易商、殊に英米国にあるものは米国や英国に於ける低金利の資金を短期借入をなして一時の流通をなすものにして…このcreditの収縮は直ちに我産業に影響すべく、また海運業の如きも本邦船をdiscriminateする以上著しき収入減となり、定期航海

を継続する能はざるに至るべきか」。誰もがこの各務の意見に同調したが、平生も、国家が「安危」の分かれ目の非常時に「何等この誤れる方針の下に国家が混沌たる暗黒世界に陥らんとするを知りつつも軍部の暴挙に恐れて身を挺して国家を救はんとするものなく、所謂愉安に耽けるに於ては恰も幕末と何の択むところなし」と感想を述べた（昭8.2.20.）。平生は悲観論を述べるだけなら簡単だが、問題は如何に解決の糸口を探るかにある、とその先を考えていた。

第2章
―
北支方面軍司令官最高経済顧問平生釟三郎

■ 第1節 華北行きへの決断

　昭和12（1937）年2月に廣田内閣が倒壊し、短期間林銑十郎内閣を経て、同年6月4日に近衛文麿が内閣を引き継ぐのだが、それから1ヶ月余りを経て、7月7日の盧溝橋事件[2]を機に日中戦争が始まり、12月14日には日本の占領下に中華民国臨時政府が成立する。この前後の国際状勢について平生がどのように考えていたのかについては日記が欠落しているためはっきりしないが、ただ華北を日本軍が占領した今、平生の目下の最大の関心事は、戦争をできる限り早急に終結させて日本の財政を健全化し、日本の指導下で臨時政府とともに中国の住民が安心して暮らせる環境を創り、日満支経済を滞りなく循環させるブロックを建設することにあったことは日記の各所に明記されている。

　そんな折、突然平生に寺内寿一北支軍司令官の経済顧問に、という話が持ち上がる。昭和13（1938）年1月20日、北支特務部経済政治部主任が平生を顧問として招聘することに軍司令部が同意し軍部に伝えた、と青木均一（クローム煉瓦販売取締役）が平生に知らせてきた。平生と寺内とは大阪軍縮促進会で知己の間柄であり、廣田内閣時代には同じ閣員であった。また同内閣崩壊後少し経った2月末には日本にとって満蒙占領がどれだけの意味を持つかについて話し合ってもいる。

　昭和13年1月23日に読売新聞に平生が経済顧問なるという記事が掲載されるや、貴族院では、2.26事件で暗殺された斎藤實のもとで昭和9（1934）年に商工大臣を務めた松本烝次が、平生を「北支政権の顧問として最上

---

(2)同事件を巡る外交については、劉傑「石射猪太郎と日中戦争」、黄自進・劉建輝・戸部良一編著『〈日中戦争〉とは何だったのか－複眼的視点－』ミネルヴァ書房、2017年、第3章を参照。

権威者」として、平生の出馬を強く推した（昭13.1.25.）。1月26日には梅津美治郎陸軍次官が平生を訪問し、寺内司令官の了承も得ているので、日本製鉄会長（後述）の要職に就いていることを承知のうえで、それを兼職したままで「北支方面軍司令官の顧問（最高）として就任」することを要請した。それに対し平生は、まず華北を視察し、寺内司令官とその臨時政府との関係、産業経済に関する特務機関部の計画、臨時政府要人の「将来の経綸に対する理想及実行案」等につき彼なりに理解したうえで、帰国後梅津次官と協議し、近衛首相、廣田外相にも面会して平生の「理想及考案」を述べ、「各方面の意見が大体に於て一致し、余が奉公の誠を尽くし、戦果を余と各方面と一致せる理想の如き収拾し得て、この大戦争をして有意義ならしむることに余が微力を竭し得るの見込み立てば御引受」すると述べた。

　平生は2月1日に近衛首相と会見しているが、そこで彼は驚くべき事実を知る。中華新政府建設にあたって日本政府、陸軍本部及び現地軍司令部の間に何の連絡もなく、またこの大戦争の後始末について日本は何の方針も持っておらず、従って臨時新政府の内政に関し産業開発など莫大な資金を要するにも拘らず、その計画すら持っていない、いわば「成行主義」であるということであった。「一言にして評すれば、空瓶の如く何酒にても注手次第にてどんな酒も入るものの如し」、それが近衛首相という人物の中身で、そのような彼を平生は信用することが出来たであろうか。

　2月2日には貴族院議員で英米の事情に詳しい樺山愛輔が平生を訪問し、次のような極めて重要な意見を述べている。英米人は上海及びその周辺に巨額の資金を投資していて、彼等は浙江財閥と手を結び、後者はまた蔣介石政権と繋がっているから、蔣介石が上海に政権の根拠を有するのは英米財閥の後援があるからである。それ故日本が英米の権益を毀損しなければ、「英米財閥は自己の財政上の勢力を以て浙江財閥を経て蔣介石を説き媾和を求め」るだろう。ところが日本政府の有力者は「英米を以て支那を助くる反日抗日の淵源」と見なし、実際に英米が反日的態度に出てくれば益々「長期交戦」になる危険性がある。こうなると「日本の財政…果して長期戦に維持するの実力ありやは疑はし。若し財政が長期交戦に堪ゆる能は

ざるが如き結果を生じ、ソ連が武力を以て支那を援助し、英米が武器と資金を以て後援をなすに於ては如何なる結末に至るや知る能はず。実に由々しき大事なれば、余〔平生〕の如き実業界より出でて経済財政に関し十分の知識と経験を有する人々が機を見て政治家、殊に閣僚を説破して軽挙妄動に出でざるよう勧告注意あらんことを熱望する」と。

　まさに樺山の言う通りで、大きな犠牲を払って華北を手に入れたものの、政府と軍部の意見はバラバラで、両者ともにどのようにその領土を統治し開発してゆくのか、またその資金はどうするのかという緊急かつ最重要の問題についてプランを描けぬまま、日本にとって最も危険なソ連と英米を戦争に引きずり込もうとする国民感情ばかりが煽り立てられている。これに歯止めをかけるには、冷静に現状を見極める実業家が求められていた。そう考えると、華北行きは平生にとって「国家への最後の御奉公」(昭13.1.30.)との気持ちが益々強くなっていった。

　平生が悪化する糖尿病を押して華北視察に向ったのは昭和13年2月4日で、2月6日に寺内司令官と会見する。寺内は平生を彼の「経済産業に関する最高顧問」として招聘し、具体的には目下準備中の経済委員会の委員長とし、さらに新政府と経済問題を検討すべき経済協議会の副委員長(委員長は王克敏)として「全権者」とすることを考えていた。これに対し平生はこの顧問にはそれなりの公的地位が必要で、「最高顧問は少くとも親任待遇者」でなければならないと告げると、寺内も同感であると返答し、2月24日に親任官待遇の辞令が下る。さらにそれに先だって2月8日には臨時政府行政委員会委員長王克敏と会見し、互いに意気投合している[3]。

　華北視察後の2月18日の日記を見ると、当時平生があらゆる分野でどれほど重要な人物であったか、西岡竹次郎(長崎選出の衆議院議員)との対話が物語っている。西岡が、今や政界の雰囲気は甚だ悪く、何時政変が起こってもおかしくない状況にあり、その時には湯浅三千男前内務次官は後

---

(3)平生が北支那方面軍経済最高顧問になるに至る経緯については、正田浩由「北支那方面軍経済最高顧問平生釟三郎と経済委員会・日華経済協議会の発足」『早稲田政治公法研究』第93号、2010、も参照のこと。

継首相に平生を推す考えを持っているから、華北行きは「惜しむべき事」だと残念がったのに対し、平生は次のように華北行きの意義を語った。「今回政府より依嘱せられたる任務は1～2年勤務の総理大臣よりも職責重しと思ふ。余の任務は日本政府を代表せる軍司令官と中華民国臨時政府の主脳たる王行政委員長との間を結ぶ連鎖の位地であり、其処置宜を得ざれば相互間に不信頼を生じ、切角日本政府が之に依って広大なる新占領地と其住民をして絶対に日本を信頼せしめ日本の好意的援助に依りて中華民国を復興せしめんとする遠大なる企図を崩壊せしめ、戦勝の結果を空ふせしむるものなれば、自分はこの趣旨を体し、先ず以て王克敏氏始め臨時政府の要人をして余を知り余を解し、以て中華民国数億の民をしてより幸福なる、より安定せる生活を得せしめんとする公正無私の人たることを理解せしめんとするものである。如此くして敵も味方も戦果を収むるを得る」と。

　平生はこのような大望を抱いて華北に向かうのだが、後述のように1年足らずで平生の華北での地位そのものが廃止となり、すべてが水泡に帰してしまう。それはともかく、この日中戦争を終結させて華北住民の生活を安定させるためには巨額の資金を要するが、平生は近衛内閣蔵相賀屋興宣との会見で、軍事費で財政状態が如何に窮迫しているかを知らされる（昭13.2.27.）。他方外務省からは、北京への出発前日の3月6日、同省の使者として上村伸一（拾芳会員）に以下の使命が託された。「平和克服の為英米両国をして居中調停の労を取らしむることは目下の最上策」であるが、閣内にも反対があり、軍部は不賛成である。しかし「外資を以て新占領地の資源開発をなすの必要あることを説明し、軍部をして了解せしむることが一策なれば其含にて努力せられたし」と。

■ 第2節　軍司令官最高経済顧問

　平生はこの「国家への最後の御奉公」に身が引き締まる思いをもって華北に旅立つが、すでに国際連盟を離脱し世界から孤立していた日本にとって、日満支ブロックが経済的に何物にも代えがたい重要な地位を占めているように彼には思われた。2月9日に関東軍司令官植田謙吉と会見した際、平

生は本来満州も朝鮮も華北も等しく日本の領土の一部であるのに、「満州国に於ては何事も満州国本位にして、鉄鉱の如きも満州に於ける製鉄業の原料として之を消費し日本に輸出を許さざる方針」であることを問題にしたが、華北への赴任の途次、大連で南満州鉄道総裁松岡洋右と会見した際にも、華北の経済政策は「満鉄が一手に引受け万事を経営」するつもりであると主張してやまない松岡に対し、平生が新設の北支司令部の「経済委員会が本尊」となり、「経済協議会を介して其方針を産業開発会社の子会社をして実現」する仕組みを考えていると述べると、「松岡氏に大なる失意を与えた」ようである、と日記に記している（昭13.3.10.）。

　3月11日、平生は寺内司令官と会見し、彼の抱負を次のように語っている。160〜170万人の死傷者を出し、両国の物的被害は実に莫大で、両国が「この戦争に依り生じたる責任を果さんには戦後の処置こそ最も重要である。…即ち支那人としては生活の安定を得、より良き生活を得、軍閥の苛斂誅求より免れ、匪賊の難を避くるを得せしめ、日本国民としてはこの広大なる地域及一億以上の人民の上に其勢力を扶植し、この地にある資源を開発して日本産業の発達に資せしむるを得、日本の資力、技術、人的材料をして有効に活動することを得せしめざる可からず。…満州国と異なり支那人を有能の人間として取扱ふことを原則とせるものなれば、何処までも中華民国政府の要人をして経済委員会の決議に基き其方針を体して経済的施設を行はしむるよう経済委員会は努力せざるべからず」。

　平生はまた3月15日には農林省駐在員で経済委員会の一員湯河元威に次のような彼の抱負を語っている。中国人の生活を安定させようとすれば、彼等のうち80〜90％は農民であるから、まず農業の改良により農産物の増加をはかり、また品種改良により農家の収入を増やすことである。それには「高遠なる理想を説き、高等農産物の培養などを奨励する大学教授」ではなくて、地方の農学校や農事試験場などで「実地練習をなせるleaders」を招致し、初歩的な農業教育を行い、農民に実際の効果を見させることが第一である、と[4]。

　最も懸案の資金問題については3月14日に千葉三郎（南米開拓事業や

石油関連事業に従事)と話し合っている。そこで議題になったのは、満州に進出していた日産の鮎川義介の側近で、アメリカの軍事商社ディロン・リード社の元エージェント三保幹太郎のことである。具体的に話題になったのは米国資本家をして満州および華北に投資をさせようとすれば、彼等に「何かある種の事業をある期間(例えば十年)独占」させるとして、そのような事業として考えられるのは公共事業(電車、電灯、電力、ガス、水道、製塩等)である。アメリカから多額の資本を華北に投じさせれば、「日米間に武力的政治的抗争の生ずる恐なし。何となれば米国はこの資本を援護するため日本と平和に親善関係を維持することに力」めるからである。「中華民国臨時政府が財政に窮し、日本政府も又之を助勢する能はざるに際しては、背に腹は代へられず、外国資本輸入のためにはあらゆる犠牲を払はざるべからず」。

平生日記は3月29日から5月17日まで欠落しているが、その間彼は肺炎を患っていた。5月22日、ほぼ全快して親族及び知人を招いて全快祝いをし、6月14日に神戸港を出帆して華北に向う。ここから本格的に平生の経済委員会および経済協議会での仕事が始まるが、先ず行政機構が問題になった。平生が常に比較の対象にしているのが満州国だが、ここでも日系官吏及び関東軍の幹部が「満州本位」の方針ですべてを片付けようとしているのに対し、平生は6月20日に開催された経済委員会で、新行政組織として「新民会なる公共団体」を設置することを提案する。華北では「支那人をして支那人を治めんとの政策」が行なわれ、日本人官吏がここに直接関与することは出来ない。そこで国民の自治機関として「新民会」を設置し、それを各省から各村落にいたるまで普及させ、「国民をして地方政治は自己の中に於て行ふこと」を訓練させる。中央政府の官吏の仕事は徴税、警察等の国家的事業にとどめ、農業の改良、産業組合、地方行政等は「各地方の名望家、有力者中より選抜し」、中央からの干渉を受けないようにする。これ

---

(4)白木沢旭児「戦時期華北における農業問題」『農業史研究』第48、2014年参照。なおこの論文で華北農民は換金作物への志向が強かったとあるが、そこで用いられていたのはポンドと交換可能な法幣で、後述の日本が流通を促進させようとしていた中連券は信用されず、したがって流通しなかった。

こそ平生が理想とする「国民大衆たる農民の生活安定、福利増進を第一義とし、以て両国民の間に真に相互依存関係を結ばんとする方針」であった。

　6月25日の経済委員会では、一般財政金融の現状、中国連合準備銀行の現状等のほか、華北農民にとって有力な換金作物であると同時に日本紡績業の最重要原料である綿花の改良増殖、小麦の改良増殖（小麦粉の饅頭類似のものが主食だが、生産不足のため輸入が巨額）、農業の発達を図り、諸般の農業指導のため喫緊の要務たる合作社の普及発達、畜産の改良発達等が議論された。ただし養蚕業及び製糸業は日本と競合関係にあるため抑制する。なおこれらの他林業、土地所有関係の問題等をも含めて実態調査を行うことが確認された。

　経済委員会の決定に基づいて日華経済協議会が6月29日、7月1日に開催されたが、問題なく委員会の決定事項が承認された。なお協議会で平生は副委員長として地下埋蔵資源開発について、本年4月帝国議会を通過した法律に基づき資本金3億5千万円の北支那開発株式会社が設立されることになり、石炭、鉄鉱等の諸事業はこの会社の下で総合調整されることになったことを報告している。なお、大谷尊由（第22世法主大谷光瑞の弟）がこの開発会社の初代総裁になることが決まった（昭13.6.25.）。

■ 第3節　三保幹太郎と外資導入への期待

　平生は華北の開発には莫大な資金を要し、財政難の日本にはそれを充足させる余裕は全くなく、英米からの外資に頼る以外に方法はなかった。またそれに成功すれば同時に日中戦争を終結させることも不可能ではないように思われた。その適任者として平生の脳裡には三保幹太郎しかいなかった。そこで彼を経済委員会の一員に加えることを考えた。この案について三保自身からも快諾を得ていて、いまや軍部からの発令を待つばかりとなっていた。彼はまた日産の鮎川義介の懐刀でもあるから、平生としては鮎川の了解を得ておく必要があった。そこで平生は鮎川に、三保を経済委員会に招致することについて「三保氏に於ても奉公の念に燃え御承諾下されたる事ゆえ、其点能く御諒承下され、同氏をして新任務を果し得ますよう御援助

のほど小生よりも懇請いたします」と書簡を送った。

　ところが鮎川から思いもかけぬ返事が平生のもとに届く。三保の件について、たとえそれが「如何なる国家的意義のものたりとも同氏の如き見透のある敏腕家、年の割にネレタ面も人格具はれる、他にかけ更のなき仁を小生圏内より拉致し去るる事は絶対に御同意難相成」。現在はコロンビアに滞在しているが、「其内満州国内枢要の地位に置き、十二分に駿足を伸ばしむる運びと可相成ものに有之候へば、此際他より指を染めらるる義は頗る迷惑」であるので、「直ちに御取消の御沙汰」をお願いすると（昭13.6.26.）。

　7月14日の日記には三保と鮎川に関わらせて次のような事実が記載されている。鮎川は近来事業が不如意のことが多く、「満州政府、日本政府、殊に軍部に向って予約したる事項が事毎に頓挫し、殊に外資輸入の如きは日本政府が鮎川氏の満州入を賛成せる第一条件なるに、之は全く失敗し、今や米国資本家にして鮎川氏の言に耳を藉すものなき現状に於て、…米資輸入の手先たる三保氏が同氏の傘下を去らんとするを見て憤怨措く能はざるに至りたるものか」。

　外資導入の窓口になるべき三保幹太郎の線はこうして消えると、平生の北支開発構想は資金的にも最初から極めて厳しいものになった。

■ 第4節 中国連合準備銀行の設立と挫折

　外資の道が閉ざされれば、残るは日本政府が後ろ盾になって発行する通貨に対して中国人がいかに信頼して利用してくれるかにかかってくる。したがって日本占領下の華北臨時政府に対する中国住民の信用を確かなものにするには一日も早く信頼される新通貨を発行する必要があった。そこで昭和13（1938）年3月1日に円とリンクした「中連券」を発行する中国連合準備銀行が設立され、3月7日に開業の運びとなった。しかし蒋介石政権発行の、しかもポンドとリンクした通貨「法幣」が既に流通していたから、中国住民の信認をめぐる争いでは、「中連券」は最初から非常な苦境に立たされていた。そこで軍司令部と連合準備銀行は華北での法幣の流通禁止策を打ち出したが、地方に行けば連合準備銀行支店や地方銀行も満足になく、従って中

連券は行きわたらず、法幣がそのまま流用していたのである（昭13.6.21.）。

　6月23日の日記によれば、6月7日をもって法幣は通用禁止となり、昭和14（1939）年3月9日をもって全面禁止とする予定だったが、未換法幣は相当額に上ることが予想され、それを如何に処理するかによっては臨時政府にとって重大問題になる恐れがあった。というのは、「臨時政府の処置如何に依りては国民の怨府」となり、延いては中連券を信用しているのは「日本政府なり」と住民が考え、最終的には鉾先が日本に向う恐れがある、と平生は危惧の念を強めていった。

　9月になっても中連券に対する信用は相変わらず低調であった。9月12日には朝鮮銀行支店長との対話でも同じく中連券の流通が話題となった。平生によると、華北住民の間では法幣の信用がより優っているうえに、地方で農民は中連券では買物ができないから農産物をそれで売却したがらない。また「匪賊は中連券の受入を禁じ、若し犯すものあれば報復的行動をなすを以て農夫は之を恐れて受入」を拒んでいる。さらに、華北と華中・華南の境界線が不鮮明で、華北新政府の政令が何処まで及ぶべきかは明らかでなく、法幣禁止ラインを明確に引くことができない。いずれにせよ、この中連券という日常的な通貨問題は極めて深刻な問題を臨時政府に突きつけたのである。

　中連券発行高はその後も増加し続けた。8月の発行額は6千万元であったが、11月4日には1億13百万元に達した（昭13.11.16.）。この急増は大部分日本軍が使用していたからで、物価もまたそれに応じて高騰していった。法幣の中連券への交換期限は昭和14（1939）年3月であるのに、実際に交換しているのは18百万元のみで、約3億8千万元が法幣のままで彼等の懐に収蔵されたままであった（昭13.11.22.）。匪賊等の存在もあるが、中連券がいまなお信頼を獲得できないでいることは、日本の占領政府と臨時政府に対して、住民が全く信頼を置いていなかった証でもあった。

■ 第5節　最高経済顧問職の消滅と興亜院の成立

　平生は寺内軍司令官のもとで東京北京間を往復しながら彼一流の日中

親善に奮闘していたが、昭和13（1938）年9月12日に日本から届いた新聞に、彼にとってまさに寝耳に水のニュースが報じられていた。それは首相に陸海蔵外を加えた五相会議で「対支中央機関」、つまり「対支院」を設け、「経済に関する事件は軍司令部より切離し中央機関の直属となす」という案が検討され、陸海軍がこれを支持しているという記事であった。もしもこれが事実だとすれば、軍司令官のもとでの経済委員会も経済協議会も「自然消滅」、つまり平生は廃官となる。そこで彼は寺内にこの問題をどう考えているのかと質すと、彼は次のように答えた。「現地の事情に通ぜざる中央機関が如何にして適切なる指導をなし得るや。如何にして日支事件の結末に尤も重大なる関係を有する経済問題が事実に即して解決せられるやは疑なき能はず」と（昭13.9.13.）。寺内自身にとっても政府の決定は不可解のようであった。

　平生らが華北経済の秩序を再建するための建設計画に必死に奮闘しているさなか、そもそもなぜ「対支院」問題が浮上してきたのだろうか。昭和13（1938）年11月11日、平生は寺内からきわめて興味深い話を聞かされる。「元来この火元は海軍」で、日清日露の戦役で海軍は目覚ましい戦果を挙げたにもかかわらず、「海軍は軍政に何等の参画を許されず、拱手陸軍の為すが儘に一任しありたるは不満足なれば、この機会に於て軍政に関する事務も陸軍の手より引離し、政府直属の機関を以て之を処理」しようとの意図から、これを内閣に持込んだところ、板垣征四郎陸相が「易々と之に応じたる結果」が対支院である。だが現地では「陸軍の政治的権威」を失わせるものだと陸軍は大いに憤慨しているのが実のところであると。平生はこれを聞き、今何が最も懸案事項なのかを考えない「陸海軍の不統一、不協調、言を換へて言へば権力争こそ国を危ふし国難を招来する主因」であり、「真に痛嘆の至である」と日記に記す。

　以上のような陸海軍の権力闘争が対支院をめぐって生じてくると、臨時政府の側にも不信の念が芽生えてくる。すでに10月5日、中国から帰国していた平生は賀屋興宣の後任池田成彬大蔵・商相と会見し、その席で王克敏との会談の模様を伝えている。王の意見に、「臨時政府は日本政府の絶対

支持の下にあり。然るに支持者たる日本政府は、余の見る所に依るに、不統一にして軋轢甚しく、対支方針も確立せざるが如く、支持者にして如此き状態にある以上被支持者の前途は不安不定たるを免れざるにあらずや」と。つまり一方で中連券は要をなさず、他方で対支問題を巡って陸軍と海軍が権力闘争に明け暮れる状態であれば、日中間の不信感は益々増幅するのは当然であった。

　対支院が閣議で決定され法制局に回されて後も、枢密院への諮詢に奏請されないまま、近衛首相周辺では小田原評定が続いていたが、事態は次のような妥協の線で進んでいた。11月11日、寺内が平生に語ったところによると、本省の言うように「政治、経済、文化事業を軍の手より引離すに於ては、治安維持は到底軍に於て責任を負ふ能はず。政治経済はこの点に於て武力討伐と不可分である。…山下〔奉文〕参謀長を〔本省に〕遣はし交渉せし結果、対支院の設立は一旦閣議に於て決定したるを以て設立するとして、〔中国での〕分局の任務は…単なる連絡機関にして何等新政府との交渉もなく、軍司令官と新政府との政治、経済、文化事業の閣僚は現在と何等の変更なきこと」に決定したと。

　しかし本省からは、対支院の「分局は支那に於ける政治、経済、文化の事務処理すといふことに同意」を求めてきたので、軍司令部は「処理なる文句は其事業に直接干与容喙することとなり、新政府に対する指導方針が二元となり、新政府は其何れに従ふべきやにつき昏迷すべきに依り処理なる文句は削除すべし」と抗議したことを平生は聞かされる。同日平生は山下とも会っているが、彼は、「本省がかかる重大問題を現地の軍司令部と協議せずして決議発表せることの失態と、若し現地の機構は現状維持と決するに於ては対支院の必要何処にありや」と政府を批判した（昭13.11.16.）。

　そして17日の閣議で、「政府と現地軍司令部との間に現地の機構及其事務管掌に関し妥協」が成立した。つまり政府は「対支院の名称を改め興亜院とし、現地（北京、上海、張家口）に支局を設け、支局の管掌は連絡部の下に単に連絡機関として、新政権の事務は一切管掌せざること」となり、そして北京支局長は陸軍、上海は海軍、張家口は武官とすることが決まった

（昭13.11.18.）。つまり、対支院を興亜院とすることで政府は面目を保つことができ、支局を分担しあうことで陸海軍の対立はさしあたり回避されたのである。

　興亜院は12月16日に枢密院本会議で決定され、即日施行されることになったが、平生にとって問題は「自然消滅」となった北支最高経済顧問を政府がどのように処理するかにあった。彼は勿論この仕事を退く決心をしていたが、近衛首相をはじめ、板垣陸相も東條次官も決定を渋り続けた。平生の後任を引受けるだけの人物が容易に見つからない、それが理由であった。昭和14（1939）年3月20日の日記に次の記述が見られる。「最近興亜院調査官に任ぜられたる河本〔大作〕大佐の言ふ処に依れば、現地に於ては支那側に対する権衡上平生氏と同等又は之に近き声望を有する大人物を後任者として派遣せんことを要請しつつあるが、かかる人物は中々みあたらず。仮に物色すといへども其人は北京行を肯諾せざるべく、結局不可能事を探求しつつある情勢にて未決なり」と。

　昭和14（1939）年4月24日に後任はともかく、平生は板垣陸相に辞職願を提出し、1か月後の5月24日に、「陸相ももはや余に対し此上曖昧なる返答をなす能はず、後任の有無に拘はらず余の辞任を承認することとし、直ちに北京司令部へ電送すべし」との返事を得る。

　6月10日、平生は杉山元軍司令官や王克敏等、日華の要人らに経済顧問としての告別の辞を告げるため北京に赴いている。そこで彼が耳にしたことは、興亜院とその連絡部の体制は状況を複雑にするのみにて、そこでなされる事項は実体をまったく無視したものばかりで、北京政府もこれからの成行きを憂慮する声が大きく

北支軍司令部最高顧問を解かれ帰国の途に（前列右から王克敏、平生釟三郎、杉山元）（甲南学園蔵）

なっているということであった。6月19日には山下参謀長と興亜院・連絡部について、この体制がまったく無用の長物で役に立たないことで意見が一致したが、この時平生はこれまでの決心を変え、陸軍の嘱託としてとどまることを山下参謀長に告げ翌日帰国の途についた[5]。

　満州帝国はあくまで関東軍の支配下に「満州本位」を貫こうとしていたし、華北臨時政府においては中連券の失敗、日本本国での陸軍と海軍の不和による経済最高顧問の廃止と興亜院の設立、そうした軍部内部の動きに何もできない近衛内閣、これが日本の満州・中国の占領政策の現実であった。

---

(5)最高経済顧問中の昭和13(1938)年7月5日に阪神大水害が発生し、甲南学園、特に甲南小学校は大被害を蒙るが、平生はこの知らせを受け、7月13日から14日にかけて帰神し、被害の状況を視察している。この大水害下の甲南学園については、甲南高等学校々友会編纂『昭和十三年七月五日の阪神水害記念帳』、昭和13年(復刻版は1996年)を参照。
　ところで平生は昭和17年10月13日に「支那事変の功」により天皇陛下より勲一等旭日大綬章を親授される。彼はこの行賞を非常に喜んだが、特に実業界から選ばれたことに特別の思いを持っていたことは、翌日の日記に「東京実業界に於て尤も勢力あり、隠然大御所の資格を有せし郷〔誠之助〕男爵といへども死後勲一等瑞宝を賜与せられたる位なれば、生前に勲一等を親授せらるること一門の名誉にして」、と記していることからも窺える。なお正式の日付に関しては、「支那事変(戦没者/生存者)行賞は、全て昭和15年4月29日付にする」ことが賞勲局の通牒で決定されていた。この日付の受勲者は171人に及び、大部分が軍人であった。山本五十六も東條英機も同じ日に授与されたことになっている(Wikipedia「勲一等旭日大綬章」)。

第3章
—
日本製鉄株式会社のフューラー（Führer⁽⁶⁾）平生釟三郎

■ 第1節 日本製鉄会長
一米からの屑鉄禁輸、銑鉄価格問題および減価償却問題—

　平生は一方で前述のように日中戦争に経済的に関わりながら、他方で日本製鉄のトップとして様々な困難な問題に取り組んでいた。日本は元々資源が乏しく、原料を輸入して製品を輸出することによって経済が成り立っていた国である。それが世界的に保護主義が蔓延し、人の流れさえも移民制限によって滞るようになると、様々な分野で支障をきたすようになってきた。例えば昭和14（1939）年10月23日の平生日記には、電力審議会での様子、旱魃と石炭不足で電力供給が激減し、それが日常生活に脅威をもたらし、また工場での能率が悪化したために、発送電会社ならびに逓信省に対して非難攻撃がなされている、と記されている。またその三日後の記述によると、電熱器は電力不足のため使用禁止となり、瓦斯ストーブの使用量も昨年の20％減となったので、木炭の使用が頓に増加し、ガソリン車からしだいに木炭自動車に替わっている（昭15.1.4.）。また御影の鴨子ケ原の甲南病院には当初はバスを利用していたが、それに代わって今では馬車が主な交通手段になっている（昭16.8.25.）。太平洋戦争前夜の日本のエネルギー事情はすでにこれほどまでに危機的な状況になっていた。

　こうしたエネルギー問題だけではなく、産業構造、特に重工業も生産不足に悩まされていたが、政府の政策はそれを合理的、抜本的に解決する手立

---

(6) 日本では独裁者ヒトラーの地位を意味する語としてFührer（日本語で「総統」）が一般に用いられているが、平生がここで使用するFührerは、日鉄従業員には官僚主義が抜けきれず生産性が向上しないので、民間人や軍部、企画院、商工省あたりから有能な人材を登用し、そこで決まったことは後戻りせずに直ちに実行するという一元的統制機関を設立し、これをbrain trustとし、社長がこれを一人で決済するという意味のものであった。（平生釟三郎述『鉄鋼新体制の確立と日本鉄鋼業の進む途』世界経済情報社、昭和16年、7－10ページ）。

てを持っていず、利害関係者の顔を伺いながらの場当たり的な策に終始していた。昭和6（1931）年4月1日に重要産業統制法が制定され、同年8月からカルテル、トラストが奨励されることになり、製鉄部門では昭和9（1934）年1月29日に、表面的には合理化を図るという目的で、八幡製鉄所と財閥系民間製鉄会社5社が合併して国策会社日本製鉄株式会社が成立する。しかしその実、この国策会社は、その低生産性のゆえに対外的には保護関税を引上げ、対内的には供給制限の状態を続けていたために、それに加わっていないアウトサイダー企業には溶鉱炉の新設が厳しく制限され、さらに販売面までも強力な銑鉄共販組合によって高価格政策を維持することで何とか成り立っていたのである。

　アウトサイダー企業としての製鉄部門を傘下にもつ川崎造船所を統率していた平生は、この日鉄の生産・販売体制を打破することによって日本の製鉄業に活路を見出そうと努力していたが、奏功しなかった（昭9.12.21.など）。こんな折、鉄商岸本商店の田口八郎は、この行き詰り状態を打開しようとして、平生に向って、次のように懇願した。日本の鉄鋼国策を整理するには日本製鉄とアウトサイダー企業との関係を正常なものにしなければならないが、いずれにしても平生が前面に出なければ解決はできそうにない。彼であれば商工省においても日本製鉄においても信用絶大であるから、彼が肯諾すれば取締役社長のポストを彼に明け渡すであろうと（昭10.12.24.）。田口の他にも、富士製鉄社長から日本製鉄取締役に移ることになった渋沢栄一の三男正雄なども、以前からこの国策会社は平生でなければ統制が取れない、と頻りに説得していた（昭8.6.22.）。

　こうした誘いに当初は消極的であったが、盧溝橋事件の2週間前の昭和12（1937）年6月24日、平生はついに会長職を引受ける。なぜ肯諾したかについてその具体的理由は、文部大臣に就任する3週間ほど前の昭和11年3月7日から13年1月17日までの期間、完全に日記が欠落しているために詳細は分からない。ただ彼の真意は昭和14（1939）年5月29日の次の発言に集約されている。

　政局が混沌としているなかで、平沼騏一郎内閣は長続きする見込みがな

く、そこで次期総理大臣として宇垣一成が取沙汰されているが、彼には経済財政の知識がないために、亀谷慎一を通じて平生に入閣の意向をそれとなく探りにきた。それに対し平生はこう語っている。「余は現在従事せる日鉄の事業は現下に於て尤も重要なるものにして、鉄鋼国策が確立せざる国家は国防的にも産業的にも真の独立の基礎確固ならざるものである。故にこの国策の樹立こそ国家として最重要なりと思ふ。余微力といへどもこの大任を託せられたる以上、あらゆる事業を放擲してこの事業に専心せんとするものである。元来政治的野心も物質的欲望もなき余としては、君国のため何業に従事することが余として尤も効果多きやに依り去就を決するの外なし」と。この文言から察するに、平生は、経済財政に知識と経験があり、かつ本心から国家への奉仕の気概を持ってこの重要なポストを引受ける人物は自分しかいないと考えた末に、日本製鉄会長職を引受ける決心をしたのであろう。それにしても、「君国のため」とはいえ、甲南学園理事長をしながら、北支方面軍司令官最高経済顧問を引受け、さらに日本製鉄会長までも。

　ところでモノ不足やインフレ経済を精神論で片付けようとしても片付くものではない。日鉄会長平生が直接関わっていたのは石炭と鉄である。まず石炭は製鉄生産の燃料であるばかりではなく、副産物としての硫酸アンモニウム等は近代化学工業の根幹をなすものであるが、その石炭が国内では到底賄えない。また華北から電力用の開灤炭を運んで来ようとしても、欧州戦争のために船舶が払底し、積出港の秦皇嶋の桟橋には石炭が山積みとなり、さらに貨車不足のため山元には相当の貯炭が生じている（昭15.2.27.）。こうして生じた石炭不足のために電力不足は急を要する事態となり、総火力発電用石炭のわずか60分の1をカナダから輸入するまでに負い詰められていた。こうした状況下、石炭消費を節約するために政府は電力を20%制限することを命じているが、平生は「之は乳の増産を求めながら食餌を減ずると一般、笑止の沙汰といふべし」（昭15.1.31.）と石炭の節約が全く意味のないことだと一笑に付している。平生は米内光正内閣の商工相藤原銀次郎がこの石炭不足問題に忙殺され、また低物価政策を強調するあまり、鉄鋼の状況に頭が回らないことは大問題だと思っていたが、鉄鋼価格を引上

げるか、もしくは価格補償を行わなければ企業の赤字は膨らむばかりで、その結果減産に追い込まれる恐れがあった（昭15.3.12.）。

　昭和15（1940）年4月27日の日記を読むと、この商工省の策に対し平生の苛立ちがストレートに伝わってくる。「鉄鋼値上問題がraiseせられてより茲に半歳を超へんとし、未だ何等の決論に至らず。商工省が低価政策を固守し、一日も価格の引上を延期せんとするは当然なるが、当業者としては一日遅くるれば一日の損失を増すものである。我社の如き、たとへ国策会社なりとて政府より何等の特殊恩典を給与せられあるにあらず、寧ろ納税と配当に於て毎期弐千数百万円を上納しつつあるものである。故に我社は一面営利会社として利益なき事業は之を中止し、利益ある部分のみ稼行するの外なかるべし。之れ余が商工大臣に選択の自由を要求する理由である。また生産の割当の如きも未だ確定せず。従つて鉄鋼に対する物動計画も十五年度に入りて已に一ケ月に垂<ruby>垂<rt>なんな</rt></ruby>んとして未だ決定せず。物価審議会も形成委員会も何等の決論に達せず。満州に於ては已に銑鉄を〔屯当たり〕¥105、鋼材を¥225に値上げせんとして日本政府の動向をwatchしつつあるが如し」。

　5月に入ってやっと鉄鋼問題が議論されるようになる。八幡製鉄所長渋沢正雄が藤原銀次郎商工大臣に会見したとき、大臣が昭和15（1940）年度の鉄鋼生産の計画を普通鋼材5百万トンとすれば、原料は如何ほど必要か、と渋沢に質したので、彼は銑鉄と屑鉄を各々50％として、歩留まりを勘定に入れると鋼塊625万トンを生産する必要があり、したがって銑鉄、屑鉄ともに312.5万トンを用意する必要がある。政府はこのうち屑鉄は200万トンを外国（主としてアメリカ）から輸入しているが、政府がさらに100万トンを輸入する計画を立てているようだが、それには1億数千万円を要する。しかしほぼ同額の外米輸入費のことを農林省が構想しているようだから、軽信し難いと彼は考えていた（昭15.5.5.）。

　屑鉄がなくては鋼材は生産できず、しかもその輸入価格は急騰していた（昭14.11.21.）。これに加えて外国から輸入する鉄鉱石などの原料や運賃の値上がり、国内での諸物価ならびに賃金の高騰など、何もかもすべてのコス

トが上昇していたから、日本製鉄は赤字を余儀なくされていた（昭15.5.29.）。如何に国策会社とはいえ、企業としてはもはやこの状態をいつまでも放置できなくなっていたのである。

　やっと事態が動き始めたかに見えたのは6月14日の新聞記事である。それによると、政府は鉄価格問題解決のため国家総動員法の「損失補償および補助金交付に関する規定」を発動させることに決したと報じられていたので、平生は大いに喜んだが、その場にいた畑俊六陸軍大臣の反応は、「之は真相にあらず、政府に於ても未だ確定せず」と冷ややかであった。事実政府はここでスクラップの値上がりに対してのみ補償するとのことであったから、これは平生にとって到底受け入れられるものではなかった。というのは、日鉄は生産された銑鉄を国が決めた価格で平炉メーカーに販売し、後者はその銑鉄と外国輸入の補助金付き屑鉄で製鋼する体制を取っていたのに対し、補助金を与えられない日鉄は甚だ不利で不公平と言わざるを得ないからであった。

　翌6月15日には鉄鋼問題に関する物価対策審議会の懇談会が開催された。この席で岸信介商工次官がスクラップへの補償金136百万の補償金の説明をすると、平生がただちに、日鉄は溶鉱炉24基、新設中の5基を抱え、それに原料の鉄鉱石の半数はマレー、フィリピンなどから輸入しているのに、これらから生産される銑鉄には補償がないと反論すると、他の委員も平生に賛成した。平生は日記に得々と次のように記す。「邪は正に勝たず。正しき理論には誤れる決論は対抗するを得ず」。民間委員も平生の意見に同意を同意し、大蔵大臣も商工大臣も賛意を表したので、「決局壱億参千六百万円を鉱石、石炭、スクラップの三者に案分することに決定せり」と。

　鉄鋼価格問題はこうして値上げではなく国からの補助金給付で基本的に決着が付いたかに思われたが、昭和15（1940）年6月、日本軍の北部仏印進駐以降、中国を支援していた英米との間に険悪な空気が漂い始めると、米からの屑鉄輸入が危ぶまれるようになり、8月12日の日記には、アメリカからの屑鉄輸入が杜絶した場合の鉄生産の影響について平生が企画課長を呼んで説明を受けたことが書かれている。そして9月9日、ついに恐れてい

た情報がもたらされる。ニューヨーク駐在員から次の電報が届く。「国防計画上、屑鉄の全面的輸出禁止絶対に必要なりとし、国防委員会は大統領に進言中なるものの如し。仏領印度問題にて外交関係逼迫の折柄、米国政府は之を牽制、報復策に利用し、禁輸断行の挙に出づる可能性ありと噂せられ居るが、成行楽観を許さざるものありと思ふ」と。事実10月15日積出を最後としてアメリカからの屑鋼は禁輸となる。

　日本にとって鉄鋼問題はこれ以降屑鋼の比率をどこまで引下げられ得るかに掛かってくるのだが、今一つの重要問題は海陸軍の鉄鋼需要の償却率を何パーセントにするかということであった。その要点はこうである。陸海軍は重工業者の償却準備金を極力減額することによって鉄鋼需要に対処することを要求する。他方、民業では自己の利益を確保することで必死で、工場に対してその保善改良等に対し関心を持たず、飽迄機械やその他の設備を虐使させるも自由であるとの信念を有するようであった。しかし、「産業がたとへ私人の経営に属するも、是国家の事業にして、国家は其事業をして永続性を得せしむるため up-to-date に之を保持するの責任あるものである。夫には出来得る限り十分の銷却をなさしめ、其施設をして常に完全なる能力を発揮せしむることに力めざるべからず」。こうした準備を怠りなくしておくことで、平和が回復した暁には直ちに外国企業と競争することができる。これが平生の基本的考えで、事実ドイツはその策をしっかりと行っている（昭15.8.13.）。だが日本には残念ながらこうした発想は乏しかった。

　昭和15（1940）年7月22日に第二次近衛内閣が成立し自由主義から新体制へ、統制経済へと転換するのだが、常に鉄鋼業を up-to-date の状態にするには国家が責任を持って、償却率を高めに保たなければならないのに、低物価政策のために主として日本製鉄で生産される銑鉄価格については特に低めに設定されていた。従って会社としては慢性的赤字で、これを解決しようとすれば、価格を引き上げるか、それとも国家による価格補償しかなかった。この補償については、アメリカの屑鉄禁輸など厳しい状況のなか、平生は鉄鋼局長に以下のような提案を行う。まづ鉄鋼価格問題を早急に決定すること、その際「尤も不引合なる銑鉄に対し、政府が scrap の値

上りに対して補償をなせしと同様の趣旨を以て補償」をすれば、民間の製鋼業者は一屯¥81の銑鉄を使用することができ、そうなれば「鋼材の価格は先日発表せられたる公定価格を据置とするも大なる不均衡を生」じることはないだろうと。局長もこれに賛成し、大臣に進言することを約束した（昭16.6.14.）。

　以後平生は事あるごとに日本製鉄の赤字を増大させている銑鉄価格の補償を問題にするが、昭和16（1941）年8月9日、小日山直登鉄鋼統制会理事長と同企画部次長が来訪し、銑鉄補償金を取得するものは日本では日本製鉄一社のみという統制会よりの提案に対し、商工省はじめ他の各省次官および企画院次長も同意を表したが、大蔵代表のみが決答を留保した。その理由について、統制会の償却率原案が14.4％であったのに対し、大蔵省は償却率を8％とし、社内留保率を24％として補償額を37,266,976円と提案し、商工省案では償却率は9％で、社内留保率を25％とし、補償額は42,996,411円とするものであった。そこで統制会は妥協案として償却率を10％とし、社内留保率を30％にしては、と小日山は平生にその妥協案を提案したが、戦後を考えている平生はあくまで原案に固執した。

　同日午後、平生は第三次近衛内閣蔵相小倉正恒に会見し、銑鉄生産で生じる日鉄の損失は莫大なもので、平生が必要と信じる減価償却を14.4％とし、社内留保を40％としなければ、「我製鉄業の基礎を危ふするのみにして、国防並びに産業の基礎事業たる鉄鋼業の根柢を脆弱ならしむるが如きは、国力の維持の上よりして寒心に堪へざることである」と力説した。平生の熱弁に蔵相は最後に、償却率は10％—15％の間において平生の決定に一任する、ということで話はまとまったが、10月になっても大蔵省と商工省の意見はなかなか一致に至らなかった。

■ 第2節 日本製鉄株式会社社長として人事権を掌握する

　平生が日本製鉄会長に就任したのが昭和12（1937）年6月24日であったが、彼には名ばかりの会長を元から肯んじる気など毛頭なかった。それは彼が鉄鋼国策の樹立こそが国防上最重要であると確信し、それゆえに「あらゆ

る事業を放擲してこの事業に専心」する気概で臨んでいたからである（昭14.5.29.）。

　ところで日本製鉄が抱えていたのは価格問題や減価償却問題だけではなかった。昭和14（1939）年12月8日の平生日記によれば、中松真卿社長が平生の秘書藤井丙午（戦後新日鉄副社長）に平生会長を動かす方法は何かないかと質したところ、藤井は、平生が会長に就任した時、日鉄改善には、1. 鉄・石炭資源の確保、2. 資力の拡充、3. 人事の刷新が必要であり、1および2は大体目途がついたが、残るは重役人事の刷新で、これについて会長の決意は「牢乎として動かすべからず」と思う。それは中松社長を含めての問題でもある。「二ケ年半の間に於て会長はあらゆる方面の情報を集めて決定せるものなれば、如何なる批評も非難も決して怖れ」ることなく遂行するだろうと答えた、と記されている。つまりこの時点ですでに社長の更迭を平生は考えていたのである。

　近衛第二次内閣の成立は平生のこの日鉄人事問題にとって絶好の機会を与えることになる。昭和15（1940）年9月6日の日記には次のような記述が見られる。原邦道常任監査役が、どの工場でも「人心弛緩し緊張味を欠き、其日暮的作業振」で、「之を矯正するには人事の大刷新を決行し、以て人心を新にするの要ありと進言」してきた。平生はこれに応えて、「何分当社の社員にして中堅以上の多数は商工省出身にして、此等は役人気質より脱却する能はず。…彼等は現任商工省の吏員と連絡を保ち、以て自己の位地の保全を図らんとする輩なるを以て余も今日まで猶予せしも、今や新体制を以て政治経済方面に於ても旧慣を廃棄し、革新的気分を以てあらゆる境地に於て新味を徹底せしめんとする気運が澎湃たる今日、之を利用して人心を新にするの挙に出づる好機会である」。

　つまり平生は八幡製鉄所を中心とする日本製鉄の中堅以上の社員・役員を信頼していなかったが、それは彼らの働き振りが相変わらず官営時代の官僚気質そのままであったからである。従って近衛内閣の経済新体制を機に、平生は一気にこの旧体質を転換させようと考えたのである。これを実行しようとすれば、国策会社である以上、政府、具体的には商工省の支持が必要

であったが、平生にとって折よく当時の商工大臣は小林一三で、事務次官は岸信介であった。

　昭和15（1940）年10月14日の日記に非常に重要な岸との会談の様子が記されている。平生は日本製鉄の状況を次のように説明する。「日鉄の重役始め技師、社員共に八幡製鉄所時代の遺物多数」で、彼らは「視野狭隘にして思慮浅薄、常に八幡閥を形成して自己擁護を企図し、今日の如く事業が膨張し、国策会社としての任務重大」であることに対する自覚がない。したがって、今「一大斧鉞を加ふるにあらざれば、国防上にも産業上にも其根基をなせる鉄鋼業を昂揚するの陣容を整ふる能はずと思ふ」。ところが、現社長は、「誠に好々爺なりといへども、何等initiativeの知能を有せず、単に他人の考案を秩序的に示現するの特能を有するも、人を見るの明を欠き、他人と対抗するの気力もなく、たとへ自己が不満足なりと思ふも自己の力を以て選択をなすの勇を欠き、社員中にも同氏を信頼するものなく、日鉄の改造は先以つて社長を交迭せしむるの外他策なし」と。

　これに対して岸は、「真に同感なり」、「全面的に余〔平生〕の劃策を支持すべければ決行せられたし」と答えた。そして岸は続けて、「日鉄の二重board制は我国情に適せざるsystemなれば、之は改正して社長又は総裁を首位とすることに改正せざるべからず。その機会に於て重役の総改造をなすこと肝要なり」と平生に示唆を与えると、平生はこれに直ちに反応して、岸の案は法改正を伴うので、出来れば「重役一同総辞職をなし、十二月の総会に於て改選することとし、〔法改正までの〕其間余が社長を兼務するも可ならずや」と再提案すると、岸はこの案に同意したようである。

　平生は直ちに岸との会談の方向で行動を開始する。11月22日には中松社長を招き重役総辞職案について会談する。平生は「鉄鋼問題が日を逐ふて切迫し、海軍方面の需要増加に反して原料の供給は減退を免れざるの窮境に在り。其結果は民需、其他軍需及準軍需以外の需要を圧縮するに至らん。海軍が目下企画院に提出せる需要（新規）高が数十万瓲に達すとせば、民需其他は2/3乃至1/2に圧縮せられざるべからず。かくの如き急激なる供給減退を生ずとせば生産力拡充も其目的を達する能はず。鉄

鋼材の不足のため已に着手せるものも休止を見るに至り、生産力減退を生ずるや必せり」。そうなると日鉄の責任問題となり、官民からは、必ず「日鉄が八幡時代よりの旧慣を刷新せず、旧態を墨守して何等新体制の指導精神に順応せざることが今日の窮態を生じたる原因なり」と追及されることになろう。そこで平生は会長として、今「商工大臣に向って総辞職を申出で、…、政府が〔株式の〕半数以上を所有する国策会社なる以上、万難を排しあらゆる工夫を凝らして其責任を尽くすは当然なるが、現在の陣容は旧体制時代に組織せられたるものにして、其体容に於ても満足ならざるものあり。政府は果してこの陣容を以て満足せるや否やを知らざるも、我々としては総辞職をなして、政府の自由意志を以て今後の陣容を組成せしめ、以てこの難局に当らしむることを可能ならしめんとす。氏にして余の決意を是とせば賛同せられたし」と述べると、中松社長としては快諾せざるを得なかった。

　このようにして中松社長から辞職の約束を取り付けたうえで、早速12月6日に重役会を開催し、そこで12月26日の定時株主総会のための演説案を披露し、重役の総辞職と二重ボード制廃止の件について満場一致の賛成を得、その結果を直ちに商工省の岸次官と小金〔義照〕鉄鋼局長に報告する。なお陸海軍よりそれぞれ一名の常務取締役が派遣されていて、引き続き業務に関与したいとの要望が出されているが、これは軍部がその権限外の会社の取締役の人事にまで容喙する慣習をそのまま容認することを意味しているから（昭14.12.19.、20.）、平生はこの機会に岸事務次官及び小金鉄鋼局長に向かって、「自分は何処も指導者原理に則りFührerには全権を委任し、たとへ〔陸海軍が〕常務として業務に従事するも之はbrain trustたるべきものにして、社長を監督するとか監視するとかいふ意味のものなるべからず」、ときっぱり告げた（昭15.12.6.）。

　丁度そこに小林商工大臣が出省してきたので、彼にも、「余は若し余に組織を命ぜらるるに於ては、この時局の克服上Führer systemに頼るの外なしと確信すると共に、…陸海軍の監督顧使の下に事を執ることは自分としては忍ぶべからざる処にして、また業績に於ても十分満足なる結果を生ずること困難なりと思ふ。自信なき業務は引受けざることは余が青年時代より

の習性なれば、此際御免を蒙むるの外なしと断言」する。

12月13日には再び陸海軍の取締役の位置づけについて岸次官、小金鉄鋼局長と三人で議論している。ここで平生が考えるFührerは鉄鋼生産に関しては軍部の容喙さえも一切許さないという意味を込めて、「此等の取締役は海陸軍を代表するものにあらずとの文句を挿入」することを求めたが、それは余りにも「陸海軍を刺激するの恐」れがあると言うので、次の覚書を商工、陸軍、海軍の三次官とで取り交すことになった。

1. 新体制理念を具現する為、日鉄運営の総てを社長に一元化し、所謂指導者原理を確立すること。

2. 陸海軍より推薦する常務取締役も他の常務取締役同様、社長の部下として積極的に協力すること。

12月17日の閣議で、平生を社長とし、彼に重役陣の組織および鉄鋼政策樹立に関する一切の権限を一任することが決定されたことを小林から知らされる。そして12月26日の定時株主総会ですべて予定通り決定された。

こうして平生の一元体制が確立することになったが、彼は直ちに新所長・部長を集めて次のような訓示をしている。「従来他国に依存せる鉄鋼業は、事変の為自給自足をなさざるべからざる情態に立到りたるなるが、如何にしてこの難関を突破して国防に欠陥を生ぜしめず、産業の発達を助長し得べきやといふに、日満支を通じたる鉄鋼政策を確信し、相互依存の関係を密にし、自給自足をなすの外なし。夫には日鉄としてはあらゆる研究を積み、あらゆる努力をなして其目標に邁進せざるべからず。夫が為めには社員の所謂親和協同こそ尤も大切なる事である。協力には各人が己を空ふし、私利を棄つるの外なし。仮初にも各人が自己の名利に拘泥せんか、到底親和協同は求むべからず。各人は其面貌の異なる如く、其性格も意見も異なるものである故に、各人が自己の名利心を離脱する能はず、自己の向上に専念せんか、各人は相闘ぎ相剋するの外なからん。故に処長として、また部長として多数の部下を有せらるる人は自己を空ふして崇高なる目標、即ち邦家の為、鉄鋼自給のため奮励し、以て部下の人々をして其範に倣しめんか、必ず数百人、数千人、数万人の人々も必ず同人の心持を以て協力せんや

疑なし。故に部長たり処長たる方々は大所高所より事物を観察し、部下の心性及実力を考査し、公正に其力量を判断し、信賞必罰、部下をして信頼せしむるよう、自ら慎み自ら励み、以て其職責を全ふせられんことを希望す」と。

■ 第3節 名ばかりの鉄鋼統制会会長ならびに
重要産業統制団体協議会会長

　平生はこうして鉄鋼生産量の絶対的不足のなかで半官半民の国策会社日本製鉄のトップとしてすべてを取り仕切ることになったが、商工省および企画院が業界全体の無駄をなくすという名目で鉄鋼統制会を発案し、昭和16（1941）年3月11日に準備委員会が開催され、翌日商工省にて平生が満場一致で統制会会長に推薦され、4月26日の設立総会にて正式に会長となる。さらに近衛第二次内閣が掲げた「経済新体制の理念」、つまり統制経済実現のため、鉄鋼統制会組織を全産業に広める目的で、その前年の昭和15（1940）年8月29日に当時の岸次官の賛成を得て「重要産業統制団体懇談会」が設立され、郷誠之助が会長に、平生は副会長となっていた。そしてこの懇談会は昭和16（1941）年8月30日に正式に重要産業団体令として公布され、11月20日に鉄鋼統制会はその傘下に入ることになった。その目的は定款第一条に次のように規定されている。

　「本会は『経済新体制確立要綱』の精神に則り、重要産業部門相互間の緊密なる提携を図り、政府と密接なる連繋の下に、現実に即せる産業政策の樹立並びに其の円滑なる遂行に協力し、以て我が国産業界の健全なる進歩発達を図るを目的とす」[7]。

　この時平生にとって思いもかけぬ議論が持ち上がる。鉄鋼統制会会長は引き続き平生が就任するとして、これを「専任」とするというのである。前年から日本製鉄は二重ボード制を廃して平生は会長から社長となっていたが、日鉄の権限掌握はまだ緒に付いたばかりであったので、「日鉄を離れて統制会会長専任たらんとすることは如何にも遺憾」であり、「日鉄社長とし

---

(7)『重要産業協議会要覧』重要産業協議会、昭和17（1942）年、4ページ。

て留職し、統制会会長を辞退すること本意なり」と平生は考えたが、岸商工相の口車に乗せられ、「鉄鋼界に於て余を除きて知識、経験、声望兼備せる人物他に存りや」と述べると、彼は反論できなかった。あとは日鉄の平生の後任の話となり、元商工相豊田貞次郎を推すことで決着が付いた（昭16.11.5.）。太平洋戦争が始まるわずか1ヶ月前のことであった。

　ともかく平生は鉄鋼統制会会長専任となるが、昭和17（1942）年1月19日に重要産業統制団体協議会（昭和16年1月30日、懇談会を協議会に、さらに昭和17年7月8日、統制団体協議会から重要産業協議会に改名）会長の郷誠之助が死去したので、2月6日、副会長であった平生がその後任となった。同年11月1日現在での役員リストを見ると、平生を会長に、顧問に満州重工業開発株式会社鮎川義介、日銀総裁結城豊太郎、大政翼賛会事務総長後藤文雄ら22人、理事会には鉄鋼統制会会長の平生を筆頭に28人という錚々たる政財界人が名を連ねていた[8]。こうして平生は文字通り鉄鋼業界のみならず全産業のトップに立ったのだが、彼個人にとってこのポストがどれだけ実質的な意味を持っていたであろうか。

　同年11月9日、突然脳血栓症が彼を襲った。翌昭和18（1943）年4月12日に平生は重要産業協議会事務局長帆足計に来訪を請い、辞表の旨を告げる。また鉄鋼統制会会長には日鉄会長豊田貞次郎を推す声が高くほぼ決まっていた。4月27日、重要産業協議会が開催され、平生の後任は石炭統制会会長松本健次郎に決定した。こうして平生は鉄鋼業界のみならず全産業を統率することからほぼ完全に退くことになる。平生はさらに三菱の岩崎との間で朝鮮での茂山開発で合意し、茂山鉄鉱開発株式会社の取締役会長になっていたが、これも辞任し（昭18.5.3.）、また日伯経済関係のために平生が特別の思いを以て尽くしてきた日南産業株式会社の社長も辞し、後任に武田寛一がなった（昭18.5.10.）

---

(8)同上、33－34ページ。

■ 第4節 大日本産業報国会に賭ける平生釟三郎とその挫折

　生産性を向上させるには労資協調が不可欠、という平生の発想は今に始まったことではない。大正8（1919）年、世界的に吹き荒れた第一次大戦後の労働争議、階級闘争が激化するなかで、労資間の融和を目的に労資協調会（初代会長徳川家達）が設立された。だが大正10（1921）年には川崎・三菱造船所の大争議が発生し、平生はこの労働争議は「何人も居中調停の労を執るもの」がないことが最大の問題だとし、「断然現職〔東京海上火災専務〕を辞して社会救済事業の一としてこの理想の宣伝〔世襲的富豪、不労資本家の撲滅〕に着手せん」（大10.7.29.）、と真剣に考えた。それに先立つ大正8（1919）年8月4日には岡本利吉と会見し、彼の「労資協調」論に大いに共鳴を示していた。

　この「労資協調」を実際に試してみる実験場が平生に与えられる。彼は昭和8（1933）年3月24日に川崎造船所の社長に就任するや、まず第一にこの問題に着手し、見事に成功を収める。この間日伯経済使節団団長として上首尾のうちにこの大役を果たし、帰国後貴族院議員に勅撰されると、これを祝して従業員全員が資金を出し合って本山白雲作の「平生先生寿像」を東山学校丘上に、またこれと同時に同校の下段にある川崎病院の玄関に同じ寿像が建設されたことからも、彼が労資双方から全幅の信頼を得ていたことがわかる。この川崎造船所での実験の成功が彼の産業報国会活動の支えとなったことは事実で、昭和18（1943）年5月29日に彼の喜寿を祝して産業報国会中央本部から中村研一画伯による夫妻の肖像画が贈呈されたとき(9)、その謝辞に平生はこう述べている。

---

(9)この平生の肖像画の経緯について昭和17（1942）年9月7日の日記に次のように記されている。「画工中村研一氏、三輪壽壯氏に伴はれ来訪す。同氏は、住友本社に勤務せる産金鉱山技師にして住吉に居住せる故中村啓二郎氏の長男にして、肖像画家としては当時売出の名人なり。余の七十七歳を祝賀せんと甲南高校の教職員が共同して余の肖像を作成せしめ、之を余に寄贈し、之を余より甲南高校に寄贈することとし、永久に之を甲南の至宝として残さんとの希望にて、安宅理事を介して揮毫を委嘱したるが、偶甲南幼年学校の教職員、卒業生、其父兄等に於ても同様の要望ありて同氏に依頼せるが、其後日本産業報国会に於ても同様の企あり。業務局長三輪氏が中村氏の中学友達なるの縁故に依り、同氏に余夫妻の肖像の執筆を依頼することとなりて本日余と会談し、余の性格、気骨、態度等を知らんとして来訪せらるたりなり」。
　これによれば中村画伯は画幅2点を同時に引き受けているが、旧制甲南高校に届けたものは現在も甲南大学の「至宝」として保管されているが、夫妻の肖像画は行方不明である。

「余は若き時より人類は共存共栄ならざるべからず、日本人として忠君愛国ならざるべからずとの理想を抱き、産業人に付ては資本主、経営者、労務者は三位一体となりて相和し相親しみ互ひに職責を重んぜば、産業の進歩、期して待つべく、之を十年前川崎造船所の整理を托せられたる時実行し、其の効果の偉大なるを認めたり。されば産業報国聯盟が創設せられたる時より常に枢機に参与し」云々と。

　また平生と川崎造船所従業員との信頼関係について、湯澤三千男を継いで産業報国会理事長を務めた小畑忠良は「平生さんをしのぶ」のなかで、「産業報国精神は平生さんの尊き体験に凝り固められた火の如き信念であった。『産業報国でなければいけないんだよ。これは私が実際にやって来たんだよ。私が川崎で―』と何度か繰り返し、私は親しく伺って居る」と述べている[10]。

　平生が日本製鉄会長に就任した時、従業員組合を廃して産業報国会へ編成替えすることが問題となっていたが、平生はこの運動を彼の川崎造船所時代の延長と捉え（昭14.3.28.）、これに積極的にコミットしていった。日鉄を支える八幡製鉄所では、従業員組合のリーダーで戦後西尾末広らと民主社会党を結成する伊藤卯四郎が昭和13（1938）年12月23日に平生会長を訪ね、政府の支援のもとで全国的にブームとなっている産業報国会を八幡製鉄所でも結成し、「従業員組合を解消し、全職工を報国会に入会せしめ、以て労資対立の旧思想を解消し労資一元の新理想の下に合従」せしめることを一日も早く実行させたいと申し入れてきた。これに対し平生は「労働運動の基底をなすべき従業員組合を解消することにはこの時期を逸すべからず」と考えていたから、なるだけ早急に社長と協議すると答えている。

　昭和14（1939）年2月9日、産業報国会組織について常務会で日鉄本社案と八幡製鉄所案とが検討されている。後者の案は、高級社員と労務者（職工）との間に「階級的思想」が現存している以上、「産業報国といふドイツ流の全体主義的思想」を根幹から編成替えすることは時期尚早であるとの

(10)小畑忠良「平生さんをしのぶ」『平生釟三郎追憶記』112ページ。

立場であったのに対して、平生は、「政府は総親和総努力を以て政事は勿論、産業のprincipleとして進まんとする今日、〔八幡製鉄所案だと〕時機を失し、労務者の不満足を買ひ、労務者の反抗を招きて世間の嘲笑を受けたる結果、労務者の強請に依り之を実行することとなり、会社として威信を失ふこととなり、悪例を残す」ことになる、と本社案を支持している。

　平生は昭和14（1939）年3月28日、溜島武雄の勧誘で、すでに前年7月に結成されていた産業報国連盟の顧問に就任することを承諾し、次のような興味深い事実を明らかにする。「労資の対立は不自然なることは余が永年主張」してきたことで、川崎造船所社長時代にも強調してきたことである。だがこの意見は世間にはなかなか顧みられなかったが、日中戦争の発生とともに「国体明徴」が叫ばれるようになると、「自由経済の結果たる労資対立」が批判されるようになった。そこで平生は二人の社員をドイツに派遣し、「全体主義のドイツ労働界を実見」させた。「其結果は空しからず。茲に産業報国会が各所に発起せられ、日鉄の如き最大工場たる八幡製鉄所に於ては4月3日を以て発会式を挙ぐることとなり、其前労働組合の精神を以て設立せられた従業員懇談会は解散」された。平生はこれでもって「余が確信せる労資一元一体論が実現」することになり、大いに満足する[11]。実際平生は、6月6日、八幡製鉄所長渡邊義介にこう述べている。「産業報国会に依りて労資の対立が解消せられたることは真に我国の産業のため慶賀すべき事である。同会が八幡製鉄所に於て率先して創立せられたることは尤も悦ぶべきことである。四万以上の職工を有する八幡製鉄所に於て所長以下従業員全部この会の本旨が了解せられ、全員が産業は邦家のため其関係者が報告尽忠の志を以て従事せられざるべからざることを確認し、上

(11) 平生がヒトラーのドイツを信頼していなかったことは、ノモンハン事件でヒトラーが突如ソヴィエトと不可侵条約を結んだことからも明らかであるが、八幡製鉄所で労働組合を解散し産業報国会を組織するに当って、その案が八幡製鉄の労働組合を指導していた伊藤卯四郎から出され、そして平生が二人の職員をドイツに派遣して「全体主義の労働界」＝「ドイツ労働戦線」（ＤＡＦ）を視察させ、労資協調の実を確かめていることは興味深い。なお、大原社会問題研究所所長高野岩三郎は平生らの大阪自由通商協会の活動に当って統計調査の責任者を引き受けたが、産業報国会においても平生と同じ立場に立ち、彼の弟子の森戸辰男は同趣旨のもと、『独逸労働戦線と産業報国運動－その本質及任務に関する考察』を著している（枡田大知彦「産業報国会とドイツ労働戦線の比較に関する準備的考察」『大原社会問題研究所雑誌』No.664/2014.2、を参照）。

下一致協同して産業の発達に努力することとなれば、産業の基礎も確立し、八幡製鉄所は天下に向って好模範を示す」ことが出来ると。

　だが産業報国会に加入する工場はさほど伸びず、2割強に過ぎなかった。昭和14年5月10日の産業報国連盟参与会において、平生は、なぜこの組織が成長しないのかについて本質的な問いを投げかけている。すなわち連盟綱領によれば、「産業は資本、経営、勤労三者の有機的に結合せる一体なる事を確信し」とあるが、平生から見れば、これは産業に対する認識不足を露呈したものである。資本家と経営者が同一人である産業は小規模な事業であって、大企業では資本家と経営者は別人である。「経営者は、株主、即ち資本家が自己の意志を以て選任せるものにして、資本的には真に微力のものである。…かかる事情の下に於て経営者及従業者に安心を与へんとせば、産業報国の規約としては資本家の任務責任を明確にし、資本家の跳梁を防止するの規約を設けざるべからず。…金力を以て事業の経営に interfere するが如きは資本主義の横行にして産業報国の精神に背反するものにあらずや。故にこの項に資本家、即ち株主の任務を明記すべきにあらずや」と。

　さらに平生は、日本古来の歴史を踏まえて産業報国を議論するべきだと主張する。5月22日に開催された、如水会（東京商科大学＝現一橋大学同窓会）常務理事会での席で次のような挨拶をしている。「今や資本主義経済は国家主義へと変じつつあり。ドイツに於ける全体主義経済の如きは其示現の一といふべし。我国体は神代より今日迄万世不易である。この国体に適合せる経済思想こそ我国の産業方針の基本をなすべきものにして、吾々日本国民は君国に奉公するの心意気を以て産業に従事すべきである」。この「国体に適合せる経済思想」とは、資本家が「我利的思想」の下で経営者の生殺与奪の権を持つのではなく、資本、経営、勤労が有機的に結合し、「君国に報ゆるprincipleの下に協同せざるべからず」。この組織は実際には警察の力をかりて急成長を遂げていくのだが、日本製鉄会長の平生は自らこの運動の先頭に立つ。

　昭和15（1940）年7月22日に近衛第二次内閣が成立して、ここに「新体

制運動」が始まる。当初平生はこの内閣に大きな期待をかけていた。「近衞公が総理として出現せるは人間近衞にあらずして神懸りの近衞なることを信ぜんとす。何となれば人間近衞なれば〔第一次内閣において〕何故に事変最中に辞任せしや。…天照皇太神か神武天皇か明治天皇が乗移りて、再び立って時局収拾の大任を果す可く命ぜられたるに依り再び出現せるものと思ふ。故に近衞公は神勅に依り再び現はれたるものと信じ、余も協力を辞せず」（昭15.8.30.）。

これに対し湯澤三千男は近衞の「新体制」を眉唾物だろうと疑っていたが、それは平生にとってさしあたり重要ではなかった。「新体制」の理念を利用して産業報国会の中央組織を如何に早く完成させるかが問題であった。10月7日には平生は厚相金光庸夫らと会談を持ち、「新体制」と関連させて持論を述べた。「三者一体として上下無差別、各本分を尽くして生産の増加を図り、以て国力の増進に努め、高度国防国家を確立せんとするものなれば、現内閣が主張する新体制の指導精神と同一にして其前駆をなすものである」（昭15.10.7.）。

このころには警察の力を借りて産業報国会はすでに4万前後の会数と4百万前後の会員数を擁する大団体になっていて、「故に一日も早く中央本部、即ち中核体を形成し、会員をして嚮く処を知らしめざるべからず」（昭15.10.16.）と政府の早急な対応を迫り、こうして11月6日には産業報国会準備委員会が開催され、名称は「大日本産業報国会」と決定し、11月23日が発会式の日を迎えることとなった(12)。

平生は会長として、「正しく強く働く者に幸あり」（昭15.12.12.）を産報会員の心すべきモットーとし、エネルギッシュに産業報国会の意義を説いて回った。例えば昭和16（1941）年8月22日には大阪中央公会堂で産業報国会主催の大後援会を開催しそこで平生は次のようなスピーチをしている。

---

(12) 華北で平生とともに経済委員会を勤めた湯澤三千男は大日本産業報国会でも理事長として平生の片腕となって尽力するのだが、彼は『平生釟三郎追憶記』のなかで次のように回想している。「平生さんは私と一所でなければ会長は引き受けないという。総裁又は名誉会長に厚生大臣と言う様な議もあったが、其等は一切平生さんの信念で排除された。其は平生さん以外に適当な会長が無いので、平生さんに会長を引受けて貰ふためには、最高人事に関する決定は、平生さんの意見に従ふより仕方が無かったのである」（68ページ）。

日本は4年にわたる日中戦争で国力は消耗し、資金も払底状態で、政府は経済のこれ以上の停滞を恐れて無制限に資金融通を決定したが、結果は思わしくない。また物資不足も深刻で、原料を輸入して製品を輸出していた日本は、アメリカをはじめ全ての原料輸入国を敵国に回しているために、「原料不足の為我工業界に甚大なる悪影響を来たしたるが、最近決行せし資金凍結より我国との輸出入貿易を絶滅し、之に依り物資の欠乏を促進せしめつつあるにあり」。しかし「この秋に当り我大日本産業報国会の処するの道は五百万人余の会員が綱領の精神を体して勤労の本義を最高度に発揚することであります。殊に現下の臨戦体制下に於ては我々の一切の活動を当面の国家的要請である生産力確保に向つて結集しなければならない」と。

　この運動の先頭に立って奮闘していた平生は昭和17（1942）年11月に脳卒中で倒れてほとんどの公職を辞したが、彼は枢密顧問官と大日本産業報国会の会長だけは続けた。だが、平生が産業報国会に賭ける思いは、物資不足を前にして、それだけ並々ならぬものがあったが、その思いと現実との間にはずれが生じていた。例えば重要産業団体統制令に基づき軍需産業に重点が置かれ、そのために直接戦争とは関わりの薄い産業は昭和17（1942）年5月13日に企業整備令で縮小されることになった。この法令について同年5月29日に官民懇談会が開催されたが、そこで平生はこれを次のように批判している。「之は業者の意に反して業者の設備を破壊する」ものであるから、「之は伝家の宝刀として軽々しく実用すべきにあらず」。確かにこの企業整備令は「企業の整理統合を実行する上に於て必要な法令」ではあれ、苦心して経営を維持し、一家の生計を営みつつあるものであれば、「単に重点主義を以て律すべきにあらず。情愛をも考慮せずして重点主義、能率主義を以て整理をなすに於ては結局自由主義の再興を促すこととなるの恐れあれば、之に対する処理は十分elasticにしてliberalなるを要す」。

　もちろんこの平生の意見は受け入れられなかったが、この法令が施行されると失業者の急増が予想された。このうち現工場が軍需工業または准軍需工場に転じてそのまま残れるもの、病人、故郷に帰るもの等を除けば、準失業者は10万〜15万人と考えられたが、彼らに対する補助金は当然政府

が支出するとして、その資金の配布、失業者の始末は産業報国会に託されることになった。さらに徴用工の管理も任された（昭18.6.8.、6.11.）。すなわち、これに伴う失業者に対し政府は一人当たり一ヶ月45円で3か月給付するとして約3000万円を支出し、その他離職者には練成または勤労奉仕をさせることにしたが、その担当は産業報国会で、そのため約千名の事務員、練成員に予算がつけられることになった。平生が描いていた産報とは資本家、経営者、労働者が一体となって生産力を高めることであったのに、企業整備令後の産報に割り振られた仕事は単なる失業対策に過ぎなかった。

　だがこれすら実際には何の意味もなさなかった。昭和19（1944）年3月22日の日記には次のように書かれている。「産業報国会中央本部に立寄る。根上〔耕一〕部長と閑談。企業整備の結果転換配置の為業務を失ひたる工場勤労者の救済、業務の配置は政府に於て約20万を発生するものと考へ、其取扱ひ方を産報に委任し、産報は其業務を完成する為、中央に労務動員本部をおき、長崎、福岡、広島、大阪、神戸、名古屋、東京、仙台に其支部を置き、準備おさおさ怠りなからんが、予期に反し救済を求むるもの僅かに三百名を超へず。あだかも開店休業の姿にて一同手持ちぶさたとなりきと根上氏は余りの少数に一笑を喫せり」。

　平生があれほど熱心に生産増強のために取り組もうとした産業報国会も、単なる失業対策関連事業でうやむやにされたとなれば、彼自身、情熱を失っても当然かもしれない。昭和19（1944）年9月10日の日記に平生は次のようにその結末を記している。秘書の「中林貞男氏来訪。産報会長、理事長辞職後の人事につき報告の為なり。産報に於ては鈴木貞一中将、産報会長に就任し、軍需管理局柏原兵太郎氏理事長を承認…。今回の変動は会長も理事長も一は軍人にして他は官吏出身なれば、産業報国会も官僚式に激変するの嫌あらずやと懸念するもの少なからず」と。軍人会長に産業面でどれだけの知識体験があるかは知れていることだし、責任をもって仕事に邁進することは官吏に望めないとすれば、平生から見れば、確かに産報は「官僚式に激変する」恐れは否めなかったのである[13]。

　平生は日本製鉄株式会社の就任にあたって、従業員の官僚主義的気質

を払拭して生産性を高めるために、フューラーとして様々な改革を行ったが、それも道半ばにして軍・官僚に梯子をはずされ、失意のうちに退くことになったが、産業報国会においても生産性を高めるどころか、企業整備令によって生産性の問題はうやむやにされ、平生に代わって軍人と官僚に委ねられることになる。

　この平生の無念さを最もよく理解している人物がいた。賀川豊彦である。昭和18（1943）年2月9日に賀川豊彦の訪問を受け、彼は次のように語った。もし平生が「産業報国会の会長を辞任するに於ては産業報国の精神は消滅するの惧あり。たとへ病気引籠り居るも会長たるの職は継続せられたし」。今日産業報国会会長として、その性格およびその経歴において平生に優る人物を捜そうとしても、それは困難である。そしてこれに加えて賀川は、「幾多の実歴を有する余〔平生〕の歴史を一書に綴りて発表せんと」考えていると述べた。平生と賀川の精神的交流がいかに親密なものであったか、ここからも見て取れる[14]。

---

(13) 桜林誠「大日本産業報国会資料の表と裏」（『大原社会問題研究所雑誌』No.577、2006.12）には、会長・理事長が交代すると、平生が掲げていた「事業一家主義の破産」が暗示されたと書かれているが、それを言い換えれば、平生が最も嫌った「官僚主義に激変する」ことであった。また大日本産業報国会会頭としての平生と官僚との確執については、滝口剛「平生釟三郎と『新体制』（一）」『阪大法学』第47巻第6号、1998年を参照のこと。

(14) 産業報国会の評価について、平生は川崎造船所での労資協調の成功にあくまで基礎を置いてその後の彼の議論を展開しているが、大河内一男は産報から戦後の日本型企業別組合への急速な発展を立証している（大河内一男「『産業報国会』の前と後と」、長幸男・住谷一彦『近代日本経済思想史II』有斐閣、昭和46年参照）。

第4章

「日満一如の精神」とは平生にとって
何だったのか

■ 第1節 日本製鉄と昭和製鋼所との合併問題

　日本が国際連盟を脱退し世界から孤立する中で、中国との戦線は何の
「成算」もなく拡大するばかりで、もはや手が付けられなくなっていた。昭
和14（1939）年11月9日の日記に、新聞記者で予備・退役「陸海軍大将会」
（別名「六星会」）の世話人村上貞一が来訪したことが記されている。彼
によれば、「支那事変の始末につきては何等の見透もなく、一日一日と遷延
するのみにして、徒らに国力を消耗しつつあることは大将連中に於ても心着
きたるが如く、到底軍人の手にて収攬することは不可能なることを悟了せる
が如く、もはや軍人は絶縁し、政治経済の事は斯道の経験家に一任して跡
始末をなさしむるの外なしと決意」している、と平生に伝えている。

　また昭和15（1940）年1月31日の日記には内田茂談として、「汪兆銘の中
央政権が確立せんとするに従ひ蔣介石軍は逆襲に転じ来り、其勢中々に侮
るべからず。長江一帯の治安は以前に比し険悪となれり」と記されている。
これに対し平生は、中国の有力者の中には、日本は当初王克敏を招来して
臨時政府の主宰者しようとしたが失敗し、次いで梁鴻志をもってしても埒が
明かず、そして今また汪兆銘に中央政府樹立を委ねようとしているが、「支
那人としては日本は如何にして事変を処理せんとするや解するに苦むと称し、
真面目に日本政府の方針を信ずるものなし。従つて汪兆銘政権に対しても
信を措かず。為めにこの中央政権が樹立せらるるも決して民衆を信頼せし
むるに足らず」と答えている。

　日鉄会長平生は日本が孤立化していくなかで日満支経済ブロックで自由
貿易圏を形成することに唯一の救いを求めていたが（昭15.2.5.）、上記のよ
うな中国の状況では平和な交易圏構想は画餅に過ぎなかった。とすれば

戦時下で増加する鉄を供給しなければならない国策会社日本製鉄として
も原料豊富な満州に期待せざるを得なかった。「日満一如」とはこのことだ
が、実際は容易なことではなかった。すでに以前から日本製鉄と満州重工
業傘下の昭和製鋼所との合併の話はあったが、株式の持ち合い比率の問
題で頓挫していた（昭14.3.17.）。その背後には、まだ満州国がドイツと良好
な貿易関係を築いていて、日本に全面的に依存しなくてもよい、という事情
が満州側を強気にさせていた。しかし昭和14（1939）年9月のドイツ軍のポ
ーランド侵攻により始まった欧州戦争で状況は一変する。昭和15（1940）年
1月19日、平生は岸商工次官と昭和製鋼所株式譲渡の件につき会談したと
き、平生が、昭和製鋼所は「満州本位」で資源を独占しながら資金は日本
から、というのは「日満一如」に反すると述べると、岸は次のように状況の変
化を説明した。「満州軍及満州国政府に於ても従前と今日とは日満経済関
係に於ては大に其ideologyを異にすることとなれり。其主因は満州軍司令
官が梅津中将となり、同氏の意見が日本本位にして日本の利益のため満州
の開発が必要」になったこと。それに加えて「従来満独協定に依り満州国
は大豆と独逸の機械其他の製品のbarterをなし、ドイツに依存して出来得
る限り日本の援助を仰がざる方針を取り、満州本位の経済政策を取」ってき
たが、「第二次欧州戦争の開始と共にドイツとの協定はstopとなり、満州国
は大豆輸出の道を失ひ、其交換品たる機械其他の物資を輸入」することが
出来なくなり、そこで資金不足に陥った満州はその援助を日本に求めざるを
得なくなっている。この事情の変化が満州軍参謀および満州国政府をして、
「経済問題は日満を打って一丸となし、日満一如の精神を徹底的に実現せ
しむるの外なし」との意向を抱かせるようになったのであると。

　平生と岸はこうして「日満一如」で意見の一致を見たが、問題は昭和製
鋼所側にあった。その現状について吉野信次満州重工業株式会社副総
裁が平生を訪問したとき、平生は次のように問題点を指摘した。第一に、昭
和製鋼所も満州軍の厳命により短期間に大計画を成し遂げようとするため
に、ドイツやアメリカのパテントを買ってテストをするも、それが完成しないうち
に、前途の功を急ぐ余り他のパテントを買収するという同じ失敗を繰り返して

いて、その結果、「徒らに多額の資本と資材を費して生産は依然として予想の如き結果を示」していない。したがって第二に、日本製鉄としては昭和製鋼所の経営方針を正常なものに変更させようとすれば、大幅な人事の更送を必要とする。すなわち現社長の小日山直登の独裁を改めて有力な取締役を役員に加えて経営に参加させる。第三に、会長鮎川義介を退陣させて平生に譲るか、そうでなければ小日山を他に転じて、代わりに日本製鉄からしかるべき人物を選任させる（昭15.1.24.）。

さらに日本製鉄側には昭和製鋼所に対して、七分の配当が可能かどうかを調査する必要があるのではないか、蛸配当をしているのではないかとの同社への強い不信があった。平生は昭和15（1940）年2月9日の日鉄常務会でこれに次のように答えている。「或は然らん。独逸クルップ〔社〕より買収せるpatent　Rein法も完成せず、Braserd社の酸性操業も結果面白らず、DemorgのThomas式製鉄法も目下試験中である。しかして目下製鉄製鋼は旧来の方式に依りつつあるも、石炭の供給不足なるため所期の銑鉄を製出する能はず。仮りに製鉄し得るも密山炭や中興炭を使用するに於ては到底収支償ふべきにあらず。且普通の原料を使用するとしても満州国の公定相場にては屯六十五円なれば原価を割るものにて赤字を生ずるは当然である。若し目下試験中の方法が不成功に終り、之を廃止するとせば、之より生ずる損害は莫大なるべく、この損失を日鉄が引受くるが如きは到底不可能なれば、篤と財政状態は勿論、試験中の方式の実効につきても精査を要すべしと思ふ」（昭15.2.9.）と。このような経営状態では蛸配を疑われても言い訳が立つはずがなかった。

2月22日には原邦道常任監査役が来室し、前四半期の昭和製鋼所の計算書の写を示して次のように報告した。同社が南満州鉄道から満州重工業開発株式会社に移った当時は7％の配当をし、投下資本に対し償却も十分行っていたが、事業の拡張に伴って投資額は著しく増加したにも関わらず、償却はわずか7％の少額となっている。これは「新規の施設が予期の如き結果を生ぜず、ために銷却金を極度に節減するの必要起りたるが、配当金率を減ずることは募債上好ましからず。為めに所謂蛸配当をなせるが

如し。先日来満鉄所有の昭和製鋼所株式〔4百万株中〕九拾万株買収の事も十分に財政状態、設備の現在及将来に於ける結果等を厳重に調正し、reasonable priceにあらざれば買収する能はず。…満業が昭和製鋼所を引受けたる時と現在とは財政状態に於て同日の論にあらざればなり」と。

昭和製鋼所はますます行詰まり、それに追い打ちをかけるように、欧州戦争の余波でドイツとの貿易がストップしてしまう。5月2日の日記によれば、吉野信次満州重工業副総裁が平生を訪問し、昭和15年1月に岸商工次官が彼に語ったのと同じことを告白した。すなわち「独対英仏戦争開始のため大豆の輸出杜絶し、為めに新計画に要する機械、其他の資材の供給不可能となり、日本よりの資本的援助も思ふようにならず、已設の設備も完整せざる等の事情よりして昭和製鋼所の第四次計画以後の企業は全部中止を厳命せり」と。

平生はこの一連の報告を聞きながら次のように考えた。小日山氏は今日まで唯我独尊で経営を専行してきたが、今このような制肘を受けることは彼にとって、体面上、堪えることができないので辞任することになろう。このように事態が進めば、日本製鉄から経理に堪能な適任者を送り、平生が取締会長となり、かくして日本製鉄と昭和製鋼とが同一経営の下に進むことになろう。吉野は鮎川義介とそのことについて協議するつもりのようであると。

7月12日、吉野が再訪し、昭和製鋼所の経営に日本製鉄が参画して経営改善を行なう件につき、同氏は鮎川義介の了解を得、また梅津司令長官とも協議のうえ、是非日本製鉄の出動を熱望する事を平生に告げた。こうして形の上では「日満一如」が整ってきたかに見えたが、経営に行き詰まって止む無く日本製鉄に救済を求めてきた昭和製鋼所に平生がどれほど期待していたのだろうか。

■ 第2節 密山炭鉱開発をめぐる満州炭鉱と
日本製鉄との攻防

満州重工業傘下の満州炭鉱（満炭）の理事長のポストについていたのは、満州事変の首謀者河本大作であった。その河本が昭和14（1939）年10月

19日に平生を訪問し、コークス原料となる「粘結炭の大需要者は日鉄にして大供給者は満炭なれば、この両社が提携して密山炭田開発をなすことは尤も自然にして両国の経済的提携として尤も有利なるものと信ず」るがどうだろうか、と話を持ち掛けてきた。

　この話はすぐに具体化して、10月24日に日本製鉄の子会社日鉄鉱業と満炭とで覚書が作成され、10月27日には日鉄常務会で、密山炭鉱の生産量が昭和17年以降3,500,000屯に達した時は毎年2,000,000竓（粉粗炭）、7,000,000に達したときは毎年3,000,000竓（粉粗炭）の骸炭（＝コークス）用配合炭を日本製鉄に供給し、日鉄はこれを引受ける義務を負う。昭和15、16両年度においては可及的多量に骸炭用炭を供給するものとする、と報告された。

　ところが年が明けると話の内容が変ってくる。昭和15（1940）年1月18日に平生は満州国星野直樹総務長官と会見しているが、彼は満炭には資金が不足していて自力で計画通りの石炭を供給することは不可能であるので、満炭の開発事業については満炭と日鉄45％の合弁会社を設立してはどうかと提案してきた。これに対し平生は賛意を表したが、それは、「今日星野氏が日鉄に向って援助を求むと公言するに至りしは、之を六ケ年前の〔満州本位であった〕満州国が日本に対するideologyに比して大なる心境の変化を来たしたるものにて、之でこそ日満一如の経済blockが成立するものにして、実に邦家のため喜ぶべき事である」、と彼が解したからであった。

　この合弁会社について満炭の河本と日鉄鉱業の専務とで協議し、商工省と大蔵省の内諾を得て、2月10日に河本と平生が協定書に調印した。それによれば、「密山炭鉱株式会社（仮称）設立覚書」と題し、密山炭鉱（城子河、恒山、適道、麻山、林口各鉱を含む東安省西南部全炭田）開発のため、満炭、日鉄、及び日鉄鉱業と協力して新会社を創立するとして、資本金は1億円で、そのうち満炭五千万円（現物出資を含む）、日鉄および日鉄鉱業はそれぞれ2千5百万円を出資することになった。なお「本覚書に附帯する諸事項」の一つに、「本会社は日満一如の精神を具現し、満炭、日鉄相協力して製鉄国策遂行の必要に応ずるため設立せらるるものなるを以て、日鉄に対

し優先的に其必要に応じ石炭を供給するものとす」と書き添えられた。

　満州国が資金不足のため、「満州本位」から本来あるべき日本のための満州へやっと変化し始めたことを平生は歓迎したが、それは平生の糠喜びであった。6月11日の日記に、日鉄鉱業常務が密山炭鉱を視察した結果が記されている。それによると、河本大作は「経営は全部満炭に一任して日鉄側よりは容喙せず。唯経理に当る重役（常務）は日鉄側より推薦すべく、しかし其人は主として資金募集に力むべく、三ケ月に一回位密山に来れば可なり」と。平生はさすがにこの河本の談には驚き、日鉄常務に「経営一切を満炭に一任するが如き仕組を以て、新会社の資本金を半額投資するが如き、当社としても之を承認する能はず。況んや監督官庁なる商工省も大蔵省も之を承諾せざるべし。若し強てかかる事を河本氏が主張せばこの調談が破綻に終るも止を得ず」と答えている。

　6月25日に平生は岸と会談しているが、この時も常務の話を伝え、次のように述べている。「同額の資本を投じて共同経営をなさんとするは日満一体、利害共通の原則を実行し、日満双方の利益を図らんとするに外ならず。然るに現在実行せられつつある満州に於ける企業計画は短期間にあらゆる工業的発展をなさんとする理想より発したるものにして、…其間各種事業間の適正なる連絡統一を欠きたるため、事予想に反したるの結果となり、多額の資金を投じたるも其成績は予想に反するもの少なからず」。それ故満州における採炭、製鉄等の事業を正道に引戻すには日鉄側から知識と体験がある有力者を常務として入社させ、また経理に堪能な人物は派遣して経営に参加させる必要があると思うと。

　こうした満州の金融の現状を反映して、河本も「目下金融難のため困却し、一日も早く密山炭鉱会社を設立し、日鉄の信用を以て金融を得んと」と焦っていたのだろうと平生は推測する。8月21日の日記には、密山炭鉱問題を円満に解決するために、7月20日に満州国総務長官から近衛内閣の企画院総裁に転じた星野直樹に平生は相談を持ち掛けているが、その翌日には満炭常務が平生を訪問して、重大な情報を告げる。すなわち、来る9月10日に開催される満炭株主総会で河本が理事長を退任することについて梅津司

令官より内談があり、彼の後任をめぐって社内で紛糾が生じているとのこと
である。平生はこの問題に容喙することは避けたが、「余はかかる秘密が
満炭内部に潜在せるとは思もかけず。かかる相剋や扞格が内部にありては
親和協力の実を挙ぐるを得ず、成績不良なるも当然なりと思へり」と記して
いる。

　満炭株主総会は予定通り開催され、河本をはじめ全重役が退任して、理
事長には鮎川義介が就任する。そして密山炭鉱開発会社が昭和16（1941）
年7月に満炭から分離独立するが、それは平生が当初描いていた「日満一
如」とはほど遠いものであった。9月9日の日記には次のように記されている。
同会社社長藤井暢七郎が来訪。「其不秩序、無方針には呆然たるものの
如し。同氏は満州の炭坑開発は主として支那人の手を以てせざるべからず。
目下同所には日本人1,600人なれば之を百人位に減少せば経常費をsave
すること多大なりと思ふ。設備等に至りても何等将来を達観して計画せるに
あらずして、満州国政府の督促に対し単に目前に於て産額を増すことのみ
に汲々として費用の多寡をも顧みず実行したるため、已に費消せる設備費
も倍額以上を支消せるもの少しとせず」。そして9月26日の日記にはついに、
「企画部長より満州に於ける製鉄業が石炭不足の為め増産困難なるため、
満州に於ける遊休設備を開灤其他の北支炭鉱に送りて増産をなさしめ、之
に依りて満州に於て原料炭の補塡なしつつありとの報告あり」と記されている。

　フューラーとなり日鉄を支配する立場にあった平生の計画は、「日満一如」
の精神でもって、日本製鉄傘下のもとで、昭和製鋼所と満州炭鉱を一体と
して循環させようとするものであったが、現実は彼の理想とは著しくかけ離れ
たものになっていた。自由貿易主義者で、かつ日本製鉄のフューラーとなっ
た平生は、日本が世界から孤立化してゆく中で唯一の救済策として日満支
ブロックを構想したが、北支臨時政府の最高経済顧問の職は彼の知らぬ
間に廃止され、また満州との関係では「日満一如」はまったくの幻想に終わ
ってしまった。

■ 第1節 日中戦争を終結させるための平生の三提案

　昭和14（1939）年5月11日、満州国軍とモンゴル共和国軍との間で国境をめぐる紛争が発生した。世にいうノモンハン事件である。そのさなか、日本と防共協定を締結していたドイツが独ソ不可侵条約を締結してポーランドに侵攻したのが9月1日で、この独ソ両国の行動で防共の大義が薄れたために日ソ間で9月15日に不可侵条約が締結される。その上でソ連はドイツに呼応して9月17日にポーランド東部への侵攻を開始する。これに先立ち、ドイツの侵攻に直ちに反応した英仏は9月3日に宣戦布告を行い第二次欧州大戦が始まる。他方アジアでは長期化する日中戦争は相変わらず混沌としていて、日本にとってこの状況下で欧州戦争に巻込まれることは極めて危険なことであった。その意味でも独ソ不可侵条約という日本への信頼を踏みにじるこのドイツの行為は、さしあたり日本にとって思わぬ幸運と見るべきであったかも知れない。だが、この幸運をもたらしたはずのノモンハン事件の結末はやがてアメリカを日本とのあの悲惨な大戦争に巻き込んでゆく。軍事的外交的に、また国際経済的に混迷していた当時、平生はその間どのように状況を捉え、どのように行動していたのか。

　平生は昭和14（1939）年11月8日に阿部信行内閣の外務大臣野村吉三郎を訪問し、彼と次のような会話をしている。野村は長引く日中戦争について、「一日も早く蒋介石を下野せしめ、和平を招来するの外なかるべきが、如何にしてこの方策を実現せしむべきや」と平生に意見を求めた。そこで平生は次のように答えた。「目下日本政府が決行せしめんとして工作しつつある汪兆銘をして中央政府を組織せしめ、以て支那全土の治安を維持し秩序を回復せしめ、以て蒋介石をして下野せしめんとするが如きは余の同意を

表する能はざる処である。蔣介石をして和平に同意せしめんには、蔣介石をこの窮迫せる事情の下に於て尚支援の手を貸しつつある英国の居中調停の外あらざるべし。英米といへども西に欧州戦乱を控へつつ強敵ドイツに対し持久戦をwageしつつある今日、以後蔣介石に向って今日迄の如くあらゆる方法を以て蔣介石政権を援助するを得ざるべく、且東亜に於て日本と角逐する如きは尤も好ましからざるのみならず、今日力を東洋に分つ如きことは不可能なるべく、蔣介石もまた、たとへ今後持久戦を以て自己の位地を細々ながら維持するも最後の勝利を得るの見込もなく、寧ろ此際自己の勢力を原状の儘英国の仲介に依り維持したるなれば之に従ふこそ得策」であると。

この時点で日本にしても、蔣介石政権にしても、またドイツを警戒する英米にとっても、平生のこのイギリスの仲介による日中和平案は恐らく考えられ得る最善の策だと思われたし、野村も「大体に於て同感」であると述べたが、彼は「排英思想が軍部に満ち居る今日、かかる提案をなすの勇気も見識もなかるべく、之に対してyesともnoとも確答」できなかった。

野村外相では埒が明かぬと見たのか、平生は1週間後の11月15日に直接阿部首相を訪問して次の提案をする。汪兆銘は中国人からすれば「日本軍閥の走狗なりとて排斥されつつありと聞く。今日に於て支那民衆の信頼するものは蔣介石以外になしと思へども、彼は敵将なれば彼をして中央政府を組織せしむる能はず。さすれば支那人にして中央政府を樹立し得る人物なし。余は事変の落着までは占領地に於ては軍政を施し、其後に於ては暫定的に総督政治を実行すべく、…外交、軍事、其他支那全体の利害に関することは総督府に於て処理し、内政の事は各地に現存する新政権、又は将来設置すべき政権をして之を措置せしむることとし、之を中外に声明せば、第三国人といへども之は機宜の処置として認諾するならんか。支那民衆も武力と金力なきものが支那を統一せし古来事例なき事を知れば、必ずや先決問題たる秩序の回復、治安の維持は日本に依るの外なしと観念して之に随従すべし」と総督府案を述べてみたが、阿部首相もやはり現時点では出来そうにないと「優柔不断の策をprefer」する。

そこで平生は第3案を持って、12月24日、内大臣として天皇を側近くで輔弼している湯浅倉平を訪問し、中国の占領地収縮案を提案した。「防禦陣地を構築して逆襲に備へ、先以て占領地内の秩序を回復し、民心を収攬することに努め、治安が維持せられ、民心安堵せるを待って前進の機会を捕ふるに如かず。…この広大なる地域、数億の人口を有する領土を数年間に統一統治せんとするが如きは痴人の夢である。単に武力を以て直往突進することはいと易しといへども、住民をして真に日本の勢力に屈従し、皇化に服せしめんには数十年又は数百年を要すると思ふ。しかしてこの大転換をなさんとせば政府は軍部と妥協して政府の処理に従ふの決意を要す」。

　平生のこの第3案もやはり受入れられなかった。湯浅もまた軍の存在を問題にした。彼は「一旦土崩瓦壊に至らざれば軍部をして覚醒せしむること不可能」だと深くため息をついた。

■ 第2節 日中戦争と仏印進駐の意味

　平生は日中戦争終結のために以上の3案を政府の高官に示したが、軍の存在のため、結局積極的賛意は得られなかった。このまま何の手も打たなければ欧州戦争に引きずり込まれかねない。しかし第二次大戦初期のドイツの快進撃に日本人も幻惑せられて、ドイツに乗り遅れるな、が合い言葉になるが、それが日本に道を誤らせる大きな転機となる。平生もドイツへの不信を抱きながらも、大勢と同じ道を選択する。昭和15（1940）年6月28日、「大阪会」で仏印・蘭印が話題となった。独軍に仏軍が敗北を喫して休戦協定が締結されたのは6月17日で、これを受けて6月19日に日本は仏領インドシナ政府に仏印ルートの閉鎖を要求する。それは特に英仏が仏印ルートを通じて蔣介石を援助していたからであった。

　平生は野村吉三郎と会見した折にはイギリスに蔣介石との仲介案を提案していたが、現実に日本軍の仏印進駐が話題になると、平生は思いもかけぬ過激な発言をする。フランスが独伊に降伏し、ドイツがロンドンを激しく空爆し始めると、日本は「頓に虚勢」を示して、仏印の蔣介石援助ルートを閉鎖するよう厳重な抗議を行ったが、この政府の行動を平生はこう弁明す

る。「神国としての日本政府の行動としては如何にも卑怯といはざるべから
ず。若し真に今回の後援蔣路を断絶せんとするに於て、数ケ月も一年も以前、
少くとも昨九月欧州戦争が勃発せし時に於てなすべきなり」。とはいえ、「今
や時機晩れたりといへども援蔣的英仏の行動は我国の策戦に大妨害を与
ふるものなれば、之〔仏印ルート〕を廃止すべきことを申入るることは当然である。
若し之を聴入れずんば武力を以て我決意を実行すべきのみ。之は長く欧
州勢力のため圧迫せられ、苦悶の中に生活せる東亜民族をして我陛下の
御仁徳に浴せしむるの好機といふべし。然らざる時は仏独以の和平交渉に
依り仏が仏領印度を独以に譲渡するやも知れず。我国は先手を打つて武
力占領をなすこそ機宜の処置と思ふ」と。

　日本の仏印進駐を平生が肯定するのは、イギリスを筆頭にヨーロッパ諸国
がアジア諸民族を植民地化し、虐げてきたからで、この状態を救済するには
「陛下の御仁徳に浴せしむる」以外にはなく、今や絶好の「好機」であると
平生は強調する。昭和15（1940）年7月1日の日記にアジア民族の解放は日
本の大使命だと記す。「彼の民族をして欧州民族の圧迫より脱せしめ、各
民族をして幸福なる生活を満足するの力を得せしめんには東亜の覇者たる
日本人を措いて他にあらざるべし。…英仏蘭の諸国の属領として知らず知
らずの間に奴隷的生活を営ましめられたる苦涯より脱却して、人類固有の
幸福なる生活を営ましむるため援助をなすの大使命を帯ぶ事となれり」。

■ 第3節　厳しさを増すアメリカの対日経済制裁

　アメリカはこの日本の仏印進駐に黙ってはいなかった。昭和15（1940）年
7月27日、賀川豊彦の財団法人雲柱社募金活動支援のため川上丈太郎、
杉山元治郎、小川清澄、牧師フィッシャー が平生を訪問しているが、その
際フィッシャーは、「日米国民間の感情面白からず、如何にして之を融解す
べきや」と平生に意見を求めたので、彼はこう答えた。

　「米国に於ける悪感情は主として米国に於ける宣教師婦人の間に在る処
を見れば、今時の戦争は優勢なる日本が弱態なる支那国民を圧迫し緊縛
するものなれば、優勝者に対する憎悪と弱体なる支那に対する同情より生じ

たるにあらざるか。若し然りとすれば、米国人は今次の聖戦の意義を理解せざるより来れるものならん」。つまりアメリカの婦人たちはヨーロッパのアジア征服の歴史も現実も知らない。それに反し、日本の優れた台湾行政を見れば、如何に福利が増進しているかを納得するだろう。ここからも日本は「決して支那を征服して日本領土とし、国民的プライドを昂揚せんとするアンビションに唆かされたるものにあらず」と。

　平生はこのように日米関係を不和をアメリカの宣教師婦人の問題だと軽視していたが、現実的には仏印進駐以降日米間の関係はいよいよ悪化し、同年９月９日、ついにニューヨーク駐在員から、アメリカの国防委員会は、日本にとって鋼鉄生産に不可欠の屑鉄全面的輸出禁止を大統領に進言中である、との電報が届く。それに止まらず、次々と厳しい経済制裁が繰り出されてきた。９月16日の日記には海軍省に豊田貞次郎中将を訪問した様子が記されている。米国政府は最近高級ガソリン（飛行機用）の輸出を禁止した。普通のガソリンに4エチル鉛を混入すれば飛行機用に変質させることができるとのことだが、この混入剤はアメリカのパテントで、これも日本への輸出を禁じられた。厳しさを増すアメリカの経済制裁のさなか、日本は、９月27日、仏印・蘭印問題を有利に解決可能と解釈し、併せて独ソ不可侵条約を締結しているソ連と親交を深めることができるとの甘い予測のもと、日独伊三国同盟調印に踏み切った。この軍事同盟によってイギリスを援護するアメリカをさらに激怒させ、日本はもはや後戻りできなくなった。このニュースについて平生は甲南高校の学生達に次のような訓話をしている。「欧州に於ける戦火は東洋に飛火して日米の艦隊が太平洋上に相撃つの活劇を演ずることなきを保せず。…貿易は杜絶し、戦費多きを加え、物資は減少して国民生活を脅かすのみならず、資料の減退は事業を衰退せしむるに至り、国民は今や日用生活に不安を感ずるのみならず事業の縮少に伴ふて失職の恐れなしとせず。実に未曾有の大国難に際会せるものといはざるべからず」と（昭15.10.1.）。賽は投げられたのである。10月15日の積出をもってアメリカは屑鉄の日本への輸出を全面的に禁止した。

　翌年の７月27日の日記には「米国政府は愈々在米日本資金に対し凍結令

を発布し、英国政府は通商条約破棄を通告せり」と記されている。ここに英米との経済関係は完全に断たれた。それに先立って昭和15（1940）年12月31日の新聞には、ルーズベルトが積極的にイギリスを支援し、蔣介石政府を援護することを宣言したことが報じられた。大統領は「今や和平の面を脱ぎて、公然援英を以て欧州に於ける枢軸国に対抗し、東洋に於ては飽迄援蔣行動を以て日本に対抗」することを決断したのである。そして年が明けて1月8日の新聞には、予算教書によると、175億ドルの総予算のうち実に105億ドルが軍事費に充てられることになったと報じられた。

　さらに昭和16（1941）年7月13日の平生日記には、アメリカ軍のアジアでの攻勢の様子が記されている。「比嶋に於ても漸次米国の勢力が波及し来り、米本国の命令に依り日本に対する経済的圧迫は其度を加へつつありて、日比貿易は漸次窮屈となる傾向なりとの事なりしが、余は之は日本が独以と三国軍事同盟に加入せる以上、枢軸国とは反対の行動を取り、飽く迄援英主義を以てあらゆる援助をなしつつある北米合衆国が、独以と同盟せる日本に向つて、また東亜共栄圏の名の下に仏印、泰国、蘭印及フヒリピンをも其圏内に抱へ込まんとする日本に向つて経済的に圧迫手段を採りつつあるは当然といふべし」。

　以上からもアメリカの日本に対する圧力はいよいよ増してきていることが明らかになってきたが、それでも平生はアメリカの直接的参戦はないのではないか、とまだやや楽観視していた。8月13日、平生は石原廣一郎（石原産業）の訪問を受けているが、その時平生は、イギリスがビルマに兵を集結しつつあるのに対し、「切迫せるは事実なるも米国人は極度に参戦を忌避しつつあり。元来平和を欲する国民なれば、ルーズベルト氏が如何に好戦的思想に満つるとはいえ、大衆の傾向に反して独裁的に挑戦的態度を取ることなかるべく」と述べたことが記されている。

　また8月29日には平生はアメリカから帰朝した賀川豊彦の話を聞くべく日本国際協会に出席しているが、そこで賀川は「米国々民の80％は参戦不賛成にして、この種の主張を強調せるリンドバーグ〔1927年にニューヨーク―パリ間を無着陸飛行で有名で、ドイツに好意的であった〕の人気は旺盛に

して、其講演会には場外に溢るるもの万を以て数ふとの事なり。其他上院議員の60%は反参戦者である。宗教家も婦人も労働者も学生の多数も反戦運動者なり。参戦賛成論はRoosevelt大統領の支持者、大学教授連等である」とアメリカの世論の動向を紹介している。

　確かにアメリカ人の圧倒的多数が戦争に反対であったとしても、大統領の参戦への意思が強ければ、それがアメリカの意思を決定する。これに対して日本は誰が最終的に責任ある意思決定を行っていたのか。9月10日に本位田祥男東京帝大教授が平生を訪問している。彼は中央物価協力会議の常務理事で、経済新体制論者でもあったが、来訪の用件は近衛とルーズベルトとの首脳会談に関する件であった。彼によると、「米大統領の回答は発表せられざるも中々強硬なるもの」で、それに対して日本の「重臣等政府は何処も非戦論者にして、あらゆる手段を以て開戦を避けんとするものにして、近衛公の如きは〔戦争回避に〕生を賭するも厭はずと揚言」している。これに対し「軍部の中堅はかかる穏健説には耳を藉さず。この機会に於て蘭印〔オランダ領東インド、現インドネシア〕を我勢力下に置かずんば英米両国は益々軍備を堅くし、抵抗力を充実するに至るべく、…未だ十分の準備をなさざる内に一挙に東亜共栄圏内にある蘭印、フヒリピン群嶋をも占領し、現下欠乏を訴へんとする石油、ゴム、錫の如き軍需品として必要なる物資の潤沢なる供給を獲得するに如かず」と意気軒昂である。

　9月18日にも近衛・ルーズベルト首脳会談の可能性について再び本位田より平生に相談があった。要件は、政府がアメリカとの戦争を回避するためにアメリカ側の要求を受け入れれば、右翼と軍部が結んで過激な行動をとることが考えられるので、彼らを前もって検束すれば、右翼はさらに激高して2.26事件の再来を起こしかねないが、何か良い知恵は無いか、というものであった。そこで平生は鮎川義介、郷古潔（三菱重工社長）、八田嘉明（東條内閣鉄道大臣等）、藤山愛一郎（政治家）を招いて話し合ってみたが、近衛のメッセージもルーズベルトの回答も何一つ分からず、「恰も雲を摑むが如き談といはざるべからず」で、何の結論も出せぬままにこの会合は終わった。今にも戦争が勃発しそうな緊張状態のなかでさえ、日本には誰が

最終的意思決定を下すか、全く判然としなかった。

　さらに日米会戦の危険性について平生は、たとえ日ソ不可侵条約を締結していたとしても、日独伊三国同盟の動向によってはソ連と軍事的緊張が生じて、それが対米戦争に発展するかもしれないと考えていた。すなわち6月27日に豊田貞次郎商工大臣を訪問したとき、ソ連が三国同盟から除外された場合には日本は独伊とともにソ連と交戦することになるが、豊田は、「ソ連は英米と合縦して枢軸国に当らんと用意し居るを以て、ソ連との敵対行為は米国を向ふに廻して一戦を交ゆるの覚悟を要す。之は軽率に決定すべきにあらず、大に考慮を要すべき事なり」と意見を述べた。

　独ソ開戦はすでに6月22日に勃発していたが、陸軍は対ソ戦に備えて60万の将兵を満州に派遣することを、しかも近衛首相にも海軍にも諮ることなく独自に決定していた。

■ 第4節　軍機鈍弱・給養不十分な状態でいかに戦うか

　資源に乏しく、満州国とは「日満一如の精神」を実行出来ないでいた日本は、経済的にはアメリカをはじめとする連合国から課せられた屑鉄や石油など軍備に不可欠な物資の禁輸のもと、そしてこれまで外国に依存していた精密機械や様々なパテントを使用できなくなれば、戦争どころではなく、それは軍人たちも十分に理解していたはずである。昭和16（1941）年6月21日、国民政府駐日大使主催の茶会の席で平生は日本製鉄社長として東條陸相、豊田副武艦政本部長らと鉄鋼増産について談論している。鉄鋼増産を強請する軍部に対して平生は、「早急には見込なし」と答え、次のように現状を詳しく説明した。

　「鉄鋼統制会の設立と共に鉄鉱石や原料炭が地下より湧出するものにあらず。仮りに鉄鉱石や石炭が採掘可能とするも、此等の原料は内地に産せずして海運を要するものなるが、之を運搬する船舶不足して現在の出鉱出炭すらも満足に運び来る能はず。また此等の原料が十分なりとするも之を処理する熔鉱炉を建設するには多量の資材と二三年の年月を要す。故に十六、十七両年度に於ては現在存在する高炉、平炉、電気炉をして遊

休状態よりwake upして全能力を発揮せしむることが統制会現下の仕事である。夫には極度に重点主義を採用して能力高き工場には十分の原料、労力、資材を配給して其能力を活動せしめ、…機械設備が不完全にして到底この尊き原料を支給する価値なきものは廃業せしむるも辞せず。…また一面工場の経営、労務者の操縦に欠くる処あるものは之に警告注意を与へて改善せしめ、…技術の向上、規格の統一は勿論、会社業務の経営にも干与して其弱点欠点を補足せしむる等、あらゆる援助を与ふることにすべきも、目下鉄工業は原料の欠乏、原料の品質低下、労銀の昂騰、運賃の昂進等の為生産費が著しく増大せしにも拘はらず、低物価政策を堅持する主張の為容易に価格が引上は官民の了承する処とならず。鉄鋼業、殊に銑鉄生産者は莫大なる損失を忍びて政府の要求に従ひつつあるも、此如きは徒らに業者の衰弱を傍観するのみにして、鉄鋼業の振興を図る所以にあらず。前線に在る兵士には十分の軍器と十分の給養を与へ、よく百戦百勝の軍隊たらしむるを得るも、若し軍機も鈍弱にして給養も不十分にして体力を扶養するに足らずとせば、如何に大和魂に満つるも、如何に忠君愛国の志旺んなるも、百勝は期しがたかるべし。工場も機械も決して死物にあらず。生気あるものなれば、常に消耗を補充し、新旧交換をなしてup-to-dateのものたらしめざれば精巧なる工場として準備整へるものといふべからず」。それには十分な減価償却は不可欠で、それを惜んでいては、「恰も疲衰へたる者に多量の滋養物を与へずして之を減削することを以て国家に忠なるものとするが如し」(15)と。

　世界の大国を相手に開戦するには、鉄も石炭も、その他何もかも不足していることは明らかであり、平生が東條陸相らに述べた現実は彼等も百も承知であったはずである。だからこそ東條は、「相変らず雷爺」だとこの話を打ち切った。だが一般国民にしてみれば「雷爺」で済ませる問題ではない。日々の生活が思うにまかせず、世の中が急速にキナ臭くなり、召集令状がいつ届くか、国民はビクビクしていた。しかし国家からは何ら正確な情報は知らされない。その空気を読んでか、昭和16(1941)年9月26日に憲兵隊情報部員が平生を訪問し、人心の動揺について教えを乞うている。これに

対し平生はこう答えている。「日米間の交渉が如何に進展しつつあるや、軍備如何に増強せられつつあるや、一切が秘密に付せられあれば、国民は暗中摸索の情態にて何となく不安を免れず。不安も長ければ人心の萎靡を生じつつあり。人心がダレ気味なるは之が為なり。しかして世間には種々のデマが飛びつつあり。余の耳にする処によれば、陸軍の現勢力はこの好機を逸せずして東亜共栄圏を確保すべく英米と干戈相見ゆるも辞せずといふに、重臣、現政府、海軍の一部に於ては飽く迄平和に事を納めんとの意見強きが如く、人心は迷はざるを得ず」と。

こうした中で国民は次々と応召されていく。昭和16（1941）年10月2日の日記に八幡製鉄所長渋沢正雄の報告が記されている。それによれば、現在定員不足は8千人で、その上応召者は健康優良、技能成熟の者が多く、それに反して工場で補充するものは身体虚弱、技能未熟であるから、勢い能率は低下し、したがって生産の減退は免れない。正規工員は時局とて何とか全力を尽くして減産を食い止めているが、工場内の運搬其他の雑用人夫の数は著しく減少しているから資材や原料の運搬が悪く、そのために仕事が満足に捗っていない。

このように応召兵が増加するにつれて訓練が十分でない兵も増え、そのため戦死者と同じくらい戦病死者が増加している。それに加えて結核罹患率も増大している。つまり太平洋戦争が始まる以前に兵器不足に悩まされ、

(15) 太平洋戦争勃発の半年前の鉄鋼業の現状がこのような惨めな状態であれば、戦争に突入すれば、占領地を拡大し続けない限り、状況が一層悪化するのは当然である。戦争が優位な状況にあった昭和17（1942）年3月18日に鉄鋼統制会が作成提出した「大東亜経済建設計画鉄鋼部門基準案」によれば、1942-1946年の5カ年計画で鉄鋼生産目標を3000万トンとしているが、この数字について平生日記には次のように記されている。「鉄鋼参拾万屯計画案を水津氏より提出して説明をなす。蓋し一種の架空論にして、印度、濠州、ニュージーランドの処理が決せざる今日、…実現の可能性ある計画を想定することは寧ろ不可能といふべきか。先ず最初の五ケ年に於て壱千万瓲生産の計画を具体的に案出することが適切と思ふ。単に必要なりとて空漠たる夢想案を羅列するが如きは世人を誤解せしむるのみ」。「空漠たる夢想案」と冷静な平生に対し、岸信介商工大臣はこれを実現可能な目標として審議会で説明していた（長島修「『大東亜共栄圏』と鉄鋼業」『立命館平和研究』第16号、2015年3月）。だが鉄鋼生産の現実を見ると、アメリカは1937-1941年約5千万トン、戦争直前のドイツが2千万トン、ソビエトが1千7百万トン、イギリスが1千3百万トン、フランスが8百万トンで、日本はやっとこれに次ぐ生産力である（小日山直登『鉄鋼統制会の進路』新経済社、1942年、4ページ）。ちなみに、昭和9（1934）年度の世界の鋼塊生産高を見ると、第一位は北米26,368千トン、第二位がドイツで12,014千トン、以下第三位がロシア、第4位がイギリス、第5位がフランスで6,147千トンで、日本はやっと第6位で3,903千トンであったから、欧米諸国との格差は一向に縮まってはいない（木村三郎編『鉄鋼国策決定の重要性とその対策』鉄鋼国策研究会、昭和11（1936）年、2ページ）。

さらに頑強で健全な労働者ばかりではなく、同様に兵士も十分確保できていなかったのが日本の現状であった。とすれば戦争の先には確実に敗北と多大な犠牲が見えていたはずなのに、なぜ日本は戦争に向かって突き進んでいったのか。

　平生は昭和16（1941）年10月5日の日記に、兵庫県庁保安課情報係に甲南病院用の馬車認可延期依頼をした折に、彼が最も尊敬する明治天皇が、日清戦争後の三国干渉について、独仏露三国の干渉に対し「忍ぶべからざる国辱を忍ばれ」、遼東半嶋を還付して、上記三国と戦を交えることはなかったが、皇国は今日大いに栄えている。それは「尺蠖〔しゃくとり虫〕の縮めるは伸びんが為なり。決して退歩にあらずして待機であると」と語ったと記しているが、もはや誰もこの明治天皇の言葉の真意をくみ取って戦争を回避させることはできなかった。

　「英米と干戈相見ゆるも辞せず」と豪語していた軍部であったが、平生にはどこから見ても初めからこの戦争の結末は見えていたのだろう。すでに昭和4（1929）年8月18日の日記には日本の軍隊の硬直的軍隊制度に問題があることも指摘されている。「我国の飛行機は其製造に於ては勿論、其操縦に於ても欧米先進国に劣ること数等なるが如し。之れ海陸軍に於ても航空のために費用を支出することを吝みて徒に巨艦主義を採用し、陸軍に於ても師団多数主義を尊ぶの傾向あるは、彼等軍人が自己の地位の向上と自己の地位の保全を専一とする私的観念より出づるが如し。…余は常に思ふ。何故に彼等海軍軍人は巨艦の建造に熱中せるや。彼等がかかる軍艦は米国と事を構へたる時に於て必要なりと主張するならんも、かかる思想は実に空想にして、かかる戦争は発生すべきchanceなきものならず。仮に発生したりとして日本は到底必勝の成算なきにあらずや」。

　なるほど日米戦も、日清日露戦争と「異曲同型」の「奇襲」という「海軍の常套手段」で始まり、緒戦はなるほど「百戦百勝」の勢いであったが、所詮「奇襲」は「奇襲」にしか過ぎず、長続きはしない。昭和17（1942）年8月14日には早くも日本を驚愕させる事件が発生する。「明治海運社長谷口茂雄氏より秘密通信あり。汽船明和丸、横浜より室蘭に向け航海中、本月一

日尻屋岬沖に於て敵潜水艦の襲撃を受け沈没、船長外一名死亡、負傷者数名を出すの厄難」を蒙った。本船は5月に竣工したばかりの重量4200屯型の規格船であったが、この襲撃の事実は、例によって例のごとく、「其筋より公表を禁じられ、漸く9日に至り普通海難として関係先のみに通報」を許された。「其筋」は不都合な真実は一切国民に知らせず、従って戦術の変更はタブー視されがちになる。これに対して平生は、「敵潜水艦が日本の近海を潜航しつつあるは事実にして少しも油断すべからず」と感想を記し、敵側は「もはや艦隊の会戦に於ては勝利の見込なきを以て潜水艦及航空機を以て戦争を長引かせんと試みつつあるものの如し」と作戦を切り替えたのではないかと類推する。つまり平生が以前から繰り返し強調していたように、戦争が八八艦隊を主力とする時代から航空機と潜水艦の時代へと明らかに転換しつつあるのに、日本は相変わらず海軍の巨艦主義、陸軍の師団多数主義から脱することはできなかった。

　明和丸事件から一月後、鉄鋼懇話会が開かれ、その席で平生は鉄鋼減産の一因として次のように述べる。「敵国潜水艦が我近海に出没する間は我商船の運行は快速なる能はず。海岸に沿ふて航海をなし、或は夜間の航行を中止し、或は迂回航路を取る等、航海日数は倍加し、為めに船舶が減少せると同様の結果を生ぜるを以て、鉄鋼や粘結炭〔コークス用石炭〕輸送の為大に積載噸数を増し得るやは中々困難なる問題である」。国内で十分な鉄鋼を供給できない日本は朝鮮、満州および中国から原材料を船で運ばなければならなかったが、その船が潜水艦の脅威に曝されるようになると、平生が強調する4条件による効率性の意味は一層重要となるが、「機械の実働率」はいっそう劣悪となっていった（昭17.9.16.）。それにもかかわらず企画院は、昭和16（1941）年度の鋼材生産能力は420万〜440万トン（ちなみに米国は7〜8000万トン）であるのに、向こう3年間に1000万トンを生産目標とする計画を立てるにつき、鉄鋼統制会にその計画案を提出するように求めてきたが、この3年間で大東亜共栄圏内での天然資源の活用は不可能であることなど様々な不確定要因を考えれば、企画院の1000万トン計画は実現からは程遠い。これはまさに「痴人の夢」に等しい、と冷めた目で

平生は全く問題にしていない（昭16.12.18）。

　昭和17（1942）年9月21日に甲南高校では第18回卒業式が挙行されたが、平生は式辞において次のように敵国アメリカの状況を語っている。初戦にはルーズベルト大統領に対して反戦の立場を掲げていた知識階級や労働者階級も、緒戦の惨敗のため、「祖国の防衛のためには協力の外なしとの信念が湧き出でたるが如く、最近に至り各工場に於てストライキの声を聞かざるに至り、鋭意軍器の製作に専念し、豊富なる材料と多数の工場を動員して航空機、潜水艦の製造と商船の建造に専念せるが如く、今朝の新聞に依ればルーズベルト大統領が両度まで両院に要求せる労銀及物価に対する独裁権を大統領に附与する案は議会に於て否決せられたるが、三回目両院を通過せりとのリスボン電報あり。斯くして国家総動員法と同型の法的権限が与へられたるなり。この一事はアメリカ国民が我々に戦ひ抜かんとする決意を辞すものといふべし」。

　この日本に対するアメリカの敵愾心について、海軍軍令部の嘱託野田岩次郎（戦後財閥解体を担当、またホテル・オークラの社長）の話からも十分窺える。昭和19（1944）年6月5日に彼は平生を訪ねてきて、次のような興味深い話をしている。平生がアメリカの事情に詳しい彼に向かって、アメリカは我国に比べて比較にならないほど多量の軍用物資を生産しているが、主要な軍需工場では繰返し同盟罷工が起っていることが報じられていると聞く。戦争が長期化し、戦死者も多数に上る現実をまえにして、「雑多なる国民、資本主義、利己主義、個人主義を以て理想とする米国民は遂に四分五裂、一致を欠くに至らんと思ふ。君は永く米国に在り、夫人は米国人なるが故に米国人の性格、人格を熟知するならん」。君はこの問題をどう考えるかと質すと、これに対し彼から思わぬ答えが返ってきた。「一応御尤もと聞ゆるなれど、米国は彼等が常に云ふ如くmelting potである故に雑種の民族が世界の全ての地域より雑然として来集せるも、一朝米国の住民となり、時を経るに従ひアメリカ人と云ふ一種の民族を形成するの事実は確実なり。されば移住民の子孫に到りては米国を以て自己の郷土とし、互に協和結合することを思へば容易に分裂することなからん」と。

資源の豊富さと生産性の高さは無論のこと、アメリカ社会の人種のるつぼがかえって生み出す活力が前面に出てくれば、日本には勝ち目はまったくなかった。

■ 第1節 「玉砕」

　昭和18(1943)年5月29日のアッツ島全滅を、「玉砕」と美化し、「かかる悲壮なる戦死を遂げ護国の鬼となれり」との大本営発表を平生は、増援部隊を送ることも、あるいは部隊を撤収させることもせずに言葉だけで済まそうとしていると批判する。「憶ふに米軍はアッツ島を占領し、之を航空機の基地となし、日本を攻撃する航空機の基地を築造せんが為と思ふ。何故に、我国が敵軍の上陸を知るや、直ちに之に対する増援兵を、飛行機部隊を海軍の援護の下に輸送せざりしや。…若しアッツ島が周囲の事情より増援兵を送るに適せずとせば、何故にかかる離れ島に少数の将兵を守備隊として派遣せしや。作戦上の失態なるやを余は最初より危惧せしことなりき」。

　この短文には日本の軍隊が抱えていた決定的な問題が凝縮されている。第一に「玉砕」、「護国の鬼」というような言葉で真実を国民から隠蔽する大本営の体質。第二にアッツ島のような離島を占領する本質的な意味を理解していなかった。第三に、それゆえ米軍の意図を読み切れず、増援兵を派遣しなかった。第四に陸軍と海軍との軍内部の対立の故にアッツ島占領軍を全滅させてしまった。第五にすでに航空機、潜水艦、戦車、レーダー等に戦争の主力は移っていたにも関わらず、日本軍は大艦巨砲主義にあくまでこだわった。

　平生はこのころは枢密顧問官であったが、脳血栓で倒れて身体の自由はきかず、また鉄鋼界からも退いていた。しかし彼の下には川崎重工社長の鋳谷正輔や日本製鉄の藤井丙午などかつての信頼のおける部下がいて、ことあるごとに彼を訪問し、彼らが見聞した戦況をありのままに報告していた。例えば昭和18(1943)年9月21日には鋳谷は平生に次のように語っている。

「今や各方面共に飛行機決戦にして、何分製作数量は米国の三分の一にも及ばざる事とて多少の撃墜をなすも直ちに補充し来るをもって、南太平洋に於けるソロモン、ニユウ ギニヤに於ける航空戦は少しく防禦的なるが如し」と。

　昭和19（1944）年2月6日の日記には藤井丙午からの情報が記されている。「目下撃戦中のラバウルの日本根拠地には日本軍は海陸を合せて20万人に及び、これが補給の為には多数の輸送船と保護船を要すること勿論なり。しかるに制空権は敵方にあると見へ、ラバウルへの補給は杜絶せるものの如し。20万人に及ぶ将兵の補給は容易のことにあらず。若し相当の時日間補給の道絶へんか、其守備兵は玉砕のほかなしと言ふものあり」。

　ラバウル制空権は完全に米軍に掌握されているようだと藤井は平生に告げているが、3月18日の日記には、数日前ラバウルから帰国した戦友の話として拾芳会の服部甫が語ったところによれば、「同地の空中戦は全く米軍の飛行隊の自由行動に任すものの如く、日々の攻撃に対して陸上の高射砲にて防戦するのみ。戦闘機僅かに二三機をもってするも衆寡敵せざるが如き戦況にて、日を送れば結局空中よりの爆撃に堪へず、又食糧の欠乏の為数万の海陸将兵が玉砕するほかなしとのことなり」と。

　南太平洋の制海権もラバウルと同様に敵軍の手にあり、日本海軍は手も足も出せない状況にあった。3月25日の日記には藤井丙午の次のような談が記載されている。「米国潜水艦の跳梁するもの、少しも其勢力を減ぜず。運送船の撃沈は其数少なからざるも、之を発表せざるを以て、何人も之に関係するもののほか知ること能はず。造船は予定より五万頓前後を増したるも、米国潜水艦の為に撃沈せらるるトン数は全滅し」、「資材を供給する為鉄鋼統制会に於ては異常の努力をもって造船所に供給すれども如何ともする能はずといふ」。「米国航空機の頻繁なる来襲の為運送船の損害少からず」。「されば製鉄鋼の重要資料たる鉄鉱及び石炭共に其日暮しの状況のもとにあり、甚だ心細きことなり」。

　元々資源に乏しい日本にとって、平生が予見していたように、制空権も制海権も完全にアメリカの手に握られると、軍事物資の供給は断ち切られたも

同然であった。文字通り「其日暮しの状況」に置かれていて、客観的には
いつ降参するかのみが問題となっていた。昭和19(1944)年6月19日の日記
によれば、6月15日からサイパンより「米軍機動部隊が来襲し、一部は上陸
に成功し我現地部隊と激戦中なりと新聞報道あるも、今日に至るも詳報をラ
ジオにても放送せず、新聞にも報ぜず。敵軍が若しサイパン島を占領せん
か、同所より東京迄6百海里にして、最新式B29、B24なれば東京を襲撃し
て基地に帰ること甚だ容易なり。吾々は一日も早く激戦の結果を知らんとす」。

　6月29日の日記には、産報秘書中林貞男が入手した「確かな筋」として、
サイパン島放棄についての情報を平生に伝えている。すなわち「サイパン
島を放棄すべきや否やにつき陸軍の参謀部並びに海軍々令部の間に烈し
き議論ありて、決せざること四五日に及びたるも、海軍の主張する所は之を
放棄するに在り。何んとなれば米国機動部隊を殲滅せんには我連合艦隊
の半以上を失わざるべからず」。「サイパン島に残存せる将兵は三万を出
でず。其他は官公吏及民衆にして、例へ玉砕するとしても戦力に影響する
こと多からず。故に玉砕せしむることが戦局の大局より見て止むを得ざるこ
ととせざるべからず。遂に議論終結、サイパン島の守備は之を放棄すること
に決したりと云ふ」。「されば同島が敵手に落ちるとせんか、帝都は頻繁に
敵機の襲来を受くるものと覚悟せざるべからず。之は極秘の報告なり」。

　8月13日の日記には産報理事長小畑忠良が来訪し、いよいよ事態が逼迫
してきたことを告げる。すなわち7月18日に東條内閣が総辞職して以来未決
の問題が山積し、大政翼賛会においても総裁の東條と副総裁後藤文夫が
辞任し、翼賛政治会と翼賛青年団との勢力争いも表面化してきた。さらに
サイパン島問題に関して、平生が、同島はすでに敵の手に落ち、グアム、テ
ニアンの我が軍隊は窮地にあるようだが、「かかる結果が公表せらるるにも
係らず、我連合艦隊の動静を殆ど大本営に於ても発表せざるは不思議の
ことにして、此事実が隠蔽せらるる間は南島太平洋に於ける戦況につき国
民の憂慮一方ならず。故に極端なる悲観的デマが流布せられ、果して真
相は如何と」と質すと、小畑は秘密の情報だとしてこう語った。「最初は日
米の飛行機の交戦なりしが、我飛行機は生還を期せざることとて、敵の飛

行機を撃墜又は炎焼せしめたるも我飛行機は全部自爆又は撃沈せられ一機だも根拠地へ帰還せず。今日の海戦は飛行機の戦闘なくして敵の艦隊に交戦をなすを得ず。何となれば敵は先づ飛行機をもって戦闘艦若しくは巡洋艦其他の艦船に対抗するをもってなり。されば一回の海戦、我連合艦隊は退却せざるを得ず。これは其後海戦の模様が我根拠地に報告なければ、従って大本営にも何等の報告なしといふ。現在連合艦隊は何処に待機せるや、我々が知るところに非ず」。

すでに帝都襲来は目前に迫っているにも関わらず、連合艦隊の動静すら把握することができない大本営、さらに海戦においても何より貴重な戦闘機を一回限りで「自爆又は撃沈」で失う連合艦隊の作戦を聞かされた時、平生はどんな気持ちであったであろうか。

8月28日の日記には鑄谷の談が記されている。彼によれば日本の飛行機は質が悪く、したがって練習中にも故障して墜落するものが後を絶たない。これに比べ米国機はB29、B27、B32で本土爆撃5回、小笠原と硫黄島等からの爆撃は数知れず。「此時に於て飛行機の不足、飛行機の劣質をもってして、我国のそれに幾倍せる効能を有する米国機の恒久戦を交へんとす。甚だ危険たりといふべきか」。平生は鑄谷に対し、「増産と共に性能を改善することを希望して止まず」という以外に発する言葉を知らなかった。

ちなみに、はじめて神風特攻隊が出撃するのは昭和19（1944）年10月20日であったが、B29などの米機に比べて量的にも質的にもまったく劣っているうえに、その状態をさらに消耗させるだけの特攻作戦を続けることに如何なる意味があったであろうか。

■ 第2節 敗戦と平生の「日記じまい」

昭和19（1944）年も11月に入ると連日のように帝都で、或いは日本の各地で空襲警報が発令され、また防空壕が掘られた。津島純平ら在京の拾芳会の会員も平生の身を案じて疎開を勧めるが、「枢密顧問官は天皇陛下の直属の役所にして、陛下の御聴許を得ざれば東京以外に旅行するを得ず。かしこくも天皇陛下がしばしば敵機が帝都の上空に来襲するも、之を避難

する為疎開の御沙汰ありたるを聞かず。陛下の直臣たる枢密顧問官が疎開するが如きは非礼の甚だしきものなり」、と平生は津島らの疎開の勧めを聞き入れなかった。しかし彼らはこのままでは余りに危険であるので、小石川の邸宅に完全な待避壕を造ることを提案し了承を得る（昭19.12.9.）。

　空襲はますます激しさを加え、昭和20（1945）年2月25日には宮城にまで爆弾が投下される。そして3月10日の所謂「東京大空襲」で帝都は灰燼に帰した。平生はその状況を以下のように記す。「今暁来襲せし敵機の数は明ならざれども数編隊を下らざるべく、しかして今回敵の来襲は今日までの様相とは大いに異なり、爆弾の投下は非常に少量にして焼夷弾を放射すること夥しく、しかして戦闘時間は二時間に及び、其被害は莫大なり。為に麹町三番町の邸宅は焼夷弾の為に全焼し、太郎は目下川崎航空会社に勤務しあり、愛子は四日前住吉に帰住することとなり、留守居のみにして如何ともする能はず。邸宅は勿論、同所に残したる衣類、家財、家具、凡て全焼せり。又牛込払方町に居住せし吉田健一（次女千枝の娘信子の主人）は辛ふじて健介を救ひ出す為一切ノ家具、家財、衣類を焼失せり。今回の被害は大本営の報告を待たざれば知るを得ざるも、きくところによれば焼失、破壊せし戸数約二十六万戸、焼け出された人口約百万を越ゆ。しかして避難民中、焼死者三万人なりといふ。負傷者は相当の数にのぼれりといふ。

　敵機帝都に来襲せしこと数十回に及ぶも、嘗てかかる大被害を生じたることは初めてなり。敵米軍に於ては帝都は木造家屋大多数にして、昨夜の如き強風吹きすさむ悪天候の暴める時に於ては、焼夷弾を乱投することは敵にとりて好機会といふべし。之は2月25日の来襲の時経験せるところなり。されば帝都の市街の模様を熟知せる敵機は今後共必ずこの筆法に出づるなるべし。焼夷弾をもつて東京都を焼き払ふことは決して難事に非らざるべし。あだかも薪木を乱積せる所に転火すると同様なり」。

　東京に次いで3月13日には名古屋、13日夜には大阪が大空襲に会い、そして17日には神戸が「焼夷弾の盲爆」で焼土と化した。昭和13年の水害から新築間もない甲南小学校は8月6日に空襲で大被害を受けたが、それに先だって、鴨子ヶ原の甲南病院本院とは別に、甲南小学校の古材を利用し

て石屋川国道沿いに建てられた外来患者診療所もすでに5月11日と6月5日の二度にわたる空襲で全焼してしまった。空襲の対象になったのはこうした大都市ばかりではなく、終戦までに軍に直接関係のない地域も空爆の対象になり、日本全土が文字通り焦土と化した。

この間平生は3月12日に疎開先の軽井沢と住吉とに荷物を分けて発送し、3月20日には彼の門下生たちが小石川の自宅の軒下に穴を掘り、食料、洋服等とともに日記を埋める。4月12日に平生は軽井沢に移転する。そして5月27日に小石川邸から電報が届き、ついに全焼したとの通知があった。しかし幸いにも地下に埋めた書物や衣類などは被害を免れた。

8月12日の日記。「本月6日、米国空襲は広島市街地区に対し新型爆弾を投下し、市民を殺傷し同市の大半を潰滅せしめたり。其残虐の実状は驚くにたえたるものあり。北鮮に侵入せしソ連軍は今日に於ては未だ其勢力微弱にして、其受くるところの被害も重大ならず。8月9日14時45分、敵米国軍は新型爆弾を以て長崎に入り行動せしが、被害は少々なり。10日午前8時頃、銚子工場地帯を旋回し、ロケット爆弾を数回に亘り旋回運動をなし市の一部に火災を起せり」。

8月15日、戦争もやっと終結した。この日の日記は短く次のように記されている。「本日天皇陛下より詔書を放送せらる。総理大臣より告諭を出し、一同聖断を拝し慟哭す。午前、歴史的の御前会議を開かる。其文章、国体擁護につき永遠に、和平交渉のポツダム会議を承認することとなれり。唯ポツダム会議の内容は軍隊に関する内容はこれを発表せず。ただ満州、朝鮮、沖縄諸島の始末に就いて何等の発表なし。何れ近く発表するならん。本日は之を発表せざるも、ポツダム会議の結果は我国は軍隊を所有することを禁じられ、何等の軍隊を有することなく、結局無條件降伏のだんどりとなるに至らん」。

翌日からの日記は連合軍による進駐を伝え、9月1日の日記にはマッカーサー元帥が厚木飛行場に到着したことが記され、以後彼による占領政策が本格的に始まったことが簡単に述べられている。9月12日には大本営が廃止され、東條大将は自殺を遂げ（未遂）、寺内元帥は自殺を果たせずシンガポー

ルに検束中であると記されている。9月23日には中林貞男の訪問を受け、大日本産業報国会が解散したことが告げられる。

　10月12日の日記には次のように記されている。「最低生活必要限の米、塩、原綿を輸入、マ司令部より許可。代価は生糸など。午後3時、田口三郎氏来訪さる。

　新聞記事も面白からず。幾拾年継続した日記も中止となる」。

　平生は10月24日に軽井沢から帰京し世田谷の津島邸に一旦落ち着き、11月21日に目黒区洗足に住居を移すが、その1週間後の27日に永眠、武庫郡住吉町小林に埋葬された。波乱に満ちた80年の生涯であった。

■ 文 献 資 料

- 秋元英一「ロンドン世界経済会議と国際経済協力」『EX ORIENTE』（大阪大学言語社会学会誌）Vol.15、2008年

- 天野貞祐「平生先生喜寿祝賀式式辞 − 昭和十七五月廿二日 − 」『平生釟三郎日記　第18巻　付録』2018年

- 天野貞祐「平生先生の追憶」、津島純平編纂『平生釟三郎追憶記』財団法人拾芳会、昭和25年

- 有村兼彬「漢字廃止論と文部大臣平生釟三郎」『平生釟三郎日記　第16巻附録』2017年

- 安西敏三「人間　平生釟三郎 − パブリック・モラリストとして」『甲南リベラリズムの源流を求めて − 平生釟三郎の建学精神と地域開発をめぐって − 』甲南大学総合研究所、叢書1、1986年

- 安西敏三「政治家としての平生釟三郎（一）」『平生釟三郎の総合的研究』甲南大学総合研究所、叢書9、1989年

- 安西敏三「平生釟三郎と甲南教育」、安西敏三編著『現代日本と平生釟三郎』晃洋書房、2015年

- 安西敏三「昭和精神史における平生釟三郎 − 機関説・学制改革・国体論 − 」『甲南法学』第60巻1・2・3・4号、令和2（2020）年

- 池田一夫、藤谷和正、灘岡陽子、神谷信行、広門雅子、柳川義勢「日本におけるスペインかぜの精密分析」『東京都健康安全センター研究年報』第56号、2005年

- 石橋湛山「第一次大戦に処する産業・経済政策」『石橋湛山全集　第2巻』東洋経済新報社、1971年

- 石橋湛山「騒擾の政治的意義」『石橋湛山全集　第2巻』

- 伊藤忠兵衛「甲南学園創立50周年記念式　理事長式辞」『平生釟三郎日記　第四巻　附録』2011年

- 伊藤忠兵衛「伊藤忠兵衛甲南学園理事長談話（一）」『平生釟三郎日記　第5巻　附録』2012年

- 伊藤忠兵衛「伊藤忠兵衛甲南学園理事長談話（二）」『平生釟三郎日記　第6巻　附録』2012年

- 井上五郎「岡本利吉が平生釟三郎に出会うまで」『平生釟三郎日記　第9巻　附録』2014年

- 井上準之助「戦後に於ける我国の経済及び金融」、井上準之助論叢編纂会編纂『井上準之助　第一巻』井上準之助論叢編纂会、昭和10（1935）年

- 岩田規久男編著『昭和恐慌の研究』東洋経済新報社、2004年

- 上田貞次郎『新自由主義と自由通商』同文館、昭和3（1938）年

- 内田信也『風雪五十年』実業之日本社、昭和26(1951)年
- 永廣顕「第一次大戦後の日本における国債流通市場の制度改革」、日本銀行金融研究所『金融研究』2011年4月
- ウィキペディア「関東大震災」
- ウィキペディア「勲一等旭日大綬章」
- 大蔵省編纂『明治大正財政史　第四巻』経済往来社、昭和11－15(1936－1940)年
- 大蔵省昭和財政史編集室編『昭和財政史　第6巻』東洋経済新報社、1954年
- 大河内一男「『産業報国会』の前と後と」、長幸男・住谷一彦『近代日本経済思想史　II』有斐閣、昭和46(1971)年
- 大阪朝日新聞経済部編『昭和金融恐慌秘話』銀行問題研究会、1927年(初版)、朝日新聞社、1999年(朝日文庫)
- 大阪自由通商協会『木材関税調査』昭和4(1929)年3月
- 大阪自由通商協会『鉄鋼関税調査』昭和4年5月
- 大阪ロータリークラブ編『大阪ロータリアン』173号、昭和2(1927)年3月7日
- 大塚好『工場生活と少年の教育』錦正社、昭和14(1939)年
- 小川守正・上村多恵子『平生釟三郎伝　世界に通用する紳士たれ』燃焼社、平成11(1999)年
- 小川守正・上村多恵子『平生釟三郎　暗雲に蒼空を見る』PHP研究所、2001年
- 小川守正・上村多恵子『大地に夢求めて―ブラジル移民と平生釟三郎の軌跡―』神戸新聞総合出版センター、2001年
- 小川守正・上村多恵子『続平生釟三郎伝　昭和前史に見る武士道』燃焼社、平成17(2005)年
- 岡本利吉『企業立憲の話』企業立憲協会出版部、大正9(1920)年
- 貝塚茂樹『天野貞祐』ミネルヴァ書房、2017年
- 角石寿一『先駆者普意識　岡本利吉の生涯』民生館、昭和52(1977)年
- 金澤史男「両税移譲論展開過程の研究－1920年代における経済政策の特質」『社会科学研究』36－1、1984年7月
- 神谷久覚「1920年代における日本の海上保険業－船舶保険協働会結成の背景－」『損保保険研究』第74巻、第3号、2012年
- 神谷久覚「東京海上火災保険の資産運用－1900～1929－」『三菱資料館論集』第15号、2014年

- 河合哲雄『平生釟三郎』羽田書店、昭和27（1952）年
- 河上肇「米問題所見」『河上肇全集　9』岩波書店、1982年
- 川崎重工業社史編纂室編『川崎重工業社史　本史』1959年
- 川崎造船所編『川崎造船所四十年史』昭和11（1936）年
- 菊池悟郎編輯・山本四郎校訂『立憲政友会史 増訂版第6巻－田中義一総裁時代』日本図書センター、1990年
- 紀田順一郎『カネが邪魔でしようがない－明治大正・成金列伝』新潮選書、2005年
- 木村三郎編『鉄鋼国策決定の重要性とその対策』鉄鋼国策研究会、昭和11（1936）年
- 銀行問題研究会編『銀行論叢　昭和金融恐慌史』昭和2（1927）年
- 栗林三郎『川崎東山学校のことども』、昭和32年5月13日のインタビュー
- 甲南学園編『平生釟三郎－人と思想－　甲南学園八十周年記念』学校法人甲南学園、平成11（1999）年
- 甲南学園編『平生釟三郎－人と思想－II』学校法人甲南学園、平成15（2003）年
- 小日山直登『鉄鋼統制会の進路』新経済社、昭和17（1942）年
- 草野正裕「ブラジル綿と平生釟三郎」、安西敏三『現代日本と平生釟三郎』晃洋書房、2015年
- 小林雄吾編輯・小池靖一監修『立憲政友会史　第四巻－原総裁時代－』日本図書センター、1990（初版は、立憲政友会史出版局、大正15〔1926〕年）
- 神戸市立博物館編『松方コレクション展－松方幸次郎　夢の奇跡－』2016年
- 桜林誠「大日本産業報国会資料の表と裏」『大原社会問題研究所雑誌』No.577、2006.12.
- 里見弴「平生文相に物を訊く」『文藝春秋』昭和11年5月号
- 澤正治「無題」、津島純平編著『平生釟三郎追憶記』拾芳会、昭和25（1950）年
- 潮海一雄「久原房之助と甲南学園」、甲南学園編『平生釟三郎－人と思想－』第4章、平成15（2003）年
- 柴孝夫「川崎造船所和議事件と平生釟三郎－整理委員としての活動をめぐって－」『平生釟三郎の日記に関する基礎的研究』甲南大学総合研究所、叢書1、1976年
- 柴孝夫「川崎造船所における航空機部門－独立問題と平生釟三郎」『平生釟三郎の人と思想』甲南大学総合研究所、叢書27、1993年
- 渋沢栄一記念財団研究部編『実業家とブラジル移住』不二出版、2012年

- 重要産業協議会『重要産業協議会要覧』昭和17(1942)年
- 正田浩由「北支那方面軍最高顧問平生釟三郎と経済委員会・日華経済協議会の発足」『早稲田政治公法研究』第93号、2010年
- 白石友治編『金子直吉傳』明文堂、昭和25(1950)年
- 杉原四郎「平生釟三郎の経済思想」『平生釟三郎の日記に関する基礎的研究』甲南大学総合研究所、叢書1、1986年
- 杉原四郎「平生釟三郎と彼をめぐる人々」『平生釟三郎の人と思想』甲南大学総合研究所、叢書27、1993年
- 『スズ日記　昭和10年3月1日〜昭和13年2月1日』
- 隅谷三喜男『賀川豊彦』岩波書店、2011年
- 損害保険料率算出機構『日本の地震保険−2019年4月版−』2019年
- 高阪薫「平生釟三郎と二葉亭四迷−青春の分岐点−」『平生釟三郎の総合的研究』甲南大学総合研究所、叢書9、1989年
- 高田博次「東京海上時代の平生釟三郎」、安西敏三編著『現代日本と平生釟三郎』晃洋書房、2015年
- 高橋亀吉『大正昭和財界変動史(上)』東洋経済新報社、2010年(初版1954年)
- 滝口剛「平生釟三郎と『新体制』」『阪大法学』第47巻6号、1998年
- 滝口剛「民政党内閣と大阪財界(一)−井上準之助蔵相と経済的自由主義−」『阪大法学』第57巻第4号、2007年
- 滝口剛「民政党内閣と大阪財界(二)」『第58巻第5号、2009年
- 滝口剛「民政党内閣と大阪財界(三)」第62巻第2号、2012年
- 滝口剛「武藤山治と平生釟三郎−実業同志会を通じて−」『平生釟三郎日記　第8巻附録』2013年
- 滝口剛「満州事変後における自由通商運動の軌跡−『大東亜共栄圏』への道−」『甲南法学』第57巻3・4号、2017年
- 竹中亨「ジーメンス社の対日事業」、工藤章・田嶋信雄編『日独関係史1890−1945　第一巻』東京大学出版会、2008年
- 玉井金五・杉田菜穂「日本における〈経済学〉系社会政策論と〈社会学〉系社会政策論−戦前の軌跡−」、羽鳥卓也・藤本建夫・坂本正・玉井金五編著『経済学の地下水脈』晃洋書房、2012年
- 田村祐一郎「関東大震災と保険金騒動(1)−仕掛け人−」『流通科学大学』第16巻3号、2004年〜同「関東大震災と保険金騒動(16)−政府対枢府−」第22巻2号、2010年
- 中央防災会議編『災害教訓の継承に関する専門調査会　1923年関東大震災　第3編』2008年

- 津島純平編纂『平生釟三郎追憶記』拾芳会、昭和25（1950）年
- 筒井清忠『帝都復興の時代－関東大震災以後－』中央公論社、2011年
- 角田房子『宮坂国人伝』南米銀行、1985年
- 富田俊基「1930年代における国債の日本銀行引き受け」『知的資産創造』2005年7月号
- 長島修「「大東亜共栄圏」と鉄鋼業」『立命館平和研究』第16号、2015年3月
- 中島俊郎「平生釟三郎とパブリック・スクール」、安西敏三編著『現代日本と平生釟三郎』晃洋書房、2015年
- 奈倉文二・横井勝彦・小野塚知二『日英兵器産業とジーメンス事件武器移転の国際経済史』日本経済評論社、2003年
- 『日系移民資料集　南米編　第29巻』日本図書センター、1999年
- 『日系移民資料集　南米編　第30巻』日本図書センター、1999年
- 日本銀行『日本銀行百年史』（第2巻）、1983年
- 日本銀行調査局『世界戦争終了後に於ける本邦財界動揺史』大正12（1923）年
- 日本経営史研究所編『東京海上火災保険株式会社百年史〈上〉』1979年
- 日本商工会議所訪伯経済使節編『伯国経済事情　昭和10年4月－11月』昭和11（1936）年
- 長谷川雄一「1920年代の日本移民論」『平生釟三郎とその時代』甲南大学総合研究所、叢書18、1991年
- 羽仁もと子『半生を語る』日本図書センター、1997年
- 平生釟三郎『現代学校教育に関する感想』大正15（1926）年
- 平生釟三郎（述）『私は斯う思ふ』千倉書房、昭和11（1936）年
- 平生釟三郎（述）『鉄鋼新体制の確立と日本鉄鋼業の進む途』世界経済情報社、昭和16（1941）年
- 平生釟三郎著・安西敏三校訂『平生釟三郎自伝』名古屋大学出版会、1996年
- 福井俊郎「甲南ハ校長運ニ恵マレヌカ」『平生釟三郎日記　第14巻付録』2016年
- 藤田宏郎「平生釟三郎の御進講—日伯貿易について—」『平生釟三郎日記　第15巻附録』2017年
- 藤本建夫『東京一極集中のメンタリティー』ミネルヴァ書房、1992年
- 藤本建夫『ドイツ自由主義経済学の生誕』ミネルヴァ書房、2008年
- 藤本建夫「清水善三と平生釟三郎」『甲南 Today』No.43、2013年3月
- 藤本建夫「『松方コレクション』－平生釟三郎日記から－」『甲南 Today』No45、2014年3月
- 藤本建夫「興奮に沸く花園と甲子園」『KONAN TODAY』No.53、2018年3月

- 藤本建夫「平生釟三郎の寿像の話」『KONAN TODAY』No.57、2020年3月
- 松本崇『大恐慌を駆け抜けた男高橋是清』中央公論社、2009年
- 松本俊郎「1940年代後半における昭和製鋼所の製鋼工場」『岡山大学経済学会雑誌』第30巻第1号、1998年
- 三島康雄「関東大震災と平生釟三郎−火災保険支払い問題をめぐって−」『甲南経営研究』第29巻、1988年
- 三島康雄「平生釟三郎と大正海上火災の設立」『平生釟三郎の日記に関する基礎的研究』甲南大学総合研究所、叢書1、1986年
- 三島康雄「大正期における専門経営者の人脈形成−平生釟三郎の日記を通して−」『平生釟三郎とその時代』甲南大学総合研究所、叢書18、1991
- 水澤謙三「父の手紙」、津島純平『平生釟三郎追憶記』拾芳会、昭和25（1950）年
- 三宅遵「平生釟三郎とスポーツ」『平生釟三郎日記　第17巻　附録』2018年
- 諸岡知徳「平生釟三郎と美術」『平生釟三郎日記　第17巻　附録』2018年
- 山内純吉「『拾芳会』について」『平生釟三郎の総合的研究』甲南大学総合研究所、叢書9、1989年
- 山下亀三郎『沈みつ浮きつ　天』山下株式会社秘書部、昭和18（1943）年
- 山本爲三郎『平生釟三郎翁のことども』甲南大学出版会、1959年
- 由井正臣『軍部と民衆統合　日清戦争から満州事変期まで』岩波書店、2009年
- 湯沢三千男「北支経済顧問と大日本産業報国会長の平生さん」、津島純平編著『平生釟三郎追憶記』拾芳会、昭和25（1950）年
- 吉沢英成『平生フィロソフィ　平生釟三郎の生涯と信念』甲南大学出版会、2023年
- 劉傑「石射猪太郎と日中戦争」、黄自進・劉建輝・戸部良一編著『＜日中戦争＞とは何だったのか−複眼的視点−』ミネルヴァ書房、2017年

■ 人 名 索 引

■ 事 項 索 引

藤本建夫（ふじもと たてお）

甲南大学名誉教授、経済学博士

1946年　高知県に生まれる

1968年　岡山大学法文学部を卒業

1973年　京都大学大学院経済学研究科博士課程単位取得

主要業績

『地方都市再生の条件は何だろう―阪神・淡路大震災からの経済復興について考える』22世紀アート、2023年

『経済学の地下水脈』編著、晃洋書房、2012年

『何が地方再生を阻むのか―ポートピア'81、阪神・淡路大震災、経済復興政策―』晃洋書房、2010年

『ドイツ自由主義経済学の生誕―レプケと第三の道―』ミネルヴァ書房、2008年

『脳卒中リハビリ奮戦記』藤本芳子と共著、ミネルヴァ書房、2003年

『阪神大震災と経済再建』編著、勁草書房、1999年

『復興の政治経済学』編著、晃洋書房、1997年

『1995.1.17.を証言する』森田三郎と共編、甲南大学阪神大震災調査委員会、1996年

『甲南大学の阪神大震災』森田三郎と共編著、神戸新聞総合出版センター、1996年

『東京一極集中のメンタリティー』ミネルヴァ書房、1992年

『ドイツ帝国財政の社会史』時潮社、1984年

実業家 平生釟三郎の社会奉仕の理念
画一主義教育の弊害と産業・貿易の保護干渉からの解放

2024年3月31日　第1版第1刷発行

著　者 ── 藤本建夫

発行者 ── 甲南大学出版会
〒658-8501 兵庫県神戸市東灘区岡本8-9-1
Tel 078-431-4341
URL https://www.konan-u.ac.jp

発　売 ── 神戸新聞総合出版センター
〒650-0044 兵庫県神戸市中央区東川崎町1-5-7
Tel 078-362-7140　FAX 078-361-7552
URL https://kobe-yomitai.jp

印　刷 ── 株式会社 神戸新聞総合印刷